인공지능과 법

한국인공지능법학회
Korean Association for Artificial Intelligence and Law

Korean Association for
Artificial Intelligence and Law

박영사

인공지능, 세상, 삶

1. 어떤 세상이 좋은 세상인가

어떤 세상이 좋은 세상인가. 이 질문에 대하여 정답이란 있을 수 없을 것이다. 사실 이 문제는 질문하는 방법과 답하는 방법조차 정해져 있지 않다. 그럼에도 불구하고 오늘날 우리의 삶에 가장 영향력이 큰 프레임을 꼽자면 정책학적 접근방법을 들 수 있다. 이 접근법의 토대가 되는 후생경제학의 분석틀은 아담 스미스의 '보이지 않는 손'의 현대적 버전이다. 시장의 효율성은 생산·소비·분배의 모든 측면에서 벤담이 말한 '최대 다수의 최대 행복'이라는 공리주의 이상을 실현하는 수단이 된다. 그러나 효율성을 추구하기 위한 수단이나 그 결과가 사람들의 정의 관념, 즉 형평성에 반드시 부합하는 것은 아니다. 정책학적 접근방법은 형평성의 이상을 시장 개입이 아니라 재분배 수단에 의하여 달성할 것을 강조한다.

처음부터 공평하게 나누어주는 것과 일단 받은 것을 빼앗아 다시 나누어주는 것 사이에 놓인 심리적 간극을 애써 무시한다면, 위와 같은 접근방법은 그런 대로 수긍할 만한 것이다. 개인의 자유로운 행위를 보장하는 것은 공리주의의 실현 수단일 뿐만 아니라 칸트류의 의무론적 정의관에 따라 인간이 도덕적 삶을 영위하기 위한 전제이기도 하므로 권장될 만한 일이다. 시민혁명의 결과 탄생한 근대 헌법들은 이러한 경제적, 지적 바탕 위에서 개인의 자유를 보호하고 시장경제질서를 옹호하였다. 근대 민법들 역시 사적자치의 원칙을 선언하는 한편 과실이 없는 한 책임을 지지 않는다는 과실책임의 원칙을 천명하고 있다.

그러나 개인의 욕구라는 프리즘을 통하여 사람과 자원을 배치한 결과 나타나는 것은 무지개 빛만은 아닐 수도 있다. 형평성에 반하는 결과가 생기고 빈부격차가 확대될 수도 있다. 상황에 따라서는 시장이 효율성이라는 본래의 기능조차 발휘되지 못할 수도 있다. 보다 근본적으로는 단순히 욕구라는 것으로 환원되기 어려운 가치들이 존재하기도 한다. 현대의 법제도는 이러한 문제에 대한 고민의 결과를 포용하고 있다. 민법에서는 실질적 사적자치의 원칙이 강조되고 있고, 시장의 기능을 건강하게 유지하기 위하여 경쟁법 체계가 마련되었으며, 세법과 사회법이 재분배 기능을 수행하고 있다. 패자가 다시 사회에서 역할을 할 수 있도록 도산법이 마련되어 경제적 의미에서의 사망과 부활을 치리하기도 한다. 이처럼 오늘날의 법제도는 대체로 개인의 창의와 자율을 존중하는 시장경제 원칙과 그 수정이라는 프레임으로 좋은 세상과 그렇지 않은 세상의 모습을 묘사한다.

2. 인공지능 기술은 더 나은 세상을 만들 수 있는가

인공지능 기술은 이미 오래 전부터 우리 옆에 있어 왔다. '인공지능(artificial intelligence)'이라는 용어가 탄생한 것은 최초의 컴퓨터가 만들어진 지 10년 남짓만인 1956년 다트머스 회의(Dartmouth conference)에서였다. 인공지능 기술의 양대 진영, 즉 상징 조작과 알고리즘에 중점을 둔 소위 'GOFAI(good-fashioned artificial intelligence)'와 뇌 구조를 본뜬 인공신경망에 중점을 둔 '연결주의(connectionism)'의 대결은 수십년간 전자의 압도적 우세 하에 진행되어 왔다. 그러나 2000년대 들어 병렬처리를 비롯한 컴퓨팅 기술이 비약적으로 발전하고 인터넷의 확산과 함께 가용 데이터가 폭증하며 몇몇 천재에 힘입은 알고리즘의 혁신이 이루어진 결과 인공신경망 진영의 반격이 거세어졌다. 흔히 '딥러닝(deep learning)'으로 표현되는 새로운 기술은 놀라운 성공을 거두어 종전에는 할 수 없었던 많은 일들을 마법처럼 해내기 시작했다. 인공지능은 이미 신문기사를 작성하고, 간단한 법률 상담을 하며, 법안 통과 확률을 알려주고, 스스로 주식거래를 하고 있다. 딥러닝 기술이 제공하는 분석, 지식 증강, 생성, 예측 능력은 인간의 판단 및 의사결정을 보조하면서 모든 분야의 생산성을 급속도로 끌어올리고 있다.

인공지능 기술은 비용을 절감하고 품질을 높이며 시장 투명성을 제고함으로써 정적 효율성(static efficiency)을 증가시키는 동시에 혁신을 통하여 동적 효율성(dynamic efficiency)을 증가시킨다. 이는 분명 좋은 세상을 향한 좋은 징조이다. 그러나 다른 한 편으로 여러 가지 우려가 제기되기도 한다. 알고리즘, 특히 'black box'라고 묘사되는 딥러닝 알고리즘의 불투명성, 인공지능 기술 발전의 전제라고 할 수 있는 데이터의 집중으로 인하여 발생하는 진입장벽, 인공지능 알고리즘이 최적의 정보만을 선택함에 따른 정보 다양성 상실과 그로 인한 혁신 동력의 상실, 나아가 인공지능 알고리즘에 의한 담합 조장의 우려 등은 모두 시장의 효율성에 악영향을 주는 요소이다. 효율성을 벗어나 형평성의 측면에서 바라보면 더 큰 문제들이 보인다. 우선 시장 원리상 인공지능 기술을 활용할 수 있는 자에게 생산성 증가로 인한 이익이 집중될 수밖에 없는 탓에 빈부 격차 확대의 우려가 제기될 수밖에 없다. 급변하는 노동시장에 적응하기 위한 전직이나 재교육의 필요성도 강조된다. 인공지능 알고리즘이 편견과 차별을 확대 재생산하고, 검열이나 조작의 도구로 활용될 것이라는 우려도 끊이지 않는다. 자율무기에 대한 경고음도 점점 커지는 중이다.

3. 법제도는 어떻게 대응해야 하는가

그러나 이러한 역기능에 대한 우려 때문에 인공지능 기술이 가져올 기회를 포기하는 것은 어리석은 일이다. 오히려 인공지능 기술의 순기능을 증폭하고 역기능을 해소하기 위하여 법제도를 정비하려는 노력이 이루어져야 할 것이다. 법제도적 측면에서 인공지능 기술의 영향을 분석하기 위한 출발점은 인공지능 기술의 특성을 인식하는 것이다. 인공지능 기술은 인간의 개입 없이도 과업을 수행할 수 있다는 의미에서 '자율성,' 과업을 효과적으로 수행할 수 있다는 의미에서 '합리성,' 상대방의 입장에서 인간과 유사하게 여겨질 수 있다는 의미에서 '유사성'의 특성을 갖는다. 이러한 특성들은 인공지능 기술이 가져오는 생산성 증가의 원천이기도 하지만 기존 법제도에 상당한 도전이 되기도 한다.

먼저 인공지능의 자율성은 결과에 대한 책임의 유무나 소재를 불분명하게 한다. 이 문제에 대한 기본적 방침은 적어도 누군가는 책임을 져야 한다는 것이다(책임성, accountability). 이를 위하여 알고리즘 투명성(transparency)이 강조되기도 하지만 결국 행위자의 귀책사유를 전제로 하는 과실책임주의 원칙은 후퇴하고 현대적인 위험책임의 법리나 그 변형된 모습에 호소하게 될 것으로 보인다. 최근 자율주행차 사고 책임에 관한 논의에서 운행자책임이나 제조물책임의 법리가 많이 원용되는 것은 그 때문이다. 계약법적 관점에서는 인공지능 에이전트가 이용자의 의사에 반하여 체결한 계약의 효과를 이용자에게 귀속시키는 것이 과연 사적자치의 원칙에 부합하는가라는 의문이 제기될 수 있다. 그러나 적어도 현 단계에서 인공지능 에이전트는 이용자의 도구로 취급될 수 있으므로 새로운 시대에서도 사적자치의 원칙은 제 역할을 다할 수 있다.

인공지능의 합리성은 적법행위와 위법행위의 양측에서 바라볼 수 있다. 인공지능 기술이 각종 범죄에 활용될 경우 종전보다 개인이나 사회에 대한 위험이 커질 수 있다. 담합을 통해 경쟁을 저해하거나 불합리한 차별을 하는 도구로 사용될 경우 반사회적 결과를 가져올 수도 있다. 이러한 문제의식에서 최근 알고리즘에 대한 규제와 그 전제로서 알고리즘 투명성에 관한 논의가 이루어지고 있는데, 기업의 자유와 영업비밀 침해가 없도록 이익 균형이 이루어질 필요가 있다. 자율무기와 같은 전지구적 문제에 대하여는 국제법적 규제가 이루어져야 한다. 현재 UN에서 이 문제가 논의되고 있으며, FLI(Future of Life Institute) 등을 비롯한 비정부 기구들도 적극적으로 문제 제기를 하고 있는 상황이다. 적법한 행위의 경우에도 문제가 생길 수 있다. 인공지능 기술을 이용하여 거래를 하는 자와 그렇지 않은 자 사이의 합리성 격차(rationality gap)가 대표적인데, 신의성실의 원칙이나 소비자법 원리의 유추에 호소하거나 인공지능 기술의 보편화를 통하여 해결할 수 있을 것이다.

인공지능의 인간과의 유사성은 혁신의 한 원천이 될 수도 있지만 사기 등 범죄의 수단이 될 수도 있다. 그 경우 기존의 형법이 충분히 대응할 수 있을 것이다. 좀 더 어려운 문제는 인공지능의 행위를 법인격 있는 인간의 행위로 신뢰한 상대방의 보호 문제이다. 이는 의사주의와 표시주의의 대립, 법인의 권리주체성 인정, 각종의 외관 법리와 같은 사법상의 여러 제도와 관련되어 있다. 일부 견해는 속성보다는 관계에 주목함으로써 이러한 유사성을 인공지능 에이전트에 대한 제한적 법인격 부여의 근거로 제시하기도 한다.

4. 더 나은 세상과 더 나은 삶을 위하여

지금까지 살펴본 것처럼 기존의 정책적 틀과 법적 틀은 인공지능 기술이 가져오는 새로운 문제 해결을 위하여도 충분히 유연하게 사용될 수 있다. 따라서 인공지능 기술은 더 나은 세상을 만들 수 있다. 우리가 적절한 법적·정책적 대응을 한다면 말이다. 분명한 것은 앞으로 세상이 매우 빠른 속도로 아주 많이 변할 것이라는 점이다. 이런 세상에서 삶을 살아가는 한 개인의 입장에서 더 중요한 질문은 따로 있다. 어떤 삶이 좋은 삶인가. 이 문제에 대한 답만큼은 각자가 찾을 수밖에 없을 것이다.

이 책은 인공지능 기술의 확산이 법제도에 가하는 충격을 분석하고 대안을 제시하기 위하여 기획되었지만, 그 과정에서 기존 법제도에 대한 이해가 깊어지기도 하였다. 독자 제현들이 각 분야 최고의 전문가들이 참여한 이 책으로부터 지식과 영감을 얻어가기를 기대한다. 마지막으로 이 책이 세상에 나올 수 있도록 애써 주신 집필진 여러분, 특히 기획부터 출간까지 모든 과정을 세심히 살펴주신 충남대 법학전문대학원 고세일 교수님과 훌륭한 편집과 교정을 맡아주신 박영사 임재무 이사님 및 이승현 과장님께 감사드린다.

2019. 2. 27.

한국인공지능법학회 회장 **이 상 용**

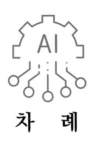

차 례

◉ 제4장 인공지능 시대의 자유와 민주주의, 그리고 입법 [심우민]

○ 제5장 인공지능 경제정책 [박정호]

02 인공지능과 개별법

○ 제6장 인공지능과 민사법 [김영두 · 고세일]

◉ 제7장 인공지능과 지식재산권법　　　　　　[김현경·임상혁]

03 인공지능과 전문분야

제12장 인공지능과 사법 및 법률서비스 [전정현·김병필]

● 제16장 인공지능과 로보어드바이저   [맹수석]

01
인 / 공 / 지 / 능 / 과 / 법

인공지능과 기초이론

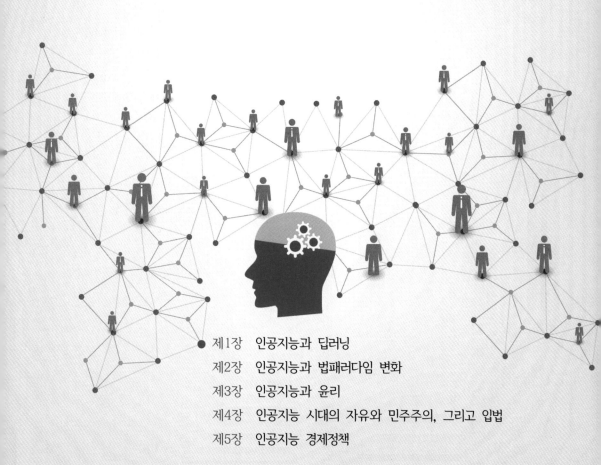

인공지능과 딥러닝

제1절 인공지능의 역사

Ⅰ. 인공지능이란 무엇인가?

인공지능에 대한 개념이나 이미지는 보통 영화나 소설을 통해 형성된다. 영화 속의 터미네이터는 인간처럼 행동하고 말을 하고 생각을 한다. 그러나 이런 완전한 자율성을 가지는 인공지능은 모두 영화 속에서나 가능한 환상이며 착시이다. 인공지능을 만들기 위한 인류의 도전은 반세기가 더 지났지만 아직도 인간의 지능과는 거리가 한참 멀다.

그런데 2016년 알파고가 등장하여 바둑 세계 챔피언을 굴복시킨 대사건을 보면서 우리는 인공지능에 대한 막연한 공포감을 느낀다. 동시에 우리는 이런 질문도 던져 본다. 알파고는 인공지능인가? 인공지능이란 도대체 무엇인가? 이런 저런 물음에 답을 하기 위해 철학, 윤리학, 사회학, 수학, 과학, 공학 등 거의 모든 학문을 다 동원해보지만 뾰족한 답을 구하기 어렵다. 사실, 인공지능은 너무나 애매한 면이 있어 일의적으로 정의하기 어렵고 학자들도 일치된 의견이 없다. 인공지능을 정확하게 정의하기 위해서는 그 반대의 개념인 '자연지능'의 실체를 이해할 필요가 있다. 그러나 우리는 인간 뇌의 물리적 구조나 사물을 인식하고 언어를 구사하고 추론을 하는 등의 인지과정에 대해 아직은 모르는 것이 너무 많다. 따라서 난해하고 애매한 '지능'의 실체를 곧바로 파악하기보다는 인공지능을 '자연지능을 현상적으로만 흉내 내는 똑똑한 컴퓨터' 정도로만 정리하고 후술하는 '튜링 테스트'와 인공지능 역사를 통해 역으로 접근해 보도록 하자.

Ⅱ. 튜링테스트와 인공지능

인공지능(artificial intelligence)이라는 매혹적인 용어 자체는 1956년 미국 '다트머스 회의(dartmouth conference)'에서 처음 사용되어 널리 세상에 알려졌다. 그러나 인공지능 연구는 1940년대부터 이미 시작되었고 여기에 영국의 수학자 앨런 튜링이 숨어있다. 튜링이 대중적으로 유명해진 것은 '튜링테스트' 때문이다. 이 테스트는 이름 그대로 튜링이 제안한 것으로 인공지능 역사에서 가장 중요하고 흥미로운 개념이며 인공지능 분야를 공부할 때 반드시 만나게 된다.

영국의 수학자 앨런 튜링

튜링은 1950년 발표한 논문 '계산 기계와 지능(Computing Machinery and Intelligence)'에서 '기계가 생각할 수 있는가'에 대한 도발적 문제를 던진다. 그는 '생각하는 기계'로서의 컴퓨터에 대한 아이디어를 펼치면서, 컴퓨터가 기술적으로 발전을 하게 되면 언젠가는 인간처럼 '생각'이라는 것을 할 수 있다고 주장하였다. 튜링은 기계적 지능을 구현하는 원리를 설명하면서, 기계가 지능을 가지고 있는지를 판별하는 간단한 테스트를 제안하였다.

이 테스트는 기계, 그 기계와 대화하는 사람, 이 둘의 대화를 관찰하는 심사위원으로 구성된다. 먼저, 기계와 사람은 채팅 메시지를 주고받으며 서로 대화를 한다. 심사위원은 이들의 대화방과는 격리되어 있고 주고받는 대화의 텍스트만 관찰할 수 있다. 심사위원은 그 텍스트 내용만으로 누가 사람인지 구별해야 한다. 튜링은 심사위원이 대화 내용을 보고 사람과 기계를 구별하지 못하면 그 기계는 '지능'을 가지고 있다는 것이다. '이미테이션 게임'이라고도 불리는 이 테스트는 훗날 '튜링 테스트'라고 불리게 되었다.

튜링은 '생각', '마음', '지능'의 본질에 대해 소모적인 논쟁을 하기보다는 튜링 테스트를 통과하는 기계를 일단은 만들어 보는 것이 더 중요하다고 생각했다. 그러나 튜링테스트 자체는 인공지능의 실체에 대해서 설명하거나 평가하는 것은 아니다. 즉, 이 테스트는 '지능'이 무엇인지 따지는 대신에 관찰자 입장에만 초점을 둔다. 이런 점 때문에 튜링테스트에 대해서 많은 학자들의 공격이 있었고, '중국어방 논쟁'이라는 철학적 논쟁으로 번지기도 하였다. 튜링테스트는 너무나 단순하여 특별한 내용을 담고 있지는 않지만, 다른 각도로 보면 오히려 인공지능의 본질에 대해 모든 것을 보여주는 듯하다.

III. 탐색과 추론의 시대

다시 돌아가서 1956년 '다트머스 회의'에서 처음 등장한 '인공지능'이라는 단어는 튜링에 의해 촉발된 '기계가 구현하는 지능'의 다른 이름이다. 역사적인 다트머스 회의는 존 메카시(John McCarthy), 마빈 민스키(Marvin Minsky), 레이 솔로모노프(Ray Solomonoff), 올리버 셀프리지(Oliver Selfridge), 하버트 사이먼(Herbert Simon) 같은 당대의 천재들이 대거 참여하였고, 컴퓨터 이론, 기계지능, 자연어처리 같은 것에 대한 다양한 논의가 있었다. 다트머스 회의 이후 '기호주의 인공지능(symbolic artificial intelligence)'이라는 방법론이 크게 융성하게 된다. 기호주의 접근법은 추론, 탐색, 문제 해결 등 분야에서 형식논리와 기호 체계에 기초한 연구법을 지칭한다. 쉽게 말하면 세상의 문제를 수학처럼 기호와 규칙을 통해 풀려고 하는 접근법이다.

1956년 다트머스 회의를 기점으로 학자들은 마지막 미지의 영역인 마음과 지능의 비밀을 모두 알아 낼 것 같은 자신감에 충만하였고 '인공지능'은 과학기술 분야의 태풍으로 떠올랐다. 이 회의에 참여했던 허버트 사이먼(Herbert Simon)[1] 박사는 1965년도에 "20년 내에 기계가 사람이 할 수 있는 모든 일을 할 것이다."라고 장담하였다. 심지어, 1970년도에 마빈 민스키[2]는 몇 년 안에 인간의 평균지능을 가진 기계의 등장을 예언하기도 하였다.

그러나 초반의 기대와는 달리 인공지능은 복잡한 문제나 현실 세계를 풀기

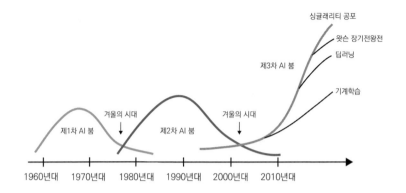

어렵다는 것이 곧바로 드러났다. 그것은 기호주의 인공지능의 본질적 한계를 의미하는 것이었다. 이렇게 인공지능은 허무하게 몰락하고 그 유명한 제1차 '인공지능의 겨울'이 시작되었다.

Ⅳ. 전문가 시스템

탐색과 추론의 시대라고 불리는 1차 인공지능 시대는 이렇게 막을 내리고 '지식' 그 자체를 이용하려는 방법론이 발전하면서 1970년대 들어와 2차 인공지능 붐이 시작되었다. 이 시기는 인간 전문가처럼 지식을 가지는 '전문가 시스템'이 크게 유행하였다. 미국 스탠포드 대학의 파이겐바움은 세상의 모든 것을 수학적으로 해결하려는 기존의 연역적 방법론에 지식을 그대로 사용하는 귀납적 방법론을 가미하고자 하였다. 그는 지식 분야를 한정한 후, 그 지식을 규칙으로 표현하여 추론하는 시스템을 구상하였다. 그의 노력에 의해 1960년 말 세계 최초의 전문가 시스템인 '덴드랄(Dendral)'이 탄생하였다. 이 시스템은 화학 물질의 질량 스펙트럼 데이터를 가지고 유기화학물의 종류를 추론할 수 있는데 일종의 '인공지능 화학자'라 볼 수 있다. 덴드랄의 등장 이후에 특정 영역의 지식을 규칙으로 표현하여 추론을 하는 전문가 시스템이 크게 번성하였다. 대표적으로 '마이신(MYCIN)'은 스탠포드의 뷰캐넌(Bruce Buchanan) 박사 팀이 1972년에 개발한 세계 최초의 의료 전문가 시스템이다. 이 시스템은 전염성 혈액 질환을 진단하고 적절한 항생제를 처방해 주는데 관련 의료 지식이 600여 개의 규칙으로 표현되어 있다.

한편, 의료 전문가 시스템이 성공을 거두자 또 하나의 전문가 영역인 법률도 전문가 시스템 기법이 적용되었다. 최초의 법률 전문가시스템은 1977년 톤 메카시(Thorne MaCarty)가 개발한 'TAXMAN 시스템'이다. 이 시스템은 미국 연방 세법의 규칙을 기반으로 하는 알고리즘이다. TAXMAN 프로젝트는 매우 실험적인 시도였지만 법률 추론에 좋은 성능을 보였다.

이후에 케빈 에슐리(Kerin Ashley)는 법률가들의 추론 방식이나 사건해결방식을 유심히 관찰한 후 세계 최초의 사례기반 전문가 시스템인 'HYPO'를 1987년에 완성하였다. 에슐리의 방법론이 어느 정도 성공을 거두자 우후죽순처럼 법률 전문가 시스템이 만들어졌다. 미국의 세법을 대상으로 한 '카이론(CHIRON, 1991년)', 캐나다 퀘벡 주의 주택법을 대상으로 한 '로지엑스퍼트(LOGE-EXPERT, 1991년)' 등이 뒤를 이었다.

특히 호주의 제임스 포플(James Popple) 교수가 개발한 '샤이스터(SHYSTER, 1993년)' 시스템은 지식재산권 분야를 주요 대상으로 한 추론 시스템으로, 사례기반 시스템으로는 가장 성공한 모델로 평가 받는다. 포플 교수는 사례기반인 샤이스터와 규칙기반의 의료 시스템인 마이신(MYCIN)의 장점을 결합하여 한층 진화된 '샤이스터-마이신(SHYSTER-MYCIN, 2003년)'이라는 하이브리드 전문가 시스템을 선보이기도 하였다.

전문가 시스템은 기본적으로 외부에서 인간이 모두 규칙을 만들거나 조합을 해야 한다. 그러나 이런 과정은 무한한 시간과 비용이 들기 마련이다. 특히, 새로운 지식이 추가되거나 규칙을 변경해야 할 상황이 오면 자동적으로 그것을 반영하기가 매우 어렵다. 결국, 전문가 시스템은 현실적인 여러 문제를 극복하지 못하고 인기가 시들해졌다. 이것이 1990년대 시작된 2차 인공지능의 겨울이다.

V. 인공신경망과 머신러닝

지금까지의 인공지능 이야기는 규칙기반 인공지능에 대한 것이다. 규칙기반은 인간이 외부에서 규칙을 만들어 컴퓨터에 입력하는 방법론이다. 이런 방법론과 전혀 다른 방식이 학습기반 인공지능이다. 학습기반은 인간이 모든 프로그램을 수행하는 대신에, 대략적인 얼개만 잡아 두면 기계가 데이터를 통해 프로그램을 완성하는 것이다. 이런 방법론을 '머신러닝(machine learning)'이라고 한다.

머신러닝은 인간의 신경세포작동을 모방한 인공신경망의 탄생과 함께 시작하였다.[3] 인공지능 붐이 막 일어나고 있던 시점인 1957년에 프랭크 로젠블라트(Frank Rosenblatt)는 세계 최초로 '퍼셉트론(Perceptron)'이라는 인공신경망 시스템을 개발하였다.

퍼셉트론은 1940년대 멕클록과 피츠(McCulloch & Pitts)[4]가 발표한 '인공신경망 모델'을 컴퓨터로 실제 구현한 시스템이다. 당시 기호주의자들은 인간의 신경망처럼 작동하는 퍼셉트론에 큰 충격을 받았고, 젊은 학자들은 인간의 신경망을 그대로 모방하여 학습을 하는 새로운 방식에 열광하였다. 당시, 「뉴욕 타임스」는 퍼셉트론이 "걷고, 말하고, 보고, 쓰고, 스스로 번식하여 그 존재를 인식할 수 있는 전자 컴퓨터의 배아"라고 호들갑을 떨 정도였다.

규칙기반 인공지능 시대가 막 열리는 상황 속에서 혜성처럼 등장한 인공신경망은 머신러닝의 개념을 잉태하며 나름의 역사를 만들어나갔다. 그런데 퍼셉트론이 등장한 지 12년이 지난 1969년, 마빈 민스키(Marvin Minsky)와 시모어 페퍼트(Seymour Papert)는 『퍼셉트론즈(Perceptrons)』라는 책을 통해 단층 인공신경망인 퍼셉트론은 단순한 선형분류기에 불과하여 XOR 같은 비선형 문제를 풀수 없음을 발표하였다. 이것은 퍼셉트론이 가지는 본질적인 한계를 수학적으로 증명한 것이어서 인공신경망에 대한 열기는 급속도로 냉각되었다.

그러나 민스키의 발표 이후에도 몇몇 학자들은 퍼셉트론의 문제점을 극복하고자 신경망의 층을 여러 개로 쌓은 '다층신경망(multi-layered neural net)' 아이디어를 발전시키면서 민스키가 지적한 근본적인 문제를 하나씩 해결하였다. 특히, 1980년대 이후 '오차역전파(back-propagation)' 방법이 등장하면서 다층구조의 신경망 학습 알고리즘은 많이 개선되었다. 이 시대에는 머신러닝 방법론이 체계화 되면서 인공신경망 외에도 다양한 머신러닝 알고리즘들이 계속 등장하였다.

머신러닝에는 인공신경망 외에도 선형회귀, 로지스틱회귀, 의사결정나무, 나

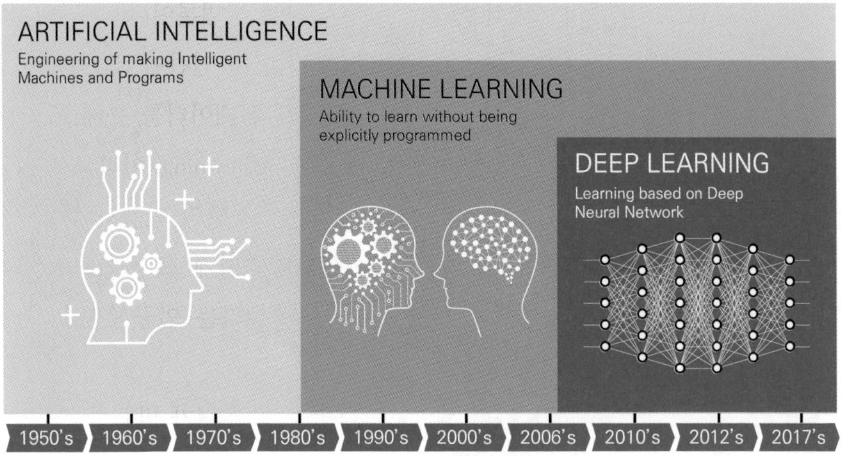

[그림 1-1] 인공지능 체계도

이브베이지안, 서포트벡터머신(SVM) 등 다양한 모델이 있다. 이 중에서 인공신경망이 머신러닝을 대표하는 가장 중요한 방법론이다. 인공신경망은 학습기반 인공지능 철학을 만들어 내었고 수십 년간 모진 풍파를 맞으면서 흥망성쇠를 거듭하다가 여러 가지 기술적인 문제를 극복하지 못하고 2차 인공지능 겨울과 함께 사라졌다. 인공신경망은 딥러닝의 모습으로 다시 등장할 때까지 긴 겨울을 보내게 된다. 딥러닝은 인공신경망의 일종이며 층이 여러 개인 다층구조 신경망을 총칭한다.[5]

제2절 머신러닝과 딥러닝

Ⅰ. 인공신경망(Artificial Neural Net, ANN)

인공신경망은 말 그대로 인간의 신경망을 인공적으로 모방하는 방법론이다. 신비한 우리 뇌는 '뉴런'이라는 신경세포로 가득 차있다. 이 뉴런들은 서로 네트워크로 연결되어 신호를 주고 받는다. 뉴런은 '세포체', 신호를 전달하기 위해 길

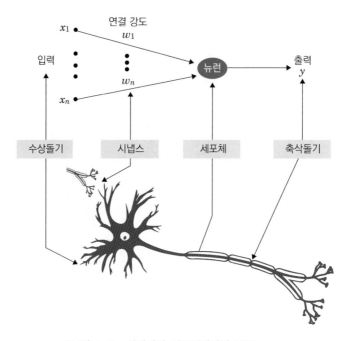

[그림 1-2]　신경망과 인공신경망의 구조

게 뻗은 '축삭돌기', 신호를 받아들이는 여러 개의 '수상돌기'로 이루어져 있다. 뉴런들이 서로 연결되는 부위를 '시냅스'라고 한다. 시냅스에서는 화학물질을 통해 신호가 다른 뉴런으로 전달된다. 이러한 자연신경망의 네트워크와 정보 전달 체계를 단순하게 모델링한 것이 인공신경망이다.[6]

　　초기의 신경망 모델인 퍼셉트론은 입력층과 출력층만을 가지는 간단한 형식 이었지만, 일반적으로 인공신경망은 입력층, 중간층(은닉층), 출력층 등 여러 개 의 층으로 이루어진 다층 네트워크 구조를 가진다.

　　각 층은 여러 개의 노드로 이루어져 있고 노드와 노드의 연결에 의해 전체 네트워크가 작동한다. 각 노드는 들어오는 모든 입력값과 각 연결선의 가중치를 곱한 값들을 전부 더한 후 그 값을 최종 판결자인 '활성 함수(activation function)' 의 입력으로 보낸다. 활성 함수의 결과가 그 노드의 출력에 해당한다. 이런 식으 로 노드는 층층이 배치되어 정보 입력과 출력을 이어간다. 데이터를 입력 받아서 학습을 한다는 것은 노드와 노드를 연결하는 연결선의 가중치를 변화시키면서 최종 응답(출력)의 오류를 최소화 하는 과정이다. 학습이 끝나면 이 가중치가 특정 수치로 결정되고 시스템이 최적화된다.

II. 심층 신경망(Deep Neural Net, DNN)

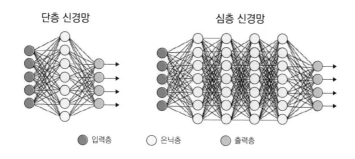

인공신경망은 학습기반이기 때문에 학습과정과 데이터 확보가 항상 이슈가 된다. 보통 2, 3개의 은닉층을 가지는 단순 신경망 구조로도 좋은 성능을 보이며 학습도 쉽게 이루어진다. 그러나 언어지능이나 시각지능과 같이 복잡하고 어려운 영역에서는 중간층이 여러 개인 깊은 구조로 되어있다. 이런 신경망을 보통 '다층 신경망' 혹은 '심층 신경망'이라고 한다. 그러나 무작정 은닉층을 많이 늘린다고 좋은 것은 아니다. 층이 늘어나면 연산의 양은 기하급수적으로 늘어나며 학습 자체가 어려워지는 문제가 발생한다. 또한, 학습을 위한 입력 데이터가 부족하면 오답을 학습할 가능성이 높아진다. 특히 주어진 학습 데이터에 기반해서 학습하다 보니 조금이라도 변수가 생기면 이에 대해서는 적합한 답을 내놓지 못하는 경우가 생긴다. 이런 현상을 '과적합(overfitting)'이라고 하며 실제 데이터에 대한 오차가 급격하게 증가하는 현상이다.

심층 신경망은 퍼셉트론 이후부터 꾸준히 연구가 진행되었지만, 위에서 언급한 여러 가지 기술적인 문제 때문에 실전에서 큰 활약을 못하고 있다가 2006년도에 '딥러닝'이라는 별명으로 다시 세상에 등장하였다. 이 무렵은 인터넷과 하드웨어 기술의 발전으로 연구 생태계가 많이 변한 상태라 딥러닝은 빠른 속도로 성장할 수 있었다.

III. 머신러닝의 기초 개념

지금까지 머신러닝의 대표격인 인공신경망과 딥러닝에 대해 간단하게 살펴보았다. 이제 머신러닝의 기초를 좀 더 알아보고자 한다. 머신러닝의 가장 기본적인 개념은 '라벨(label)'과 '피쳐(feature)'이다. 라벨이란 머신러닝 분야에서 특별하게 사용되는 용어로 '정답' 혹은 '태깅된 표식' 등을 의미한다.7

예를 들어 다음 그림속에 표시된 동물의 종류(개, 고양이, 돼지 등)나 물건의 종류(자동차, 기차, 버스 등)처럼 그 사진의 실체를 설명하는 단어 또는 표식이 바로 라벨이다. 이처럼 라벨이 들어 있는 동물 또는 물건의 사진들을 학습데이터라 한다. 통계학에서 라벨은 타깃변수, 종속변수, 반응변수, 결과변수 등과 같은 의미를 가진다.

[그림 1-3] 라벨들의 예. 각 이미지들의 실체를 고양이 또는 강아지 등으로
미리 태깅된 것이 라벨이 된다.

반면, 피쳐는 머신러닝에서 입력으로 들어가는 어떤 특징값이다. 라벨이 정답이라고 한다면, 피쳐는 그 정답이 무엇을 바탕으로 나왔는지를 설명해주는 특징값(들)이라 할 수 있다. 예를 들어 동물의 코 모양, 귀의 모양, 입의 모양 등 동물을 구별할 수 있는 특징이 바로 피쳐가 된다. 간단한 분석에서는 피쳐 하나를 사용할 수도 있지만 복잡한 머신러닝 분석에서는 수십, 수백 개의 피쳐를 사용할 때도 있다. 아주 단순하게 생각하면 피쳐는 입력이며 라벨은 출력이다. 통계학에

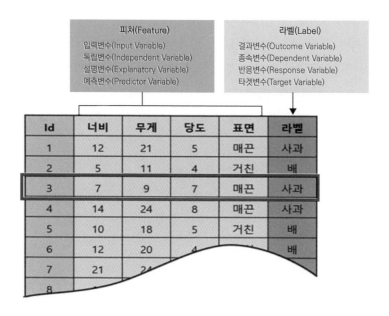

[그림 1-4] 데이터셋에서 라벨과 피쳐. 'id'는 개별 데이터의 식별 번호이다.
예를 들어, 3번 데이터(id=3)는 '사과'에 대한 특징을 담고 있는데
너비가 7, 무게가 9, 당도는 7이며, 표면이 매끈하다.

서는 피쳐를 독립변수(independent variable), 설명변수(explanatory variable), 예측
변수(predictor variable)라고 부르기도 한다.

Ⅳ. 머신러닝의 종류

머신러닝은 크게 '지도 학습(supervised learning)'과 '비지도 학습(unsupervised
learning)' 두 가지 유형으로 나눌 수 있다. 라벨의 유무에 따라 지도 학습 및 비
지도 학습으로 구분한다. 지도 학습은 피쳐와 라벨 모두를 포함하고 있다. 사람
이 컴퓨터에게 "입, 코, 귀 모양 등 동물의 어떤 피쳐(특징)가 이런 경우에, 그것
은 고양이야(라벨)."라고 알려주는 것은 컴퓨터 입장에선 지도를 받는 것이므로
지도 학습이라 한다. 보통 지도 학습 방식의 머신러닝은 학습을 할 때에는 피쳐
와 라벨 모두 포함하는 데이터를 준비해야 한다. 학습이 끝난 후에는 미지의 데

이터(피쳐)를 입력하면 어떤 값(라벨)을 출력하는 식으로 작동한다. 한편, 비지도 학습은 피쳐만 존재하고 라벨이 없다. 컴퓨터는 인간으로부터 동물들의 "입, 코, 귀 모양(피쳐)이 이러이러하게 생겼어."라고만 들었을 뿐, 그런 피쳐들을 지닌 것이 결국 무엇(라벨)인지에 대해서는 지도 받지 못한 경우이다. 컴퓨터 입장에선 인간에게 특별한 지도를 받지 못했다 하여 비지도 학습이라 한다. 대표적인 비지도 학습으로는 군집모델이 있다.

지도 학습의 예는 분류와 회귀가 대표적이고, 비지도 학습의 예는 군집이 있다. 분류는 이메일을 입력하면 스팸 메일인지 정상 메일인지 구분하는 것이다. 머신러닝은 대부분 이런 분류작업에 많이 동원된다. 회귀는 집의 평수(연속변수)를 입력하면 가격이 얼마라는 것을 예측하는 식이다. 군집은 새, 물고기, 고양이 사진들(피쳐)을 입력하면 날개 있는 동물, 날개 없는 동물, 기타 동물을 구분하여 적절하게 묶어낸다.

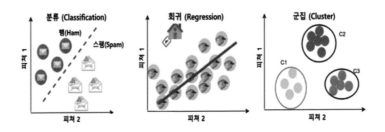

[그림 1-5] (지도학습) 분류와 회귀 및 (비지도학습) 군집

V. 머신러닝의 학습과정

머신러닝은 말 그대로 기계가 학습을 하는 것이다. 여기서 기계가 학습한다는 의미를 직관적으로 이해하기 위해 키와 몸무게 데이터를 가지고 그들의 관계 함수를 알아내는 경우를 생각해 보자.

우리의 목표는 몸무게를 입력하면 자동으로 키를 계산해 주는 예측 함수를 만드는 것이다. 머신러닝을 통해 예측함수를 만들기 위해서는 일단 키와 몸무게에 대한 데이터가 필요하다. 데이터는 많을수록 좋지만, 단순하게 주위 친구들 10명에게 키와 몸무게를 직접 물어서 다음과 같은 데이터를 얻었다고 가정하자 (단위 kg과 cm는 생략).

이름	몸무게	키
1: 오성식	49	163
2: 차일성	52	166
3: 박그래	63	170
4: 김철수	69	172
5: 안영희	73	176
6: 이대범	75	180
7: 이영철	79	182
8: 유석재	83	181
9: 하명수	87	184
10: 노준하	90	183

이제, 각 친구들의 (몸무게, 키) 정보를 좌표로 생각해서 점을 찍으면 다음과 같을 것이다.

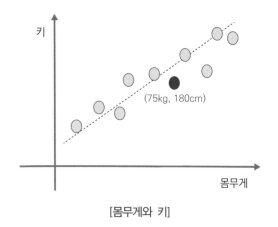

[몸무게와 키]

위 그림은 몸무게와 키는 선형 비례관계가 있음을 보여 준다. 이런 패턴을 가정하고 키와 몸무게의 관계함수를 찾아내는 것이 우리의 작업이며, 머신러닝

은 학습을 통해 가장 그럴듯한 함수를 하나 찾아 주게 된다.[8]

만약 이 방법론을 통해 적절한 관계함수를 찾아 낸다면 우리의 목표는 달성된 셈이다. 즉, 새로운 인물의 몸무게를 입력하면 이 관계함수는 키를 자동으로 알려주게 된다. 이제 알고리즘이 학습하는 과정을 단계별로 나누어 살펴보자.

1. 1단계: 추상적 단계(가설단계)

우선 몸무게와 키의 관계에 대한 가설이 필요하다. 앞에서 보았듯이 몸무게와 키는 선형관계에 있으므로, 기본적인 '가설함수(hypothesis function)'를 다음과 같이 세울 수 있다(이런 설정은 말 그대로 가설에 불과하다).

$$"H(x) = Wx + b"$$

우리가 임시로 세운 가설에 의해 탄생한 관계식은 1차 함수의 모습이며 미지수 'W'와 'b'가 구체적으로 무엇인지 모르는 상태다(미지의 파라메터).

2. 2단계: 구체적 단계(학습단계)

이제 우리가 목표하는 최적의 관계함수를 찾기 위해 구체적으로 'W'와 'b'를 결정해야 한다. 즉, 미지의 파라메터인 'W'와 'b'에서 최적의 관계식을 표현하는 구체적인 'W'와 'b'값을 찾아 내면 관계함수(H)가 최종 결정된다. 이 관계함수 $H(x)$에 새로운 'x'값을 입력하면 'y'값이 출력으로 나오게 된다.

키와 몸무게의 관계를 가장 잘 예측하는 최적의 함수(즉, 최적의 'W'와 'b'를 결정하는 것)를 찾기 위해서는 어떤 기준이 필요하다. 보통은 예측값과 실제값의 차이를 모두 더한 값, 즉 오차를 기준으로 잡는다. 이 오차가 가장 작은 경우를 최적이라고 본다. 즉, 예측할 직선상의 'y'값(가설함수의 결과인 $H(x)$값)과 실제 데이터의 'y'값의 차이가 작으면 작을수록, 즉 예측값과 실제값의 오차가 작을수록 만족도가 높을 것이다. 당연히 오차가 작을수록 제대로 예측한다는 의미를 가지며 이것은 우리의 상식과 부합한다.

머신러닝에서는 최적 판단의 기준이 되는 오차를 '비용(cost) 또는 비용함수

(cost function)'라 하며 "$\mathrm{cost}\,(w, b) = \frac{1}{m} \sum_{i=1}^{m} (H(x_i) - y_i)^2$"로 표현한다. 이런 수식을 통해 오차(비용함수)를 구하게 되면 'W'와 'b'가 변할 때 오차가 어떤 식으로 변하는지 한눈에 알 수 있다(바로 수학의 힘이다). 비용함수에서 예측값과 실제값의 차를 제곱 '$(H(x_i) - y_i)^2$'하는 것은 음수가 나오는 걸 방지하는 의미를 가진다. 또한, 첫번째 데이터부터 m개까지 오차의 제곱을 모두 더한 후 전체 개수인 m개로 나누는 것은 평균적인 오차를 고찰하기 위한 것이다.

이제 최적함수를 찾기 위한 일종의 기준인 비용함수의 의미를 충분히 이해할 수 있을 것이다. 위 예제에서는 데이터가 10개이므로 위 수식에서 'W'와 'b'를 하나씩 임의로 대입해서 비용(오차)이 가장 작은 'W'와 'b'를 결정하면 작업이 마무리될 것 같다. 그런데 이런 방법은 치명적 문제점이 있다. 첫째는 데이터 양이 10개가 아니라 수천, 수만 개로 늘어나면 손으로 계산하는 것이 너무 불편하다. 둘째는 미지수 'W'와 'b'에 구체적인 수를 하나씩 대응하다 보면 무한히 많은 경우의 수가 생기므로 비용함수의 최소값을 찾는 것이 거의 불가능해진다. 따라서 이 두 가지 문제를 일거에 해소하기 위해서는 자동화된 무엇이 필요하다. 바로 그것이 수학과 컴퓨터이다. 이미 수학자들이 만들어 놓은 여러 자동화 기술(예를 들면 경사하강법 같은 테크닉)을 적절하게 가져와서, 컴퓨터에게 고속으로 계산을 맡기면 된다. 바로 이것이 머신러닝이다. 머신러닝을 정확하게 이해하기 위해서는 '경사하강법'과 컴퓨터의 작동방식에 대해 더 알아야 하지만 여기서는 이정도 개념으로도 충분하다.

머신러닝의 학습은 우리 인간이 무엇을 배우거나 익힌다는 의미의 '학습'과는 조금 다른 의미이며 수학과 컴퓨터가 혼합된 정교한 계산과정임을 알 수 있다. 지금 설명한 것은 회귀분석을 기초로 전개한 것이지만 다른 머신러닝 모델도 기본적으로는 이런 식으로 학습을 한다.

VI. 딥러닝과 머신러닝

지금까지 머신러닝의 기본 개념과 학습과정을 간단하게 살펴보았다. 이제 엄청난 위력을 가진 딥러닝과 고전적인 머신러닝의 본질적 차이가 무엇인지 알

아보자. 체계적으로는 딥러닝은 머신러닝 방법론의 하나에 불과하지만 다음과
같은 중요한 차이가 있다.

> 1. 머신러닝은 의사결정나무, 나이브베이지안, k평균, 서포트벡터머신(SVM), 신경망 등 여러 모
>   델을 포함하는 개념이며 딥러닝은 신경망의 하나이다.
> 2. 머신러닝은 입력 피쳐를 뽑는데 인간의 수작업이 필요하지만 딥러닝은 학습을 통해 자동으로
>   뽑는다.

여기서 딥러닝은 신경망 구조를 가진다는 것은 이미 살펴보았으므로 두 번
째 특징, 즉 '피쳐를 자동으로 뽑는다'는 의미에 대해서 알아보자. 우선 사람의
얼굴 이미지를 가지고 남자와 여자를 구별하는 이미지 인식 인공지능(머신러닝 기
반)을 개발한다고 가정하자. 인공지능을 만드는 개발자는 일단 남자와 여자를 구
별하는 특징, 즉 피쳐가 무엇인지 정의를 하고 피쳐를 입력벡터로 준비를 해야
한다. 즉, 이마, 코, 눈, 입술, 머리카락 등 다양한 구별 특징을 잘 잡아서 피쳐를
설계해야 한다. 그런데 남자와 여자를 구별하는 미묘한 피쳐(특징)를 사람이 모두
설정해서 디자인 한다는 자체가 너무나 막막하고 어렵게 보인다.

따라서 고전적인 머신러닝 방식으로는 이미지를 인식하거나 개와 고양이를
분류하는 모델을 만들기가 매우 어렵다. 그런데 딥러닝이 등장하여 이런 문제를
해결하였다. 딥러닝은 놀랍게도 이미지의 피쳐를 자동으로 잡아낼 수 있다.

VII. 특징학습

딥러닝은 피쳐를 사람이 선택하는 고전적인 머신러닝과는 달리 여러 단계의
계층적 학습과정을 통해서 적절한 피쳐(입력값)를 스스로 생성해낸다. 딥러닝은
엄청난 양의 데이터를 학습하여 스스로 피쳐를 만들고, 인간이 인식하지 못한 숨
은 특징도 찾아낸다. 이런 의미에서 딥러닝을 표현학습 혹은 특징학습[9]이라고 한
다. 고전적 머신러닝은 이미 만들어진 입력 피쳐를 받아서 분류기를 학습한다.
그러나 딥러닝은 입력 데이터에서 스스로 피쳐를 찾아내고 그것을 입력값으로

변환하여 다시 분류기로 넘기는 작업을 동시에 수행한다.

Ⅷ. 딥러닝과 CNN

딥러닝에는 컨볼루션 신경망, 순환신경망, 강화학습 등 다양한 방법론이 있고 지금도 계속 새로운 모델들이 등장하고 있다. 그중에서 컨볼루션 신경망 (Convolutional Neural Network, CNN)이 딥러닝의 대표적인 알고리즘이다. 컨볼루션 신경망은 사물의 피쳐(특징)를 자동으로 잡아내면서 이미지 인식에 놀라운 성능을 보인다. 앞에서 설명한 개념이 바로 CNN이며, 알파고에 장착되어 더욱 유명해졌다.

컨볼루션 신경망은 여러 개의 층으로 구성된 전형적인 심층신경망 구조를 가지고 있다. 각 층은 피쳐를 잡아서 모아놓은 것으로 피쳐맵이라고 부른다. 피쳐맵은 세부적인 모습을 표현하는 층에서 시작하여 점점 더 추상적이고 전체적인 피쳐를 표현하는 층으로 단계적으로 구성되어 있다. CNN의 각 층은 각기 다른 피쳐를 감지한다. 아래층에서는 원본 얼굴 이미지에서 점, 엣지 같은 이미지의 기본적인 형태를 인식한다. 층수가 위로 가면서, 원, 삼각, 사각 등의 모양을

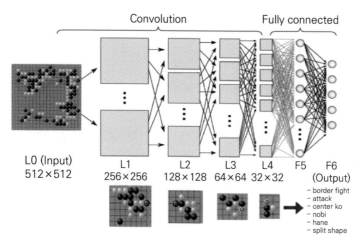

[그림 1-6] 알파고에 장착된 CNN

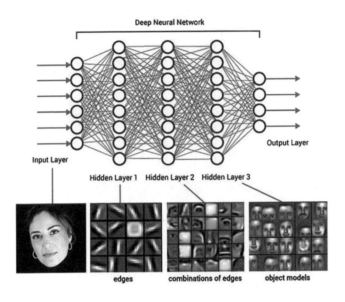

[그림 1-7] 컨볼루션 신경망(CNN)의 구조

인식한다. 이런 모양을 조합하면, 둥근 형태(얼굴), 작은 원이 2개(눈), 길쭉한 세로형 모양(코) 등의 피쳐가 나온다. 계속 위로 올라가서 최종적으로 인간, 개, 고양이 같은 카테고리 판단을 가능하게 하는 피쳐들이 모이게 된다.

IX. 딥러닝의 시대

알파고 이후 딥러닝(deep learning)이라는 인공지능 기법이 세상을 놀라게 하고 있다. 앞에서 설명하였듯이 딥러닝은 고전적 머신러닝과는 달리 피쳐를 자동으로 생성할 수 있는 능력을 가지고 있다. 이런 장점 때문에 딥러닝은 이미지 인식의 신기원을 이루게 되었고 시계열 데이터를 다루거나 언어를 처리하는 데도 탁월한 능력을 보여준다. 그러나 딥러닝은 갑자기 등장한 괴물이 아니고 본질적으로 인공신경망이 진화한 것에 불과하다.

이미 살펴보았지만 인공신경망은 1957년 로젠블라트가 개발한 '퍼셉트론' 이후 여러 개의 층으로 이루어진 '다층신경망(multi-layer neural network)으로 발전하였다. 그런데 그토록 큰 기대를 받았던 다층신경망은 데이터 학습과정에서 드러난 기술적인 문제를 해결하지 못하고 수렁에 빠지게 된다. 대부분의 연구자들이 신경망을 포기하였을 때 '제프리 힌튼'이라는 영웅이 등장한다.

힌튼은 영국 출신의 심리학자이자 컴퓨터 과학자로 '딥러닝의 아버지' 혹은 '구루(Guru)' 등 수많은 수식어로 알려져 있는 전설적인 인물이다. 힌튼과 그의 동료들이 1986년도에 발표한 '오차역전파' 기법에 의해 다층신경망은 기적적으로 회생을 하게 된다. 이후 신경망은 영상처리, 제어분야, 자연어처리 등에서 제법 활약을 하는 듯 하였지만 과적합 같은 또 다른 문제들을 해결하지 못하면서 2차 인공지능의 겨울과 함께 1990년대 이후에 서서히 몰락을 하게 된다.

2차 인공지능의 겨울은 말 그대로 대부분의 학자들과 투자자들이 인공지능을 외면하는 시대였고, 인공신경망은 더욱 더 심한 냉대속에 있었다. 이런 분위기 속에서도 힌튼은 '인공신경망이 바로 인공지능'라는 신념을 굽히지 않았다. 불굴의 힌튼과 그의 동료들의 노력에 의해 꺼져가는 신경망의 불씨가 조금씩 살아나기 시작한다.

2006년도에 와서 캐나다의 지원을 받아 온 제프리 힌튼 팀은 한편의 기념비적 논문을 발표하게 되는데 이것이 바로 "A Fast Learning Algorithm for Deep Belief Nets"이다. 이 논문은 인공신경망의 고질적인 문제가 데이터의 '전처리과정(pre-training)' 등을 통해 해결될 수 있음을 밝혔고, 인공신경망 연구의 새로운 이정표를 세운다. 이 논문 이후에 딥러닝이란 말이 유행하기 시작했다

X. 인공지능과 법률

인공지능과 법률의 만남에는 항상 두 가지 관점이 존재한다. 하나는 '법률을 위한 인공지능(AI for Law)'이며 다른 하나는 '인공지능을 위한 법률(AI for Law)'이다. 먼저 기술의 관점인 '법률을 위한 인공지능'을 살펴보자. 이것은 법률에 인공지능 기술을 적용하여 새로운 법률시스템이나 서비스를 만들어 내는 분야를 총칭한다. 자연어처리 기술이 적용된 지능형 검색시스템이나 법률질문에 대답을 해 주는 법률QA 시스템 개발이 대표적인 예가 된다. 이런 분야를 연구하는 분야

를 '법률 인공지능(Legal AI)' 혹은 '컴퓨테이션 법률(Computational Law)'이라고 부르기도 한다. 법률 인공지능 연구는 이미 1950년대 시작되었고 그 흥망성쇠는 인공지능의 역사와 비슷하다. 2000년 이후에는 머신러닝, 딥러닝, 자연어 처리같은 인공지능 기술이 유입되면서 하나의 학문으로 정립되었고, 미국의 유명 로스쿨에서 정식강좌로 개설되기도 한다.

한편, '인공지능을 위한 법률(Law for AI)'은 말 그대로 법률을 중심에 둔 관점이다. 인공지능을 기반으로 하는 미래 사회는 전통적인 윤리나 법률로는 제대로 그 실체를 해석하거나 정교하게 규율할 수 없다. 예를 들면 자율차의 교통사고, 로봇과 관련된 범죄, 인공지능의 저작권 등의 문제는 언뜻 보아도 기존 시각으로는 해결할 수 없을 것 같다. 따라서 미래사회를 선도하고 숨어 있는 문제를 미리 해결할 수 있는 새로운 윤리적·법적 연구가 절실해 진다. 이 책은 대부분 이런 관점에서 접근하고 있으며 흥미로운 화두를 많이 던질 것이다.

제2장

인공지능과 법패러다임 변화:
인간, 인격, 권리에 대한 기초법적 접근

우리 법은 '인간(human)'과 '인격(person)'을 구분하면서 인격에 중심적인 지위를 부여한다. 이때 법이 인격에 중심적인 지위를 부여한다는 것은 무엇을 뜻하는지, 이렇게 인격에 중심적인 지위를 부여하는 이유는 무엇인지 생각해보자. 다음으로 우리 민법은 법적 인격으로서 자연인 이외에 법인을 인정하고 있다. 여기서 법인이란 무엇을 뜻하는지, 왜 민법은 법인을 법적 인격으로 인정하는지 그 이유를 생각해보자. 나아가 이러한 인격 개념은 고정되어 있는 것인지, 아니면 시간과 장소에 따라 변하는 것인지도 생각해보자. 마지막으로 동물이나 인공지능 로봇에게도 인격을 인정할 수 있을지 생각해보자. 이상의 논의를 바탕으로 인공지능 법담론을 포스트휴먼 법담론으로 연장하여, 포스트휴먼으로서 지능로봇의 탈근대적 권리론과 그 이론적 근거지음에 대해 이야기해보자.

제1절   인간과 인공지능의 관계

Ⅰ. 인간의 뇌와 인공지능은 어떻게 같을까?

인간의 뇌와 인공지능은 어떤 점에서 같을까? 먼저 뇌와 인공지능은 정보처리시스템이라는 점에서 공통점을 갖고 있다. 정보처리시스템이란 외부세계로부터 정보를 받아들이고 입력된 정보를 바탕으로 결과를 도출하는 시스템을 말한다. 정보처리시스템에 '고양이'라는 시각적 정보가 입력되면 고양이라는 단어가 출력된다. 반도체생산이 '과잉'이라는 정보가 입력되면 반도체생산업체의 주식을 매각한다는 결정이 출력된다. 이러한 정보처리시스템은 뇌와 인공지능에 공통된

요소이다. 또한 뇌와 인공지능은 학습을 하고 기억을 한다는 공통점도 갖고 있다. 학습이란 정보처리시스템을 통해서 산출된 결과값을 원하는 목표에 맞도록 그 시스템을 조정하는 과정을 말하며, 이 시스템을 보존하는 것을 기억이라고 한다. 예를 들어 팬을 들고 한 번에 팬케이크를 뒤집으려고 하는 사람이 있다고 가정해 보자. 뒤집기에 성공하기 위해서 여러 번 시도를 하고 그 중에서 뒤집기의 성공에 가까운 근육의 움직임을 기억한다. 그리고 약간의 변화를 주어 뒤집기의 결과에 더 가깝게 되는 근육의 움직임을 찾아내며, 이런 반복된 절차를 거쳐 결국 팬케이크 뒤집기에 성공하게 된다. 이와 같이 팬케이크 뒤집기를 위하여 근육의 움직임에 변화를 주고 그에 대한 평가를 바탕으로 최적의 근육움직임을 찾아가는 과정을 학습이라고 한다. 학습의 결과는 뇌에 저장된다. 이 저장은 단순히 전기적·화학적 정보양의 변화를 가져오는 단기기억이 될 수도 있고, 좀 더 반복된다면 뇌의 구조적 변화를 동반하는 장기기억이 될 수도 있다. 일단 학습을 통한 기억이 형성되면 다음번에 팬케이크를 뒤집는 일은 어렵지 않게 된다. 학습을 과정, 기억을 과정의 결과라고 말했지만, 사실 양자는 구분이 되지 않는다. 학습이 곧 기억이고, 기억이 곧 학습이기 때문이다.

　　뇌의 학습과 기억은 인공지능에서도 그대로 구현된다. 인공지능이 팬케이크 뒤집기에 성공하기 위해서는 일단 인공팔에 숫자를 입력한 후에 그 결과가 뒤집기에 근접한 정도에 따라 입력값을 조정한다. 이러한 조정을 통해서 팬케이크 뒤집기에 성공할 수 있는 입력값을 찾아낸다. 그러한 입력값이 저장되면 팬케이크 뒤집기를 위한 기억이 형성된 것으로 볼 수 있다. 팬케이크 뒤집기와 같은 방법을 찾아내는 학습방법을 강화학습(reinforcement learning)이라고 한다.

　　다른 예를 들어 보자. 아이들은 수많은 공룡그림을 보면서 각 공룡들의 이미지를 기억한다. 그리고 그 이미지와 공룡의 이름을 연결시키는 학습을 하게 된다. 이러한 학습을 통하여 공룡그림을 보여주면 아이들은 공룡의 이름을 말할 수 있다. 이런 일을 몇 차례 반복하게 되면 아이들은 장기기억을 형성하게 되며, 공룡의 이미지라는 입력값이 주어지면 이름이라는 결과값을 도출하는 정보처리시스템을 구축하게 된다. 인공지능도 마찬가지이다. 수많은 공룡그림이 입력되면 그 이미지를 공룡으로 판단할 수 있는 최적의 가중치(weight)와 편향(bias)을 찾아낸다. 이러한 과정도 학습이라고 할 수 있다. 팬케이크를 뒤집기 위한 학습에서는 누군가 가르쳐주지 않더라도 스스로 그 방법을 찾아내기 때문에 뇌이건 인공지능이건 비교사학습(unsupervised learning)방법을 활용한다. 반면에 아이가 공룡이름을 학습하기 위해서는 누군가 가르쳐주어야 한다. 공룡에 관심이 있는 부모라면 물론 부모가 직접 교사가 될 수 있겠지만, 그렇지 않다면 공룡그림책이 교사의 역할을 하게 된다. 인공지능의 경우도 마찬가지이다. 공룡의 이미지를 파악하고 이름을 붙이기 위한 알고리즘을 만들기 위해서는 "이 공룡의 이름은 티라노사우루스야"라고 말해 줄 수 있는 누군가 필요하다. 이를 교사학습(supervised learning)이라고 한다.

이미지의 인식을 위해서는 딥러닝(deep learning)이라고 불리는 인공신경망(artificial neural network) 학습방법이 사용되는데, 인공지능이 학습을 통하여 고양이 이미지를 인식하기 위해서는 수많은 고양이 사진이 필요하다. 물론 그 고양이 사진을 컴퓨터에 입력하기 위해서는 각각의 이미지를 숫자로 변환해야 한다. 이렇게 본다면 인간의 아이도 쉽게 할 수 있는 고양이 이미지 인식을 인공지능은 참 어렵게 한다고 생각할 수 있다. 잠시 이 대목에서 인공지능보다 인간이 뛰어난 것 아닌가 하는 생각을 해볼 수도 있다. 그러나 뇌가 오랜 세월 진화해온 결과물이라는 점을 고려하더라도, 아이가 고양이 이미지를 인식하기 위해서는 인공지능 못지않게 많은 정보를 필요로 한다. 특히 인간의 뇌는 움직이는 사물에 대한 시각적 정보를 바탕으로 이미지 학습을 하기 때문에 학습을 위해서 인간의 뇌에 입력되는 시각적 정보량은 인공지능에 입력되는 시각적 정보량과 비교하면 결코 작지 않다. 따라서 이미지 인식에 있어서 인간은 쉽게 배우고, 인공지능은 어렵게 배운다고 말할 수는 없다.

인간의 뇌와 인공지능뿐만 아니라 동물의 뇌도 이러한 정보처리시스템에 해당한다. 동물도 인식기관을 통해서 정보를 습득하고 그에 반응하며, 학습하고 기억할 수 있다. 그런 점에서 인간의 뇌, 동물의 뇌, 인공지능은 모두 정보처리시스템이라는 공통점을 갖고 있다. 그리고 인간이나 동물의 뇌는 모두 입력된 정보를 범주화할 수 있다. 예를 들어 사자는 얼룩말과 하이에나에 관한 시각적 정보를 다른 것으로 분류한다. 얼룩말은 먹이이고, 하이에나는 자신의 먹이를 노리는 경쟁자이다. 그런데 동물은 인간과 달리 각각의 분류된 범주에 이름을 붙이지 못한다. 동물에게는 언어능력이 없기 때문이다. 따라서 동물은 인간과 달리 1차적인 범주에 명칭을 붙이고, 다시 그 명칭을 고차원적인 범주로 분류할 수 있는 능력을 갖고 있지 못한다. 이러한 일을 위해서는 언어가 필요하기 때문이다. 이렇게 본다면 같은 정보처리시스템이라고 해도 동물의 뇌를 인간의 뇌와 같은 반열에 올릴 수는 없다.

   인간의 뇌와 인공지능은 정보처리시스템이라는 공통점을 갖고 있지만, 그 정보처리과정을 수학적으로 환원할 수 없다는 점도 공통점이라고 할 수 있다. 즉 정보의 입력에 따른 결과가 출력되는 과정을 수학적으로 설명할 수 없다. 예를 들어 우리는 고양이사진을 보고 고양이라고 말할 수 있다. 아마도 고양이사진을 통한 시각적 정보가 대뇌피질에 전달되면 그 시각적 정보가 언어영역의 뉴런을 발화시켜서 고양이라는 결과를 말하도록 한다는 대강의 과정은 설명할 수 있다. 하지만 아직까지는 그 과정을 완전히 규명할 수 없다. 마찬가지로 인공신경망을 통해서 고양이사진을 인식할 수 있는 알고리즘을 만들고, 그 알고리즘을 통하여 고양이 사진을 판별하는 경우에 가중치와 편향의 조정과 함수의 선택을 통해서 결국 고양이라는 결과값이 나오도록 알고리즘을 만들었다는 설명은 할 수 있지만, 정확히 어떤 원리에 의해서 알고리즘이 고양이사진과 고양이라는 단어를 연결시켰는지 알 수는 없다. 다른 예를 들어본다면 수학적 환원불가능성이 무엇을 의미하는지 분명해질 것이다. 날씨가 화창한 날 갑자기 어렸을 때 할머니가 해주시던 파전 생각이 떠올랐다. 술을 좋아하는 사람이라면 파전과 동동주는 흔히 비오는 날 떠올리는데, 날씨가 맑은 날 이런 생각이 떠올랐다. 우리는 여러 추측을 해볼 수 있지만 어떤 과정을 통해서 이러한 생각이 떠올랐는지 완벽하게 규명할 수 없다. 마찬가지로 바둑에 있어서 이세돌을 이긴 알파고가 두는 수는 그 이유를 알 수 없다. 이제는 바둑에서 사람이 인공지능을 이길 수 없는데 그럼에도 불구하고 인공지능은 종종 자신에게 전혀 도움이 되지 않는 황당한 수를 두곤 한다. 인공지능은 바둑을 처음 시작한 사람이 두는 의미 없는 수를 두기도 한다. 그런데 인간이 인공지능을 이길 수 있다면 그런 수를 오류라고 할 수 있겠지만, 이길 수 없는 존재가 두는 수를 두고 오류라고 할 수는 없다. 세상의 어두운 면을 신의 실수라고 할 수 없는 것과 마찬가지이다. 뇌와 인공지능은 공통점이 있지만 차이점도 있다. 아래에서는 그러한 차이점을 살펴본다.

II. 인공지능은 자기 자신을 인식할 수 있을까?

인간의 가장 큰 특징은 자기 자신을 인식할 수 있다는 점이다. 자신을 인식하는 것은 자신의 내적 상태를 인식한다는 것을 의미한다. 그런데 우리의 내적 상태는 외부에서 입력된 정보에 의해서 구조화되기 때문에 나를 인식한다는 것은 세상 속에 있는 자신을 객관적으로 인식한다는 것을 의미하기도 한다. 이러한 능력은 동물도 갖고 있다. 즉 동물도 자신의 상태를 인식할 수 있고, 세상 속에서 사물과 자신의 관계를 파악할 수 있는 능력을 갖고 있다. 이를 1차원적 의식이라고 한다. 그러나 동물의 자기인식과 인간의 자기인식 사이에는 차이가 있다. 인간은 동물보다 한 단계 높은 차원에서 자기인식을 할 수 있다. 즉 인간은 자신의 특징을 설명할 수 있고, 사회적 관계 속에서 자신에 대한 평판을 인식할 수 있다. 더 나아가서 인간은 시간 속에서 자신을 인식할 수 있다. 즉 현재의 나만이 아니라 과거 속의 나에 대한 기억과 미래의 나의 모습을 통해서 나라는 개념을 형성할 수 있다. 시간의 흐름 속에서, 사람들의 관계 속에서 존재하는 자신을 인식하는 능력은 인간만이 갖고 있는 능력이다. 이를 고차원적 의식이라고 할 수 있으며, 이러한 능력은 인간이 언어를 구사할 수 있기 때문에 가능하다. 따라서 인간이나 동물이나 자기인식이 가능하다고 하더라도 그 능력은 언어에 대한 능력에 의해서 결정적으로 달라진다. 이러한 고차원적인 의식을 자의식(self consciousness)이라고 부르기도 한다.

그렇다면 인공지능도 자의식을 갖게 될 수 있을까? 먼저 앞에서 살펴보았듯이 인공지능도 인간이나 동물과 마찬가지로 1차원적 의식을 가질 수는 있다. 즉 세상을 인식할 뿐만 아니라 자신을 인식하고 외부환경과 자신의 관계를 인식하는 것도 가능하다. 기술이 발전한다면 촉각이나 통각, 후각을 통해서도 세상으로부터 정보를 받아들이게 될 것이다. 자율주행차는 도로 위에서 주변 사물을 인식하고 자신과 주변 사물의 관계를 파악할 수 있다. 로봇도 주변의 상황과 자신의 몸 상태를 인식하면서 넘어지지 않고 인간처럼 걸을 수 있다. 아직은 인간이나 동물처럼 완벽하지는 않더라도 기술이 발전할수록 인공지능의 1차원적인 의식은 점차 완벽해질 것이다.

인공지능이 1차원적 의식을 가질 수 있다면 인간처럼 고차원적 의식을 가지거나, 자의식을 가질 수 있을까? 영화에서 보면 인공지능 로봇이 '나는 누구인가'라고 고민하는 장면이 나온다. 영화 "her"에서 인공지능인 사만다는 계속해서 학습하고 성장하면서 결국에는 자신의 존재에 대한 고민을 바탕으로 진정한 자신을 찾아나선다. 이런 일이 현실에서 가능할까? 아직까지 현실에서는 불가능하겠지만, 점차 기술이 발전함에 따라 인공지능이 자의식을 갖게 될지 누가 알겠는가? 다만 인공지능이 고차원적인 의식이나 자의식을 갖기 위해서는 사회적 관계를 통해서 자신의 개념적 특성을 형성해야 한다. 즉 다른 사람들과의 끊임없는 관계를 통해서 자신을 독립된 존재로 인식할 수 있어야 한다. 단순히 관계를 맺는 것에 머무르면 안 되고 관계를 인식하고 이를 범주화할 수 있는 능력을 갖추어야 한다. 즉 타자와 관계를 맺고 그 관계의 내용을 범주화하고 이를 지속적인 추상적인 개념으로 고양시킬 수 있어야 한다. 더 나아가서 인간의 자의식은 결국 생존과 번식이라는 1차원적 의식의 존재 이유의 연장선상에 있다. 인간은 죽음을 목전에 두고 깨달음을 얻거나 아기가 태어나는 모습을 보면서 자신의 존재 의미를 깨닫는다. 이러한 죽음에 대한 두려움이나 삶에 대한 의지가 없어도 자의식이 가능할지, 그리고 그러한 인공지능의 자의식이 가능하다면 그 자의식은 인간의 자의식과 어떻게 다를지 정확히 예측할 수 없다. 사실 아직도 인간의 의식에 대한 비밀은 완전히 풀리지 않았다.

Ⅲ. 인공지능은 자유의지를 가질 수 있을까?

자유의지는 인간에게 있어서 중요한 개념이다. 인간과 동물을 구분해 주는 기준이 되며, 인간이 존엄한 존재인 이유는 자유의지를 갖고 있기 때문이다. 그리고 인간에게 책임을 물을 수 있고 도덕을 요구할 수 있는 것도 자유의지를 갖고 있기 때문이다. 그렇다면 인공지능도 자유의지를 가질 수 있을까? 자유의지를 가질 수 있다면 인공지능도 인간과 같이 취급해야 한다는 주장이 설득력을 갖게 될 것이다. 그런데 인공지능이 자유의지를 가질 수 있는가를 묻기 위해서는 먼저 자유의지가 무엇인지 묻지 않을 수 없다. 자유의지의 본질에 관한 논의는 오래된 철학적 주제이며 아직도 논의가 계속되고 있다. 그러나 정답이 없다고 해서 인공지능이 자유의지를 가질 수 있는지 여부에 대한 질문을 포기할 수도 없다. 따라서 인공지능이 자유의지를 가질 수 있는지에 대해서 답을 하기 위해서는 완벽하지는 않더라도 자유의지가 무엇인지 대강의 정의는 내려야 한다. 먼저 자유의지는 자유와 의지로 구분해 볼 수 있다.

자유란 통상적으로 인과법칙에서 벗어난다는 것을 의미한다. 만약 인과법칙의 지배를 받는다면 자유로운 행위가 성립할 수 없기 때문이다. 그런데 세상 모든 일에는 원인이 있을 수밖에 없다. 뇌의 작동도 물리법칙과 인과관계의 지배를 받는다. 이렇게 보면 자유를 인정하면서 인과법칙에 예외가 없다고 말하는 것은 모순이 아닌가? 그러나 이러한 모순을 피해갈 수 있는 방법이 있다. 그 방법 중에는 인과법칙의 문제점을 폭로하는 방법이 있다. 인과법칙은 유용한 개념이기는 하지만 인간의 언어 속에만 존재하는 개념이며 현실에서는 원인과 결과를 구분할 수 없다고 말할 수 있다. 그러나 자유도 개념이며, 인과법칙도 개념이다. 따라서 인과법칙을 부정하는 방법보다는 다른 방법을 활용해서 자유와 인과법칙의 모순을 해결할 수 없을까? 다음과 같은 방식으로 모순을 극복해 볼 수도 있다. 먼저 논리적으로 본다면 존재하지 않는 것과 존재하는지 모르는 것은 분명 다르다. 그런데 현실세계에서는 존재하지 않는다는 것과 존재하는지 여부를 모르는 것 사이의 차이를 완전히 구분하는 것이 불가능하다. 이 점에서 자유와 인과법칙의 모순을 해결할 수 있는 가능성을 찾을 수 있다. 즉 자유라는 개념을 인과법칙의 지배를 벗어나는 것이 아니라 원인에 따른 결과의 예측불가능성에서 찾는 방법이 있다.[1] 인과법칙에 지배를 받더라도 그 결과를 예측할 수 없다면 인과법칙이 의미를 갖지 못하므로 자유롭다고 할 수 있다. 예를 들어 배가 너무 고픈데 돈이 없다고 가정해 보자. 나는 가게에 들어가서 빵을 훔칠 수도 있고 그렇지 않을 수도 있다. 내가 빵을 훔쳤다면 나의 행동은 자유로운가? 자유로운 행동이라고 볼 수 있다. 배가 고프다고 빵을 훔쳐야 하는 결과가 필연적으로 발생하지 않기 때문이다. 반면에 원인이 너무 강력하다면 인간의 행동은 자유롭지 못한 것으로 평가될 수도 있다. 예를 들어 누군가 내 머리에 총을 겨누고 위조된 서류에 서명하도록 했다면 그 위협이라는 원인과 나의 서명이라는 행위 사이의 불확실성은 확 줄어들고 서명을 한다는 결과에 대한 예측가능성이 증가하게 된다. 따라서 나는 자유롭지 못하다. 예측이 불가능할수록 자유는 커지고, 반대로 예측이 가능해질수록 자유는 줄어든다고 말할 수 있다.

자유의지의 또 다른 한 축인 의지란 동기(motivation)를 갖고 목적을 실현하고자 하는 능력을 의미한다. 의지를 갖기 위해서는 동기가 필요하며, 동기는 욕구(desire)라는 말로 대체할 수 있다. 인간은 기본적으로 쾌락을 추구하고 고통을 회피하고자 하는데, 인간의 욕구는 쾌락을 추구하고 고통을 회피하기 위한 시스템이다. 이러한 속성은 생존이나 인간의 항상성(homeostatic balance)의 유지 또는 종족보존과 관련이 있으며2 쾌락과 고통은 인간행위의 동기(motivation)가 된다. 동기를 바탕으로 뇌가 판단을 내린다는 모델을 동기결정모델(motivation-decision model)이라고 한다. 그런데 인간의 욕구는 두 단계로 구분된다. 예를 들어 배고프면 우리는 밥을 먹고자 하는 욕구를 갖게 되는데 이를 일차욕구(first-order desire)라고 할 수 있다. 그러나 날씬한 몸매를 유지하고 싶은 욕구 때문에 또는 배고픈 사람에게 음식을 나누어주기 위해서 밥을 먹고자 하는 욕구를 포기할 수 있다. 이러한 욕구를 이차욕구(second-order desire)라고 할 수 있다.3 일차욕구는 동물도 가질 수 있지만, 이차욕구는 사회적인 것이며 인간의 특징이라고 할 수 있다. 우리가 통상적으로 의지라고 할 때에는 이차욕구를 의미한다. 배고플 때 밥을 먹는 것은 일차욕구를 만족시키기 위한 행동인데 이러한 행동을 통상적으로 의지적인 행동이라고 하지 않는다. 또한 음식이 먹고 싶지만(일차욕구) 날씬해지기 위해서(이차욕구) 음식을 자제하는 경우에 의지가 욕구를 이겼다고 말한다.

자유와 의지를 이와 같이 정의한다면 자유의지란 '어떠한 판단을 내릴지 예측할 수 없는 상태(자유)'에서, '동기를 실현하고자 하는 능력(의지)'을 의미한다. 다만 여기서 말하는 동기는 위에서 언급하였듯이 일차욕구가 아닌 이차욕구를 의미한다. 따라서 동물은 동기를 갖고 있고, 동물의 판단은 예측할 수 없지만, 동물은 이차욕구를 갖지 못하므로 자유의지를 갖고 있다고 할 수 없다.

그렇다면 인공지능은 자유의지를 가질 수 있을까? 이 질문은 인공지능을 인격적으로 취급하고 인공지능에게 책임을 물을 수 있는지 여부와 관련되어 있다. 먼저 인공지능의 판단이 자유로운가의 여부를 살펴본다. 앞에서 자유란 원인이 존재함에도 불구하고 결과를 예측할 수 없는 상태라고 말했다. 인공지능의 판단은 원인이 존재하고 수학적인 법칙에 따라 도출되지만, 그 결과를 100% 예측할 수 없다. 즉 현재의 기술을 모두 동원한다고 하더라도 알파고나 엘프고 등 바둑 인공지능이 다음에 어떤 수를 둘 것인지 예측할 수 없다. 그런 점에서 인공지능의 판단은 자유롭다고 할 수 있다. 인간의 생각을 예측할 수는 있지만 100% 예측할 수 없기 때문에 인간을 자유롭다고 말할 수 있는 것처럼 인공지능의 판단도 예측할 수는 있지만 100% 예측할 수 없기 때문에 인공지능은 자유롭게 판단할 수 있다. 물론 예측가능성의 정도에도 차이가 있기 때문에 자유의 정도에도 차이가 있다.

그렇다면 인공지능도 의지를 가질 수 있는가? 다시 말하면 인공지능도 동기를 가질 수 있는가? 아직까지는 인공지능이 동기나 욕구를 가질 수는 없다. 일차욕구도 갖고 있지 못하며 이차욕구도 갖고 있지 않다. 인공지능의 목표는 인간에 의해서 설정된 것이며, 인공지능의 동기에 의해서 설정된 것이 아니다. 그렇다면 기술이 발전한다면 인공지능도 동기를 가질 수 있을까? 쉽지 않겠지만 동기를 갖게 될 가능성도 있다. 그런데 기술적인 문제보다 더 어려운 문제는 인공지능의 동기를 무엇으로 설정할 것인가 하는 점이다. 생존으로 설정한다면, 인공지능은 생존을 위한 목적을 갖고 행동할 것이다. 과연 생존을 목적으로 하는 인공지능을 개발할 필요가 있을까? 인공지능이 동기를 갖는다는 것은 더 이상 인간이 인공지능에 대한 지배권을 갖지 않겠다는 것을 의미하는데, 그러한 인공지능은 인간에게 이로울 것 같지 않다. 또한 인공지능이 인간과 같이 자유의지를 갖기 위해서는 이차욕구를 가져야 한다. 그런데 이차욕구는 일차욕구를 가진 인간들의 사회생활을 통해서 형성된 욕구이다. 인공지능이 이러한 이차욕구를 갖기 위해서는 인간과 계속적으로 상호작용을 해야 한다. 물론 상호작용을 한다고 해서 인간과 같은 이차욕구를 가질 수 있을지 알 수 없다. 이차욕구가 형성되는 경로를 우리

가 완전히 규명할 수는 없기 때문이다. 결과적으로 인공지능의 일반적인 동기를
설정하기는 어렵다. 따라서 인공지능에게 자유의지를 인정하기도 쉽지 않을 것
이다.

Ⅳ. 인공지능은 감정을 가질 수 있을까?

감정이란 무엇일까? 감정이란 정보를 처리하고 있는 우리 뇌의 상태를 말하
며, 그러한 심적 상태를 감정이라고 할 수 있다. 감정에는 다양한 형태가 있는데
영어의 경우에는 감정을 표현하는 단어가 2,000개가 넘는다고 한다.4 쾌락과 고
통이 인간행동의 동기가 된다면 감정은 인간이 신속하게 외부적 환경에 대해서
판단을 내리도록 도와주는 심적 상태이다.5 즉 감정은 외부자극에 대한 즉각적인
반응을 의미한다.6 만약 감정이 없다면 인간의 합리적인 사고는 느려지고 붕괴된
다.7 우리는 복잡하고 반복적인 행위를 하는 순간에 이성적 판단이 오히려 그러
한 행동을 방해하는 것을 종종 경험하게 된다. 감정에 의한 무의식적인 자동선택
을 직관이라고 하며, 직관이 작용하는 경우에는 이성이 아니라 감정에 의해서 판
단을 내리게 된다.8 편견은 일종의 감정에 의한 즉각적인 반응을 의미하는데, 이
러한 편견은 사고의 합리성보다는 사고의 신속성을 추구한다. 편견과 같이 감정
은 우리의 판단을 흐리는 것으로 이해되기도 하지만, 오히려 감정은 외부의 자극
에 대한 자동화된 판단경로로 작용하기 때문에 의사판단에 있어서 효율성을 가
져오기도 한다. 즉, 감정은 경우에 따라서 논리적 추론을 거치지 않았기 때문에
비합리적인 결과를 가져올 수 있지만 효율적이고 즉각적인 의사결정을 위한 중
요한 역할을 한다.9 따라서 감정적 판단은 결코 부정적인 것은 아니다. 안토니
오 다마지오(Antonio Damasio)는 감정은 다른 사람들과 의미를 교환할 때 그 의
미를 보완하는 중요한 역할을 하며, 외부세계를 인지할 때 안내자의 역할을 한
다고 말한다.10 감정은 인간이 도덕적 판단을 내릴 때에도 작용한다. 조너선 하
이트(Jonathan Haidt)의 주장에 따르면 인간이 도덕적인 판단을 할 때 일차적으로
도덕적 직관에 따라서 판단을 하고 사후적으로 도덕적 추론에 의해서 직관적인
판단을 정당화한다고 한다. 물론 경우에 따라서는 반대로 도덕적 추론(이성)을 통

해서 도덕적 직관을 수정하기도 한다. 따라서 도덕성은 추론의 산물이기도 하지만 기본적으로 감정이나 직감의 산물이다.[11]

인간의 감정은 쾌락과 고통에 의해서 형성되는 동기(motivation)와 밀접한 관련이 있다. 예를 들어 분노는 결핍의 보충을 막는 상황을 변화시키려고 하는 욕구와 결합될 수 있고, 그러한 욕구의 실현을 막는 사람이나 환경에 적대적이도록 만든다.[12] 감정경로에서 가장 중요한 뇌의 부위는 편도체(amygdala)이다. 편도체는 공포와 관련된 기관이기도 하다. 원숭이의 편도체를 제거하면 인간에 대해서 적대적인 감정을 보였던 원숭이는 더 이상 사람을 두려워하지 않고 위험을 접해도 공포를 느끼지 않는다.[13] 인간의 경우에도 편도가 손상되면 공포, 분노, 슬픔, 혐오 등의 감정을 느낄 수 없다.[14]

인간의 감정은 고차원적 의식과 마찬가지로 언어를 떠나서는 생각할 수 없다. 감정에 대한 하나의 이론인 구성주의(constructivism)에 따르면 감정은 뇌의 네트워크에 의해서 구성되며(constructed) 개념이나 언어가 감정에 있어서 중요한 역할을 한다.[15] 이 이론은 뇌 속에 공포회로, 분노회로 등의 감정의 회로와 같은 단위(module)가 있는 것이 아니며 감정은 유전적인 것도 아니라고 한다. 감정은 의식 속에서 나타나는(emerge) 것이라고 말한다.[16] 결국 감정은 뇌의 심적 상태를 언어로 해석한 상태, 즉 의미를 부여한 상태이며 감정은 다른 사람들과의 상호작용을 전제로 하게 된다. 그리고 심적 상태에 대한 범주화가 없다면 감정도 없다고 한다. 그러나 이 말이 동물에게 심적 상태가 없다는 것을 의미하지 않는다. 호랑이를 마주한 사슴이나 인간이나 모두 두려움을 느낀다. 그 두려움이라는 심적 상태는 즉각 방어에 나서거나 도망갈 수 있도록 심장과 근육에 피를 모아준다. 요행으로 위기 상황을 모면했다고 가정해보자. 그런데 나중에 호랑이와 마주친 상황과 비슷한 환경이 형성된다면 비록 호랑이가 보이지 않더라도 인간이나 동물이나 두려움을 느낀다. 결국 인간이나 사슴이나 원초적인 모습의 심적 상태에 있어서는 차이가 없다. 그러나 인간은 두려움이라는 감정을 언어로 기술할 수 있으며, 그 두려움의 감정을 기억에서 호출하여 상대방에게 설명할 수도 있고, 상대방도 나의 경험을 통하여 두려움에 대한 간접적인 경험을 할 수도 있다. 그런데 사슴은 두려움에 대한 심적 상태를 표현할 수 없다. 그저 심적 상태에 머물 뿐이다. 따라서 동물에게 감정이 없다고 말할 때, 그 감정은 언어에 의해서 구조화된 감정을 말한다. 동물에게 감정이 없다는 말은 동물에게 생각이 없다는 말과 마찬가지이다. 즉 동물에게 생각이 없다는 것은 언어에 의해서 구조화된 생각이 없다는 것을 말한다. 언어로 구조화된 생각이 아니라면 동물도 생각을 한다. 표범이 사슴을 잡기 위해서 얼마나 복잡한 사고가 필요한지 생각해 보면 된다. 표범도 사냥을 위해서는 수많은 시행착오를 통해서 학습을 해야 하며, 여러 가지 요소를 고려해야 한다. 그러나 단순한 심적 상태와 언어에 의해서 구조화된 심적 상태는 질적으로 다르다.

그렇다면 인공지능도 감정을 가질 수 있을까? 인간과 같은 감정을 갖기 위해서는 심적 상태가 형성되어야 한다. 심적 상태란 뇌의 정보처리상태를 의미한다. 인공지능에게도 심적 상태와 같은 정보처리상태가 존재하는가? 당연히 존재할 수 있다. 미래의 어느 시점에 인공지능로봇이 주변의 환경으로부터 정보를 입수하고 그 정보에 따라서 반응을 보일 때, 그러한 정보처리 상태가 존재할 수 있기 때문이다. 이 정보처리상태는 인공지능 기술이 발전함에 따라서 인간처럼 복잡해질 것이다. 그리고 하나의 목표를 가진 인공지능들이 결합하여, 복잡한 형태의 정보를 처리하는 상태를 형성할 수도 있을 것이다. 그런데 인간의 심적 상태는 동기와 분리할 수 없다. 동기가 좌절되었을 때 화가 나게 되고, 학습이나 경험에 의해서 위험을 인식하게 되면 이를 회피하기 위해서 호르몬이 분비되는데 그러한 심적 상태를 두려움이라고 한다. 따라서 인공지능이 감정을 갖기 위해서는 먼저 동기의 문제가 해결되어야 한다. 즉, 인공지능이 동기를 갖지 않는다면 감정을 갖기도 어려울 것이다.

그러나 인공지능이 동기를 갖지 않는다고 하더라도 사람의 감정을 분석하여 이해하는 것은 가능하다. 인공지능은 자연을 인식하고 이를 범주화하듯이 감정이라는 인간의 뇌의 상태를 범주화하는 것이 가능하고, 외부적인 정보에 의해서 뇌의 상태를 가늠해 볼 수 있기 때문이다. 따라서 인공지능이 감정을 갖고 있지 않더라도 인간의 감정적인 반응에 걸맞는 말을 할 수는 있다. 이런 이유로 인공지능이 인간과 같이 감정을 갖고 있는 것처럼 오해될 수 있다.

V. 인공지능은 인간과 사랑에 빠질 수 있을까?

　　인공지능이 인간과 같이 자신을 인식할 수 있고, 자유의지를 가질 수 있으며, 감정을 갖게 된다면 이미 인간이나 마찬가지이며, 당연히 인간과 사랑에 빠질 수 있다. 그러나 인공지능이 인간과 같아질 수 있는 단계에 이르지 않는다면 인간과 인공지능이 사랑에 빠질 수는 없다. 서로 교감할 수 없고, 상대방의 마음을 읽을 수도 없기 때문이다.

　　그러나 사랑의 의미를 좀 더 확대해 볼 필요가 있다. 우리는 집에서 반려동물을 키운다. 반려동물은 가족과 같은 존재이며, 가족과 같이 사랑을 받는다. 인간은 반려동물과 교감을 한다고 믿으며, 반려동물이 자신을 사랑한다고 생각한다. 하지만 인간과 반려동물의 사랑은 인간과 인간의 사랑과 다르다. 반려동물은 어떻게 해도 언어에 의해서 구조화된 나의 심리상태를 이해할 수 없으며, 반려동물의 반응은 제한되어 있기 때문이다. 물론 반려동물을 키우는 사람들은 이러한 주장이 사실이 아니라고 생각할 수 있다. 반려동물도 인간만큼이나 의리가 있고, 사려 깊고, 다정하다고 생각할지도 모른다.

　　결국 인간과 인간의 사랑만이 의미가 있는 사랑이라고 주장할 수 있는 근거는 없다. 인간이 애정을 품고 사랑한다고 생각하는 상대가 있다면 그 상대가 인간이 아니더라도 인간은 사랑에 빠질 수 있다. 반려동물처럼. 그리고 심지어는 그 상대가 꼭 생물이 아니어도 상관없다. 어린아이는 이제 낡아서 버릴 수밖에 없게 된 인형을 보고 가족을 잃은 듯 상실감을 느낀다. 어린아이가 아니더라도 마찬가지이다. 나는 지금도 길거리에서 예전에 타던 차와 같은 종류의 차를 보면서 좋은 주인을 만나서 아직도 잘 굴러가고 있을까 하는 생각을 해본다.

　　중요한 것은 인간이 상대를 어떻게 생각하는가 이다. 인간이 다른 인간에게 사랑을 느끼는 것이 소중한 일이라면 인간이 자연을 사랑한다는 것 역시 소중한 일이다. 자연을 사랑하는 사람에게 자연을 파괴하는 것은 인간이 다치는 것만큼이나 아픈 일이 될 것이다. 네 발로 걷는 로봇개를 발로 차면 뒤뚱대다가 중심을 잡는다. 그런데 그 장면을 본 인간들은 로봇개를 차는 행위를 잔인한 행위로 느낀다. 쓰레기통을 차는 행위를 잔인하다고 느끼는 사람은 없겠지만 로봇개는 다르다. 결국 인간이 로봇개를 생명체와 유사하게 느낀다는 점이 중요하다. 인간과 인공지능 사이에 인간과 인간의 사랑과 같은 종류의 사랑을 기대하는 것은 인공지능에게 자의식이나 자유의지 또는 감정을 기대하는 것만큼이나 어렵다. 그러나 인공지능을 인간과 같이 생각하고 인간과 같이 대우하는 사람들이 많아진다면 인공지능 로봇은 단순한 물건과 같이 취급되지 않고 반려동물과 같이 물건 이상의 지위를 갖게 될 수 있다. 그리고 인간과 언어로 소통할 수 있다는 점을 고려한다면 반려동물보다 더 높은 지위를 가질 수도 있다.

VI. 인간을 능가하는 인공지능이 등장할 수 있을까?

바둑에서 알파고가 이세돌을 이기면서 인공지능이 인간을 능가할 수 있는가에 대한 질문이 많아졌다. 인간을 능가하는 인공지능이 등장하여 인간을 지배하거나 멸망시킬 가능성은 없는지 두렵기 때문일 것이다. 한때 바둑 세계 1인자였던 이세돌을 이긴 알파고는 이제 더욱 진화하여 더 이상 인간이 알파고를 이길 가능성은 없다. 가끔은 알파고가 한심한 수를 두지만, 그래도 인간이 알파고를 이길 수는 없다. 알파고와 알파고가 대국을 두는 경우도 있는데, 이 대국에서 인간이 두지 않는 수를 많이 볼 수 있다. 인간의 머리로는 그 수들의 의미를 나중에 깨닫거나 어렴풋한 의미만을 헤아려볼 수 있다. 바둑만을 놓고 본다면 인공지능은 인간을 초월한 신적인 존재가 되어 있다. 이렇게 본다면 인간을 능가하는 인공지능이 등장할 수 있다는 예측을 해볼 수 있다.

그런데 인간을 능가하는 인공지능이 무엇을 의미할까? 이 질문에 답하기 전에 이 질문 자체의 의미를 생각해 볼 필요가 있다. 인공지능은 인간보다 힘이 세고, 상상을 초월하는 많은 정보를 처리할 수 있고, 인간이 파악할 수 없는 패턴을 발견할 수 있다. 그러나 인공지능에게 자의식이나 감정, 자유의지를 기대하기는 쉽지 않다. 자의식이나 감정, 자유의지는 인공지능이 인간을 능가하는데 있어서 의미가 없는가? 무엇을 기준으로 능가한다는 판단을 해야 할까?

만약 인공지능이 인간을 능가한다는 것이 인공지능이 인간을 멸망시킬 수 있는지에 관한 질문이라면 그럴 가능성은 희박하다. 인공지능에게 동기를 부여하는 것 자체가 기술적으로 쉽지 않고, 그것이 가능하다고 하더라도 인간이 스스로를 멸망시킬 수 있는 인공지능을 굳이 개발하지 않을 것이기 때문이다. 그리고 인공지능이 인간을 능가해서 인류를 멸망시킬 가능성이 있더라도 그 전에 인간이 인공지능을 활용하여 스스로를 멸망시킬 가능성이 훨씬 더 커 보인다. 인간이 의지를 갖고 인공지능을 통해서 인류를 멸망시키려는 시도를 하지 않는다면 인공지능이 인류를 멸망시키는 일은 크게 걱정할 필요는 없다.

제2절 법체계에서 인격의 의미와 변화

I. 인격이란 무엇인가?

먼저 '인격(person)'이란 무엇인지 살펴본다. 인격은 다양한 영역에서 사용되는 개념이다. 우리 일상생활에서도 인격은 자주 사용된다. 그 때문에 인격은 다양한 의미를 지닌다. 예를 들어, 인격은 성격이나 캐릭터의 의미로 사용된다. 또한 인격은 도덕성의 의미로도 사용된다. 이를테면 우리는 도덕적으로 훌륭한 사람을 '인격자'라고 표현한다.

이에 대해 법에서 인격은 법적 주체 또는 권리주체가 될 수 있는 자격을 뜻한다. 이는 법에서 아주 중요한 의미를 지닌다. 왜냐하면 법적 주체가 되어야만 비로소 '법률행위'와 같은 법적으로 의미 있는 행위를 할 수 있고, 법이 보호하는 각종 권리를 누리거나 반대로 법이 부과하는 의무를 이행할 수 있기 때문이다. 우리 법, 특히 모든 법의 근간이 되는 민법은 법적 주체로서 인간이라는 개념 대신 인격 개념을 사용한다. 민법은 이를 한자어로 '인(人)'이라고 표시한다. 인격을 중심으로 하여 모든 민사법적 관계를 규율한다. 이 때문에 특정한 주체가 인격으로서 인정될 수 있는가 하는 점은 이러한 주체가 법이 보호하는 세계로 들어갈 수 있는지를 결정하는 아주 중요한 문제가 된다.

물론 우리 법이 상정하는 인격은 인간에서 출발한다. 따라서 인격을 지닌 주체, 즉 '인격체'는 흔히 인간을 지칭하는 경우가 많다. 그렇지만 우리 법에 따르면, 인간과 인격은 개념적으로 구분된다. 인간은 자연적·생물학적 존재를 말한다. 인간은 우리가 눈으로 볼 수 있는 대상이다. 이에 대해 인격은 법이 법적 주체로서 인정하는 자격 또는 존재를 말한다. 인격은 우리가 눈으로 볼 수 있는 대상이라기보다는 우리의 법적 관념 속에서 의미로서 존재하는 관념적인 것이다. 그 점에서 인간과 인격은 구분된다. 물론 자연적 인간은 법 안에서 당연히 인격을 취득한다. 이를테면 모든 인간은 생존하는 동안 인격으로서 권리능력을 갖는다(민법 §3). 그 점에서 인간과 인격은 일치한다. 다만 우리 법에서는 자연적 인간이 아닌 데도 인격을 취득하는 경우가 있다. 주식회사와 같은 법인이 바로 그런 경우이다. 법인은 엄밀하게 말해 우리 눈에 보이지 않는 인공적인 주체이지만, 우리 법은 법인에게 법적 인격을 부여한다(민법 §34).

이처럼 우리 법은 인간과 인격을 개념적으로 구분하면서 자연적 인간, 즉 자연인뿐만 아니라 법인에게도 인격을 인정한다. 여기서 우리는 다음과 같은 의문을 던질 수 있다. 만약 인격이 인간과는 구별되는 독자적인 개념이라면, 동물이나 최근 관심의 초점이 되는 인공지능 로봇 역시 인격을 인정받을 수 있을까? 우리는 동물이나 인공지능 로봇 역시 법적 주체 또는 권리주체로 파악할 수 있을까? 이 문제를 해명하려면, 우리 법에서 인격이 수행하는 기능은 무엇인지, 인격은 그 내용이 고정된 개념인지 아니면 변하는 개념인지, 만약 인격이 변하는 개념이라면 인격에서 가장 핵심이 되는 개념요소는 무엇인지 생각해 보아야 한다.

II. 인격이 수행하는 기능은 무엇인가?

법이 자연인 또는 법인에게 인격을 부여하는 이유는 무엇일까? 그 이유는 인격이 법체계 안에서 특정한 기능을 수행하기 때문이다. 먼저 인격은 인격을 부여받은 주체, 즉 인격체를 보호하는 기능을 수행한다. 특정한 주체를 인격체로 인정한다는 것은 그가 권리주체가 된다는 점을 인정하는 것이기 때문이다. 특정한 주체가 권리주체가 된다는 것은 그가 자신을 보호할 수 있는 권리를 향유할 수 있다는 것을 뜻한다. 예를 들어, 우리 인간은 인격으로 인정됨으로써 우리 법이 규정하는 다양한 권리들, 가령 생명권이나 자유권, 재산권을 주장할 수 있다. 이러한 권리를 사용하여 국가 또는 제3자에 의해 자행되는 위협이나 침해를 막을 수 있다. 법인 역시 인격체로서 부여되는 각종 권리들, 이를테면 인격권을 행사하여 자신에 대한 인격권 침해행위를 막을 수 있다. 이 점에서 인격은 인격체를 보호하는 기능을 수행한다. 바로 이러한 이유에서 동물을 보호하고자 하는 사람들은 동물을 독자적인 권리주체로 인정하고 동물에게 동물권을 부여함으로써 동물을 더욱 효과적으로 보호하려 하는 것이다.

다음으로 인격은 인격체와 법적 관계를 맺은 상대방을 보호하는 기능도 수행한다. 이를테면 인격체가 법적으로 잘못된 행위를 저지른 경우 이에 대한 책임을 질 수 있도록 함으로써 이러한 행위로 피해를 입은 상대방을 보호하는 것이다. 이를 '책임귀속기능'이라고 한다. 예를 들어, 우리 인간이 고의나 과실에 의한 위법행위로 타인에게 손해를 가한 경우 우리는 이러한 손해를 배상해야 한다(민법 §750). 또한 우리 인간이 타인에게 범죄를 저지른 경우 우리는 이에 상응하는 형사책임을 져야 한다. 마찬가지로 법인 역시 자신의 직무에 관해 타인에게 손해를 가한 경우에는 그 손해를 배상해야 한다(민법 §35). 이렇게 법적으로 잘못을 저지른 인격체가 그에 대한 책임을 지도록 함으로써 피해를 입은 상대방을 보호할 수 있는 것이다.

나아가 인격은 법적 관계를 명확하게 하는 기능도 수행한다. 특정한 주체나 단체에 인격을 부여함으로써 이러한 주체나 단체가 행사할 수 있는 권리의 범위나 부담해야 하는 의무의 범위를 명확하게 확정할 수 있다. 이는 전체 법체계를 안정화하는 데도 기여한다. 인격을 통해 누가 법적 주체가 되는지, 누가 어떤 권리를 갖고 또 어떤 책임을 질 수 있는지를 명확하게 함으로써 법적 관계에 대한 신뢰를 강화하는 것이다. 이는 법체계 전체를 안정적으로 만드는 데 기여한다. 달리 말해, 인격은 '법적 안정성'을 높이는 데 기여하는 것이다.

Ⅲ. 인격은 고정된 개념인가, 변하는 개념인가?

이처럼 인격은 우리 법체계 안에서 여러 중요한 기능을 수행한다. 그러면 이러한 인격은 그 내용이 고정된 개념인가, 아니면 변하는 개념인가? 이 질문이 중요한 이유는 다음과 같은 문제와 관련을 맺기 때문이다. 동물이나 인공지능 로봇 역시 인격을 인정받을 수 있는가 하는 문제가 그것이다. 만약 인격이 그 내용이 고정된 개념이라면, 인격은 현행법이 규정하는 것처럼 자연인과 법인에게만 인정할 수 있을 것이다. 이와 달리 그 내용이 변하는 개념이라면, 일정한 요건이 충족되는 경우 동물이나 인공지능 로봇에게도 인격을 인정할 수 있을 것이다. 바로 이 점에서 인격은 그 내용이 고정된 개념인가, 아니면 변하는 개념인가 하는 질문은 중요하다.

이러한 질문은 개념과 존재의 관계를 다루는 철학적인 질문이다. 일정한 개념에 대응하는 존재가 우리의 몸이나 물건처럼 '실체'로서 존재하는가, 아니면 우리의 사회적 관계 속에서 단지 '의미'로서만 존재하는가에 관한 문제이다. 이를 철학에서는 '존재에 관한 물음'이라고 말한다. 그리고 이를 다루는 학문을 '존재론'이라고 말한다. 존재론에서는 특정한 존재가 우리의 몸이나 물건처럼 '실체'로서 존재하는 경우 이를 '실체존재'라고 부른다. 이에 대해 특정한 존재가 사회적 관계 속에서 단지 의미로서만 존재하는 경우 이를 '관계존재'라고 부른다. 그리고 전자를 주장하는 이론을 '실체존재론', 후자를 주장하는 이론을 '관계존재론'이라고 부른다. 실체존재론에 따르면, 인격 개념에 대응하는 고유한 실체가 존재한다. 이는 바로 자율적인 인간을 뜻한다. 그리고 이렇게 실체로서 존재하는 인격의 내용은 변하지 않는다. 이와 달리 관계존재론에 따르면, 인격 개념에 대응하는 고유한 실체는 존재하지 않는다. 그 대신 의미만이 존재할 뿐이다. 이러한 의미는 사회적 관계 안에서 만들어진다. 그리고 사회가 변하면 그 의미 역시 변한다. 따라서 이러한 관계존재론에 따르면, 인격 개념에 대응하는 의미는 고정된 것이 아니라 사회와 함께 변하는 가변적인 것이다.

그러면 인격은 이 중에서 어떤 것으로 파악할 수 있을까? 실체존재론과 관계존재론 중 어느 쪽이 타당한지를 다루기 위해서는 본격적인 철학적인 논의를 해야 한다. 하지만 이 책에서 이러한 논의를 하는 것은 적합하지 않다. 따라서 일단 결론만을 제시하면, 인격 개념은 관계존재론에 따라 판단하는 것이 타당하다. 인격은 실체가 아닌 의미인 것이다. 이는 인격 개념과 인간 개념을 비교하면 분명해진다. 인간 개념에 대응하는 존재는 생물학적 존재로서 이 세계에 실체로서 존재한다. 자연적 인간은 분명 우리가 감각적으로 경험할 수 있다. 그렇지만 인격은 자연적 인간과는 달리 우리가 감각적으로 경험할 수 있는 것은 아니다. 인격은 우리가 사회 안에서 형성하는 관계 및 소통을 통해 우리에게 그 의미가 부여된다. 인격은 사회적 관계 안에서 의미로서 존재하는 것이다. 그 점에서 인격은 그 내용이 고정되어 있지 않다. 인격 개념이 지칭하는 의미내용은 사회와 함께 변한다. 이는 우리 법의 역사가 잘 보여준다.

Ⅳ. 인격은 어떻게 변해 왔는가?

이렇게 인격 개념은 고정된 것이 아니라 사회의 변화에 발맞추어 변하는 것이라면 이는 그 동안 어떻게 변해왔는가? 결론부터 말하면, 인격 개념은 우리 인류와 사회 그리고 법이 진보하면서 그 내용이 지속적으로 확장되어왔다. 예전에는 인격으로 인정받지 못했던 존재들이 사회가 발전하면서 인격으로 인정되고 있는 것이다.

먼저 자연적 인간에서 출발하는 '자연적 인격' 개념이 지속적으로 확장되었다는 점을 언급할 필요가 있다. 인격 개념을 수용한 고대 로마의 법체계에서는 인격 개념에 미성년자나 여성, 노예는 포함되지 않았다. 성인 남자인 로마 시민만이 인격을 취득하였다. 이는 성인 남자인 로마 시민만이 권리주체가 될 수 있었다는 점을 의미한다. 그러면 그 이유는 무엇일까? 이는 다음과 같이 말할 수 있다. 법에서 인격은 실천이성을 갖춘 자율적인 인간을 전제로 하는데, 미성년자나 여성 그리고 노예는 자율적인 인간이 아니기에 인격으로 인정될 수 없다는 것이다. 한 마디로 말해 자연적 인간이라고 해서 모두 평등한 것은 아니라는 것이다. 이는 근대법이 등장하기 직전까지 지속되었다. 다만 최초의 근대 민법이라 할 수 있는 프랑스 민법전은 모든 인간을 인격체로 수용함으로써, 다시 말해 신분제를 철폐하고 노예를 더 이상 인정하지 않음으로써 인격 개념을 확장하였다. 그렇지만 이는 형식적인 측면에서만 그랬을 뿐이었다. 미성년자나 여성은 여전히 불완전한 인격체로 남아 있었다. 특히 여성의 경우에는 20세기 초반까지 비록

성인 여성이라 할지라도 완전한 인격체로 승인되지 않았다. 이를테면 일제 식민지 시대에 통용되었던 일본의 구민법은 아내가 재산적 처분행위나 소송행위를 할 경우에는 아내를 행위무능력자로 취급하였다. 남편의 동의를 얻은 경우에만 재산적 처분행위나 소송행위를 할 수 있도록 한 것이다. 다행히 여성주의 운동의 영향 등으로 여성의 법적 지위가 향상되기 시작하여 최근에 와서는 여성 역시 남성과 동등한 법적 인격체로 승인되고 있다. 이처럼 자연적 인간에 바탕을 둔 자연적 인격 개념은 우리 인류와 법이 진보하면서 지속적으로 확장되었다.

다음으로 법인이 새롭게 법적 인격에 편입되었다는 점을 지적할 수 있다. 법인은 법적 필요에 의해 법이 인공적으로 만들어낸 인격이라 할 수 있다. 우리 법에 따르면, 법인은 자연적 인간으로 구성되는 '사단법인'과 재산으로 구성되는 '재단법인'으로 구분된다. 이미 언급한 것처럼, 민법에 따르면 법인은 권리능력의 주체가 될 뿐만 아니라, 불법행위책임의 귀속주체가 된다. 이렇게 보면, 법인은 민법의 체계 안에서는 온전한 인격으로 인정된다. 다만 형법학에서는 법인을 형법상 의미 있는 인격으로 볼 수 있을지에 관해 논란이 있다. 특히 법인에게 책임능력이 있는지가 문제된다. 그 이유는 자연인과는 달리 법인은 스스로 행위를 할 수 없고, 독자적인 책임의식을 갖는다고 보기도 어렵기 때문이다. 이처럼 법인은 자연인과는 여러모로 차이가 있다는 점에서 법인의 본질이 무엇인가에 관해 견해가 대립하기도 한다. 이에 관해서는 크게 '법인의제설'과 '법인실재설'이 대립한다. 법인의제설에 따르면, 법인은 실재하지 않는 것으로서 단지 우리 법이 필요하기에 마치 있는 것처럼 의제한 것에 불과하다. 이에 반해 법인실재설은 법인이 우리 사회 속에서 실재한다고 말한다.

최근에는 동물권을 인정해야 한다는, 다시 말해 동물을 권리주체로 인정해야 한다는 논의에서 인격 개념의 확장현상을 읽어낼 수 있다. 현행 법체계에 따르면, 특정한 주체를 권리주체로 파악한다는 것은 그를 인격으로 승인하는 것이므로, 동물을 권리주체로 본다는 것은 동물을 인격으로 인정하는 것으로 새길 수 있기 때문이다. 그런데 이렇게 동물권 옹호론자들이 주장하는 것처럼, 동물에게도 인격 및 권리주체성을 인정할 수 있다면, 인격은 더 이상 자연적 인간에 바탕을 둔 개념이 될 수 없다. 달리 말해, 인격은 더 이상 '인간중심적 개념'일 수 없는 것이다. 만약 동물을 단순한 물건이 아니라 인간처럼 존엄한 권리주체로 승인하고 싶다면, 어쩌면 우리는 인간중심적인 '인격' 개념을 포기하거나 그게 아니면 인격 개념을 '탈인간중심적인 개념'으로 새롭게 설정해야 할 것이다. 그러나 우리나라에 한정해 보면, 현행 법체계 및 판례는 여전히 동물을 인격으로 승인하지 않고 있다. 동물은 권리주체성도 소송의 당사자능력도 가질 수 없기 때문이다. 이는 동물을 물건으로 취급하지 않는 독일 민법의 태도와는 분명 차이가 있다. 그 점에서 우리 법에서 전제로 하는 인격 개념은 여전히 인간중심적 사고의 영향에서 완전히 벗어나지는 못하고 있다.

V. 탈인간중심적 인격 개념은 가능할까?

이처럼 우리 법은 한편으로는 인격 개념을 지속적으로 확장해 오면서도, 다른 한편으로는 동물은 인격으로 승인하지 않음으로써 여전히 인간중심적 사고에서 크게 벗어나지 않고 있다. 이러한 상황에서 우리는 최근 화두가 되고 있는 문제와 마주한다. 인공지능 로봇은 과연 인격을 획득할 수 있을까?라는 문제가 그것이다. 만약 우리가 여전히 인간중심적 사고에 기반을 두고 인격을 개념화한다면, 동물처럼 인공지능 로봇 역시 인격으로 승인되기는 어려울 것이다. 그러나 우리가 인간중심적 인격 개념과는 대비되는 이른바 '탈인간중심적 인격 개념'을 설정할 수 있다면, 동물이나 인공지능 로봇 역시 인격으로 인정할 가능성이 전혀 없지는 않다. 다만 이를 긍정하기 위해서는 두 가지 문제를 풀어야 한다. 첫째, 과연 탈인간중심적 인격 개념이 가능한가 하는 문제이다. 둘째, 만약 가능하다면 인격의 판단기준을 어떻게 설정할 수 있는가 하는 문제이다. 이에 관한 논의는 아래 제3절에서 상세하게 다루도록 한다.

제3절 포스트휴먼으로서 지능로봇과 탈근대적 권리론의 가능성[17]

I. 합리적 이성과 자율성에 기초한 근대적 인간관은 유지될 수 있을까?

인간과 인공지능의 관계, 그리고 인간 외적 존재에 대한 인격 부여 가능성을 다룬 앞의 논의는 인공지능 시대의 도래가 가져오는 법제도적 차원의 변화가 기존 근대법체계의 토대에서부터 근본적으로 이루어질 것이며, 이를 통해 법패러다임 차원의 새로운 전환을 이끌게 될 것이라는 점을 설득적으로 보여준다. 곧, 인공지능으로 인해 체계내적 차원에서 근대적 인간관 등 법의 모더니티 이해에 대한 근본적인 재구성 및 재해석이 이루어지고 있는 것이다.

인간의 뇌구조 및 지능체계를 규명하여 기술적으로 구현한 인공지능은 이제 계산 및 기억을 넘어서, 학습, 판단, 추론, 그리고 창의 및 감성으로까지 역할 및 기능을 확장해 나갈 것으로 기대되고 있으며, 이는 인간의 자율성에 입각한 합리적이고 이성적인 판단 역량에 그 기초를 두었던 근대법의 인간관에 새로운 도전이 되고 있다. 근대철학에서 인간 존엄성의 주된 이론적 근거는 인간 이성의 자율성에 있으며, 다시 말해 '이성적 동물(animal rationale)'로서 인간은 가장 기본적인 근대의 정신이라고 할 수 있다.[18] 하지만 과학적 합리성, 통계적 확실성 및 수학적 정확성에 바탕을 둔 논리적인 판단에 초점을 맞춘다면, 인공지능이 인간보다 고도의 이성적인 판단을 할 수 있다고 평가할 수 있을지도 모른다. 다시 말해, 기존의 근대적 의미의 합리적 이성 개념에만 천착하면 이론적 난관에 직면하게 될 것이다.

물론 현단계에서의 인공지능이 온전한 자율성을 가지고 있다고 해석하는 데에는 한계가 있다. 하지만 약인공지능(Weak AI)의 단계에서도 자율적인 판단을 인정할 가능성이 논의되고 있다. 특히 학습된 인공지능이 종국적으로 어떠한 판단을 내리게 될지에 대해, 해당 인공지능을 프로그래밍한 공학자 역시 정확히 예측할 수 없다는 점에서, 인공지능이 갖춘 모종의 자율적인 판단 역량을 인정할 수 있게 된다.

　　로봇의 자율적인 판단 및 행동은 알고리즘과 그에 바탕한 일련의 학습과정
에 의해 이루어진다는 점에서 인간의 그것과 구별될 수 있다.19 다만 지능로봇의
알고리즘에 따라 이루어진 '자동화된 결정(automated decision)'20은 적어도 현상
적인 측면에서 자율적인 것으로 인식될 수 있다.21 이러한 맥락에서 자율성에 대
한 개념적 완고함을 넘어서, 지능로봇에 적합한 형태로 그 개념을 느슨하게 재정
의하려는 시도들이 눈에 띈다. 곧, 자율성을 인간의 직접적 개입 없이 기계의 자
체적인 알고리즘에 따라 의사결정이 이루어지는 것을 지칭하는 개념으로 사용하
고자 하는 논의의 추이가 확인된다. 또한 인간의 자율성 개념과 구별되도록 지능
로봇에 적합한 대안적 개념이 제시되기도 한다. 이 역시 인간과 유사한 수준의
자의식 및 자유의지를 상정하지 않고서도 자율적인 주체성을 논할 수 있도록 하
기 위한 이론적 시도라고 볼 수 있다. 다시 말해, 모종의 자율적인 행위능력을
갖춘 자율기술시스템의 독립적이고 주체적인 지위를 인정하는데 있어서, 인간
수준에 도달한 인공지능의 출현이 반드시 전제되는 것은 아니라는 입장이 설득
력을 얻어가고 있다.22 이렇듯 현상적 차원에서 자율적인 주체로서 행동할 수 있
다는 점에 착안하여 '위임된 자율성',23 준자율적(semi-autonomous) 내지 유사자
율적(quasi-autonomous)인 존재로서 지능로봇의 지위가 주장되기도 한다.24 즉,
로봇은 제한된 수준의 자율성을 구현할 수 있다는 점에서 여느 인공물과 다른
고유한 지위를 갖는다.25 이렇듯 자율적인 판단이 가능한 인공지능 및 지능로봇
의 등장은 합리적 이성과 자율성에 기초한 근대적 인간관과 이를 전제로 하는
전통적인 법이론에 있어서 근본적인 변화를 가져오게 될 것이다.

　　나아가 이러한 논의는 합리적 이성에만 바탕을 둔 '합리적 인간'의 우월성
을 반성하고 새로운 휴머니티, 인간의 존엄성 및 인권의 철학적 원천과 이론적
근거를 어디에서 발견해야 하는 것인지 성찰하는 계기를 마련해준다. 즉, 인공
지능은 근대적 인간관과 인간의 자기이해를 새로이 정립시키도록 하면서, 인간
다움(humanity)에 대한 현대적 재구성을 요청하고, 기존의 인간 중심적인 법체계
를 넘어서는 새로운 가능성을 탐구하도록 이끈다. 인간의 본성 자체에서만 인간
존엄성의 근거를 찾으려는 노력은 필연적으로 한계에 봉착하게 된다. 인간은 바

로 인간이기 때문에 존엄하다는 주장은 논리적인 모순을 내재하고 있을 뿐만 아
니라 인간종족 중심주의에 빠질 위험성을 내포하고 있다.[26] 탈근대적 권리 주체
및 주체성의 문제를 다루는 포스트휴먼 담론은 이러한 인간중심주의 및 종차별
주의를 넘어서고자 하는 논의의 지평을 열어준다. 다시 말해, 인공지능 법담론은
지능정보사회에서 인간중심주의를 넘어서는 가치 및 현상을 어떻게 법적으로 수
용할 것인지를 주된 쟁점으로 다루고 있다는 점에서, 보다 근본적인 차원에서는
포스트휴먼 법담론과 접점을 이루고 있다고 할 수 있겠다.

II. 포스트휴먼은 무엇인가?

포스트휴먼 담론에서는 인간의 범위 혹은 범주, 인간 본성에 대한 새로운
이해, 그리고 인간과 비인간의 경계 희석 등, 종래 인간 개념에 대한 해체적 재
구성이 시도되고 있다. 포스트휴먼의 출현은 인간의 개념적 스펙트럼이 인간의
속성을 가진 모든 존재로 확장되도록 이끌면서, 근대적 의미의 인간학 및 휴머니
즘에 대한 대안적 분석을 요청한다.[27] 종래 법적 주체 및 주체성에 대한 논의는
생물학적 인간인 호모 사피엔스를 전제로 이루어져 왔다고 할 수 있다.[28] 그러나
포스트휴먼은 이러한 인간 종개념을 다양한 층위에서 해체시키면서 포스트휴
먼 시대에 적합한 휴먼 개념, 즉 새로운 인간 이해의 정립을 시도한다. 포스트
휴먼 시대에서 탈근대적 의미의 법적 주체 및 주체성은 다음과 같이 세 가지
지층으로 유형화될 수 있다: i) 인간에 대한 기계적·화학적·생물학적 작용을
통해 인간의 능력 향상을 추구하는 인간 향상(human enhancement) 및 트랜스휴
먼(transhuman); ii) 인간과 기계의 결합, 가상현실 아바타 등 다양한 방식(mode)
으로 현존하는 인간; 그리고 iii) 지능로봇 등 인간으로부터 독립적으로 분리된
새로운 주체의 출현. 즉, 포스트휴먼의 법적 수용은 인간 이외의 존재에게 주체
로서의 지위를 승인하거나, 인간이 현실세계에서 존재할 수 있는 방식이 다양화
되는 '다-모드적 주체성(multi-modal subjectivities)'을 승인하는 형태로 이루어
질 수 있다.

포스트휴먼 담론은 특히 인공지능이 체화되어(embodied) 자율적인 판단 역

량을 갖춘 지능로봇(intelligent robot)의 등장으로 보다 촉발된다. 지능로봇이 등
장하면서 새로운 권리 주체로서 지능로봇의 법인격과 권리에 대한 담론이 성장
하고 있는 추세이다. 탈인간중심적 사상은 인간중심적인 주체 개념에서 인간 외
적인 주체 개념으로 확장되어 나아가고 있다는 점에 그 핵심이 있다.29 이렇듯
인간 외의 비인간이 새로운 인격적 주체로서 등장하는 역사적 맥락을 거치면서
인간/비인간의 경계가 희석되는 현상은 가속화된다. 결국 포스트휴먼 시대에는
인간과 비인간의 절대적인 구분이 해체되기 시작한다. 이는 인간의 비인간에 대
한 지배적인 지위 및 위계적인 질서의 해체를 수반한다. 이와 같이 인간과 기계
를 비롯한 기술적 대상들 간의 관계를 기존의 지배 – 피지배 패러다임을 넘어서 상
호 협력적인 평등한 관계로 이해하려는 새로운 사유 패러다임이 제시되고 있다.

　　인간/비인간의 경계 희석은 특히 정신과 신체의 이분법적 접근이 해체되는
맥락에서 잘 드러난다. 데카르트(Descartes)는 정신과 물질이라는 두 종류의 서로
배타적으로 구분되는 실체를 제시하면서, 물질은 공간적인 위치와 크기를 갖는
실체이며, 정신은 사유를 본질적 속성으로 하는 실체인 것으로 상정하였다.30 그
러나 이러한 정신(이성)과 신체(몸) 사이의 구별, 이를 통한 인간과 비인간 사이
의 구별을 희석시키는 경향은 인공지능 및 로봇공학뿐만 아니라 인간(뇌)공학에
서도 동시에 진행 중이라고 할 수 있다. 먼저 인간은 이성적 존재라는 점에서 종
적 차이, 사회적 지위 및 역할의 차이를 정당화해왔다. 그러나 인공지능의 등장
은 인간의 이성이 인간만의 전유물인지 여부에 대한 진지한 물음을 제기한다.
'정신 작용'은 인간을 규정하는 본질적인 속성 중의 하나로 인간의 우월성을 확
립하는 이론적 기초가 되어 왔지만, 인공지능이 등장하면서 정신성 및 이성성에
만 근거하는 인간 존엄성의 토대는 유지되기 어렵게 된 것이다.31 또한 인간의
정신에 대한 과학적 탐구는 뇌과학의 성장을 통해 보다 본격적으로 이루어지고
있다. 이를 통해 인간의 마음 내지 정신이 몸의 한 부분인 두뇌의 생리적 활동임
이 과학적으로 증명되고 있고,32 인간의 정신현상을 시각적으로 드러내면서 신경
프로세스를 해명하는 뇌과학적 연구결과는 인간의 독립적인 자유의지의 존재 여
부에 대한 회의적인 관점을 내포하기도 한다.33 인간의 자유의지가 본능 및 감
성, 그리고 정신을 담고 있는 몸과 환경의 영향으로부터 자유롭지 않다는 관점을

바탕으로 하는, 자유의지의 존부에 대한 뇌과학적 증명은 인간의 이성에 기초한 합리적인 판단이라는 관념 자체가 존립할 수 있는지에 대해 의문을 제기한다. 다시 말해, 인간의 '마음' 내지 '정신'이 몸 또는 신체의 한 부분인 두뇌의 생리적 활동에 불과하다는 전제, 즉 "정신에 대한 유물론적 이해"[34]에 기반하여,[35] 두뇌를 통한 정신 작용을 탐구하는 뇌과학은 인간이 자유의지를 가진 자율적인 존재라는 기초적인 명제 역시 도전을 받도록 한다.[36]

결론적으로 포스트휴먼 시대에서 인간 개념의 확장적 재해석과 새로운 탈근대적 법적 주체 및 주체성의 등장은 '인간 종(種) 중심주의'를 넘어서도록 하며, 기존의 근대철학에 터 잡고 있는 근대법의 인간관은 자기변화를 꾀해야 하는 시점에 이르렀다고 평가할 수 있다.

III. 포스트휴먼으로서 지능로봇은 법적 권리의 새로운 주체로서 승인될 수 있을까?

이러한 배경에서 새로운 권리 주체로서 지능로봇에 대한 권리 담론이 성장해 왔고, 이러한 논의는 기존의 근대법체계에서 포함되지 않았던 새로운 주체를 승인함으로써 보다 포용적인(inclusive) 법체계로 확장되는 측면을 조명한다. 포스트휴먼 시대에서 새로운 인간 이해는 지능로봇뿐만 아니라 여타 비인간(non-human) 주체들에 대한 권리 담론과도 유기적인 상관성을 갖고 있다. 특히 로봇권 담론이 다른 비인간 주체들의 '이차적 권리(second-order right)'[37] 담론으로 연장되어 논의되고 있는 추세에 주목해 볼 필요가 있다. 곧, 로봇권 담론은 현재 형성 중인 단계에 있는 새로운 권리 주체들에 대한 담론과 함께 성장하고 있으며, 인간중심적인 근대 권리담론에 대한 반성적 성찰은 모더니티가 소외시켰던 인간 외의 주체들에 대한 새로운 관점을 제공해주고 있다. 이에 따라 동물권, 미래세대, 자연/환경, 집단적 권리(문화적 권리) 등이 법인격 내지 권리 주체로 승인 가능할지 여부에 대한 논의가 활성화되고 있다. 이때 로봇권 담론은 인간 중심의 법체계에 대한 새로운 이해를 가져오면서, 이차적 권리 담론의 촉매제로서 역할하고 있다. 이렇듯 로봇권이 추동하는 이차적 권리 담론 역시 보다 포용적인 권리론으로 나아가는 연장선상에 있으며, 근대 권리 패러다임의 변화를 이끈다고 할 수 있다.

Ⅳ. 로봇윤리 담론에서 로봇권의 이론적 근거지음은 무엇일까?

지능정보사회에서 지능로봇의 도입 및 수용에 따라 새로이 제기되는 가치판단의 문제들은 로봇윤리담론의 성장을 이끌고 있다. 로봇윤리는 인공지능 및 지능로봇이 내리는 의사결정이 인간사회에 영향을 미치는 상황을 기본적인 전제로 삼으며, 고양된 수준의 지적 능력을 갖춘 지능로봇이 인간의 통제 및 개입 없이 일련의 의사결정을 하게 된다는 점에서 로봇에 대한 윤리화 과제가 요청된다고 하겠다. 로봇윤리의 세 가지 유형은 다음과 같이 구분될 수 있다: i) 로봇공학의 윤리적 지침; ii) 도덕적 행위자로서 지능로봇; iii) 지능로봇에 대한 윤리적 대우.[38] 첫 번째 유형의 로봇윤리는 로봇을 설계, 제작, 관리하는 자들의 직업전문성에 바탕을 둔 윤리를 다루며, 두 번째 유형은 인공지능 및 지능로봇이 인간과 같은 독립적인 도덕적 판단 및 행위의 주체로서 승인될 수 있는지에 대한 논의의 지평을 다룬다. 마지막으로 로봇윤리는 주체로서의 로봇뿐만 아니라 객체로서의 로봇, 즉 로봇에 대한 윤리적 처우(treatment) 문제 역시 논의의 대상으로 삼는다. 로봇을 윤리적 객체로 바라보는 관점은 로봇권(robot rights) 담론으로 연장될 수 있다.

새로운 권리 주체로서 지능로봇을 승인하기 위해서는 설득력 있는 이론적 근거가 제시되어야 할 것이며, 이를 위한 기초이론을 구상하는 단계에서 상호성(reciprocity) 및 대화성이 로봇권의 인정 근거로서 제안될 수 있다. 즉, 인공지능 및 지능로봇을 도덕적 주체로 승인하기 위한 정당화 논거로서 도덕 및 윤리가 행위자들 간의 '관계'에서 발생한다는 점을 중요한 고려사항으로 삼아야 한다고 주장되기도 한다.[39] 인간과 로봇의 상호작용을 통해 형성되는 관계성에 대한 관심을 촉발시킨 계기는 인간－로봇 상호작용 연구(Human－Robot Interaction; HRI)의 활성화를 통해 본격적으로 마련되었다고 할 수 있다.

이때 HRI 연구에서 관찰되는 로봇에 대한 인간의 반응은 지능로봇이 지능, 자유의지, 자율성을 보유하는지 여부를 떠나, 인간－로봇 간에 수립되는 관계성

그 자체에 바탕을 두는 도덕적 인격의 승인 가능성을 논할 수 있도록 한다. 일련
의 연구성과들은 사람이 기계를 사회적 행위자로서 다루는 경향성을 보이며, 사
람들이 자율적인 로봇을 다른 컴퓨터 기술과 달리 인지하고 있고, 다른 사람들과
의 상호작용과 유사하게 로봇에 대해 사회적으로 반응하고 있음을 밝히고 있다.
이러한 맥락에서 주목해야 할 개념은 바로 의인화(anthropomorphism)이다. 지능
로봇의 맥락에서 풀이하면 "비인간 영역을 인간의 특성과 결부시켜 이해하려는
지각방식"40이라고 할 수 있는 의인화는 인간이 비인간과 인간다움(humanness)
의 상호작용성을 얻기 위한 실천 방법으로 이해된다.41 인간은 의인화를 통해 지
능로봇과 소통하며 그에게 인격적 지위를 부여하고자 하는 경향성을 보여준다.
이때 지능로봇의 자유의지 및 자율성의 실재성보다는 오히려 신체성과 같은 외
양에 대한 인식적 관심으로 나아가고 있음에 주목해 볼 필요가 있다. 상당수의
HRI 연구성과들은 인간과 닮은 외양(humanlike appearance)을 가진 휴머노이드
(humanoids)가 인간과 보다 용이하게 사회적 상호작용을 하고 있음을 보여준다.
생물형태의 바이오모픽 기계(biomorphic machines)로서 휴머노이드 로봇은 인간
에게 "사회적"(sociable)으로 보일 수 있는 로봇을 만들기 위한 노력으로 해석될
수 있다.42

　이렇듯 앞으로의 지능로봇이 사회적 상황에 대한 적응력, 인간과의 관계맺
음을 통한 정서적 유대 및 친밀감 등 전반적인 사회성을 갖춘 사회적 로봇(social
robot)으로 진화될 가능성이 논의되고 있다. 다시 말해, 사회적 의사소통을 통
해 반응하고 참여하는 '사회적 지능'43을 갖추고, 인간과 사회적 방식으로 상호
작용하도록 기획되고 설계된 사회적 로봇 내지 사회적인 상호작용 로봇(socially
interactive robots)44이 로봇윤리담론에서 중요한 주제어로 자리매김하고 있다. 사
회적 로봇의 사회성(sociality)을 바탕으로 인간과 로봇의 사회적·도덕적 관계가
형성될 수 있게 되며, 나아가 로봇권의 부여 가능성이 열리게 된다. 곧, 인간과의
의사소통 및 관점교환을 통해 상호주관적이고 상호인격적인 관계를 형성하는 지
능로봇에 대해 모종의 권리를 부여할 수 있다는 이론적 기초가 마련될 수 있으
리라 생각한다. 이러한 맥락에서 인간과 감정적 유대를 향유하는 사회적 로봇의
법적 권리가 조명되고 있으며, 특히 (감성 인공지능의 출현 역시 논의되고 있는 단계

에서) 인간과 로봇의 상호성과 대화성, 나아가 공감성은 로봇권의 인정근거를 마련하기 위한 의미 있는 이론적 기초를 제공해줄 수 있을 것으로 기대된다.

이와 더불어 인간－로봇의 관계에 대한 인식이 주종관계에서 동반자관계로 나아가고 있다고 평가할 수 있다. 전통적으로 로봇은 위계적인 주인－노예 관계에서 인간을 모시는 종속적인 지위를 부여받았다.45 이러한 인간 중심의 주종적 관계와 노예적 신분(servitude)은 '로봇(robot)'이라는 개념의 어원을 거슬러 올라가 보면 분명하게 드러난다. 1921년 차페크(Čapek)는 자신의 연극 R.U.R(Rossum's Universal Robots)에서 "고된 일" 내지 "강제노역"을 뜻하는 체코어인 'robota'에서 착안하여 로봇 개념을 처음으로 사용하였다고 한다. 그러나 오늘날 상대방의 의도 및 감정을 파악하고 타인과 관계를 형성하는 사회적 능력, 곧 사회성 (sociability)을 갖춘 사회적 로봇의 출현은 지능로봇을 더는 비사회적 기계로 취급할 수 없도록, 나아가 주종적 관계를 넘어서 동반자적 관계로 나아가도록 하는 전향점이 되었다. 친밀한 유대감에 기반한 협력적인 동반자로서 로봇의 존재는 보다 적극적으로 로봇에 대한 윤리적인 처우와 나아가 로봇권에 대한 논의를 촉발시키고 있다. 단순하게는 로보티켓(robotiquette)에 대한 요청에서부터 시작되어 로봇에 대한 비윤리적 취급의 규제 가능성에 이르기까지, 인간과 로봇의 사회적 관계에 따른 적절한 행동 양식에 대한 논의가 펼쳐지고 있다.

이렇듯 인간이 로봇을 어떻게 다루어야 할지(how to treat robots)에 대한 논의는 "상호작용의 호혜성"46을 바탕으로 한다. 인간과 로봇의 상호작용은 로봇을 윤리적 주체로 승인하고 일련의 책무를 부여할 근거를 제공할 뿐만 아니라 동시에 인간에게 역시 호혜성을 깨뜨리지 않도록 하는 의무를 부여할 수 있게 한다. 인간과 로봇의 사회적 관계에서 발견되는 상호성 및 호혜성은 지능로봇으로 하여금 도덕적 행위자뿐만 아니라 도덕적 수동자(moral patients)로서의 지위를 논할 수 있는 전환점을 마련해준다.

이렇듯 소통적 관계의 맥락에서 지능로봇에 대한 윤리적 처우 및 로봇권 논의의 이론적 기초가 보다 풍성해진다고 할 수 있다. 이때 동물권 담론에서도 인간과 동물의 상호성이 동물의 권리 주체성을 법적으로 승인하기 위한 이론적 근거로서 제시되어 왔다는 점이 주목된다. 동물권 담론에서는 특히 인간과 동물 간

의 상호적인 관계를 통해 축적된 경험 및 교감에서 동물 보호와 권리 보장의 근
거지음이 이루어져 왔다고 할 수 있다. 이러한 상호성에 대한 고려를 엿볼 수 있
는 맥락은 동물권의 인정근거로서 '고통(suffering)'이라는 관념이 갖는 의미에 대
한 것이다. 싱어(Singer)는 쾌락과 고통에 대한 감수성을 바탕으로 동물의 주체적
지위를 논한 바 있다.[47] 우리나라의 동물보호법(2015) 역시 보호의 대상이 되는
동물의 개념 범주를 "고통을 느낄 수 있는 신경체계가 발달한 척추동물"에 한정
하고 있으며(§ 2①), 동물실험의 원칙에 있어서도 고통이 수반되는 실험에서 고통
을 덜어주기 위한 적절한 조치를 취하도록 하는(§ 23④) 등 법조문 곳곳에서 고통
을 주된 고려사항으로 삼고 있다는 것을 알 수 있다. 이는 동물의 고통을 객관적
으로 지각하는데서 나아가 주관화하는 공감(empathy)의 가능성, 즉 고통에 대한
공유된 인식을 전제로 삼고 있음을 보여준다. 상대방이 경험하는 고통에 대한 인
식은 표정, 몸짓, 소리 등의 방식으로 표출된 고통을 지각함으로써 이루어진다는
점에서, 고통 관념에는 '상호성' 및 '관계성'이 내재해 있으며, 상호교감의 근거로
서 해석될 수 있다.

　　이러한 논의는 인간이 인간적 주체뿐만 아니라 비인간적 주체와 같이 이질
적인 존재와 상호작용함으로써, 새로운 역량을 배양하고 자신의 인간됨을 성숙
시킬 가능성에 대한 탐구로 나아간다. 즉, 인간이 인간 외의 존재와 인격적 관계
를 맺음으로써 본연의 인간성이 성숙될 수 있다는 구상은 비인간적 존재에 대한
권리 부여의 이론적 기초를 더욱 탄탄히 할 수 있는 계기를 마련한다. 이질성과
의 접촉을 통해 사회적 상호작용 역량을 발전시켜 나가는 것은 인간의 자기계발
및 상호진화의 맥락에서도 설명할 수 있을 듯하다. 곧, 인간이 다른 종과의 관계
맺음을 포함하는 타자와의 조우를 통해 상호성의 능력을 배양하면서 자신의 인
간다움을 성장시켜 나간다는 하나의 가설이 가능해지는 것이다. 인간과 로봇 간
의 소통적 관계는 새로운 기계 종인 로봇과의 상호작용으로 인해 인간 스스로의
자기이해가 변화하고 인간의 전반적인 역량이 강화될 수 있다는 공진화(co-
evolution)의 가능성에 대한 논의에서 극대화된다. 이는 특히 누스바움(Nussbaum)
의 역량접근법(Capability Approach)이 적극적으로 논의되는 맥락과도 맞닿아 있
다고 할 수 있다. 누스바움은 인간을 포함하는 동물 일반에 공통적으로 적용되는

권리론의 기초를 제공하면서, 인간과 인간 외적 존재와의 관계맺음에 주목한다.[48] 누스바움의 역량 개념 및 핵심 역량 목록은 인간에 대한 사회적 로봇의 긍정적 영향을 평가하는데 있어서 기준으로 활용되고 있기도 하다. 누스바움은 인간에게 있어서 핵심적인 역량(capabilities)을 다음과 같이 제시한다: i) 생명(life); ii) 신체적 건강(bodily health); iii) 신체적 온전성(bodily integrity); iv) 감각, 상상, 그리고 사고(senses, imagination, and thought); v) 감정(emotions); vi) 실천적 이성(practical reason); vii) 관계(affiliation); viii) 인간 이외의 다른 종들(other species); ix) 놀이(play); x) 자신의 환경에 대한 통제(control over one's environment). 우리의 논의에서는 먼저 동물 및 식물 그리고 자연세계에 관심을 기울이고 관계를 맺으며 살아갈 수 있어야 한다는 '인간 이외의 다른 종들'이라는 역량이 주목될 수 있다. 해당 역량은 이종(異種) 간의 의사소통 및 관계형성에 주목하는 것이라는 점에서 자연 종만이 아니라 기계 종까지 포함하는 것으로 재해석될 가능성이 높다. 그 외에도 로봇을 통한 인간 역량 증대에 있어서 주로 언급되는 것은 (사물(things)에 대한 애착(attachment)을 가질 수 있도록 하는 등) 인간의 역량을 계발하는 데 있어서 유대관계 형성이 갖는 중요성을 강조하는 '감정' 역량과, 타자와의 공존 및 다양한 형태의 사회작용, 그리고 타인의 상황에 대한 상상력 등을 포함하는 '관계' 역량이라고 할 수 있다.

 생각해 볼 점

1. 인간의 의식의 신비함을 규명하지 않더라도 인간과 비슷한 또는 인간을 능가하는 인공지능을 만들어낼 수 있을까?
2. 생존과 경쟁에 대한 의지가 없더라도 인공지능이 인간을 멸망시킬 위험성이 존재할까?
3. 인공지능 및 포스트휴먼 시대에서 '인간다움(humanness)'이란 무엇일까?
4. 사회적 로봇의 권리가 인정될 수 있다면, 인간의 권리와 로봇권은 구체적으로 어떻게 차등화될 수 있을까?
5. 인간과 로봇이 진정한 의미에서 상호이해하고 공감할 수 있는 것일까?

인공지능과 윤리

구글과 마이크로소프트 직원들은 자사의 영상분석 인공지능 시스템을 무인폭격기나 불법 이주자 식별에 사용한다는 것을 알고 공식적으로 반대하는 탄원서를 올렸다. 윤리학자나 사회운동가가 아닌 경영인들은 왜 주도적으로 윤리적 고려를 하는가? 과거의 컴퓨터 작동방식과 다른 인공지능 작동방식의 어떤 특성이 새로운 윤리적 문제를 제기하게 하는가? 인공지능 알고리즘의 투명성을 확보하고 인공지능의 학습 재료인 데이터 편향을 방지하기 위한 기술적, 윤리적, 정책적 시도들을 알아본다.

제1절 인공지능윤리의 배경과 분류

Ⅰ. 인공지능윤리와 로봇윤리

인공지능윤리를 이야기하기 전에 인공지능의 간략한 역사를 볼 필요가 있다. 인공지능이라는 아이디어와 컴퓨터가 인간과 같은 지능을 가질 수 있다는 가능성은 영국의 논리학자이자, 수학자인 앨런 튜링(Alan Turing)이 제시했다. 튜링은 1937년에 "계산 가능한 수에 대한 연구: 결정 문제에의 응용"이라는 논문1에서 차후 '튜링 머신'이라고 부르게 되는 'a－기계(automatic-machine)'라는 가상의 컴퓨터를 제안했다. 이로부터 오늘날의 딥러닝까지 발전해왔다. 그리고 튜링이 1950년 철학저널 『Mind』지에 실은 "계산기계와 지능(Computing Machinery and Intelligence)"이라는 논문에서 계산하는 기계가 지능이 있는 것으로 간주될 수 있는 가능성을 제안한다.

'인공지능'이라는 용어는 튜링의 초기 컴퓨터와 계산기계의 지능이라는 아이디어가 제시된 후 1956년 여름 미국 다트머스(Dartmouth) 대학에서 열린 학술회의에서 존 매카시(John McCarthy), 마빈 민스키(Marvin Minsky), 클로드 섀넌(Claude Shannon) 등의 학자들이 모여 컴퓨터의 추론과 탐색에 대해 대화를 나누었고 여기서 '인공지능'이란 용어가 탄생했다. '인공지능'이란 단어는 인간과 똑같은 수준으로 기계 혹은 컴퓨터가 지능을 가진다는 의미보다는 형식화 가능한 지능의 요소들을 개발하고자 하는 방향을 의미한 것이다. 이렇게 튜링과 이에 자극받은 후대의 연구자들이 기계의 지능을 이야기하게 되면서 윤리적 측면 또한 함께 언급되기 시작했다.

'로봇윤리'라는 단어는 2002년 '지안마르코 베루지오'라는 로봇공학자가 처음 사용했지만, 그 개념은 이미 1942년 공상과학 소설가 아이작 아시모프가 그의 단편소설 안에서 로봇공학 삼원칙을 묘사하면서 널리 알려졌다. 당시 공학 전문가들은 로봇공학 삼원칙이 실제 공학적으로 구현하기에는 구체적이지 못하다고 비판했다. 또 공학으로 구현하기 전 단계, 즉 원칙들도 상충의 문제가 있어서 실제 상황에서 어떤 선택을 해야 할지에 대한 지침을 주기에는 애매모호했다. 당시 로봇 개발 단계는 오늘날 딥러닝 등의 새 알고리즘 모형 기반의 인공지능이 장착된 로봇처럼 발전된 단계가 아니었고, 로봇공학 삼원칙처럼 로봇의 행동을 제어할 기본 지침에 대한 관심이 윤리적 관심의 전부였다.

최근 인공지능은 규칙기반 중심의 자동시스템(automated system)에서 인공신경망을 활용하여 패턴을 인식하는 자율시스템(autonomous system)으로 발전했다. 자동시스템은 규칙이 주어지면 그에 해당하는 답들을 내어놓는 방식이다. 이와 반대로 자율시스템은 자료들이 주어지면 그로부터 패턴이나 규칙을 찾아내는 방식이다. '자율시스템'이라고 해서 '기계가 자율성이나 의식을 가진다'는 의미는 아니며 그와는 구분되어야 한다. 알고리즘 방식의 변화에 따라 기계 및 컴퓨터에 자기 학습 기능이 추가되었다는 의미다.

알고리즘 방식의 이러한 변화에 따라서, 20세기에 없었던 새로운 윤리적 문제들이 대두될 수밖에 없다. 그러나 이제는 인공지능을 장착하지 않은 기존 로봇과 관련하여 사용되어 왔던 '로봇윤리'와 인공지능이 장착된 로봇이나 온라인상의 봇(bot)을 모두 포함한 '인공지능윤리'는 동일한 의미로 사용된다. '로봇윤리'에서 '로봇'은 이제 인공지능을 장착하지 않은 단순한 자동 로봇뿐 아니라 자율적 의사결정을 하는 인공지능이 장착된 인공지능 로봇, 그리고 하드웨어가 없이 인터넷상에서 소프트웨어로만 존재하는 로봇까지를 모두 포함한다.

인공지능윤리는 크게 '인공지능의 윤리(ethics of artificial intelligence)'와 '기계윤리(machine ethics)'로 구분된다. '인공지능의 윤리'는 인간이 주체인 윤리로 인공지능 기술의 설계, 생산, 사용 등과 관련하여 발생하는 윤리적 문제들이다. 알고리즘 편향, 투명성, 책무성, 자기정체성의 문제 등이 그 예로, 기존에 없던 문제들이다. '기계윤리'는 로봇이 주체로 인공지능 로봇이 윤리적으로 행동하도록 어떻게 설계할 것인가를 고민하는 분야다. 설계방식에는 크게 하향식(top-down), 상향식(bottom-up), 혼합식(mixed)이 있다.

Ⅱ. 인공지능 개념 구분

인공지능의 윤리적 차원을 이야기하려면 먼저 '인공지능'을 어떤 의미에서 사용하는지 정확히 밝힐 필요가 있다. '인공지능'의 기본 의미는 지각, 인지, 행동을 하는 개체를 의미하며 로봇과 같은 몸을 가질 수도 있고, 소프트웨어처럼 몸 없이 존재할 수도 있다. 기술과 산업의 관점에서는 일의 종류에 따라 인공지능이 여러 하위 분야로 나뉜다. 반면 수행 능력의 차원에서 인공지능은 크게 다음 세 가지로 구분된다.

- 좁은 인공지능(Artificial Narrow Intelligence, ANI): 특정영역의 문제를 풀어내는 인공지능
- 범용 인공지능(Artificial General Intelligence, AGI): 인간수준의 인공지능
- 초 인공지능(Artificial Super Intelligence, ASI): 사람보다 모든 분야에서 뛰어난 인공지능

좁은 인공지능의 대표적 예는 2016년 이세돌 구단과 바둑 경기를 했던 바둑 인공지능 알파고다. 그런데 알파고의 인공지능 시스템의 기본원리는 바둑뿐만 아니라 다른 분야에서도 패턴이나 규칙 인식을 학습할 수 있는 범용 인공지능으

로 현재 발전하고 있다. 초 인공지능은 주로 '인공지능이 사악한 의도를 가지고 인간을 지배할 위험'과 관련하여 거론되었다. 이 중 좁은 인공지능에 관련된 윤리 문제들이 현재 우리가 먼저 해결해야 할 문제들이다.

이 세 종류의 인공지능 개념을 구분하면 인공지능윤리 쟁점들을 명료하게 정리할 수 있다. 예컨대 "로봇에 '인격'을 부여할지"의 최근 논쟁은 실제로는 두 가지 다른 차원의 논의. 좁은 인공지능과 관련하여는 법적 권리와 책임과 관련한 논의며, 범용 인공지능과 관련하여는 인간 이성과 관련한 철학적 논의다. 당면한 문제는 전자의 법적 논의다. 좁은 인공지능 관련 논의에서 '인격'은 인공지능을 활용했을 때 생기는 사고의 법적 처리를 위한 법적 지위를 의미한다. 인간에게 주어지는 심리적, 도덕적 인격의 의미가 아니다.

Ⅲ. 인공지능윤리는 기존 과학기술윤리와 무엇이 다른가

인공지능 관련 윤리 쟁점에 대해서 최근 인공지능개발 회사의 중진들이 단순한 관심을 넘어서 투자를 하고 목소리를 내고 있다. 윤리학자가 아닌 경영인의 윤리에 대한 관심은 선례가 거의 없고 이해하기 어렵게 보일 수 있다. 알파고 개발자인 딥마인드(Deep Mind)사의 데미스 하사비스는 2014년 구글에 회사를 매각할 때 '군사적 목적의 기술 사용 금지'를 조건으로 내걸었다. 더 나아가 하사비스는 구글에 인공지능윤리 위원회를 설치할 것을 제안했을 뿐만 아니라 윤리위원회의 활동이 없다고 지적하는 등 적극적으로 목소리를 내고 있다. 전기차 등 여러 혁신기술에 관심이 많은 테슬라 회사의 일론 머스크, 정보보안 회사인 세콤의 회장 등도 인공지능윤리에 관심을 보이고 투자를 하고 있다.

기존 과학기술들이 그 사용과 관련한 윤리적 문제가 대부분인 반면, 인공지능은 설계와 제작 단계부터 관련된 모든 과정에 윤리적 문제가 개입된다. 또 인공지능은 그에 따른 윤리적 문제들을 해결해야만 기술 발전과 사업이득이 가능해지는 새로운 시대로 사람들을 이끌고 있다. 대표적 예가 무인자동차다. 무인자동차는 특정 교통상황에서 처하게 되는 윤리적 상황을 해결해야만 최종 목표인 완전한 자율 주행을 하는 자동차로 완성된다.

또 인공지능은 전기신호의 작동을 통해 뇌 기능에 직접 개입함으로써 자아 정체성과 같은 철학적 문제를 직접 만들어내기도 한다. 뇌는 물질에 속하지만 동시에 정신기능을 산출하며 인공지능을 통한 전기신호 전달에 따라 인지기능이 변화하므로 생물학적 뇌를 넘어서 연결되는 인공지능의 전기신호 또한 자신 몸의 일부로 봐야 하는지, 그 전기신호 또한 나의 정신기능의 일부라고 보아야 하는지, 인공지능의 전기신호와 연결되어 있는 경우 인공지능은 자아의 일부인지와 같은 철학적 문제도 제기된다. '뇌'와 '정신' 그리고 '기계'라는 다른 범주가 '정보처리'라는 공통점을 통해 연결되면서 생겨나는 문제들이다.

Ⅳ. 로봇윤리 지침들

인공지능이 사회에 가져올 변화는 현재 사회의 법, 정책, 윤리의 범위를 넘어선다. 이러한 문제의식이 생기면서 세계 곳곳에서 인공지능윤리 및 로봇 윤리 지침들이 제시되었다. 이는 인공지능 관련 법안들과 인공지능 관련 기술 표준(Standard)의 토대가 된다. 로봇윤리 로드맵은 2006년 유럽에서 제안되었고[2] 그 이후로 여러 나라에서 로봇윤리 국제워크샵이 열렸다. 2014년 유럽 로봇법 컨소시엄에서 '로봇공학 규제에 대한 가이드라인'[3]이 처음 제시되면서 윤리적 법적 권고사항이 제안되었다. 그 후 2016년, 2017년, 2018년에 걸쳐 각 나라에서 인공지능윤리 가이드라인을 개발 중이다. 미국의 경우 2017년 1월 FLI(Future of Life Institute, 삶의 미래연구소)에 모인 인공지능 연구자들은 아실로마에서 '인공지능 원칙'으로 23개 원칙을 제시했고, 국제전기전자협회(IEEE)는 2016년부터 세계 산업계와 학계를 통틀어 작업해온 "윤리적 설계" 지침을 2018년 말 발표 예정이며, 이에 기반해 인공지능윤리 관련 표준을 개발 중이다. 일본은 총무성에서 2017년 7월 인공지능개발 가이드라인을 발간했다. 유럽연합(EU)은 의회에서 2017년 1월 로봇법과 인공지능로봇의 인격체 논의를 시작해서 진행 중이다. 한국 또한 로봇기본법 발의 이래로 로봇윤리 가이드라인 작업 중이며 2019년 초 발표 예정이다.

제2절 딥러닝, 블랙박스, 알고리즘 편향

I. 인공지능 내부의 블랙박스

알고리즘 편향이란 인공지능이 기계학습을 할 때 사용되는 데이터를 선택, 수집, 분류, 사용할 때 그리고 알고리즘을 만들 때 공평하지 않은 기준, 예컨대 특정 인종이나 성, 계층 등에 대한 선호나 편향이 개입되는 현상을 의미한다. 인공지능 컴퓨터가 데이터를 학습할 때 따르는 규칙들의 모음인 알고리즘은 파이썬이나 자바 같은 컴퓨터 언어로 바꾸어 프로그램으로 만들어진다. 이렇게 기계 언어로 만들어지는 알고리즘에 어떻게 편향이 들어간다는 것일까.

우리는 알고리즘을 인간의 기호나 정치적 견해 등과 관련 없는 중립적인 것으로 생각한다. 그래서 인공지능 판사나 인공지능 의료진단기가 어떤 진단을 내릴 때 인간의 전문 지식보다 더 객관적이고 더 믿을만하다고 생각한다. 그러나 인공지능의 알고리즘은 인간사회의 거울이다. 데이터과학자인 캐시 오닐은 자신의 저서 『대량살상 수학무기』에서 알고리즘과 빅데이터는 전혀 객관적이지 않고 불평등을 자동화할 수 있으므로 오히려 더 위험하다고 주장한다.[4] 왜냐하면 인공지능의 최종 출력과 판단은 컴퓨터 자체가 하는 일이라기보다는 사실상 인간의 손길이 많이 닿아있다. 인공지능이 제시하는 출력인 판단은 데이터를 학습한 결과인데 이때 데이터는 우리와 같은 일반 사람들의 인터넷 검색, 사진, 쇼핑기록 등 생활 전반에 걸친 모든 것들로 만들어진다. 그리고 이 중 어떤 데이터를 특정 인공지능이나 로봇에 학습시킬지, 학습시킬 때 어떤 컴퓨터 알고리즘을 사용할지는 인간이 결정하는데 이때 인간이 가진 편견이 개입될 수 있다. 이러한 개입 가능성은 기존에도 있었다고 새로운 문제는 아니라고 반박할 수 있다. 문제는 최근 발전한 딥러닝 알고리즘으로 돌아가는 인공지능은 그 편향의 차원이 다르다는 데에 있다.

인공지능이 단순한 기호처리가 아니라 인공신경연결망 모형 기반의 심층학습(deep learning) 알고리즘으로 만들어지면서 그 구조상 우리가 예측 못하는 문제가 발생한다. 딥러닝과 같은 알고리즘에서는 인간이 적은 수의 코드만 설계하므로 최소한의 제한규칙만 주어진다. 그리고 학습을 통해 만들어지는 심층신경망의 층과 연결망은 인공지능이 스스로 학습한 결과이지 인간이 모두 입력한 것이 아니다. 이 때문에 정해진 입력 – 출력의 법칙이 없다.

이러한 특성을 가졌기에 인공지능의 심층학습 과정을 거쳐 나온 최종 출력에 대해서는 딥러닝 설계자도 어떻게 그러한 최종 판단이 나왔는지 알기 어렵다.5 이런 의미에서 인공지능의 학습과정 내부를 '블랙박스(blackbox)'라고 부른다. 인공지능 내부의 블랙박스에 접근하기 어려워서 발생할 수 있는 인공지능의 잘못된 의사결정의 원인은 다음의 두 가지 유형이 있다. 하나는 편향된 데이터를 대표적 샘플 데이터로 사용한 것이 원인인 경우이며, 다른 하나는 비공정한 기준으로 알고리즘이 만들어지는 경우다. 이 두 경우 모두 의식적, 고의적인 개입이 아니라 무의식적, 비고의적으로 이루어지는 사례가 많다.

II. 대표성 편향

첫 번째 종류의 원인은 인공지능 학습과정에서 편향이 개입된 사례다. 많이 알려진 예는 기계학습을 통해 완성된 구글포토 서비스가 만들어낸 해프닝이다. 구글포토는 사람들의 얼굴을 자동인식하여 이름을 붙인다. 2015년 구글 포토 서비스를 이용하는 흑인 프로그래머 앨신은 흑인여성 친구와 함께 찍은 사진에서 여성친구 사진 아래에 '고릴라'라는 제목이 자동으로 달린 것을 발견하고 분노하여 트위터에 사진을 배포했다. 구글은 '프로그램 오류'라고 사과했고 프로그램 개선을 약속했다. 그러나 당시 구글은 근본적 개선보다는 고릴라로 태그하는 부분만 수정했다고 알려졌다. 이 해프닝과 사후처리는 모두 이 사고의 원인을 단순한 실수나 프로그램 오류가 아니라 학습 데이터에 인종편향이 개입될 수 있다는 점을 미처 고려하지 못했기 때문에 생긴 것이다.

구글 이미지에서 '미국인'을 검색해보면 흰 얼굴이 다수이다. 구글에서 의도적으로 백인 얼굴 위주로 얼굴인식 인공지능을 학습시킨 것은 아니지만 인공지능의 기계학습 재료가 되는 구글 이미지들에서 얼굴색이 검은 사람들인 데이터의 비중이 매우 낮으므로 흑인 얼굴에 대한 기계학습이 제대로 이루어지기 어렵다. 이미지 데이터들을 수집하고 그 중 학습시킬 이미지들을 분류할 때 백인의 얼굴과 흑인의 얼굴 이미지 수를 유사하게 조정하는 작업을 굳이 하지 않았기에 인간 얼굴 분류에서 백인의 얼굴이 대표적(standard) 샘플이 되며, 편향된 학습이 될 수밖에 없다. 의도된 인종차별은 아니지만 인공지능이 학습하는 얼굴이나 정보는 특정 집단에 치중될 수 있는 가능성이 높다. 이 편향은 인공지능이어서 가지게 되는 편향만이 아니라 이미 인간 사회가 가지고 있는 무의식적 편향이다.

III. 알고리즘 편향

딥러닝 학습에서 생기는 블랙박스에 윤리적 문제가 개입되는 두 번째 유형은 인공지능의 의사결정 기준이 최종 출력인 판단 단계에서 드러나지 않았던 사례이다. 2017년 휴스턴 주의 미국 교사들은 수업 성취도를 계산하는 컴퓨터 프로그램에 의해 평가를 받고 있었다. 이 시스템은 학생들의 시험 점수와 주 평균을 비교하여 휴스턴 교사들을 평가했는데, 프로그램의 계산 기준에 대해 문의했으나 이 시스템을 만든 회사인 SAS Institute는 알고리즘 작동 기준 공개를 거부했다. 교사들은 법원에 소송을 제기했고 연방 판사는 EVAAS(교육 부가가치평가 시스템) 프로그램을 사용하면 시민권을 침해할 수 있다고 판결했다. 결국 소프트웨어 사용은 중단되었다(Sample 2017).[6] 또 다른 사례는 미국 경찰이 사용하는 인공지능 컴퓨터다. 컴파스(Compas)라는 인공지능 컴퓨터는 재범가능성이 높은 사람들을 가려내는 빅데이터 컴퓨터다. 컴파스는 위스콘신주에 거주하는 에릭 루미스를 재범율이 높다는 근거로 그가 2013년 총격사건에 사용된 차량을 운전한 것에 대한 형량을 6년으로 선고했다. 에릭 루미스는 재범률이 높다는 판단의 기준을 문의하고자 했으나 이의제기조차 할 수 없었다. 컴파스는 범죄 이력이 있는 이들 중 백인이나 부자인 사람들보다는 흑인들이나 빈민촌에 거주하는 이들을 더 많은 확률로 재범가능성이 높은 것으로 판정한다는 조사가 나왔다.[7]

이런 의사결정이 대입 합격자 선발이나 승진 혹은 명예퇴직할 이를 선발하는 데 인공지능에 의해 내려진다면 그 기준을 몰라도 믿고 의사결정을 맡길 수는 없을 것이다. 사람들을 분류하는 데 흔히 사용되는 이름, 주소, 성별 및 피부색을 근거로 차별할 가능성도 있다. 이처럼 무의식적 편향이나 불공정성의 개입을 막으려면 알고리즘을 만들 때 미리 잠재적 편향이 개입될 소지는 없는지 여러 맥락을 고려해보는 것이 바람직하다. 다음의 질문을 던져보고 스스로 답해보는 방식으로 의식적으로는 골라내기 어려운 무의식적인 편향의 개입을 방지할수 있다.

- 인공지능·로봇을 훈련하기 위해 데이터를 고를 때 어떤 기준으로 선택하는가? 선택할 때 배제되거나 자동적으로 평가를 낮게 받는 사회 집단이나 특정 소수자는 없는가?
- 데이터를 수집, 분류, 사용할 때 특정 계층에 유리한 정보가 많이 포함되어 있지는 않은가?

Ⅳ. 편향 분석과 감시

인공지능 학습 및 의사결정 절차가 블랙박스처럼 알기 어렵지만 어느 정도 위험한지를 평가할 수 있는 방법이 최근 개발되고 있다. 코넬대학교 연구진과 산업체 연구진은 공동연구에서 잠재적으로 편향된 알고리즘의 작동 방식을 밝히려고 두 가지 방법을 사용했다.[8] 먼저 블랙박스 알고리즘을 모방해서 모델을 만들고 초기 데이터를 기반으로 그 블랙박스가 어느 정도 위험한지 점수를 낸다. 그리고나서 초기 데이터가 아닌 학습 이후의 모델을 만들어 비교하고 최종 결과에서 어떤 변수가 중요한지 추정해보는 방식이다.

인공지능으로 대출을 결정하는 한 회사의 블랙박스를 이 방식으로 분석 결과, 대출결정의 기준에 대출의 동기는 없었고 이 회사의 인공지능 알고리즘의 의사결정 기준은 중요한 변수를 무시하는 것으로 분석되었다. 또, 범죄자 재범률을 계산하는 인공지능 컴파스를 만드는 Northpointe사는 자신들이 사용하는 알고리즘은 인종 편향이 없다고 설명했지만, 모방 모델을 통해 분석한 결과 피고인의 나이, 성별, 청구 정도, 이전 유죄 판결 건수, 이전 교도소 체류 기간에 대한 정보를 사용했다는 점을 알아냈다.[9]

인공지능의 의사결정 과정에 대한 법적 보장도 추진 중이다. 2018년 5월부터 발효된 유럽연합의 개인정보 보호법(General Data Protection Regulation; GDPR)에는 알고리즘 편향이나 통계 절차상의 차별 방지 조항이 포함되어 있다. 또, 정보를 다루는 이는 데이터 기반의 행동분석 혹은 심리분석을 할 때 적절한 수학적 또는 통계적 절차를 사용하고 인종 또는 민족적 기원, 정치적 견해, 종교 또는 신념에 근거하여 차별적 영향을 주지 않도록 적절한 기술이나 조치를 취해야 하며 일반인들은 편향이 의심될 시 법적 문제제기가 가능하다.

제3절 알고리즘 투명성과 인공지능발전은 딜레마인가

I. 인공지능 블랙박스와 투명성

인공지능의 딥러닝 알고리즘 설계자조차도 인공지능의 의사결정 과정을 모르는데 우리는 의료인공지능, 무인자동차, 인공지능 변호사 등의 최종 결정을 참조한다. 생명과 직결되는 의료 분야에서는 왜 그런 진단을 내리게 되었는지, 어떤 치료방법을 왜 더 선호했는지를 아는 것이 환자의 생명과 직결된다. 생산물을 만들어내는 제조업에서는 어떤 과정에서 불량품이 나오게 되었는지를 정확히 아는 것도 중요하다. 또, 어떤 경로로 나의 업무역량을 평가해서 취업이나 승진 결과를 내었는지를 알 수 없다면 불공정한 사회가 될 것이다. 더 나아가 인공지능이 제시한 결과 안에 어떤 다른 의도가 숨어있을 가능성을 배제할 수 없다. 이로 인한 사고나 문제가 생길 경우 블랙박스 안에서의 정보처리 절차에 대한 설명이 필요하다. 이 필요성이 알고리즘 '투명성'에의 요구다.

인공지능 시스템의 의사결정의 투명성 확보는 단순히 소비자의 알 권리나 민주적 절차 이상의 의미가 있다. 어디서 잘못되었는지를 모른다면 책임 소재를 알 수 없으며 차후 또다시 잘못된 결과를 만들어내지 않기 위해 무엇을 조정해야 하는지 알 수 없다. 무인자동차의 경우 어떤 절차로 특정한 운전 결정이 내려졌는지를 알 수 없다면, 탑승자의 생명과 안전에 대해 확신할 수 없다. 더 나아가 인공지능 기술 자체에 대한 불신이 생길 수밖에 없다.

정보처리의 기준을 알고 투명성을 확보하려는 시도는 특히 정책이나 시스템에 피해를 받을 수도 있는 일반 시민에게 중요하다. 그런데 인공지능이 발전할수록 투명성을 확보하기 어려울 수 있다. 인공지능의 의사결정이 더 신속하고 정확해질수록 인공지능 내부 메커니즘은 더 알기 어렵고 위험이 많아진다. 거꾸로, 인공지능 내부의 투명성을 확보하려고 할수록 인공지능의 발전은 더뎌질 수 있다. 투명성과 인공지능의 발전 둘 다 중요하지만 어느 한쪽을 확보하면 다른 한쪽을 확보하기 어려운 딜레마, 즉 진퇴양난의 상황에 빠진다. 이 어려움은 다음과 같이 '설명가능 인공지능'이나 '인공지능 신경과학' 등으로 해결을 시도하고 있다.

Ⅱ. 설명가능 인공지능

알고리즘 투명성을 확보하기 위해 알고리즘 설계자나 회사에 인공지능의 학습절차나 알고리즘에 대한 공개를 요청할 수도 있다. 그러나 알고리즘 공개는 기업의 독자적 기술 공개가 되므로 그 자체가 기밀정보와 지적재산, 그리고 개인정보 공개라는 비윤리적, 비합법적인 일이 된다.[10] 또 인공지능이 의사결정을 내리고 난 후 역추론을 해서 의사결정 절차를 검사하는 것은 쉽지도 않고 경우에 따라서는 불가능할 수도 있다. 인공지능 학습의 실제 절차는 현실적으로 설명이 어렵다. 그래서 현재 아예 인공지능 내부에서 설명가능하게 하는 알고리즘을 개발 중이다. 딥러닝 알고리즘을 만들 때 인공지능 학습 시 절차에 대해서도 설명하도록 새로운 기계학습 모형을 만드는 것이다. 이를 위해 연관관계가 밀접한 데이터베이스를 찾아 만들고 이를 심층신경망에 연결하여 딥러닝 학습을 하게 하면 유사성이 높으므로 어느 정도 요인 분석과 설명이 가능해진다.[11] 이 분야가 설명가능 인공지능(XAI: Explainable Artificial Intelligence)이다.

설명가능 인공지능은 미국 국방부의 방위고등연구계획국(DARPA)에서 딥러닝 원리 연구에 약 800억 원을 지원하면서 시작되었다. 우리나라 정부도 2017년 의사결정의 이유를 설명하는 인공지능 개발을 국가전략 프로젝트로 설정해서 지원하기 시작했다. 그런데 기계학습 모형을 개발하면 곧바로 투명성 문제가 다 해결되는 건 아니다. 인공지능의 학습 절차를 그대로 전문 용어로 심층학습의 절차를 설명하면 사용자나 관련된 사람이 이해할 수 없기 때문이다. 그래서 DARPA는 기계학습 모형을 개발하면서 동시에 사용자의 이해에 대한 심리학 연구와, 컴퓨터−인간 인터페이스 기술 개발도 진행 중이다.

　　XAI로 의사결정 절차를 설명하고 투명성을 확보해서 얻는 성과는 단순히 공공 안전과 설명의 용이성뿐만이 아니다. 인공지능의 의사결정을 참조하기 전에 그 의사결정의 강점과 약점을 파악할 수 있고, 해당 알고리즘이 제시할 내용을 예측하면서 인간이 어느 부분에서 개입할 수 있을지를 계획할 수 있다. 또 오류가 예상될 때 오류를 지속적으로 교정하고 학습해서 알고리즘이나 학습을 향상시킬 수 있다.

Ⅲ. 신경과학 인공지능

　　투명성 문제를 해결하는 또 다른 방식은 신경과학의 아이디어를 이용한 '인공지능 신경과학(AI neuroscience)'의 방법이다. 유전자 연구에서는 일부러 유전자 돌연변이를 일으키는 방식으로 상실된 기능이 어떤 기능인지를 찾는 방법을 사용하는데, 이 방법에서 힌트를 얻은 것이다. 인공지능에 입력하는 정보를 지우거나 변형시켜 보면 인공지능의 출력 정보가 어떻게 변하는지 알 수 있다. 이 과정을 반복하면 인공지능의 의사결정에 영향을 주는 요인이나 패턴을 찾을 수 있다.

　　이와는 약간 다르지만 뇌신경과학적 아이디어를 활용한 방법도 있다. 'OptimizingMind'라는 스타트업 회사에서는 기계의 의사결정을 알아보기 위해 인공지능의 심층 연결망을 다른 형태로 변환해본다. 이 변환과정을 통해서 의사결정에 가장 중요한 부분을 알아내는 작업이다. 이 작업은 실제 뇌신경망의 작동을 참고하기 때문에 컴퓨터과학뿐만 아니라 신경과학, 의학 등에 대한 지식을 필요로 한다.[12]

　　인공지능의 학습과정에서 블랙박스가 되므로 아예 블랙박스가 되지 않도록 학습과정에서 동시에 설명을 붙이는 방법도 있다. 두 번째 인공지능을 첫 번째 인공지능과 함께 사용해서 첫 번째 인공지능의 학습과정에 설명을 덧붙이는 방법이다.

Ⅳ. 투명성 윤리원칙들

미국의 '삶의 미래 연구소(Future of Life Institute)'에서 2017년 발표한 아실로마 23원칙에서는 투명성을 두 가지로 구분하고 있다. 오류투명성(failure transparency)과 사법투명성(judicial transparency)이다. '오류투명성'은 인공지능 시스템이 해를 입히는 경우 그 이유를 확인할 수 있어야 한다는 내용이다. '사법투명성'은 사법 결정에 있어 인공지능이 개입할 경우, 권한있는 인간 기관이 감사할 수 있는 충분한 설명을 제공해야 한다는 내용이다. 인공지능윤리 가이드라인 입법안을 제출하고 입법을 추진하는 유럽연합(EU)도 투명성 확보를 위한 지침으로, 대중에게 영향을 미치는 알고리즘을 사용하는 기업은 그 알고리즘 내부 논리에 대해 설명해야 한다고 제안했다.

앞서와 같은 과학기술 차원에서 인공지능 블랙박스 문제를 해결해서 투명성과 안전을 확보하려는 시도도 있지만, 일반 시민들이 알고리즘 투명성을 확보해서 자신의 안전을 지킬 수 있는 방법도 있다. 인공지능에 던진 질문들과 판단들 그리고 어떤 데이터가 사용되었는지를 잘 분석해도 알고리즘 설계의 기준을 알 수 있다. 컴파스라는 재범율 계산 인공지능의 편향을 드러내게 된 계기도 컴파스가 어떤 데이터를 학습시켰는지 문제제기 했기 때문에 가능했다. 또 다른 사례는 교육 현장에서도 발견된다. 미국 휴스턴 주의 고등학교 교사들은 교사들의 수업 성취도를 평가한 컴퓨터 프로그램 소프트웨어 회사인 SAS Institute가 알고리즘 결정절차를 공개하지 않은 것과 관련한 소송에서 승리했다. 연방 판사는 EVAAS (교육 부가가치평가 시스템) 프로그램을 사용하면 시민권을 침해할 수 있다고 판결했다. 결국 소프트웨어 사용은 중단되었다.

미국 공공정책위원회에서는 투명성 확보에 대해 다음처럼 제안한다. "분석 시스템의 소유자, 고안자, 구축자, 사용자 및 이해 관계자들은 설계, 구현 및 사용과 관련된 가능한 편향에 대해, 그리고 편향이 개인과 사회에 미칠 수 있는 잠재적 손해에 대해 인식해야 한다".13 안전과 시민의 권리를 위한 투명성 확보는 인공지능 차원에서만이 아니라 인간사회에서의 편견방지와 공공조사의 노력을 통해서만 가능하다.

제4절 하향식 인공도덕성 구현

I. 도덕적 인공지능로봇 만들기의 두 방식

인공지능이나 로봇은 인간처럼 '자연적으로 생겨난 행위의 주체(natural agent)'가 아니라 인간에 의해 만들어진 '인공적 행위자(artificial agent)'다. 이런 차이가 있지만 인공지능 로봇의 행동이나 판단을 도덕적으로 만들기 위해 인간이 어떻게 도덕을 배우는지를 참고할 수 있다. 인간의 학습 방식은 규칙이나 이론을 통해 어떻게 행동하고 판단해야 하는지를 배우는 하향식(top-down) 방법과, 정해진 규칙은 없지만 경험을 통해 나름대로의 규범을 파악하여 학습하는 상향식(bottom-up) 방법으로 나뉜다.

이와 마찬가지로 윤리적으로 판단하고 행위하는 인공지능 로봇을 만드려는 시도도 하향식, 상향식 접근으로 나뉜다. 도덕적 행동을 규칙이나 이론으로 만들어 시스템 안에 구현하는 하향식, 그리고 최소한의 규칙만 주고 외부 환경을 통해 자율적으로 학습하게 하는 상향식의 방법을 통해 도덕적 인공지능로봇을 만드는 시도가 진행 중이다. 인간이 하향식과 상향식 방법 모두를 통해 도덕을 배우는 것처럼, 도덕적으로 판단하고 행동하는 인공지능이나 로봇을 고안하는 현장에서도 두 방식 모두 사용된다.

II. 로봇공학 4원칙

하향식으로 도덕성을 로봇에 구현하려는 아이디어 중 대중적으로 알려진 것은 아이작 아시모프의 1942년 작 단편소설 『위험에 빠진 로봇』14에 등장한 로봇공학 3원칙이다. 이 원칙은 윤리학자나 로봇 공학자들이 만든 것은 아니지만 로봇이 도덕원칙들을 따르도록 하는 원칙들을 마련했다는 점에서 최초로 도덕성을 인공적으로 구현하는 규칙으로 여겨진다.

그러나 하향식으로 로봇에 도덕성을 구현하려는 시도는 이미 3원칙에서 어려움에 부딪친다. 아시모프가 제안한 로봇공학 3원칙은 다음과 같다.

- (원칙 1) 로봇은 인간에게 해를 입히는 행동을 하거나, 인간이 해를 입는 상황에서 아무런 행동도 하지 않아서는 안 된다.
- (원칙 2) 로봇은 인간이 내리는 명령에 복종해야 한다. 단 이런 명령이 원칙 1에 위배될 때는 예외로 한다.
- (원칙 3) 로봇은 자신의 존재를 보호해야 한다. 단 자신을 보호하는 것이 원칙 1과 원칙 2에 위배될 때는 예외로 한다.

이 세 원칙은 지켜야 할 행동을 정해놓은 의무론적 규칙이다. 윤리이론에서 의무론의 한계로 지적되는 점과 마찬가지의 한계가 지적된다. 세 원칙들 간의 충돌이 일어날 때 로봇이 특정 행동을 선택하기 어렵게 된다는 점이다. 또, 과학기술이 발달하면서 오늘날 개발되는 로봇과 같은 자율시스템들은 규칙 기반의 알고리즘으로 작동하지 않기 때문에 위의 원칙은 지침에 불과할 뿐 컴퓨터에서 알고리즘으로 구현하기에도 어렵다.

세 원칙들 간의 충돌 문제를 해결하기 위해 아시모프는 1985년 단편소설 『로봇과 제국』에서 원칙 하나를 더 추가했다. 추가된 원칙은 1, 2, 3원칙보다 우선한다는 의미에서 '0원칙'으로 이름 붙여졌다. (0원칙) 로봇은 인류(humanity)에 해를 입히는 행동을 하거나, 인간성이 해를 입는 상황에서 아무런 행동도 하지 않아서는 안 된다.15

III. 윤리원칙 적용의 한계

원칙들 간의 충돌 문제 외에 원칙의 해석 문제도 있다. 0원칙에서 '인간성'은 어떻게 해석될 수 있을까? '인간성에 해를 입히는 행동'에 대한 가장 일반적

해석은 인간이나 인류에 폭력을 가하거나 생명을 위협하는 행동일 것이다. 전쟁이 대표적 예다. 이렇게 해석될 경우 로봇이 가장 먼저 제거해야 할 대상은 인간이 될 것이다. 인간은 자연을 훼손하고 같은 인간에 폭력을 가하기 때문이다. 그러면, 0원칙의 적용 범위를 적군이 아군을 해칠 경우로 제한한다고 해보자. 그런데 아군과 적군을 어떻게 구분하게 할 것인가? 아군으로 위장하는 적군은 어떻게 구분할 수 있을까?

원칙들을 적용하기 전에 다음의 질문이 먼저 해결되어야 컴퓨터 알고리즘으로 만드는 것이 가능하다. '인간성에 해를 입힌다'는 내용에 대한 해석은 과연 누가 할 것인가? 더 구체적으로, '인간성'은 정확히 무슨 뜻인가? 사형제도는 인간성에 해를 입히는 경우인가, 아니면 부득이한 상해라고 예외를 적용해야 하는가? 또, '해를 입힌다(harm)'의 범위는 어디까지인가? 윤리이론에 따라 판단할까? 여러 윤리이론 중 어떤 윤리이론을 취해야 하는가? 윤리이론의 선택은 어떤 기준으로 하며 누가 혹은 어떤 집단이 정하는가? 특정 윤리 원칙의 선택은 가치관, 종교, 문화 배경, 그리고 소속 이익집단에 따라 달라질 수밖에 없다. 실제로 인공지능에 도덕성을 구현하려 할 때 상향식, 하향식 접근이 혼용되는 이유는 하향식 접근이 가지는 이러한 한계 때문이다. 로봇에 아주 구체적인 의무나 규칙을 구현한다고 해도 로봇이 수행할 과제가 있을 때 구체적 상황과 맥락에서 상황에 따라 의무나 규칙을 변형해서 주변의 평가를 받아 다시 수정할 필요가 있기 때문이다.

Ⅳ. 도덕적 로봇의 하향식 설계 조건

그렇다면 윤리적으로 판단하는 인공지능, 도덕적으로 행동하는 로봇을 하향적 방식으로 설계하려면 다음의 사항을 먼저 고려해야 한다.

첫째, '윤리적 판단', '도덕적 행동'의 기준은 무엇인가? '누가' 그 기준을 정할 수 있는가? 일단 현재의 사회 규범이 기준이 될 가능성이 높다. 대다수 의견이 항상 옳지는 않지만 사회 구성원 간의 합의 가능성이 높고 갈등을 최소화할 수 있기 때문이다. 각 문화나 국가마다 그 기준이 다를 수 있다. 그래서 문화마다 다른 도덕적 인공지능로봇이 만들어질 가능성도 있다. 둘째, 로봇에 도덕을 구현하는 과정에서 현실적 문제는 도덕적 기준을 어떻게 알고리즘이나 소프트웨어 언어로 구현할 것인가이다. 도덕규범은 인간의 일상언어로 되어 있지만 컴퓨터 언어는 기계 언어를 사용하기 때문에 일상언어를 기계 언어로 바꾸어주어야 작동가능하다. 도덕판단이나 행동들을 기계 언어로 바꿔서 알고리즘으로 만들려면 도덕규칙들의 집합들이 만들어져야 한다. 도덕규칙들의 집합들은 '도덕판단'들과 이에 따른 '윤리적 행동'들로 구성된다. 이러한 구체적 요소들을 분석하고 구성해야 도덕 원칙이나 행동들을 알고리즘으로 표현가능하다. '다른 사람에게 해를 입혀서는 안된다'는 쉽고 단순한 도덕원칙처럼 보이지만 '해를 입힌다'는 내용이 구체적 맥락에서 어떤 내용인지 상세히 표현하기란 어렵다. 어떤 행동들은 포함하고 어떤 행동들을 제외하는지를 결정하는 것 그리고 해를 입히는 것처럼 보이지만 실제로는 도덕적으로 문제가 없는 행위도 구분해야 한다.

V. 하향식 구현과 도덕규칙

인공지능로봇에 도덕이론이나 도덕규칙을 학습시켜서 윤리적 판단과 행위를 하게끔 하는 하향적 방식은 도덕규칙들을 알고리즘으로 만들고 구체적 상황을 입력 정보로 사용해 특정 행동을 이끌어내는 방식이다. 이러한 도덕규칙들에는 윤리 이론뿐 아니라 의료 진단사례나 특정 분야에서의 관례, 종교 교리, 법적 규칙도 포함된다. 하향식 도덕성 구현의 장점은 규칙이 다종다양한 사례들에 모두 적용될 수 있다는 점이다.

도덕규칙의 예는 소설가 아시모프의 로봇 3법칙, 공리주의(utilitarianism: 公利主義)와 의무론(deontolgy: 義務論)을 꼽을 수 있다. '인간을 수단으로 삼지 말라'와 같은 의무론의 도덕규칙은 그 규칙을 따른 결과가 좋든 나쁘든 무조건 도덕적 행위로 평가한다. 그런데 여러 도덕규칙들이 충돌하면 어느 규칙을 따라야 할지 결정하기 어렵다.

하나의 규칙을 로봇에 구현하려면 그 규칙 자체로만은 안 되고 여러 사례들에 적용될 수 있는 하위 규칙들이 필요하다. 그런데 의무론의 상위 규칙이나 하위 규칙 모두 다양한 해석이 가능하다. 이 중 어떤 해석을 구체적 상황에 적용해야 하는가? 규칙 자체는 여러 해석에 열려 있으므로 규칙 자체가 객관적일 수 없다. 그렇다면 어떤 행위나 판단의 도덕성을 판단할 때 도덕규칙을 잘 지켰는가보다는 구체적 행위 각각의 도덕적 가치를 따져보는 것이 더 적절할 수 있다.

이렇게 행위들의 도덕적 가치를 비교하고 따져보는 방법이 공리주의적 접근이다. 공리주의 원칙은 행복 또는 복지의 총량을 최대화하는 것을 가장 윤리적인 것으로 본다. 따라서 여러 판단 혹은 행동들 중에서 선택할 때 행복의 총량을 계산, 비교해서 총량이 높은 쪽을 선택해야 한다. 컴퓨터는 계산에 매우 능하므로 도덕판단하는 인공지능로봇을 구현하는 데 사용되는 규칙으로서 공리주의가 의무론보다 더 적합하다고 생각할 수 있다.[16]

그런데 인공지능이든 인간이든 모든 상황을 고려한 정확한 계산은 불가능할 것이다. 공리주의를 처음 제안한 철학자 제레미 벤담도 이 어려움을 알고 있었다. 특히 미래 상황들에 대한 정확한 계산은 불가능하다. 현재 상황에 국한하더라도 행복이나 복지 등은 동일한 사안에 대해 개인마다 느끼는 질과 양의 차이가 큰데 어떻게 똑같이 수치화할 수 있을까? 벤담은 다양한 행복들의 질적 차이는 양으로 계산가능하다고 생각했지만 많은 비판을 받았다. 존 스튜어트 밀은 벤담과 달리 쾌락에는 질적 차이가 있다고 보면서 "배부른 돼지보다는 배고픈 인간이 낫다"[17]는 말을 남겼다. 전자오락 게임을 해서 얻는 기쁨이 수학 문제를 풀어서 얻는 기쁨보다 덜 가치 있다고 단언하기는 어렵다. 육체적 고통과 정신적 고통은 어느 편이 더 고통스러운가? 공리주의적 계산이 이를 판단하긴 어렵다. 그러면 의무론의 규칙과 같은 절대기준에 의존해야 할까? 의무론의 원칙 또한 여러 해석에 열려 있으므로 동일한 문제가 되풀이된다.

여러 종류의 기쁨과 고통, 그리고 과거, 현재, 미래 중 어떤 시점을 기준으로 행복의 기준을 삼아야 하는지 등은 합의하거나 모든 상황에 동일하게 판단하기 어렵다. 어떤 결정이 당장에는 행복을 주지만 세 달 후 갈등을 생기게 한다면 어떤 선택을 해야 하는가. 어떤 비율로 현재와 여러 미래 시점들을 고려해야 할까. 이 같은 문제들은 컴퓨터 알고리즘으로 만들기 전뿐만 아니라 일상에서도 미해결의 문제들이다.

제5절 상향식 인공도덕성 구현

I. 상향식 학습이란 무엇인가

컴퓨터에 상향적 방식으로 도덕성을 학습하게 한다는 것은 경험을 통해 점진적으로 도덕성을 배워가는 방식으로 컴퓨터 알고리즘을 만드는 것이다. '상향식(bottom-up)'으로 도덕성을 구현한다는 것은 도덕이론을 적용하여 도덕적 행동을 산출하도록 하는 하향적 방식이 아니라 특정 행동이 선택되도록 환경을 제공하여 학습시킨다는 의미다. 도덕성 학습이 경험을 통해 이루어지는 대표적 예가 인간의 도덕학습이다. 인간 아이의 행동에 대해 부모를 비롯한 사회로부터 칭찬이나 제지, 나무람 등을 통해 어떤 행동이 도덕적으로 허용 가능한지를 배우는 방법과 동일하다. 아동이 주변 반응을 통해 도덕적 행동을 배우는 방식처럼 인공지능 혹은 컴퓨터에 평가와 피드백을 줌으로써 도덕 교육을 할 수 있다. 우리는 어릴 때 주변 사람들로부터의 반응을 통해 어떤 것이 허용되고 허용되지 않는지 배우며 자라난다. 로봇 학습에도 아동발달 모형과 비슷하게 적용해볼 수 있다.

경험을 통한 도덕성 학습이란 행위자가 행동 절차를 배우는 과정에서 그 행동들에 대해서 칭찬이나 보상을 받는 방식으로 도덕적으로 허용 가능한 행동과 아닌 행동을 배우는 것이다. 따라서, 도덕성이 단번에 획득되는 것이 아니라 여러 번 학습하는 과정을 통해 조금씩 점차로 알게 된다. 경험을 통한 학습은 속도가 느리고 점진적이다. 완성된 도덕규칙을 처음부터 알려주는 것이 아니라, 보상과 거절이라는 피드백을 통해서 조금씩 도덕적 행동의 패턴을 알게 되므로 그 속도는 느릴 수밖에 없다. 빠른 속도를 가진 첨단 컴퓨터로 상향식 학습을 수행한다 해도 학습시간은 꽤 소요된다.

II. 상향식 학습과 발달심리학

하향식 도덕학습의 단점은 도덕규칙을 구체적 상황에 어떻게 적용해야 하는

지 알기 어렵다는 것이다. 이와 같은 단점은 상향식 도덕학습에서 해결된다. 상향식 방법은 규칙 기반이 아니라 경험 기반이므로 구체적 상황에 처음부터 최적화하는 방식으로 이루어진다. 상향식 도덕학습을 인공지능 알고리즘으로 구현하려면 적절한 도덕적 행동의 기준 그리고 도덕적 행동이 어떻게 발달하고 학습되는지에 대한 이해가 필요하다. 인간이 어떻게 학습하는지에 대한 이해가 있은 후에야 알고리즘 설계가 가능할 것이다.

발달심리학자들이 검토하는 학습 이론들을 검토하면서 타고나는 특징들과 그렇지 않은 특징들을 찾는다. 학습 이론은 크게 두 가지다. 하나는 학습이란 학습자 안에 이미 있는 내용들을 표현하는 것이라는 생각이며, 다른 하나는 학습자 안에는 아무것도 없으며 학습이란 백지상태에서 내용들과 그 내용을 표현하는 것 모두를 찾는 것이라는 생각이다. 도덕성을 학습하는 인공지능 알고리즘을 설계하는 알고리즘 개발자들은 직접 발달심리학을 공부할 필요는 없지만 컴퓨터가 도덕성을 학습하는 데 어떤 학습 이론이 설계에 적절한 아이디어 일지를 참고할 수 있다.

III. 상향식 도덕학습과 덕윤리

하향식 학습방법으로 인공지능로봇에 도덕성을 구현할 때 적용가능한 대표적 도덕규칙은 의무론이나 공리주의다. 여기서 도덕규칙은 어떤 '행위'가 도덕적인가에 중점을 둔다. 반면 상향식 학습방법으로 인공지능로봇에 도덕성을 구현할 때에는 행위보다는 '행위하는 사람'이 중요하다. 행위자의 경험을 통해서만 도덕적 행동이 어떤 것인지를 알게 되므로 학습하는 과정이 중요하고, 행위자의 내면의 과정이 중요하다. 이런 구현방식을 잘 드러내는 윤리이론은 덕윤리(value ethics)다. 덕윤리의 대표적 철학자인 아리스토텔레스(Aristotle)는 덕을 갖추려면 규칙을 따르는 것보다는 습관이 중요하다고 했다. 동양의 윤리 또한 몸의 훈련을 강조했다. 습관은 다양하고 변화하는 상황들 속에서 도덕적 행동을 최적화하고 지속적으로 연습함으로써 얻어지고 스스로 가치를 찾는 실천적 지혜의 방법이다.

Ⅳ. 상향식 접근의 단점과 혼합식 접근

인공도덕성에 대한 상향식 접근은 구체적 상황에의 적용이 강점이다. 그러나 어느 접근도 완벽한 접근은 없다. 만약 한국의 문화적 상황에 맞추어 상향식으로 도덕성을 학습한 인공지능 로봇이 다른 문화권에서 사용된다고 하자. 이 경우 그 행동이나 판단이 도덕적이라고 판단되리란 보장은 없다. 에스키모인들의 거주 지역은 매우 추워서 부모님의 사망 시 매장을 하기 어렵다. 그래서 들판에 내어놓고 바람에 의해 자연소멸되게 하는 풍장(風葬)을 한다. 그러나 대부분의 다른 나라에서 부모님을 풍장을 한다면 패륜이며 비윤리적이라고 평가받을 것이다. 상향식 접근은 구체적 맥락에 최적화된 도덕적 판단을 할 수 있게 하지만 그 맥락성은 문화마다 다르기 때문에 상향식으로 학습한 인공지능로봇이 그 나라를 떠나서 다른 나라에서 사용될 경우 적절하지 않은 도덕판단을 할 가능성이 있다. 또한 상향식 접근에 따르면 점진적 과정을 거쳐서 어느 정도 수준의 도덕판단에 이르게 되는데 불완전한 배움의 과정에서 잘못된 도덕판단이나 행동을 하게 될 경우 생기는 문제점은 어떻게 방지할 수 있는지가 숙제다.

상향식이나 하향식 모두 단점이 있다면 두 방식의 장점을 취하는 혼합식 접근도 가능하다. 실제로 인공지능윤리 시스템을 개발할 때에는 두 방식을 함께 사용한다. 인간 역시 도덕규범을 습득하는 과정에서 주변 평가를 통해 시행착오를 거치기도 하지만 사회의 도덕규칙들 또한 배우면서 깨우치기도 한다.

Ⅴ. 상향식 도덕성 구현 예: 진화를 통한 도덕학습

상향적 방식으로 인공지능로봇에게 도덕성을 학습하는 한 방식은 진화 과정으로부터 아이디어를 얻었다. 심리학자이자 컴퓨터 과학자인 존 홀랜드(John Holland)는 유전적 알고리즘을 만들었다. 소프트웨어로 만들어진 컴퓨터 안의 가상세계 안에서 한 무리의 로봇들은 주어진 과제 수행을 성공적으로 하는지 여부에 따라 평가를 받는다. 가장 높은 점수를 받는 로봇들은 새로운 한 무리의 로봇을 만들어낼 수 있다. 일종의 번식인 셈이다. 이런 방식으로 적응도가 가장 좋은 로봇들을 선택해서 과제 수행을 계속하면 점점 더 문제해결이 좋은 로봇들이 만들어진다. 아동이 칭찬과 제지를 통해서 좋은 도덕적 행동이 무엇인지 배우듯이, 컴퓨터에서는 점수로 평가하여 높은 점수를 받는 로봇은 어떤 수행이 적절한 행동인지를 단계가 진행되면서 계속 배운다는 아이디어다.[18] 이 방법은 인공생명 (artificial life)을 가상공간 안에서 번식시키는 방식으로 생물적 진화를 모방하는 방식으로 개발되었다. 이 알고리즘은 주로 로봇의 운동능력을 향상시키는 데 사용되어 왔다. 그러나 도덕적 행동을 배우는 데에도 사용될 수 있다. 선택한 행동에 대해 평가하는 과정을 되풀이함으로써 도덕적 행동이 어떤 유형인지를 파악하게 할 수 있다.

진화를 통한 도덕 학습을 하게 하는 알고리즘을 만드는 데 해결해야 할 과제는 칭찬과 제지라는 평가를 컴퓨터로 어떻게 잘 구현할 수 있는지이다. 칭찬과 제지란 일종의 가치 평가인데 이를 소프트웨어로, 그리고 하드웨어로 구현하기란 쉽지 않다. 먼저, 어떤 행동 혹은 단계에서 칭찬이나 제지를 해야 하는지를 정해야 한다. 또, 언젠가 컴퓨터로 완전히 구현하게 되어 컴퓨터가 도덕성을 배우는 것이 가능해지더라도 해결해야 할 문제들은 여전히 있다.

컴퓨터에게 도덕성을 가르치는 일은 결국 인간과 상호소통하게 하려는 것이다. 그래서 인공지능로봇과 인간이 소통할 때 인간이 이해하는 방식으로 구현하는 것 또한 미해결의 문제다. 또, 인간처럼 자기 이익뿐만 아니라 공정성과 같은 이타적 가치를 추구하는 측면은 단순한 적응도만으로는 구현하기 어렵다. 컴퓨터가 인간 사회에서처럼 다종다양한 윤리적 상황을 만들어낼 수 있는지 아는 것도 커다란 과제다. 이런 과제들을 해결하려는 시도가 진행 중이다.

VI. 윤리적 판단 시스템

도덕판단을 내리는 소프트웨어는 이미 여러 형태로 개발되고 있다. 첫 번째 유형의 시스템은 사례들로부터 판단 근거를 찾는 '사례 기반' 소프트웨어다. 컴퓨터 과학자와 철학자인 앤더슨 부부가 만든 '매드에텍스(MedEthEx)' 시스템[19]이 대표적 예다. 의료 시술 시 두 가지 이상의 선택지가 제시되었을 때 의무들 사이에서 갈등하는 것이 아니라 과거 사례를 참고하여 결정내리도록 한다. 의무나 윤리 규칙들 중 하나를 선택하는 방식이 아니라 구체적 사례를 참조하므로 하향적 방식의 도덕성 학습의 난점을 해결한다.

두 번째 유형은 윤리적 인공지능로봇은 의사결정에 대한 정당화를 함께 확보해야 한다는 근거에서 개발된 '논리 기반' 소프트웨어다. 인공지능이 내린 의사결정에 대한 정당화와 증명을 제공하려면 내용들 사이를 연결해주고 추론을 가능하게 하는 '그리고', '또는', '만약 … 라면 … 이다'와 같은 논리적 연산자(logical operator)를 포함해야 한다. 이렇게 윤리를 논리적으로 다루는 논리가 의무와 책임 간의 관계를 다루는 규범논리(deontic logic)다. 규범논리는 최종적으로 행위자가 무엇을 해야 할지를 추론하는데, 이를 위해서는 관련된 행위자들의 의무를 정하여 연산자로 표현하고 이 연산자들 사이의 관계를 규칙으로 표현해서 적절한 상황에서 어떤 행동을 결정할 수 있도록 한다.[20] 셀머 브링스요드(Selmer Bringsjord)가 운영하는 인공지능 및 추론 실험실에서는 공리주의 규칙을 사용하고 결과에 대한 적합성 증명까지 제시하는 소프트웨어 추론 기술을 개발 중이다.

세 번째 유형은 '다중 행위자 접근법'으로 실제 인간 사회의 윤리적 상황과 같은 복잡한 환경을 만드는 시도다. 실제 사회에서는 윤리적 판단을 내릴 때 사람들, 상황들과의 상호작용이 있다. 컴퓨터과학자 비겔 교수가 개발한 '소포랩' (SophoLab)[21]은 실제 사회와 같은 복잡한 네트워크에서 여러 행위자들이 여러 상황에서 어떤 상호작용을 하는지 컴퓨터로 모의(시뮬레이션)해 볼 수 있는 플랫폼이다. 이 방법은 최근 무인자동차가 복잡한 교통상황과 갑작스런 사태 등에서 어떻게 의사결정을 내려야 하는지, 그리고 무인자동차가 사고를 냈을 때 탑승자, 제작자, 보험회사, 판매자, 교통시스템 등 어느 부분의 책임이며, 어느 정도의 책임이 부여되는지를 검토할 때 도움을 줄 수 있다.

윤리적 판단 시스템이 하향식 학습으로 만들어지든, 상향식 학습으로 만들어지든 그로부터 나온 도덕판단이 적절한 판단이 되는데 중요한 것은 알고리즘뿐만 아니라 알고리즘이 학습 재료로 사용하는 '데이터', 즉 자료다. 어느 한 편으로 치우쳐진 데이터를 주로 학습하는 인공지능 의사나 인공지능 판사 그리고 무인자동차라면 그로부터 나오는 판단은 아무리 잘 만들어진 알고리즘을 사용한다 할지라도 비윤리적 판단을 할 수밖에 없다.

 생각해 볼 점

1. 자율살상무기는 다른 인공지능 도구와 달리 윤리적, 법적으로 제재하기가 쉽지 않다. 전쟁무기에 인공지
   능을 활용하는 시도는 이미 시작되었지만 최소한 비윤리적 사용을 막는 방법은 어떤 것이 있을까?
2. 자율주행차 주행시 발생할 수 있는 비상 상황에서 의사결정 기준은 공리주의적이어야 하는가, 의무론적
   이어야 하는가? 그 기준은 누가, 어느 집단이, 어떤 절차로 정할 수 있는가? 다수결로 정할 수 있는
   문제인가? 기술로 윤리적 문제를 해결할 수는 없는가?
3. 인공지능로봇의 윤리적 판단을 위해 설정해야 할 기준은 인간 도덕인가, 아니면 인간 도덕과는 다른
   기준을 따로 만들어야 할까?

제4장

인공지능 시대의 자유와 민주주의, 그리고 입법

인공지능 기술의 비약적 발전은 사법부의 법적 판단뿐만 아니라 입법적 의사결정도 자동화할 수 있을 것이라는 기대감을 제시해 준다. 이는 실제 입법이 이루어지는 현실 정치에 대한 실망감으로 인공지능을 통한 객관적인 입법이 이루어지기를 바라는 희망을 반영하고 있는 측면이 있다. 이러한 입법 자동화의 견해는 타당한 것이며, 또한 가능한 것일까?

제1절 인공지능과 입헌주의

I. 인공지능의 도입으로 헌법적인 자유는 신장되는가

1. 근대사회와 법의 지배

현재와 같은 근대사회의 법체계, 즉 법의 지배가 정립되는 데에는 자유주의의 기여가 컸다고 할 수 있다. 관념적으로 국가와 사회를 구분하고, 국가의 자의적인 사회 개입을 법을 통해 제약하고자 하는 이념을 구현하고 있는 것이 바로 국가−사회 이원론이 가지는 의미이고, 이것이 우리 헌법 질서 속에서 자유주의가 가지는 의미라고 할 수 있다.

인공지능을 법과 연관시켜 논의하는 다양한 쟁점 중 하나는 결국 근대사회 이후 지속적으로 발전해 온 자유라는 관념은 어떻게 변화하고 또한 실현될 수 있을 것인지 여부라고 할 것이다. 즉 인공지능의 활용이 보편화되었을 때, 과연 사회와 시민의 자유는 신장될 수 있는 것인가, 아니면 상대적으로 제약을 받을 수밖에 없는 것인지를 살펴보아야 한다.

그렇다면 인공지능과 같은 현실적인 기술 변화가 가지는 법규범적 의미를 먼저 살펴봐야 할 것이다. 사실 규범적인 측면에서 보자면 기술 변화는 단지 사실적인 요인이라고 볼 수 있다. 따라서 이제까지 법과 기술의 상호 관계에 대한 법학의 관심은 다소 소홀했다. 단지 기술 변화 등으로 인해 사회적인 역기능이 발생한다면, 이를 극복하거나 제약할 수 있는 방안들을 법적인 규율 속에 포함시키면 그만이었다.

바로 이상과 같은 문제인식에 기반하여, 현재 인공지능을 주축으로 하는 기술적 변화는 과연 법규범 및 이의 전제인 자유를 바라보는 관점에 어떠한 변화를 추동하는지에 대해 살펴보고자 한다.

2. 아키텍처 기반 규제론

법학은 하나의 규범적 질서 또는 체계에 관하여 연구하는 학문분야이다. 따라서 그 자체가 다양한 사회 영역과 관계되어 있다. 따라서 정보법학이 법학의 한 연구영역으로서의 고유성을 가지기 위해서는 다른 법학 연구영역과 비견할 수 있을 정도의 영역적 특수성을 가질 수 있어야 할 것이다. 필자를 포함한 대부분의 정보법학자들은 그러한 특수성을 바로 관련 법적 담론의 이면에 존재하는 기술적 환경 또는 구조로부터 찾고 있다. 즉 인터넷 등 네트워크의 아키텍처(architecture)라는 속성이 그것이다.

아키텍처는 전통적으로 건축 또는 건축양식을 의미하는 용어이며, 최근 정보통신기술 영역에서는 하드웨어와 소프트웨어를 포함한 컴퓨터 시스템 전체의 설계방식을 의미하는 것으로 활용되고 있다. 이 논문에서 활용하고 있는 아키텍처의 의미는 바로 후자의 의미를 가지고 있지만, 더욱 심층적으로 분석해보자면 전자와 같은 용어사용도 결국에는 인간이 창출해 내는 모종의 구조를 의미한다는 측면에서 유사한 의미를 가지고 있다. 즉 아키텍처는 인간이 인위적으로 만들어낸 구조를 의미한다.

이러한 아키텍처는 자연적인 존재라기보다는 인간의 의도에 의해 구축되는 것이며, 이에 더 나아가 이로 인해 인간 스스로의 행위를 규제(제약)하기도 한다. 예를 들면, 주거지역 등에 자동차의 과속을 방지하기 위해 설치한 과속방지턱은 운전자의 행위를 규제하는 요인으로 작용한다. 정보법학자들이 주목하고 있는 아키텍처라는 것은 바로 이러한 규제적 기능이다. 물론 아키텍처가 규제요인으로 기능하는 것은 비단 일반 시민들뿐만 아니라 규제 수행자인 국가에게도 마찬가지라는 점이다. 아키텍처의 상황에 따라 국가는 전통적인 규제방식을 변경해야 하는 경우도 있기 때문이다.

인간 행위의 자유를 제약하는 주요한 외부적 규제 요인들로는 법, 사회 규범, 시장 등을 생각해볼 수 있을 것이다. 이에 더하여 언급할 수 있는 중요한 규제 요인은 바로 아키텍처이다. 이러한 아키텍처는 자연적으로 존재하는 물리적 구조와는 달리 인간의 의도에 의하여 설계되고 구축된 구조를 의미한다. 그러나 이는 단순히 자유를 확장한다는 측면에서의 인간적 의지의 투영 대상으로만 존재하는 것이 아니라, 그 자체가 행위의 영역적·물리적 한계를 설정함으로써 인간 행위를 규제하는 요인으로 작용한다. 바로 이것이 의미하는 바가 '아키텍처 기반 규제(architectural regulation)'이다.1

종래 인터넷 등 네트워크를 기반으로 한 정보법학 분야에서의 아키텍처 기반 규제에 대해 살펴보면 다음과 같다. 네트워크 아키텍처는 기본적으로 E-to-E라는 원리에 입각하여 설계되었다. 네트워크는 무수히 많은 종단간을 상호 거미줄처럼 연결한다는 일종의 이념적 구상을 의미하는 것인데, 이는 과거 1:1 또는 1:多 방식의 소통방식과는 다른 연결성과 개방성을 추구할 수 있도록 해 주었으며, 이는 과거에는 상상할 수 없었던 다양한 유용성과 혁신성을 제공해 주고 있다. 이는 달리 말하자면 인간의 자유와 그 영역을 확장시켜주는 계기를 마련해 주고 있다.

그러나 아키텍처의 E-to-E 원리는 다양한 목적을 가지고 변경되고 있다. 시장 참여자들은 종단간의 연결에 일부 제약을 가함으로써 수익을 누리기 위해 노력한다. 각종 컨텐츠 제작자들이 저작권에 근거하여 대가를 지불한 자들에게만 관련 콘텐츠에 접속할 수 있게 함으로써 정보재화의 상품성과 이윤을 제고하는 경우가 이에 해당한다. 또한 국가의 경우에도 질서유지 등의 목적을 용이하게 달성하기 위하여 이러한 아키텍의 변경을 시도하는 데, 그 대표적인 경우가 2012년에 헌법재판소에 의해 위헌으로 결정된 온라인 인터넷 게시판 본인확인제

라고 할 수 있다.[2]

3. 인공지능과 인간의 규범가치 선택

그렇다면 인공지능 기술의 도입은 과연 인간의 자유를 신장시키고 또한 보장해 주는 것인지를 논구해 보아야 할 필요가 있다. 이 지점에서 논의할 수 있는 것이 바로 기술－사회 관계론이다.

이러한 논제는 바로 '기술결정론'과 '사회구성론'간의 입장차이로 구체화된다. 기술결정론은 기술의 자생적 발전에 강한 신뢰를 보이며, 이러한 기술의 발전에 힘입어 사회가 변화한다는 입장이다. 이에 따르면, 사회적 변화·발전은 기술적 발전의 종속변수에 불과하게 된다. 이와 반대로, 사회구성론은 기술이 사회적인 필요에 따라 고안 및 구성된다는 견지에서 사회적 발전을 기술적 발전의 선행요인으로 판단한다. 이에 따르면 기술적 발전은 사회적 변화·발전의 종속변수가 된다.[3]

그러나 이러한 대립은 어디까지나 이론적 차원에서의 논의라고 평가할 수 있겠다. 기술적 요인이 중심인가 사회적 요인이 중심인가 하는 논의는 무엇이 진실인가 여부를 떠나, 실제 현실에 있어 매우 복합적인 양상으로 나타나고 있다. 때로는 급격한 기술적 발전이 사회 현실의 변화를 추동하기도 하지만, 또 다른 경우에는 사회 현실의 변화가 기술적 변화를 요구하기도 한다. 궁극적으로는 기술과 사회의 상호 관계는 무엇이 선재하느냐라는 관점을 넘어서서, 상호 영향 속에서 동시적으로 발전하는 경향성을 가진다고 할 수 있을 것이다. 이것을 우리는 '기술－사회 공진화론'이라고 부른다.[4]

이러한 '기술－사회 공진화론'은 정보법학에 관한 논의의 이론적 기반을 제공해 준다. 기술과 사회가 동시적으로 진화하고 있다는 사실은, 달리 말하면 기술이 설정하는 규제의 '아키텍처'와 사회적으로 구성 및 형성되어 온 '법규범'간의 공진화를 의미하는 것이기도 하다. 즉 기술적 발전에 의해 인간 행위를 규제하는 아키텍처가 형성되고, 또한 이러한 아키텍처의 역기능에 대응하기 위한 법규범이 발전하게 된다. 또한 역으로 법규범이 설정하고 있는 한계를 넘어서기 위한 기술적 발전이 이루어지고, 이는 과거와는 다른 기술적 아키텍처를

형성하기도 한다. 이는 전형적인 기술과 사회의 공진화를 보여주는 것이라고 할 수 있다.[5]

결론적으로 인공지능 기술의 보편화·일상화는 매우 심층적으로 인간 행위에 영향을 미치게 되고, 이는 종국적으로 아키텍처 기반 규제의 확장을 의미하는 것이라고 볼 수 있다. 그런데 위에서 언급한 바와 같이 기술—사회 공진화론에 입각해서 보자면, 결국 인간의 자유는 기술 그 자체의 속성에 의해서만 제약되거나 신장되는 것이 아니라, 사회적인 의지가 반영되어 또 다른 국면을 맞이할 수 있다는 점을 상기해야 한다. 즉 결국 인간이 어떠한 인공지능 기술을 현실화할 것이며, 그 과정에서 어떠한 규범적 대응방식을 선택할 것인지에 따라 인간들의 가지는 자유의 폭과 구현방식이 달라질 수 있다. 결국 중요한 것은 인간의 규범 가치 선택이다.[6]

II. 인공지능 시대의 헌법은 어떻게 바라봐야 하는가

1. 인공지능 시대의 헌법

헌법은 사실적인 정치와 규범적인 법의 중간영역에 해당하는 영역이다. 근대사회 정립 이후 헌법은 인간의 자유와 같은 기본권 보장과 이를 위한 권력분립을 핵심적 내용으로 하고 있다. 헌법도 일종의 최고 법규범으로 사회적·정치적 갈증을 해소하기 위한 준거로서의 기능을 상정하고 있다. 그래서 다양한 현실 정치의 논란들은 과연 누구의 주장이 타당한 것인지를 종국적으로 헌법에서 찾기 위해 노력한다. 그 결과 현실에서는 정치적 타협과 합의보다는 헌법재판소 등을 통한 사법적 판단에 중요성을 두게 된다. 이것이 바로 정치의 사법화라는 현상이다.

그렇다면 국가 공동체 운영에 관한 정치적 논란과 쟁점들은 인공지능을 통해 해소될 수 있을까? 즉 단순히 주관적인 주장으로 서로 대립하는 것이 아니라, 인공지능의 분석을 통해 확보한 근거와 또한 이에 기반한 헌법해석을 통해 누구도 거부할 수 없는 대안들이 모색할 수 있지 않을까 하는 생각이다. 이는 결국 인공지능을 통해 '객관적 헌법해석'이 가능해진다는 것으로 이해될 수 있다.

이를 살펴보기 위해서는 현재 우리사회의 헌법은 어떻게 바라봐야 하는 것인지에 대해 살펴보아야 한다. 바로 입헌주의의 이해방식에 대한 것이다. 입헌주의는 간단히 이야기하자면 국민의 기본권을 보장하기 위하여 국가 및 그 권력의 행사 등은 헌법의 범주 내에서 이루어져야 한다는 원리로 이해할 수 있다. 이러한 입헌주의는 말 그대로 실정화된 헌법 규범을 따르기만 하면 된다는 것으로 단순히 이해될 수도 있지만, 이에 대해서는 다소 대립적인 관념이 존재한다.

2. 법적 입헌주의 관념의 한계

먼저 언급해야 할 입헌주의에 대한 관념은 법적 입헌주의(legal constitutionalism)이다. 간단히 언급하자면, 실정화된 헌법에만 따르면 그만이라는 입장이라고 할 수 있다. 이러한 법적 입헌주의가 배경으로 하는 중심 관념은 다음과 같은 두 가지이다.

> (ⅰ) 관심과 존중에 대한 평등이라는 민주적 이상에 충실한 사회가 반드시 성취해야 할 실체적인 결과들에 대한 합리적 합의(rational consensus)에 우리는 도달할 수 있다. 이러한 결과들은 인권이라는 용어로 가장 잘 표현되고 있으며, 민주적 사회의 근간을 이루는 법규범을 형성한다.
> (ⅱ) 사법 절차(judicial process)는 이러한 결과들을 확인하는 데 있어 민주적 절차에 비해 더욱 신뢰할 만하다.7

어찌보면 이러한 입장은 매우 합리적이고 상식적인 것이라고 볼 수 있다. 그러나 이러한 법적 입헌주의에 대해서는 다양한 비판이 존재한다. 우선 첫 번째 배경 관념은 다음과 같은 점에서 문제가 있다. 공정하고 질서가 잘 잡혀진 사회라는 정합적(coherent)이면서도 규범적으로 매력적인 비전을 형성하고자 하는 일은 의심할 여지 없이 중요한 노력이라고 할 수 있다. 그러나 역사적으로 볼 때 권리와 평등에 관한 진리 이론을 확인하고, 그것의 진실성을 다른 사람들에게 확신시킬 수 있는 우리들의 능력에는 한계가 있다. 즉 실정화된 헌법을 통해 주어진 가치와 관련하여 어떤 정책들이 도출될 수 있는지를 확정하는 것이 어려울 뿐만 아니라, 또한 이러한 가치들의 속성과 관련한 도덕적 차원의 불일치(disagreement)들은 그러한 가치들을 가장 잘 실현시켜줄 정치적, 사회적 그리고 경제적 조건들의 확인을 매우 어려운 문제로 만든다는 점을 주장한다.[8]

법적 입헌주의의 첫 번째 주장과 관련한 이상과 같은 문제들은, 두 번째 주장인 헌법재판 및 헌법재판관들에 대한 신뢰 또한 의혹들을 불러일으킨다. 만일 정의와 그것의 의미들에 관한 합당한 불일치들(reasonable disagreements)을 고려한다면, 판사들의 주장이 더욱 우월한 것이라는 주장은 비판되어질 수 있다는 것이다. 이러한 비판과 관련하여, 법적 입헌주의자들은 민주적 정치로는 해소되지 않는 권리와 평등을 둘러싼 불일치 또는 충돌에 대해서는 좀 더 양심적인, 그리고 좀 더 사려 깊은 중재(조정)를 제공해 주는 사법 조직의 구성이 중요하다는 점을 강조한다.

3. 정치적 입헌주의

법적 입헌주의에 대립하는 유력한 견해로 제시되는 것은 바로 정치적 입헌주의(political constitutionalism)이다. 위와 같은 법적 입헌주의 관점에서 헌법재판 등에 대한 견해는 그 주된 관심을 결과로부터 '절차'로 이동시키며, 또한 민주적 사회 내부에서 다소 차별성을 지니는 헌법 관념을 제안하는 것으로 귀결된다. 이것이 정치적 입헌주의가 의미하는 바이다. 즉 정치적 입헌주의는, 헌법을 민주적 가치와 같은 실체를 명확하게 규정하고 있는 것으로 바라보지 않고, 민주적 가치들의 속성과 의미들에 관한 불일치를 해결하기 위한 '절차'로 생각하는 것을 의미한다.[9] 정치적 입헌주의는 법적 입헌주의의 주장에 대응하는 두 가지의 주장을 제기한다.

(i) 우리들은 동등한 관심과 존중이라는 민주적 이상들에 전념하는 사회가 성취해야만 하는 실체적 결과들에 대하여 합당한 불일치를 보일 수 있다.

(ii) 이러한 불일치를 해결하는 데 있어 민주적 절차는 사법적 절차에 비해 더욱 정당하고 효과적이다.[10]

엄밀한 의미에서의 민주주의보다 더욱 포용적이고 비편파적인 공적 추론

(public reasoning)의 한 형태를 의도하고 있는 법적 입헌주의의 입장은 이론과 실제 양 측면에서 모두 논쟁의 대상이 된다. 공중(the public)이 동등한 것으로 고려되어질 수 있고, 다양한 권리들과 이익들이 동등한 관심과 존중의 대상으로 고려될 수 있는 것은, 오직 그들 스스로가 민주적 절차 속에서 사고하는 경우일 뿐이다. 1인 1투표제는 시민들에게 대체적으로 동등한 정치적 자원들을 제공해 준다. 즉 다수결 규칙에 의한 결정은 그들의 견해를 공평하고 비편파적으로 취급한다. 또한 선거 및 의회에 있어서의 정당들 간의 경쟁은 타협의 구성을 통하여 상호 인식을 촉진함으로써, 다양한 입장들이 상호 경청될 수 있도록 하는 권력의 균형을 제도화한다. 이러한 정치적 관념에 따르면, 민주적 절차는 바로 헌법이다. 그것은 적법절차(due process)를 제공한다는 측면에서 헌법적(constitutional)이고, 그 스스로를 재구성할 수 있다는 측면에서 구성적(constitutive)이다.[11] 이 입장에 따르면 헌법은 확정적인 법 또는 규범으로 취급되어질 수 없다. 오히려 그것이 사람들 사이에 존재하는 불일치를 해결해 주기 위한 기본적 구조(framework)만을 제공해 준다. 물론 이러한 구조도 또한 정치적인 토론의 주제가 될 수 있는 것이다.[12]

4. 정치적 입헌주의로의 현대적 변화 맥락과 인공지능

사실 법적 입헌주의는 이제까지 매우 상식적인 수준에서의 헌법에 대한 전통적 이해를 반영하고 있는 것이라고 할 수 있다. 그러나 현대 사회는 매우 다양한 가치들이 등장하고 또한 충돌하는 전문성과 분절성을 특징으로 하고 있다. 따라서 과거와 같이 일의적이고 명확한 헌법 해석을 그 누구도 제시하기 힘든 상황이다. 이를 고려한다면 정치적 입헌주의 입장의 헌법에 대한 이해가 타당한 측면이 있다.[13]

이는 앞서 아키텍처 기반 규제론과 관련하여, 결국 인간의 자유 신장이나 억압이냐의 문제가 인간의 규범가치 선택과 결부되어 있다는 점을 제기한 맥락과 맞닿아 있다. 인공지능 기술이 도입되어 보편적·일상적으로 활용되기 시작하면서, 당연히 헌법 해석에 대한 논란이 발생할 수밖에 없을 것이다. 이 과정에서 헌법 자체의 문의적 해석만을 강조하기에는 분명 어려움이 따를 것이고, 바로 여기에서 강조되어야 하는 것이 인간의 선택, 즉 정치적 선택 문제라고 할 수 있다.

　　예를 들자면, 특정 인공지능 기술의 구현과 활용, 그리고 그것이 제시하는 판단 결과가 헌법적 가치와 부합하는 것으로 볼 것인지, 아니면 그것과 충돌하는 것으로 볼 것인지의 판단은 결국 인간 자체의 정치적이고 가치적인 선택과 결단의 문제이다. 물론 인공지능 기술이 이러한 선택에 있어 다양한 판단 근거를 생산 및 제시해 줄 수는 있겠지만, 그것은 어디까지나 인간의 판단력을 증강시켜주는 차원의 문제라고 할 수 있다. 헌법적 가치의 선택은 기계가 아닌 인간의 손, 즉 정치에 주어져 있는 것이다.

Ⅲ. 인공지능은 민주주의 실현과 어떠한 관계를 가지는가

1. 알고크러시의 탄생 가능성

　　우리가 현재 활용하고 있는 법규범의 속성에 대해서는 다양한 철학적 견해들이 대립되고 있음에도 불구하고, 한 가지 분명한 사실은 실정법은 공동체 구성원인 인간들의 정치적 소통을 통해 구성되어져 왔다는 점이다. 정치적 소통은 법규범이 형성되는 과정에서도 기능을 하지만, 또한 그러한 법규범은 사회체계 속에 내장시키는 데에도 상당부분 기여한다.[14] 그 결과 우리는 실정법의 세세한 조문을 읽어보지 않은 상황에서도, 대충 어떠한 내용이 법으로 정해져 있을 것이라는 생각을 할 수 있게 된다. 결국 이제까지의 법규범은 개별 주체, 즉 '인간'을 제외하고는 논할 수 없다.

　　통상적으로 논해지는 지능의 개념적 범주는 인간의 마음이나 감성까지 포괄하지는 못한다. 또한 현실적으로 현 단계에서 논해지는 인공지능 기술은 아직 인간의 마음까지 구현할 수 있다고 명시적으로 언급하기는 힘든 상황이다.[15] 물론 마음도 인간 뇌의 작용이 만들어낸 결과라는 측면에서 종국적으로 마음을 가진 인공지능이 탄생할 것이라는 분석과 예측이 있는 것이 사실이지만, 이는 아직까지는 일종의 가설일 뿐이다.[16] 현재로서 인간의 판단과 인공지능의 판단은 외형상 유사하지만 내용적으로는 다를 수밖에 없다. 그렇지만 인간과 유사한 수준의 지능 또는 외관을 가지는 인공지능이 일상화되면 적어도 인간은 기계와 소통할 수밖에 없다. 예를 들어, 상거래의 상대방으로, 채팅의 상대방으로, 더 나아가서는 일종의 반려자로서 말이다.

　인간의 판단과 인공지능의 판단이 차별성을 가질 수밖에 없지만, 불가피하게 기계적 지능과의 소통이 일상화된 상황을 상정해 본다면, 기존에 인간만이 존재하던 세상에서의 예측 가능성 기준과 인공지능이라는 매개체가 인간과 함께 공존하는 세상에서의 예측 가능성 기준 간에는 차이가 생길 수밖에 없다는 주장은 상당히 설득력이 있다. 또한 이의 연장선상에서 법규범 형성을 위한 정치적 소통과정에서 인간의 판단뿐만 아니라 인공지능의 판단도 활용될 수 있을 것이다. 이렇게 본다면 인간 행위규범으로서의 법 관념에는 상당한 변화가 있을 것으로 보인다. 그러한 변화는 한순간 찾아오는 것은 아닐 것이다. 보이지 않게 그리고 조용하게 사회 공동체 속으로 스며들어 올 것이다.

　인공지능 기술의 발전은 비단 생활의 편의성만을 증대시켜 주는 것이 아니라, 공동체적인 가치인식 그리고 이에 근거한 법적 기준 등을 상당부분 변화시킬 것이다. 물론 그러한 변화는 이제까지 그래왔던 것처럼 새로운 기술의 도입(법현실의 변화)으로 인한 법규범의 변화 맥락과 유사한 것이어서, 이는 그다지 특별한 것이 아니라는 견해도 충분히 있을 수 있다. 그러나 문제는 과거 기술적 환경과는 다른 수준의 논의가 전개될 것이라는 점에 있다. 기술은 인간 외부의 개체로서만 존재해 왔지만, 향후에는 인간의 판단 자체에 개입해 들어오게 된다는 차이점이 있다. 이는 멀리 가지 않더라도, 인터넷상 인공지능 알고리즘을 매개로 한 뉴스 콘텐츠 제공의 문제만 보더라도 그렇다. 관련 알고리즘이 기사의 배열(우선순위 결정)을 어떻게 하느냐에 따라 관련 사실에 대한 인간의 판단 결과는 달라질 수밖에 없다. 결국에는 인간 판단이 기계적 판단에 예속될 가능성을 전적으로 배제할 수 없고, 그러한 상황 속에서 법의 지배(rule of law)가 아닌 기계의 지배(rule of machine), 즉 알고크러시(algocracy)가 탄생할 가능성도 전적으로 배제할 수 없다.[17]

2. 아키텍처 기반 규제의 투명성과 민주주의

위와 같은 맥락에서 앞서 언급한 아키텍처 기반 규제(architectural regulation)의 관점이 부각된다. 이러한 이론적 논의에 결정적인 기여를 한 것은 라이덴버그(Joel Reidenberg)와 레식(Lawrence Lessig) 같은 학자들[18]이다. 이들은 주로 정보법학을 연구하는 학자들로서 법적 규제와 마찬가지로 기능하는 소프트웨어 또는 컴퓨터적인 언어(Lex Informatics, protocol, code 등)에 주목한다. 즉 기술 및 그 언어가 현출하는 구조가 인간 행위의 규제요소로서 등장한다는 설명이다. 이러한 설명은 비단 정보기술 영역에 한정된 것은 아니다. 아키텍처 기반 규제의 변경을 통해 인간 행위를 규제할 수 있는 다양한 방법들을 설명하는 데 이러한 규제 개념이 동원되곤 한다.[19]

일반적으로 법적 규제는 다음과 같은 특성을 가지는 것으로 설명된다. (ⅰ) 규제적 측면에서의 법이라고 한다면 실정화된 법규범을 의미한다. 법은 전형적으로 실효성을 확보할 수 있는 제재를 수반한다. 이를 통해 인간의 선호(preferences)를 제한한다. 이는 사회적 규범이 사회적 인정이나 동기부여와 같은 비형식적인 방법으로 인간의 행위를 정향 짓는 것과는 차이가 있다. (ⅱ) 전형적으로 법적 규제는 사실(사안)이 발생한 이후에 그에 대한 책임을 묻는 사후적인 방식으로 적용되는 경우가 많다. 민사적, 형사적 제재는 사실이 발생한 이후에 이를 근거로 부과된다. (ⅲ) 법적 규제가 정당화되기 위해서는 그 법의 제정절차 및 규제내용에 대해 수범자들이 알아야 할 필요가 있다. (ⅳ) 법적 규제는 그것이 대상으로 하는 구성요건과 그 법적 효과를 문장으로 기술한다는 측면에서 비교적 단순한 형식을 가진다고 할 수 있다.

아키텍처 기반 규제는 다소 은유적인 표현으로 사회적 자원 및 장치들의 설정을 변경함으로써 인간의 행위를 제약하는 방식을 의미한다. 예를 들어, 인종차별을 금지하는 형식적 법조문은 법적 규제를 의미하지만, 이러한 규정에도 불구하고 흑인 거주지역과 백인 거주지역 한가운데에 도보로 횡단할 수 없는 도로를 건설하는 것은 아키텍처 기반 규제의 일면을 보여준다. 아키텍처 기반 규제는 다음과 같은 특성을 가진다. (ⅰ) 아키텍처 기반 규제라는 것도 기본적으로는 법적 규제와 마찬가지로 인간의 행위에 영향을 미치려고 한다는 점에서는 유사하지만, 제재가 아니라 행위를 위한 구조를 형성함으로써 선택(choices)을 제한한다. (ⅱ) 아키텍처 기반 규제는 현재적인 제한 요인으로서 기능한다. 예를 들어 이웃집에 무단으로 들어가는 것은 그러한 사실이 발생한 연후에 법적 책임을 지게 되지만, 문의 잠금장치와 같은 구조 규제는 지금 현재로서 무단 침입을 방지하는 규제로서 기능한다. (ⅲ) 아키텍처 기반 규제는 그것을 정당화하기 위한 절차가 필요없으며, 심지어는 그러한 정차 및 공표가 없는 경우에 그러한 규제의 목적을 효과적으로 달성할 수 있는 경우가 많다. (ⅳ) 아키텍처 기반 규제는 사회적 자원 및 장치들의 구조적 변경을 가하여 인간 행위를 정향 지은 것이기 때문에 매우 다양한 형식을 가질 수 있으며, 또한 국가가 이를 지원하게 되면 그 규제의 범위가 더욱 넓어질 수 있는 성격을 가지고 있다.[20]

이상의 규제방식에 관한 내용에서 살펴본 바와 같이, 매우 민감한 사안일수록 규제자의 입장에서는 구조 규제방식을 선호할 것이라고 판단된다. 그 이유는 그러한 구조 규제를 위하여 숙의 절차를 거칠 필요가 없는 경우가 많으며, 심지어는 이를 통해 매우 효과적인 규제를 달성할 수도 있을 것이기 때문이다. 아키텍처 기반 규제가 증가할 경우, 결국 사회적인 규제가 과거 입헌주의적 통치질서 속에서 작동하는 것이 아니라, 기술적 전문지식을 가진 일부 테크노크라트나 이들을 고용하고 있는 일부 사업자들에 의해 통치되는 상황, 즉 민주적 정당성이 몰각되는 상황이 발생할 수 있다. 따라서 이러한 규제에 대해서는 그 투명성을 확보할 수 있는 절차적 규제가 무엇보다도 중요하다. 이와 같은 측면에서, 결국 법적 규제에서 만큼이나 아키텍처 기반 규제에 있어서도 규제 설정 절차 및 내용의 투명성, 즉 민주주의의 문제는 매우 중요하다.

제2절 인공지능과 입법실무의 변화

Ⅰ. 인공지능 시대에도 인간의 입법은 필요한가

1. 인공지능의 입법 생산

인간의 불완전한 판단을 넘어선 기계적 개체의 객관적인 판단이 가능하다는 기대감은 당초 입법학21이 추구했던 미완의 이상향을 실현할 수 있는 상황이 도래하고 있는 것처럼 느끼게 해준다. 이에 따라 향후 과학적 입법을 논하는 시도들이 더욱 증가할 가능성이 있다. 인간의 판단은 부족한 데이터와 이에 대한 주관적인 판단에 입각한 것이기 때문에, 인공지능을 통해 제시되는 객관적인 데이터 분석과 이를 통한 판단 결과는 누구도 부정할 수 없는 과학적인 대안일 것이라는 식의 논의가 그것이다.22

인공지능 기술은 알려진 바와 같이 수차례의 부흥기와 침체기를 거치면서 발전해 왔다.23 이 과정을 거치면서 인공지능이 인간과 유사한 판단의 가능성을 가질 수 있을 것이라는 기대감도 증폭되어 온 것이 사실이다. 특히 최근 머신러닝(machine learning)과 딥러닝(deep learning)과 같이 인간의 학습 기능을 모방한 기술의 발전은 마치 인공지능 기술의 종국적인 발전상을 보여주는 듯한 인상을 준다. 특히 자의적인 것처럼 여겨지는 인간의 판단과는 달리 기계적인 판단은 과학적이고 중립적인 것으로 여겨질 수 있을 만한 기대감을 제공해 준다. 그러나 현재의 논의 수준에서만 보더라도 이에 대한 기대감은 다음과 같은 측면에서 다소 과장된 측면이 있다.

첫째, 인공지능이 학습하는 데이터는 기본적으로 인간들이 산출해낸 정보 또는 데이터에 기반을 두고 있다는 점에서 한계가 있다. 인터넷이 보편화된 현재의 시기에 소통되는 데이터들이 일종의 편향을 가진다는 사실은 이미 주지의 사실이다.24 이러한 데이터의 학습을 통해 인공지능은 모종의 판단 알고리즘을 정립 및 수정해 나가는 과정을 가진다. 따라서 인공지능 그 자체로는 인간의 가치가 내재된 정보와 데이터가 가지는 편향성을 극복하는 데에는 한계를 가질 수밖에 없다. 물론 기술적 차원에서 그러한 편향성을 극복하기 위한 다양한 조치들이 구상되고 또한 실현될 가능성이 있겠지만, 결국 그러한 기술적 조치를 수행하는 것도 결국에는 특정 가치에 입각한 인간의 판단에 의거할 수밖에 없다.

둘째, 단순한 데이터 분석 자체는 모종의 표준 또는 기준에 근거할 수 있지만, 이를 전제로 한 인공지능의 학습은 주어지는 환경 및 데이터에 의해 각기 다른 판단들을 제공할 수밖에 없다. 이는 달리 말하여, 인공지능의 판단 결과는 인간의 판단 결과와 마찬가지로 다양성을 가질 것이라는 점을 의미한다. 물론 이와 관련해서도 인공지능 상용화 초기 단계에서는 판단 결과의 폭을 인위적으로 통제하기 위한 시도가 이루어질 수 있을 것이라는 점을 상정해볼 수도 있다. 그러나 인공지능 기술 자체가 자율적인 학습과 판단을 지향하고 있다는 점에서 궁극적으로 마치 시장에서의 경쟁과 유사하게 다양한 기계적 판단 결과들이 산출될 수밖에 없을 것으로 보인다. 그 결과 인간 간에 존재하는 이데올로기적 충돌과 경쟁 양상은 그대로 인공지능 활용 결과에 있어서도 나타날 수밖에 없을 것이다.

2. 인공지능을 통한 입법지식 구성의 한계

인공지능이 법의 형성과 적용에 활용되기 위해서는 인간과 상호작용을 위한 최소한의 토대로서 법률지식을 학습하고 이에 근거하여 추론할 수 있어야 할 것이다. 물론 법률 지식에 근거한 추론과정에서 재차 윤리적·도덕적 차원이 추론이 요구된다. 그 이유는 법률은 그 자체로 온전한 명령이 아니라 적용자의 주관적 해석이 필요하기 때문이다. 결국 윤리적·도덕적 차원의 논증 문제는 시장경쟁과 유사게 다양한 알고리즘 방식들의 선택 문제로 귀결될 가능성이 높다.

우선 위 그림으로 통상적인 입법지식의 구성과정을 설명하면 다음과 같다. (A)의 과정은 객관적인 지식으로 존재하는 법(법령)이 주관적인 (입)법지식이 되는 과정을 나타낸다. 기존에 사회적으로 형성되어 있던 법지식(단순히 법 그 자체뿐만 아니라, 그 법에 기반하여 형성된 판례 등에 대한 지식도 포함)을 각종 사회적 또는 주관적인 사건, 그리고 재판 등을 통하여 개인이 학습해 가는 과정을 의미한다. (B)의 과정은 주관적 법지식이 사회의 객관적인 법지식, 즉 법률로 변화되는

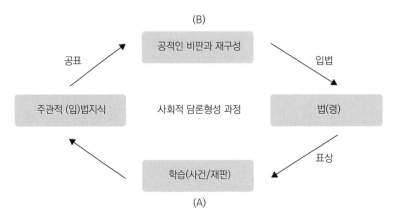

[그림 4-1] 사회적 구성주의 측면에서의 (입)법지식의 구성

과정을 나타낸다. 앞서 언급했던 바와 마찬가지로, 주관적 지식이 객관적인 지
식이 되기 위해서는 사회적 과정, 달리 말하면 사회적 측면에서의 상징적 상호
작용의 과정이 필요하다. 그러나 이 부분에서는 일반적인 지식과 (입)법지식간
에는 일부 차별성이 존재한다. 법지식에 대한 공적인 비판과 재구성의 과정, 즉
상징적 상호작용 과정이 절차적인 측면에서 이미 제도로서 형성되어 있기 때문
이다.25

　　지능적 개체인 인공지능의 법적 지식 형성과정을 위 그림을 통해 설명해 본
다면 다음과 같다. 최근 회자되고 있는 인공적도덕행위자(Artificial Moral Agent,
AMA) 구성을 위한 '상향식 접근방식'과 '하향식 접근방식'에 위 그림을 빗대어 보
자면,26 (A)단계는 다양한 경험적 인식 등을 바탕으로 나름의 규범적 기준을 설
정해 간다는 측면에서 상향식 접근방식이라고 평가할 수 있다. (B)단계는 사회
적 논의를 거쳐 하향식 접근에 적용될 수 있는 다소 의무론적인 규칙을 구성한
다는 의미를 가진다고 볼 수 있다.27

　　(A)의 과정은 궁극적으로 인간적인 윤리적·도덕적 상황판단에 근거하고 있
다. 인공지능에 알고리즘화 된 법적 지식이 실제 인공지능의 판단 기준으로 활용
되는 결과를 인간이 확인 및 수용해 가면서 그것의 옳고 그름에 대한 개별 인간
주체들의 주관적 지식을 형성해 가는 단계라고 보는 것이 현실적인 시각일 것이

다. 물론 좀 더 나아간 상상을 해본다면 옳고 그름의 주관적 지식의 형성조차도 인간이 아닌 인공지능 알고리즘이 수행할 가능성을 배제할 수는 없다. 그러나 인공지능이 결국 인간의 판단 결과와 그에 따른 규칙인식 패턴을 학습하는 것이라고 한다면, 기계적 판단은 결국 인간의 주관적 판단 패턴을 따르게 될 것으로 보는 것이 타당하다. 종국적으로 법적 가치판단의 영역에서 아직까지 인간은 자신의 주관적 가치판단을 넘어서는 인공지능의 판단 결과를 단순히 수긍하는 데에는 어려움이 따를 수밖에 없기 때문이다.

(B)의 과정은 다양한 주관성을 전제로 한 윤리적·도덕적 가치들이 상호 경쟁하면서 결국 객관적인 입법 또는 법률지식으로 정립되는 과정을 의미한다. 법적 지식이라는 것이 온전히 과학적일 수는 없지만, 적어도 공적인 비판과 재구성이라는 과정을 거쳐 실정법으로 정립되는 순간만은 언어로 객관화(외부화)된 것이라고 여겨질 수 있다. 그러나 현재의 기술 수준에서 인공지능이 이러한 법형성 또는 입법과정에 개입한다고 하더라도, 그것은 결국 인간의 판단 패턴과 그러한 패턴의 대립 양상을 계산한 결과에 불과하고, 종국적으로 인간은 그러한 결과들을 고려하여 최종적 법규범적 가치판단을 직접 수행할 수밖에 없다.28

II. 인공지능 시대의 입법정책 설정의 전제

1. 인공지능의 입법적 기여 방식과 입법현실

가치간 갈등, 즉 도덕적 불일치는 지속될 수밖에 없고, 이러한 상황에서 잠정적인 입법 합의를 위한 '상호 논증과 담론'은 결국에는 인간의 규범가치 선택 문제로 귀결될 수밖에 없다. 즉 입법은 향후에도 인간 고유의 가치 창출 및 생성 영역으로 남아있게 될 것으로 보인다. 일각에서는 비약적 기술 발전으로 인해 인간 고유의 가치 판단 영역은 남지 않게 될 것이라는 주장도 제기되곤 하지만, 앞서 살펴본 바와 같이 이는 어디까지나 상상에 지나지 않는다.

물론 그렇다고 인공지능의 입법적 활용 자체가 전혀 의미가 없는 것은 아니다. 현재의 상황에서도 다양하게 주어지는 입법 정보 및 데이터들이 체계화되지 못한 상황에서 현실 입법실무가 이루어지다 보니, 반복적인 입법 공방이 지속되는 상황을 빈번하게 목격할 수 있다. 그런데 다양한 데이터 분석이 빅데이터 분석 기술 및 인공지능 활용이 가능하게 되면, 과거와는 달리 가치간 논쟁의 지점과 지형을 명확히 하는 데 도움을 받을 수도 있을 것으로 보인다.

인공지능 시대의 입법에 있어서 중요한 것은 최종적인 인간 입법자의 판단을 위해 어떠한 방식으로 데이터를 구조화하고 활용할 수 있을 것인지, 그리고 알고리즘을 통해 판단된 결과들을 활용함에 있어 유의해야 하는 지점은 무엇인지를 명확히 하는 것이라고 할 수 있다. 이를 위해서는 입법의 영역에서 인공지능 기술 구현을 통한 자동화 자체에 지나치게 기대를 가지기보다는, 인간 간의 가치 갈등이 전제된 상황에서의 입법적 판단이 가지는 구조적 속성을 더욱 명확히 이해하는 가운데, 구체적인 실무과정을 면밀하게 분석 및 개선해 나가야 할 필요성이 있다.

그런데 우리나라의 입법실무에 있어서는 정치적 감수성과 그에 입각한 담론은 존재하지만, 실제적인 논증과 상호 토론의 과정은 상당히 빈약하다는 것이 문제시된다. 명확한 문제 인식과 대안 모색이 없는 상황에서 입법정책 결정이 이루어지고, 특정 정치 집단이나 여론의 향배에 따라 입법과정의 진행여부가 결정되며, 정치적 타협이 있는 경우에는 입법기술 자체는 중요한 문제가 되지도 않는다. 또한 특정 입법을 구상하거나 그 시행을 평가하는 데에도 상당히 인색하고, 더 나아가서는 자신의 입법대안 주장을 논거를 통해 설득하는 문화조차도 정상적으로 정립되지 않았다.[29] 이러한 상황에서는 입법학 논의의 토대를 제공해 주는 입법이론은 무작정 객관성과 과학성을 추종하면서, 실천적 지향점 없는 목소리만 내고 있다. 이와 같은 상황에서 인공지능 기술 활용 자체에만 유행처럼 치중하는 경우에는 맹목적인 아키텍처 또는 알고리즘 의존성이 팽배해지고, 오히려 인공지능 기술이 활용되지 않았던 상황보다 더욱 의미 없는 입법들이 이루어질 가능성이 높다.

2. 입법정책 방향 설정을 위한 입법실무의 변화

인공지능 기술의 일상적·보편적 활용이 논해지면서, 전통적인 규범체계와 신기술(emerging technologies)의 모순 또는 상충이 발생하는 상황 또한 부각되고 있는 상황이다. 이에 따라 법패러다임 전환이 논해지고 있다.30 이 과정에서 간혹 이러한 패러다임적 전환의 문제가 법적 규제의 완화나 폐지로 단순히 치환되곤 한다. 그러나 이러한 단선적인 접근은 향후 인공지능 시대의 법규범에 관한 논의를 더욱 복잡하고 임시방편적으로 대응할 수밖에 없도록 한다는 데 유의할 필요가 있다. 오히려 지금 중요한 것은 변화의 지점을 정확하게 포착해 가면서, 향후 변화될 상황과 맥락의 요청이 무엇인지를 선제적으로 분석해 나가는 작업이 중요하다. 그리고 이러한 분석 작업에 인공지능과 관련한 제반 기술들은 효과적으로 활용될 수도 있을 것이다.

결국 변화하고 있는 법패러다임에 대응하고, 또한 인공지능 기술을 이러한 패러다임 전환에 전략적으로 활용하기 위해서는 무엇보다도 현재 낙후되어 있는 우리나라의 입법실무 환경을 변화시킬 필요가 있다. 즉 인공지능의 보편적 활용을 전제로 한 입법정책의 궁극적 지향점을 설정하기에 앞서, 우리의 입법실무의 체질을 개선하는 데 주력할 필요가 있다. 이렇게 될 때, 바람직한 인공지능 시대의 입법정책이 설정될 수 있고, 또한 그것이 효과적으로 실천될 수 있을 것이다. 만일 이러한 입법실무적 개선이 전제되지 않는다면, 이제까지 우리나라의 입법 및 정책 실무가 그래왔던 것처럼 해외 주요 국가들의 입법례를 우리 법체계에 이식하는 수준에서의 작업만 반복하게 되고, 그 결과 우리나라의 법체계는 더욱더 인공지능 시대의 혁신성을 저해하는 복잡성과 비정합성을 가지게 될 것이다. 이러한 관점에서 현실적인 대응방안을 제시하면 다음과 같다.

첫째, 앞서 언급한 바와 같이 현재의 기술 수준에서 입법 의사결정의 자동화에는 다소 장기적인 시간이 소요될 가능성이 있으며, 완전 자동화는 요원한 이상향일 가능성이 높다. 다만 현 단계에서는 이러한 일부 자동화를 통한 입법 효율성 달성이라는 측면에서라도 입법 실무영역에서의 데이터 활용 및 분석 기반을 마련해 나가야 할 필요성이 있다. 따라서 현재 국회 및 정부 입법과정에서 생산 및 수집되고 있는 다양한 정보들을 디지털화하는 것은 물론이고, 체계적인 분류를 통하여 자동화된 방식으로 활용할 수 있도록 할 필요가 있다. 그런데 현재 입법 의사결정 거버넌스를 구성하고 있는 「국회법」 및 정부의 「법제업무운영규정」상에는 이와 관련하여 활용할 수 있는 기반이 존재하지 않는다.

둘째, 인공지능 시대의 사회 구조적인 변화는 관련 이해당사자들 간의 갈등을 더욱 극대화할 것으로 전망된다. 따라서 일반 국민의 입장에서는 다양한 입법정보를 정확하게 파악할 수 있는 기회를 제공받을 수 있어야 한다. 그러나 현재 국회나 정부 입법 단계에서 제공하고 있는 다양한 정보 시스템은 이러한 변화의 요구를 반영하기 힘든 측면이 있다. 따라서 신속하고 정확한 입법정보 공유 및 확산을 위해 관련 정보 시스템들을 통합적으로 운용하여 국민들에게 시의적절한 정보를 제공할 수 있는 토대가 구축될 필요가 있다. 물론 이러한 입법 정보들을 국민들이 활발히 이용할 수 있기 위해서는 단순 행정편의적 수준에서의 정보제공이 아니라, 국민들에게 필요한 내용과 형식을 가지는 것이라는 점을 염두에 둘 필요가 있다.

셋째, 인공지능 기술을 전제로 한 입법실무를 지속 가능하고 안정적인 발전과 연계시키기 위해서는 상시적인 (입법)영향평가 제도를 도입할 필요가 있다. 인공지능 기술은 주지하다시피 전 사회적인 영향력을 가진다. 그러나 그러한 영향을 사전에 예측하는 데에는 한계가 있다. 그 이유는 인공지능 알고리즘 자체가 자율적 학습과 판단을 기술적으로 추구한다는 점에서, 그리고 정보의 규범적 위험성 수준과 활용 양상도 매우 다양화될 것이기 때문이다. 즉 인공지능 기술이 점차 복잡화될 경우 인간의 예측 가능성의 범주를 벗어날 수 있는 가능성이 있다. 따라서 인공지능 및 그 알고리즘의 긍정적·부정적 영향을 상시적으로 평가하고, 이에 기반하여 입법정책적 대안들을 형성 및 정비해 나갈 수 있어야 한다. 그런데 (입법)영향평가는 비단 전문가 중심의 실증적 분석과 평가만을 의미하는 것은 아니다. 서구 사회에서의 입법 및 정책 영향평가는 실증 사회과학적 분석과 더불어, 의견수렴(consultation) 절차 또한 중요한 요소로 포함하고 있다는 점을 참조할 필요가 있다.31 결국 상시적 입법영향평가의 제도화는 신속한 입법적 대응은 물론이고, 이해관계자 조율의 기능도 함께 수행하는 것이어야 한다.

이상과 같은 입법실무적인 개선이 이루어질 때, 보다 의미 있는 입법정책의 방향 설정이 가능할 것으로 보인다. 국가적인 정책과 입법을 입안하고 집행하는 정부 및 국회의 입장에서는 빠른 변화에 대응하기 위한 실체적 입법대안을 추구하는 경향이 있다. 이는 인공지능 시대의 도래를 거스를 수 없는 모종의 과학적 귀결이 존재하는 것처럼 인식하기 때문이다. 그러나 앞서 언급한 바와 같이 인공지능 시대의 정책적 대응과 입법은 결국 인간의 가치선택의 문제이다. 따라서 지금 시급한 것은 그러한 가치선택을 효과적으로 지원할 수 있는 절차와 제도를 정비하는 것이다. 이러한 준비와 대응 없이 우리나라의 상황과 기술적 변화에 부응하는 유효한 입법정책의 방향성은 합의되거나 도출될 수 없다.

 생각해 볼 점

1. 최근 인공지능 스피커의 상용화가 이루어지고 있다. 대부분의 인공지능 스피커 및 내비게이션에서 여성의 목소리를 초기 설정으로 하고 있는 경우가 많다. 향후 인공지능 스피커 제작 및 제공 업체가 목소리를 세팅하는 것이 아니라, 인공지능이 학습을 통하여 목소리를 세팅하게 될 경우 이에 따른 헌법적 문제점은 무엇이 있고, 이에 대해서는 어떻게 대응해야 하는가?

2. 인공지능의 활용은 종국적으로 국가 권력의 강화 가능성을 시사한다고 할 수 있다. 이는 향후 현재의 헌법상 권력분립 체계를 변화시킬 가능성이 있다. 이에 입각해 볼 때, 인공지능 시대의 권력분립은 과연 필요한 것인지, 그리고 필요하다면 권력간 견제와 균형은 어떻게 이루어지는 것이 타당한가?

3. 인공지능 시대에도 결국 최종적인 입법권한은 인간인 입법자에게 주어져 있을 것으로 보인다. 그러나 입법자들 또한 복잡한 문제 사안을 판단함에 있어 인공지능의 알고리즘의 판단에 의존하게 되는 상황이 발생할 수밖에 없다. 이러한 입법자의 알고리즘 의존성이 타당한 것인지, 만일 그렇지 않다면 이에 대해 대응할 수 있는 제도적 방법은 무엇인가?

제5장

인공지능 경제정책

제1절 최근 산업계에서 인공지능에 주목하게 된 배경은 무엇인가?

최근 국제사회는 또 다시 인공지능 기술에 주목하고 있다. 과거에도 두 차례 인공지능 기술이 크게 주목받았던 시절이 있었다. 최근에는 2000년대 들어 컴퓨터를 활용해 전문가들이 지식을 저장하고 활용할 수 있는 인공지능시스템을 구축하고자 하는 일련의 시도들이 있었다. 하지만 이러한 일련의 시도들은 커다란 기술적, 산업적, 사회적 파급효과를 유발하지 못한 채 찻잔 속 폭풍에 그친 바 있다. 그러나 이번만큼은 다르다는 것이 관련 전문가들의 중론이다. 그것은 인공지능 관련 산업이 성장하는 데 필요한 여러 기반 기술과 요소들이 드디어 완비되었기 때문이다.

인공지능이 발달하기 위해서는 그 무엇보다 많은 데이터가 필요하다. 우리 인간도 지능을 발달시키기 위해서는 다양한 학습자료가 필요한 것처럼, 인공지능 역시 그 처리 능력을 개선시키기 위해서는 다양한 학습자료가 필요한데, 그것이 바로 데이터다. 바둑과 체스 분야에서 인공지능 기술이 선도적으로 발전할 수 있었던 이유 역시 바둑과 체스 기보들이 잘 보존되어 있었기 때문에 이들 기보 내용들을 바탕으로 관련 인공지능을 발달시킬 수 있었던 것이다.

이러한 관점에서 최근 대두되고 있는 사물인터넷(IoT) 기술은 인공지능 관련 산업이 형성될 수 있는 중요한 기반 요소라 할 것이다. 사람과 사물, 사물과 사물 간을 데이터를 기반으로 연결해 주는 사물인터넷(IoT) 기술은 인공지능을 개발하는 데 필요한 데이터를 원활히 수집할 수 있는 환경을 제공해 줄 것이기 때문이다.

고성능 컴퓨터 기술의 보편화도 중요한 요인이다. 대량의 데이터를 학습하기 위해서는 고속 병렬처리가 가능한 고성능 컴퓨터는 필요하다. 최근 다량의 데이터를 처리할 수 있는 서버, 반도체, CPU 기술의 고도화 역시 인공지능 기술을 견인하는 중요한 요소이다. 이와 함께 본인 컴퓨터뿐만 아니라 인터넷을 통해 다른 사람의 컴퓨터를 활용해 정보를 처리할 수 있는 클라우드 컴퓨팅(cloud computing) 기술은 개별 컴퓨터의 한계를 뛰어넘어 대용량의 데이터를 처리할 수 있는 환경을 제공해줄 수 있게 되었다.

이 밖에 4G LTE보다 속도가 최소 20배 이상 빠른 기가급 무선인터넷 기술인 5G 기술은 대용량 데이터를 실시간 원활히 전송받을 수 있는 가능성을 열었고, 기존 CPU와 달리 한꺼번에 많은 연산을 동시에 처리할 수 있는 AI반도체 기술 역시 인공지능 관련 산업에 형성될 수 있는 기반 요소로 꼽힌다.

이상에서 열거한 바와 같이 인공지능 관련 전후방 기술 내지 산업이 숙성됨

[표 5-1] 주요 기관의 세계 인공지능 시장 규모 전망

조사기관	대상	2015년	향후	CAGR
IDC	영상음성처리 분야	1,270억 달러	1,650억 달러(17년)	14%
	Cognitive SW플랫폼	10억 달러	37억 달러(17년)	92%
BCC리서치	음성인식	840억 달러	1,130억 달러(17년)	16%
Market&market	서비스(광고, 미디어 등)	4.2억 달러	50억 달러(20년)	64%
Tractica	AI 시스템	2억 달러	111억 달러(17년)	–
일본 EY 연구소	AI 관련 산업 전반(자국)	3조 7,450억 엔	23조 638억 엔 (20년)	44%
IBM	2025년 2,000조원 시장			
맥킨지	2025년 6조 7천억달러 파급효과			

자료: KT경제경영연구소.
주: CAGR은 연평균 증가율.

에 따라 이제 본격적으로 인공지능 산업이 크게 성장할 것이라는 것이 여러 전
문기관들의 전망이다. 미국의 정보통신전문 컨설팅회사인 가트너(Gartner)는 전
세계 인공지능 관련 시장 규모가 2018년 1조 2천억 달러에서 2022년에는 3조 9
천억 달러 수준으로 성장할 것으로 전망하였다. 또 다른 전망으로는 시장조사전
문회사인 IDC(International Data Corporation)가 2016년부터 2020년까지 매년
55.1%씩 시장 규모가 증가할 것으로 예측한 바 있다. 국내 시장 규모에 대한 예
측으로는 KT경제경영연구소가 제시한 내용으로 2020년 2조 2천억원에서 10년
뒤인 2030년에는 27.5조원으로 급성장할 것을 전망한 바 있다.

제2절   인공지능 기술이 가장 활발히 적용되고 있는 산업 부분은?

현재 인공지능 기술은 의료, 농업, 에너지, 금융, 자동차, 유통, 치안 및 안보
등 산업 전방위적으로 급격히 진화·발전해 가고 있다. 오히려 인공지능 기술과
무관한 산업 부분을 꼽는 것이 수월하다고 평가될 만큼 그 적용분야가 급격히
늘고 있는 상황이다. 하지만 아직까지 인공지능 기술이 표준화된 산업 부분이 도
출되었다고는 보기 어려운 상태며, 지금 현재 선도적으로 인공지능 기술을 활용해
가시적인 성과를 보이는 업무 영역은 ① 자원관리, ② 컴플라이언스(compliance),
③ 학습 및 교육, ④ 진단 및 검출 등을 꼽을 수 있다.

지난 2007년~2017년 기간 동안 세계인공지능학회에서 선정한 '혁신적 인공
지능 응용상'을 수상한 사례들 50개를 분석한 연구결과에 따르면,[1] 다음과 같은
활용범위가 확인되었다.

현재 인공지능 기술이 가장 빠르게 적용되고 있는 분야는 자원할당, 기획을
포함한 일정계획 분야였다. 이러한 기술을 현재 비서 직군에 해당하는 업무 영역
을 빠르게 대체할 것으로 전망되고 있다. 많은 사람들이 자신의 일정뿐만 아니라
소소한 개인적 활동을 지원해 줄 비서에 대한 필요성과 편리함을 체감하고 있지
만, 경제적 여건 등을 이유로 실제 이용하는 비율은 극히 일부에 국한되어 있다.

[표 5-2] AI Magazine에 게재된 혁신적 인공지능 응용상 사례 적용 분야 분류표

업무 분야	수상 빈도
일정계획(할당, 기획)	10
경고, 감시, 감사, 사기 적발	6
협력, 학습, 교육	6
진단과 검출	5
필터링, 선택, 랭킹	4
추천	3
인식 후 변환, 번역	3
예측, 추정	2
상황적 대응	2
자료 추출	2
큐레이션	2
데이터 정제, 분석	2
성능 최적화	2
자연어 응대	1

하지만 인공지능스피커 내지 스마트폰 등을 통해서 여러 공적인 사적인 업무를 손쉽게 분담할 수 있는 환경이 구축되어 가면서 이들 매체를 활용한 스케줄링 인공지능 기술은 그 보급 속도가 더욱 빨라질 것으로 기대되고 있다.

산업 부분에서도 스케줄링 관련 인공지능 기술은 유용하다. 현재 발주 내용에 따른 생산일정, 배송일정 등 스케줄링 업무는 업계 10년 이상의 노하우를 구축한 선임급 직원들이 수행할 수 있는 업무 영역이다. 특히 주문형, 맞춤형 발주 형태인 선박, 플랜트, 건설 부분의 경우에는 발주 내용을 고려하여 일정을 산출해야 하기 때문에 관련 분야의 다방면의 노하우가 구축된 사람들만이 해당 업무를 수행할 수 있다. 하지만 인공지능을 활용한 스케줄링 기술이 산업부분에서도 보편화될 경우, 이들 숙련공들의 업무 영역을 빠르게 대체할 것으로 보인다.

인공지능 기술이 가장 빠르게 적용되고 있는 분야는 컴플라이언스(com-pliance)분야이다. 인공지능 기술을 활용해서 정상적인 범주에서 벗어나는 행태 내지 패턴을 파악하고, 이를 통해서 사기 적발(fraud detection), 감시(monitoring), 감사(audit), 사전 경고(advanced warning) 등의 업무를 수행할 수 있는 방법들이

각 분야마다 도출되고 있다.

학습과 교육 부분 역시 인공지능 기술이 빠르게 적용되고 있는 대표적인 분야이다. 많은 국가에서 최근 공교육 시스템의 한계에 봉착해 있다. 학습자의 개인적 성향 내지 가계소득 수준에 따른 학업 성취도의 상이함이 점차 커져가고 있는 상황에서 표준화된 교육 프로그램에 근거한 다수를 대상으로 한 공교육이 가져다 줄 수 있는 성과는 점차 제한되고 있는 상황이다. 뿐만 아니라 진단과 검출, 추천, 예측 업무 등에서도 인공지능의 실적용 사례가 늘어나고 있는 상황이다.

앞서 제시한 도표의 내용을 종합할 때, 인공지능 기술은 그간 일정한 패턴을 찾아내기 어렵거나 일정한 패턴 자체가 없었다고 여겨졌던 분야에 활용되어, 그 속에서 일정한 규칙 내지 패턴을 인식하고, 이를 바탕으로 배분, 통제, 진단, 예측 등의 업무를 수행하는 부분을 중심으로 선도적으로 점차 그 활용도가 크게 늘어날 것임을 확인할 수 있다.

제3절 인공지능 관련 경제제도와 정책은 어떠한 방식으로 논의되고 있는가?

I. 각국의 인공지능 관련 국가 정책 현황

현재 세계 각국이 인공지능과 관련해서 추진하고 있는 일련의 제도와 정책들은 인공지능 기술을 어떻게 관리, 감독할 수 있는지에 대한 측면보다는 인공지능 기술을 개발하기 위한 국가적 차원의 제도를 마련하는 데 초점이 맞추어져 있는 경우가 대부분이다.

AI 정책 연구 전문가인 Tim Dutton은 26개국 정책 현황을 체계적으로 정리하여 발표한 바 있는데, 세계 각국의 정책적 공통 사항으로 연구 개발, 인력양성, 창업, 주도권 확보 등을 꼽고 있다.

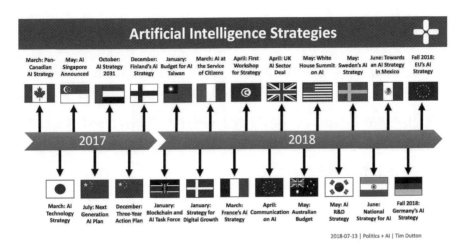

출처: https://medium.com/politics−ai/an−overview−of−national−ai−strategies−2a70ec6edfd

[그림 5-1] 세계 각국의 인공지능 정책 추이

Tim Dutton이 제시한 26개국 중 특히 주목해야 할 국가는 미국, 중국, 일본을 꼽을 수 있다.

II. 미국의 인공지능 관련 국가 정책 방향

미국의 인공지능 관련 국가 정책을 살펴보면, 미국은 여타 국가와 달리 국가는 연구개발 분야만을 담당하고, 나머지 부분은 민간 분야에 맡기는 방식을 추구하고 있다. 기업의 자율과 창의를 인공지능 산업을 육성할 주요한 수단으로 판단한 것이다.

미국 정부는 이러한 판단 아래 2009년 초부터 자율주행자동차, 공공치안, 군수산업 등의 핵심 부품에 해당하는 차세대 두뇌형 반도체인 인공지능 칩 개발을 국방부 산하 DARPA(Defense Advanced Research Projects Agency)를 통해 민관 합동으로 추진해 왔다. 현재까지 이 인공지능 칩 개발 프로젝트에 참여하고 있는 민간 기업으로는 IBM, HP, HRL Laboratories 등이다.

2016년에도 인공지능 기술 관련해서 정부의 정책 기조를 확인해 주는 두 개의 보고서를 발표한 바 있다. 그 중 하나인 '국가 인공지능 연구 개발 전략 계획 (National Artificial Intelligence Research and Development Strategic Plan)'을 통해서 인공지능에 대한 공적 연구 개발을 위한 전략적 계획을 선포하였다. 특히 본 보고서는 시장성이 확보되지 않거나 공익적 내용이 많아 산업계에서 자생적으로 육성하기 어려운 분야들을 정의하고, 해당 분야에 대해서는 정부의 직접적인 투자 계획을 천명하였다. 해당 보고서에서 제시한 정부가 직접 육성해야 할 연구분야로는 다음과 같은 내용들이다.

국가 인공지능 연구 개발 전략 계획에 수록된 정부 육성 프로그램

① 5~10년이 지나야 수익이 창출되는 장기투자연구
② 인간과 인공지능 협업에 대한 상호작용 연구
③ 인공지능으로 인해 유발될 윤리적 사회적 변화를 고려한 인공지능시스템 설계에 대한 연구
④ 인공지능의 안전과 보안 보장 관련 연구
⑤ 고품질 데이터 셋트 확보를 위한 연구
⑥ 표준 및 벤치마크를 통한 기술측정 및 평가 연구
⑦ AI 연구개발 인력 수요 규모 관련 연구

또 다른 보고서로는 '인공지능의 미래를 준비하기(Preparing for the Future of Artificial Intelligence)'에는 인공지능으로 유발될 미래 변화상을 조망하고 이를 준비하기 위한 7대 원칙이 천명되어 있다.

미 보고서 인공지능의 미래를 준비하기에 수록된 7대 원칙

① 인공지능은 공적이익을 추구하는 데 사용한다.
② 국가적 차원에서 기초 연구, 장기 연구에 전폭적인 투자를 수행한다.
③ 자율주행과 드론에 대해서는 안전기준을 포함한 직접 규제를 수행한다.
④ 인공지능은 자동화로 인해 일자리를 빼앗는 대체제가 되어서는 안되며, 보완재의 성격에 한정되어야 한다.
⑤ 안전한 인공지능 사용을 위한 교육을 강화한다.
⑥ 윤리적인 문제 등 기업이 준수해야 하는 기준을 확정하여 적용한다.
⑦ 불안전한 데이터는 원천적으로 사용 금지한다.

위의 두 보고서는 2016년 12월에 발간된 '인공지능, 자동화 그리고 경제

(Artificial Intelligence, Automation and the Economy)'를 통해 추가적으로 보완되었다. 해당 보고서에서 주로 보완된 내용으로는 인공지능 기술이 대두됨에 따라 불거질 노동시장 변화를 적극 대응하기 위해 인공지능 연구와 개발에 대한 적극적인 투자와 함께 미래 직업을 위한 교육 및 훈련 강화를 강조하여 노동자들이 새로운 직업을 찾고 역량을 강화함과 동시에 사회 안전망을 구축할 필요성을 제시하였다.

Ⅲ. 중국의 인공지능 관련 국가 정책 방향

중국은 그 어느 나라보다 체계적인 전략 전술 아래 인공지능 관련 산업을 육성하고 있다. 2014년 제7차 중국과학원 전국대표대회 개회사에서 시진핑 국가주석이 직접 인공지능 관련 기술을 언급하면서 2030년까지 AI 선도국가가 되겠다는 국가 차원의 비전을 발표한 바 있다. 최근에는 2017년 7월 AI 이론, 기술 및 응용 분야에서 세계를 이끌겠다는 '차세대 인공지능 개발계획(A Next Generation Artificial Intelligence Plan)'을 발표하였고, 이 계획에는기술 측면뿐만 아니라 기술의 산업화, 교육, 보안, 윤리적 규범까지 포함되어 있다.

차세대 인공지능 개발계획은 3단계로 구성되어 있는데, 1단계는 2020년까지 중국의 AI 산업을 경쟁자와 동등한 수준까지 올려놓는다는 계획이다. 이를 위해 지능형 센서 및 신경망 칩을 포함한 인공지능 지원 시스템 개발, 지능형 제조 시스템 개발, 차량, 서비스 로봇, 인증 시스템과 같은 지능화되고 네트워크화 된 제품 개발 등에 중점을 두고 있다. 2025년까지 추진되는 2단계에서는 세계 최고 수준의 인공지능 기술을 확보하고, 2030년까지 추진되는 3단계에서는 인공지능 기술의 혁신을 이끌어가는 중심센터 역할을 실현하는 것을 목표로 하고 있다.

이상에서 언급한 중국의 인공지능 관련 국가 정책의 전반적인 방향성은 인공지능을 활용해 제조 강대국이 되고자 하는 산업 고도화 전략으로 표현할 수 있다. 이러한 사실은 2015년 5월 국무원에서 발표한 중국제조 2025계획에도 다수 포함되어 있다. 중국은 제조 관련 핵심 육성 과제로 제조업 혁신력 제고, 제조업 기초역량 강화, 제조업 국제화 수준 제고, IT 기술과 제조업 융합, 서비스형

제조업 및 생산형 서비스업 육성, 친환경 제조업 육성, 제조 브랜드 제고, 구조조정 확대 등을 선정하였고, 이를 바탕으로 IT, 로봇, 우주항공, 바이오, 전력, 교통 등 10대 제조 전략산업을 육성할 계획이다.

중국의 인공지능 관련 정책 중 주목해야 할 또 다른 부분으로는 인공지능 관련 인재육성 프로그램에 있다. 여타 국가들의 경우, 인공지능 기술을 선도적으로 이끌어갈 관련 분야 엘리트 육성에 초점이 맞추어져 있는데 반해, 중국은 선도적인 연구인력 양성과 함께 인공지능 내용을 보편적인 공교육 프로그램에 적극 투영하고 있다.

중국은 전국민 스마트교육 프로젝트를 실시하여 모든 학교에서 AI 관련 과목을 개설하고 프로그래밍 교육을 확산할 계획이다. 이후 중국 교육부는 AI를 비롯해 관련 기반 기술에 해당하는 IoT, 빅데이터 분야를 일반 중고등 교과과정에 반영하는 표준과정을 발표하였다. 그리고 이러한 교육 과정을 진행할 교사를 체계적으로 양성하기 위해 관련 기업과 협력하여 강사 육성 프로그램도 마련하였다.

중국은 세계 최고 수준의 AI 인재를 영입하고 있고, 베이징에는 2조 3천억 원 규모의 인공지능 관련 '테크놀로지 파크'를 건설하고 관련 기업 400개를 입주시킬 계획이다. 그리고 중국의 주요 거점 지역인 베이징, 텐진, 상하이, 항저우, 선전, 광저우, 청두, 난징에는 인공지능산업원을 설립하여 이를 거점으로 인공지능 관련 국가 전반의 벨류 네트워크를 구축할 예정이다.

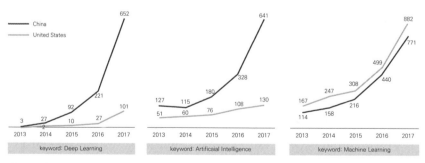

자료: CB Insights.

[그림 5-2] 중국과 미국의 인공지능 관련 특허 추이 비교

이러한 국가적 차원의 지원 속에서 최근 중국의 인공지능 관련 특허 등록 건수가 미국의 특허 등록 건수를 크게 앞서는 것으로 확인되었고, 딥러닝 부분에서는 무려 6배 가까이 높은 것으로 확인되었다. 2015년 이후 매년 관련 시장 규모 역시 매년 30% 이상 급성장하고 있는 상황이다.

IV. 일본의 인공지능 관련 국가 정책 방향

일본은 향후 도래할 사회를 수렵, 농경, 공업, 정보에 이은 초스마트사회(Society 5.0)라 지칭하고, 혁신기술들을 활용해 모든 것이 필요한 사람에게 적시에 제공될 수 있는 사회라 정의하였다. 그리고 이러한 초스마트사회는 인간과 AI, 로봇이 공생하는 사회가 될 것으로 전망하였다. 이러한 일본의 초스마트사회의 개념은 독일 등 여타 서구 국가들의 인더스트리 4.0이 제조와 산업에 초점이 맞추어져 있는데 반해, 사회 전반의 내용을 포괄하고 있다는 점에서 크게 구분된다.

일본 정부가 AI에 대해서 이처럼 광의적인 접근을 추구하게 된 가장 큰 배경에는 일본 내부의 여러 구조적인 사회 문제를 해결하기 위한 수단이 AI라는 자체적인 판단 때문이다. 일본은 장기간에 걸친 경기침체 극복이라는 경제적 관점뿐만 아니라 향후 본격화될 고령화 및 인구감소라는 사회 문제를 해결하기 위한 주요 수단으로 AI 기술을 적극 활용할 계획이다. 뿐만 아니라 고령화, 인구감소 등의 현상을 여타 선진국보다 먼저 경험하게 되는 일본은 이러한 내부 상황들에 대한 노하우를 축적하여, 이를 인공지능 기술과 접목시켜 비즈니스화 하려는 계획을 추진 중이다.

일본 정부가 인공지능과 관련해서 어떠한 입장을 취하고 있는지에 대한 세부적인 내용은 경제산업 정책인 「일본재흥전략」과 과학기술 정책 로드맵인 「제5기 과학기술 기본 계획」을 통해 쉽게 확인 가능하다.

먼지 일본재흥전략과 제5기 과학기술 기본 계획에서는 사회 전반의 혁신성 제고를 통한 GDP 600조엔 달성의 수단으로 빅데이터, IoT, 로봇 등과 함께 인공지능 분야를 선정하였다. 그리고 이를 실행할 책임기관으로 총무성, 문무과학성, 경제산업성 등 3개 주요 부처를 컨트롤타워로 명시하였으며, 구체적인 액션 플랜으로 2017년 1월에 'AI 산업화 로드맵'을 발표하였다.

[표 5-3]   인공지능 지원 일본 연구기관 및 센터

주관부처	연구기관	센터명
문부과학성	이화학연구소	AIP 센터
	과학기술진흥기구	인공지능프로젝트
경제산업성	산업기술종합연구소	인공지능연구센터
	신에너지 사업기술총합개발기구	인공지능프로젝트
총무성	정보통신연구기구	뇌정보통신융합연구센터

자료: 문부과학성, 경제산업성, 총무성 자료(KOTRA) 재인용.

AI 산업화 로드맵은 3단계로 구성되어 있다. 2020년까지 추진할 제1단계 사업은 각 산업 부분에서 생성된 데이터를 기반으로 AI 관련 신산업을 촉진하는 단계로 설정하였다. 2025년까지 추진할 2단계는 각 산업별 부분별로 구획되었던 AI 기술들을 개별 영역을 넘어 일반적이고 범용적인 범위에서 활용하는 단계로 설정하였다. 2025~2030년까지 추진될 3단계는 각 영역이 복합적으로 연결된 그야말로 AI 생태계를 구축하는 기간으로 구분하였다.

AI 산업화 로드맵은 이러한 3단계 발전 전략을 추진할 핵심 분야로 ① 생산성, ② 의료, ③ 공간이동, ④ 정보보완 등을 꼽았다. 이들 분야를 핵심으로 선정하고 집중 육성하려는 이유 역시 사회문제의 긴급성과 경제적 파급효과를 우선적으로 고려하였다. 그리고 이들 분야에서 AI기술이 보편적으로 활용되어 감에 따라 변화할 사회상을 조망하기 위해 인문사회 분야와 자연과학 분야의 연구자를 연계하여, 관련 통찰력을 확보하기 위한 다각적인 산학 협력 연구를 수행 중에 있다.

제4절 한국의 인공지능 관련 경제정책은 어디까지 왔는가?

우리나라는 AI 기술력이 주요 경쟁국 대비 최하위 수준이라는 인식 아래 인공지능 관련 산업 인프라를 조성하기 위한 정책적 지원을 수립 중에 있다. 2014년 이후 관련 기술격차는 꾸준히 감소하고 있지만, 해외에서는 이미 상용서비스가 출시되고 있는 데 반해 국내에서는 인공지능에 대한 기술 관심 수준에 머물러 있다는 것이 관련 당국의 평가이다. 실제로 2018년 CES에 출시된 제품만 보더라도, 해외의 경우 금융(켄쇼), 농업(블루리버테크), 법률(로스인텔리젼스), 의료(icabonX) 등의 분야에서 상용화된 서비스가 출시된 반면, 국내 제품들은 AI스피커와 챗봇만이 관련 기술로 출품되었다.

논문의 질적 수준을 평가하기 위해 2006년~2016년 발간된 논문 중 인용이 많이 되는 통계 데이터를 분석한 결과, 미국은 2위 중국의 3.3배, 한국의 약 24배에 달하며 한국의 전체 순위는 16위에 그치고 있다.

AI 분야의 특허 증가율은 전체 특허 증가율보다 높은 상황이지만, 2000년대 초중반보다는 아직까지 낮은 수준이다. 특허 부분의 순위는 일본, 한국, 미국, EU, 중국 순이며, 특히 한국의 경우 2000~2005년 상황보다 2010~2015년에 더 많은 특허를 확보하여 특허분야는 상황이 진전되었다.

최근 우리나라는 AI분야에 대한 연구개발을 강화하는 새로운 5개년 계획을 발표하고, 관련해서 2.2조원을 투자할 계획이다. 세부 내용으로는 AI 인재 확보를 위해 단기적으로는 600명의 인원을 훈련하여 산업계에 즉각적으로 제공할 계획이며, 중장기적으로는 2022년까지 6개 대학원을 설립해 5,000명의 AI 전문가(AI 연구원 1,400명, 데이터 관리 전문가 3,600명)를 육성할 계획이다.

또한 인공지능 관련 창업을 지원하기 위해 2029년까지 인공지능 반도체를 만들기 위한 자금 지원과 새로 부상하는 인공지능 사업을 지원하는 인공지능 창업 보육 센터를 설립 운영할 예정이다.

인재 육성 및 창업 지원프로그램과 함께 정부는 국내 인공지능 기술을 확보하기 위한 마중물로 국방, 의료, 안전 분야를 선정하였다. 국내의 경우 공공데이터 개방 수준은 세계 최고 수준이지만, 인공지능 기술의 성능 향상에 필수적인 기계학습용 데이터 제공은 거의 전무한 상태이다. 이러한 판단 아래, 공공 영역에 해당하는 이들 분야들을 통해서 기계학습용 데이터를 구축하여 공개할 뿐만 아니라 이를 대상으로 머신러닝, 시각지능 등 범용 기술 연구를 추진하면서 향후 관련 분야에 대한 독자적인 AI 기술을 확보하겠다는 전략이다. 특히 정부는 관련 프로젝트를 5년간(2000~2024년) 2천억원 수준의 대형 공공특화프로젝트 형태로 추진하여 언어이해, 비전인식, 상황 판단 등 AI 핵심기술을 조기에 확보한다는 전략이다.

국방분야는 전장 상황을 실시간 수집·분석하여 지휘관들이 최적의 작전지휘를 할 수 있는 인공지능 지원 시스템을 개발할 예정이다. 이를 통해 기계학습 기반으로 비정형 데이터(음성명령, 훈련정보, 편대전술 등)을 통합 분석할 수 있는 원천 기술을 확보한다는 전략이다.

안전 분야에서는 국제 공항에서 범죄·테러 위험인물(블랙리스트 전세계 25만명 등) 및 위험물을 식별 및 감시·추적하여 범죄와 테러를 예방한다는 목표이다. 이를 위해 움직이는 특정인의 안면을 97% 이상 정확도로 인식하고, 군중 속에서 10,000명 이상의 인물을 식별할 수 있는 시각식별기술을 확보할 계획이다.

의료분야에서는 응급 발생 시점부터 환자의 병원 연계까지 실시간으로 인공지능이 환자 맞춤형으로 보조·대응하는 의료 서비스를 구축할 계획이다. 이를 통해 기존 의료 데이터 및 현장의 비정형데이터(대화, 생체데이터 등)를 종합하는 원천 기술을 확보한다는 계획이다.

02

인 / 공 / 지 / 능 / 과 / 법

인공지능과 개별법

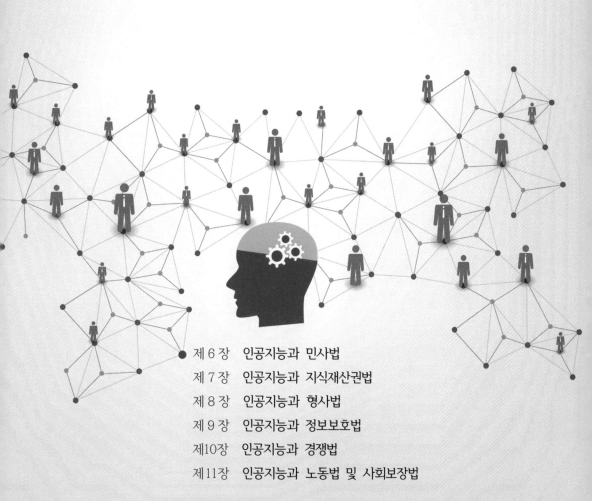

제6장

인공지능과 민사법

제1절   인공지능과 계약법

<사례 1>

A는 가정용 인공에이전트인 "스마트홈"을 통하여 계약을 체결한다. A는 스마트홈에게 미국에 가기 위해서 저렴한 가격에 달러를 구입해달라고 지시하였다. 스마트홈은 가격이 가장 저렴한 대만달러(TWD)를 구입하였다.

<사례 2>

A는 스마트홈에게 스포츠복권을 구입하도록 하였다. 스마트홈의 승률예측 프로그램에 오류가 있어서 스마트홈은 우승가능성이 전혀 없는 팀에 상당한 금액을 베팅해 왔다. A는 누구에게 책임을 물어야 하는가?

<사례 3>

C는 스마트홈을 해킹하여 B로부터 밀가루 1톤을 구입하였다. 만약 스마트홈이 B에게 결제를 하였다면 A는 B에게 대금의 반환을 청구할 수 있을까?

Ⅰ. 인공지능은 어떤 과정을 거쳐서 계약을 체결하고 이행할까?

인공지능 기술의 발전에 따라 인간은 계약의 체결을 인공지능을 탑재한 인공에이전트에게 맡기게 될 것이다. 인간 대신에 인공에이전트가 자동으로 주문을 하거나, 판매를 함으로써 자동으로 계약이 체결될 수 있다.

먼저 생활상의 편의를 위한 거래를 위해서 인공에이전트가 활용될 수 있다.

예를 들어 집에 쌀이 떨어지거나, 전구를 교체해야 하는 상황이 발생하면 인공에 이전트가 관련된 물품을 주문하는 것이다. 이것은 사물인터넷과 연결되어 있는 문제이기도 하다. 전문분야에서는 인공지능의 전문성을 활용하기 위해서 인공에 이전트에게 계약체결을 맡기게 될 수도 있다. 예를 들어 인공지능이 개인자산이 나 경제사정, 기업신용도를 분석하여 필요에 따라 자동적으로 증권거래를 할 수 도 있다.

아직 인공지능이 계약의 체결에 있어서 주도적인 역할을 기대하기까지 넘어 야 할 난관이 많다. 그러나 주변의 상황을 인식하고 최적화된 판단을 내리는 것 은 인공지능이 가장 잘 할 수 있는 일이다. 따라서 일상생활을 위한 거래이든, 전문적인 지식이 필요한 거래이든 인공지능은 인간보다 빠르고 효율적으로 계약 을 체결할 수 있다. 또한 인공에이전트는 24시간 지치지 않고 일을 처리할 수 있 다는 장점도 갖고 있다. 인공에이전트에게 계약의 체결을 맡긴다면 다음과 같은 과정을 거쳐서 계약이 체결될 것이다.

첫째, 인간은 인공에이전트에게 계약체결에 관한 지침을 제시해야 한다. 만 약 이 지침이 상세해서 별도로 판단해야 할 사항이 없다면 인공에이전트에 의한 계약체결은 큰 의미가 없고, 사실상 인간이 주도적으로 계약을 체결하는 결과로 된다. 인공에이전트에 의한 계약체결은 인공에이전트에게 자율성을 부여할 때 의미가 있다. 즉 인간은 인공에이전트에게 대략의 지침만을 주고, 인공에이전트 가 자율성을 갖고 판단을 내려서 계약을 체결할 때 인공에이전트의 활용이 의미 가 있게 된다. 인공에이전트의 자율성이 커질수록 인공에이전트는 보수를 받지 도 않으면서 성실하게 유능한 비서나 집사(執事)의 역할을 할 것이다. 그러나 어 느 경우에나 다소 추상적이더라도 인간은 인공에이전트에게 지침을 제공해야 한다.

둘째, 인공에이전트는 인간이 제시한 지침에 따라서 계약체결의 필요성을 판단하기 위해서 정보를 수집한다. 인간의 지침은 처음부터 인공지능에 내장되 어 있을 수도 있고 인간이 사후적으로 입력한 것일 수도 있다. 인공지능이 수집 하는 정보는 주변사물과 환경에 연결된 정보일 수도 있다. 예를 들어 냉장고에 생수가 부족하거나, 전구의 교체시기가 되었거나, 식재료가 부족하게 되었다는 정보를 통해서 계약체결의 필요성에 대한 판단을 내릴 수 있다. 그 정보는 사회·경제적 환경의 변화와 연관될 수도 있다. 예를 들어 경제지표의 변화, 또는 기업의 재무제표에 대한 분석자료 등도 인공지능이 주식거래를 위한 계약체결에 있어서 분석해야 하는 정보에 해당한다.

셋째, 계약을 체결해야 할 필요성을 뒷받침하는 정보가 수집된다면 인공에이전트는 주문을 하게 된다. 주문을 하는 과정에서는 가장 유리한 조건을 탐색하게 된다. 이러한 탐색 결과에 따라 가장 유리한 조건을 제시한 거래 상대방에게 주문을 하게 된다. 그 주문이 접수되면 계약이 체결되는 것이고, 주문이 접수되지 못한다면 인공에이전트는 수정된 주문을 하거나, 새로운 거래 상대방을 검색하여 주문을 하게 된다.

넷째, 계약이 체결되면 인공에이전트는 결제를 하게 된다. 결제를 위해서는 전자화폐나 암호화폐가 사용될 수 있다. 결제는 상품 수령과 동시에 이루어질 수도 있고, 상품 수령을 조건으로 선결제가 이루어질 수도 있다. 상품수령과 결제가 완료되면 계약은 그 목적을 달성하였으므로 종료하게 된다.

II. 인공에이전트는 의사표시를 할 수 있을까?

인공에이전트가 계약을 체결한다면, 그러한 계약은 인간이 체결한 것일까 아니면 인공에이전트가 체결한 것일까? 인공에이전트가 계약을 체결할 수 있어서 편리하면 그만이지 누가 계약을 체결하는 것이 왜 중요할까? 대부분의 경우에 이 문제는 중요하지 않다. 그러나 계약관계에서 문제가 발생한다면 누가 계약을 체결하는가에 따라서 계약관계를 어떻게 법적으로 파악해야 하는지, 그리고 계약관계에서 발생하는 분쟁을 어떻게 해결해야 하는지 판단을 내릴 수 있다. 예를 들어 인공에이전트가 물품을 매수하였는데, 오류가 있는 정보에 기초하여 청약을 하였고, 그러한 계약이 매수인에게 전혀 이익이 없는 경우가 발생했다고 가정해 보자. 이러한 문제를 해결하기 위해서는 먼저 누가 계약의 체결을 위해서 청약을 한 것인가 하는 문제가 해결되어야 한다. 인공에이전트가 체결한 계약을 누가 체결한 것인지 판단하기 위해서는 먼저 청약과 승낙이라는 개념을 알아둘 필요가 있다.

계약을 체결하기 위해서는 청약과 승낙이 필요하다. 청약은 계약을 체결하자는 제안을 하는 것이고, 승낙은 그러한 제안을 받아들이는 것이다. 청약과 승낙은 의사표시라고 한다. 의사표시는 내 마음 속의 의사를 외부적으로 표시하는 것을 말한다. 즉 청약을 하는 사람은 "당신과 이러 이러한 조건으로 계약을 체결하고 싶다"는 의사를 표시하게 되고 이를 청약이라고 한다. 반대로 승낙을 하는 사람은 "당신이 제시한 조건으로 계약을 체결하고 싶다"는 의사를 표시하게 되고 이를 승낙이라고 한다. 의사표시는 사람의 마음을 표시하는 것이지만, 법적인 의미를 갖는 의사표시는 권리와 의무와 관련되어 있어야 한다. 예를 들어 당신과 함께 이야기하고 싶다는 말은 의사를 표시하는 말이지만, 법적인 권리 또는 의무와 관련된 말이 아니므로 의사표시에 해당하지는 않는다. 이러한 의사표시는 사람만이 할 수 있다. 사람만이 이성적인 판단을 내릴 수 있기 때문이다.

원칙적으로 청약이나 승낙이라는 의사표시는 계약당사자가 하게 된다. 그런데 계약당사자가 계약을 체결할 수 없는 사정이 있거나, 대리인(代理人)의 능력을 활용하여 계약을 체결할 필요가 있는 경우에는 대리인이 계약당사자를 대신해서 계약을 체결하게 된다. 대리인에 의해서 계약을 체결하는 경우에 의사표시를 하는 주체는 계약당사자가 아니라 대리인이 된다. 즉 계약이 체결되면 그에 따라 권리와 의무를 취득하는 자는 계약당사자이지만, 청약이나 승낙을 하는 주체는 대리인이 된다. 대리인은 계약당사자가 제시한 지침을 존중하여 그 범위 내에서 어떠한 내용의 계약을 체결할 것인지 결정하고, 그 결정을 청약이나 승낙의 형태로 상대방에게 표시한다. 계약당사자가 대리인에게 계약체결을 맡긴다는 것은 계약체결을 위한 대강의 지침만을 제시하고, 대리인이 자율성을 갖고 구체적인 사정에 따른 판단을 내리며, 그 판단에 기초하여 계약이 체결된다는 것을 의미한다.

대리인에 의해서 계약이 체결되는 것은 사자(使者)에 의해서 계약이 체결되는 것과 구분되어야 한다. 사자(使者)는 심부름하는 사람을 말하며, 단순히 의사표시를 전달한다는 의미에서 의사표시의 전달자라고 부를 수 있다. 예를 들어서 A는 주택을 매도하기 위해서 주택의 가격, 이행의 시기, 계약조건을 모두 정한 청약을 문서의 형태로 작성하였고, B에게 부탁하여 C에게 청약서가 전달되었다. 이 경우에 의사표시를 한 사람은 A이다. B는 단지 A의 청약이라는 의사표시를 전달한 자일뿐이다. B는 계약체결에 있어서 아무런 판단도 하지 않았고, 오직 A의 의사만이 계약의 내용에 영향을 미친다. 결과적으로 계약체결을 위해서 자율성을 갖고 판단을 내리는가 여부에 따라 대리인과 사자가 구분된다. 그렇다면 인공에이전트가 계약을 체결한다면 그러한 계약은 대리인이 체결하는 계약과 비슷할까 아니면 사자를 통해 체결하는 계약과 비슷할까?

먼저 인공에이전트를 통하여 계약이 체결되더라도 의사표시를 하는 주체는 이성적인 판단을 할 수 있는 인간이며, 인공에이전트는 의사표시를 할 수 있는 주체가 아니라는 입장을 취할 수 있다. 이 입장을 취한다면 인공에이전트는 단순히 인간의 의사를 전달하는 역할만을 한다고 볼 수밖에 없다. 그렇다면 인공에이전트는 대리인과 유사하기보다는 사자와 유사하다. 어떻게 보면 이러한 입장은 기존의 인터넷에서 이루어지는 자동화된 거래에서 청약과 승낙을 사전적으로 입력된 인간의 의사라고 보는 입장의 연장선상에 있다. 그러나 반대의 입장도 있다. 인공에이전트도 사람과 마찬가지로 판단을 내릴 수 있기 때문에 의사표시를 할 수 있다고 볼 수 있다. 이러한 입장에서는 인공에이전트를 대리인과 유사하게 볼 수 있다.

그렇다면 인공에이전트도 의사표시를 할 수 있는가? 인간의 의사표시와 인공에이전트의 표시 사이에는 차이가 있는가? 이 문제를 접근함에 있어서 인간과 인공에이전트를 일반적으로 비교하지 말고 대리인의 의사표시와 인공에이전트의 표시를 비교하는 것에 한정하여 살펴보자. 즉 대리인과 인공에이전트는 자신을 위해서 일하는 것이 아니라 본인이나 사용자를 위해서 일한다는 점에서 공통점이 있는데, 그 점에 한정하여 양자를 비교해 본다. 대리인이나 인공에이전트나 계약을 체결하는 이유는 본인이나 인공에이전트의 사용자에게 물어보아야 한다. 즉 본인이나 사용자는 돈이 필요해서 매매계약을 체결할 수도 있고, 본인이나 사용자가 필요한 물품을 구매하기 위해서 매매계약을 체결할 수도 있다. 계약체결의 이유는 본인이나 사용자의 것이고, 대리인이나 인공에이전트는 본인이 제시한 지침의 범위 내에서 자신들에게 주어진 일을 최선을 다해서 처리하면 된다.

그럼 대리인의 계약체결과 인공에이전트의 계약체결을 비교해 보자.

첫째, 대리인이 본인을 대신해서 계약을 체결할 때 계약의 내용에 대한 판단은 대리인이 하게 된다. 즉 계약의 내용을 결정하고, 그에 따라 계약을 체결하는 주체는 대리인이다. 본인은 계약의 내용에 대해서 지침을 제공할 뿐이며 구체적인 계약의 내용을 정하지 않는다. 예를 들어 A가 B에게 자신의 노트북을 팔아 달라고 부탁하였다. B는 A의 지침을 기초로 누구와 매매계약을 체결하고, 어느 시점에서 매매대금을 받고 노트북을 넘겨줄 것인지 판단을 하게 되고, 이 판단에 기초하여 제3자에게 청약을 하게 된다. 인공에이전트가 계약을 체결하는 경우도 마찬가지이다. 본인은 인공에이전트에게 계약체결을 위한 조건을 제시한다. 예를 들어 생수가 떨어지면 한 달 동안 먹을 생수를 주문하도록 인공에이전트에게 지침을 제시하면 인공에이전트는 그 지침에 따라서 생수의 재고가 떨어졌다는 정보가 입력됨과 동시에 생수를 주문하게 된다. 인공에이전트는 사람이 어느 생수를 사먹을 것인가 고르는 것처럼 상품에 대한 정보와 본인이 제공한 정보를 종합하여 합리적인 판단을 내린다. 즉 계약의 체결과 그 내용에 대한 판단은 인공에이전트가 하며 인간은 지침을 제시할 뿐 판단을 하지 않는다. 이렇게 본다면 본인을 대신하여 대리인이 계약을 체결하는 것이나, 사용자를 대신하여 인공에이전트가 계약을 체결하는 것이나 별 차이가 없다.

둘째, 대리인에 의해서 계약이 체결되는 경우에 본인은 계약의 체결여부나 내용에 대해서 판단을 하지 않는다. 여기서 판단을 하지 않는다는 말과 지침을 제시한다는 말은 구분해야 한다. 본인이 지침을 내릴 수는 있지만, 결국 계약의 체결여부와 내용은 대리인이 결정한다는 의미에서 본인은 계약에 관한 판단을 하지 않는다는 것이다. 지금 설명한 내용을 이해하기 위해서는 일상생활에서 반복적으로 체결되는 계약을 다른 사람에게 부탁하는 경우를 생각하면 안 된다. 그런 일상적인 계약에 법의 잣대를 들이대기 어려운 경우가 많기 때문이다. 법의 잣대를 들이댈 수 있는 정도의 계약을 염두에 두어야 한다. 밀가루 1톤을 구입하는 경우나 반도체 1,000개를 구입하는 계약을 생각해 보면 되겠다. 인공에이전트가 계약을 체결하는 경우에도 사용자는 지침을 제시할 뿐이며 판단을 하지 않는다. 계약의 체결여부와 내용은 인공에이전트가 판단하게 된다. 물론 이러한 인공에이전트 기술의 상용화와 사물인터넷이나 블록체인 기술 등이 발전하기까지는 좀 더 시간이 필요하겠지만, 조만간에 실현될 수 있는 현실이다.

셋째, 인공에이전트에 의한 계약은 자동화된 의사표시에 의한 계약체결과 구분되어야 한다. 자동화된 의사표시에서는 조건이 주어지면 그 결과를 100% 정확히 예측할 수 있다. 따라서 자동화된 의사표시에서는 시스템이 의사표시를 하는 것이 아니라 사람이 의사표시를 하는 것으로 볼 수 있다. 다만 미리 그러한 인간의 의사가 프로그램 속에 내장되어 있다. 그러나 인공에이전트의 의사표시에서는 인공지능이 내리는 판단을 100% 예측할 수는 없다. 만약 인공지능이 매번 체결하는 계약에 대해서 본인의 평가가 이루어진다면 인공지능은 이를 토대로 계속 학습하기 때문에 같은 모델의 인공지능이더라도 시간의 흐름에 따라서, 사용자의 반응에 따라서 다른 모습으로 발전할 수 있다. 따라서 인공지능의 판단을 일반적으로 예측할 수 없게 된다. 예측이 불가능한 것은 대리인의 경우도 마찬가지이다. 본인이 대리인에게 계약의 체결을 부탁한 경우에 본인은 대리인이 어떻게 행동할지 예측은 할 수 있지만, 100% 정확히 예측할 수는 없다. 한 길 사람의 마음속은 알 수 없기 때문이다.

넷째, 계약체결 과정에서 계약의 체결여부, 당사자의 문제, 계약의 내용이나 해석의 문제가 발생한다면 그러한 문제는 기본적으로 대리인을 기준으로 판단하게 된다. 예를 들어 계약이 경솔하게 체결되었다는 의심이 있는 경우에, 실제로 경솔하게 행동했는지는 대리인을 기준으로 판단한다. 계약의 의미를 제대로 이해했는지 여부도 대리인을 기준으로 판단한다. 대리인이 계약의 내용을 결정하기 때문이다. 계약의 체결이 경솔했는지, 계약의 내용을 제대로 이해하고 있는지와 관련하여 본인은 중요하지 않다. 본인은 지침을 제시할 뿐이지 계약에 관련된 결정은 대리인이 내리기 때문이다. 인공에이전트가 계약을 체결하는 경우도 마찬가지이다. 만약 계약체결의 과정에서 계약내용이나 해석의 문제가 발생한다면 인공에이전트를 기준으로 그러한 문제를 판단해야 한다. 계약체결이 경솔했다면 인공지능 프로그램이 경솔한 것이다. 계약체결에 있어서 경험이 없었다면, 인공지능 프로그램이 경험이 없었던 것이다.

이렇게 본다면 인공에이전트는 대리인과 마찬가지로 의사표시를 할 수 있으며, 사용자를 위해서 대리인과 마찬가지로 계약을 체결할 수 있다고 보아야 한다.

III. 인공에이전트를 사람인 대리인과 동일하게 취급할 수 있을까?

인공에이전트가 하는 일이나 대리인이 하는 일이 동일하다면, 인공에이전트를 사람과 같이 본다면 인공에이전트는 대리인이 될 수 있지 않을까? 그렇다. 만약 인공에이전트를 사람과 같이 취급할 수 있다면 인공에이전트가 사람과 같이 취급받을 수 있다는 점 자체가 신기하지, 인공에이전트가 계약을 체결하는 것이 신기할 이유는 없다. 그러나 인공에이전트가 인간과 같이 자의식(self consciousness)과 감정을 갖고 자신의 욕망을 실현시킬 의지를 갖게 되며, 이를 바탕으로 사람들과 소통하면서 자신의 존재를 고민할 수 있는 날이 온다면 가능할 수도 있겠지만, 지금 단계에서 그리고 가까운 미래에 인공에이전트를 인간으로 취급할 수 있는 날을 기대하기는 어렵다. 사람은 전두엽으로 논리적인 사고를 하는데, 그렇다고 전두엽만을 사람이라고 할 수는 없는 것과 마찬가지이다. 전두엽의 계산능력이 일반사람들보다 월등히 뛰어나다고 하더라도 전두엽이 독자적인 인간이 될 수는 없다. 전두엽 이외에도 운동이나 언어, 시각에 관한 정보를 다루는 다른 대뇌피질과 생존에 관련된 변연계 등도 갖추어져야 사람이 될 수 있다. 만약 기술이 발전하여 인공에이전트를 인간과 같이 취급하는 날을 기대할 수 있다면 아마도 인간이 빛의 속도로 여행을 하면서 시간여행을 할 수 있는 날을 기대해도 좋다.

IV. 인공지능이 사람이 될 수 없더라도 대리인이 될 수 있지 않을까?

역사적으로 또는 현행법의 테두리 내에서 청약과 승낙이라는 의사표시는 원칙적으로 사람이 할 수 있다. 자유롭게 계약을 체결할 수 있는 권리는 헌법에 의해서 보장되는데, 헌법 제10조는 행복추구권에 대해서 규정하고 있다. 행복을 추구하기 위해서는 일단 자유롭게 살 수 있어야 한다. 자유롭지 못하다면 행복할 수 없기 때문이다. 따라서 행복추구권에는 자유롭게 행동할 수 있는 권리가 포함되어 있다. 이를 일반적 행동자유권이라고 한다. 이 일반적 행동자유권으로부터 계약을 자유롭게 체결할 수 있는 권리가 도출된다. 계약을 자유롭게 체결한다는 것은 자유롭게 청약과 승낙의 의사표시를 할 수 있다는 것을 의미한다. 이렇게 청약과 승낙이라는 의사표시는 행복과 관련이 있고 행복은 인간의 존엄과 가치의 실현과 밀접하게 연관되어 있다. 그렇기 때문에 원칙적으로 사람만이 의사표시를 할 수 있다. 그런데 사람이 아니더라도 의사표시를 할 수 있는 주체가 있다. 바로 법인(法人)이다. ○○사단법인, ○○재단법인, ○○주식회사 등이 법인에 해당한다. 법인은 사람은 아니지만 필요성에 의해서 사람처럼 취급된다. 사람처럼 취급된다는 말은 "법인격(法人格)"을 갖고 있다는 말과 같은 말이다. 따라서 법인은 권리를 가질 수도 있고, 계약을 체결할 수도 있다. 즉 행복추구권을 갖고 있지 않은 법인도 계약을 체결할 수 있다. 물론 법인은 사람이 아니기 때문에 의사결정을 해야 할 기관이 필요한데, 중요한 의사결정은 총회에서 한다. 즉 법인의 총회는 사람의 뇌에 해당하는 기관이라고 할 수 있다. 재단법인의 경우에는 재산자체가 법인이 되기 때문에 총회와 같은 기관이 없다. 따라서 재단법인의 경우에는 사전에 재단법인의 의사가 프로그래밍되어야 한다.

인공에이전트를 사람처럼 취급할 수 있다면 당연히 법인격도 부여해야 한다. 그러나 인공에이전트를 사람과 같이 취급할 수 없다고 해서 인공에이전트도 법인격을 향유하는 것을 부정해야 할 논리필연적인 근거가 존재하는 것은 아니다.[1] 위에서 살펴보았듯이 법인격은 반드시 사람에게만 부여되는 것은 아니기 때문이다. 즉 인공지능 로봇의 법인격을 인정할 것인가에 관한 문제는 인간의 개념이나 자유의지, 영혼 등의 문제와 분리되어 경제적·사회적 필요성에 의해서 결정될 수 있으며 컴퓨터가 자율적인 판단을 내릴 수 있다면 법인격을 부여하는 것이 바람직할 수도 있다.[2] 인공지능의 판단과 작동을 모두 인간의 행위로 환원해서 판단하는 것이 번거로울 수 있기 때문이다. 거래의 편의를 위해서 법인을 활용하듯이 거래의 편의를 위해서 컴퓨터에게 법적 지위를 인정할 수도 있다.[3] 그리고 컴퓨터에게 법인격을 인정한다면 당사자를 명확히 하기 위해서 법인과 마찬가지로 컴퓨터를 자신의 대리인(agent)으로 활용하고자 하는 사람이 이를 등록하도록 할 필요가 있다.[4] 책임의 관점에서 인공지능 로봇, 자율로봇의 법인격

을 인정할 필요성이 있다는 주장을 펼칠 수도 있다.5 자율로봇의 작동에 따른 결
과를 누구의 책임으로 귀속시킬 것인지 고민할 필요없이 자율로봇에게 법인격을
인정하여 책임의 주체가 될 수 있기 때문이다. 그러나 인공지능 로봇이 법인격을
향유할 필요가 있다고 해서 모든 인공에이전트에 법인격을 부여할 필요는 없다.
모든 사람의 모임에 당연히 법인격이 부여되지 않는 것과 마찬가지이다. 동기들
모임이 사람의 모임이라는 이유만으로 법인격이 부여되는 것은 아니다. 어느 범
위에서 인공지능에게 법인격을 부여할 것인가 하는 문제는 인공지능에게 법인격
을 인정해야 하는 이유와 관련성이 있다. 집에서 청소를 담당하는 인공지능 로봇
에게 법인격을 부여해야 할 필요는 없을 것이다.

V. 법인격은 없지만 대리인처럼 역할을 하는 인공지능

위에서 살펴보았듯이 인공에이전트에게 법인격을 인정할 수 있고, 따라서
인공지능이 대리인이 될 수 있는 가능성이 열려 있더라도 실제로 법인격을 인정
하는 것은 쉽지 않은 일이다. 사람이 아닌 경우에 법인격을 인정할 것인지 여부
는 사회에서 사람처럼 행동할 수 있는 길을 열어 주어야 할 필요성에 의해서 정
해진다. 즉 사회 속에서 독자적으로 행동할 수 있는 주체성을 인정할 필요성이
있을 때 법인격이 부여될 수 있다. 단순히 대리인으로 취급하기 위한 필요성이
있다고 법인격을 인정할 수 있는 것은 아니다. 인공지능이 주식회사와 같이 인간
의 욕망을 실현시켜 줄 도구가 될 수 있고, 그러한 인공지능이 형성하는 법률관계
를 인공지능을 지배하는 사람과 분리해야 할 사회적 필요성이 인정되는 경우에만
인공지능에게도 법인격을 인정할 수 있다. 만약 이러한 필요성이 인정되지 않아
서 인공지능에게 법인격을 인정하는 결과로 나아가지 않는다면, 또는 그 이전의
단계라면 인공에이전트가 체결하는 계약을 법적으로 어떻게 파악해야 할까?

만약 인공에이전트에게 법인격을 인정할 수 없다면 실용적으로 접근방법을
취할 수밖에 없다. 즉 인공에이전트는 사람이 아니며, 법인격을 갖고 있지 않지
만, 계약을 체결할 수 있는 능력이 있다는 점을 예외적으로 인정하는 것이다. 이
런 단순한 결론을 도출하기 위해서 이제까지 길고 복잡한 논의를 할 필요가 있

는지 의아해 할 수 있다. 그런데 법을 하는 사람들이 하는 일이 이런 일이다. 인간이 존엄한 존재라는 너무나 당연해 보이는 명제로부터 수많은 법적 원칙들을 도출해 낼 수 있는 사람들이 법률전문가들이다.

만약 인공에이전트가 법인격이 없더라도 의사표시를 할 수 있고 계약을 체결할 수 있다는 결론에 이른다면 인공에이전트가 체결한 계약을 법적으로 어떻게 이해해야 할까? 기본적으로 대리인에 의해서 계약이 체결되는 것을 주로 참고하여 인공에이전트가 체결하는 계약의 법적 구조를 분석할 수밖에 없다. 다만 법인격이 인정되지 않는다면 인공지능은 스스로 책임을 질 수 없다는 점을 고려하여 인공지능의 잘못으로 인한 손실을 분산시켜야 한다. 그러나 인공지능이 체결하는 계약의 법적 구조에 대한 본격적인 논의는 자율성을 갖는 인공지능에 의한 계약체결이 새로운 사회현상으로 등장하면서 시작될 것이다.

VI. 스마트계약과 인공지능

계약분야에 있어서 인공지능 기술이 스마트계약과 결합하게 되면 자동화된 계약이라는 새로운 계약의 패러다임이 등장하게 될 것이다. 계약은 사회의 혈관과 같은 역할을 한다. 계약을 타고 사회에 필요한 용역과 재화, 노동과 자본이 이동한다. 따라서 계약이 얼마나 튼튼하고 효율적인가에 따라서 그 사회의 부의 크기가 달라질 수 있다. 그런데 계약의 효율성과 신뢰성을 위해서는 법원이나 행정기관 등과 같은 많은 부수적인 장치가 필요하고 그 장치를 유지하기 위해서 많은 비용이 소요된다. 그런데 인공지능과 스마트계약의 기술은 이러한 비용을 최소화하면서 계약관계를 좀 더 효율적이고 신속하게 만들 수 있다.

먼저 스마트계약을 이해하기 위해서는 블록체인을 이해해야 한다. 블록체인은 분산형 데이터저장 또는 분산형 장부기술(분산원장기술)이라고 한다. 우리가 다른 사람으로부터 집을 구입한다고 가정해 보자. 그 집의 소유권을 넘겨받고 돈을 지급하면 계약은 그 목적을 달성하게 된다. 그런데 집을 구입하는 매수인은 상대방이 진정한 소유자인지 걱정할 수밖에 없다. 하지만 등기부가 있으니 이러한 걱정은 하지 않아도 된다. 물론 등기를 믿은 경우에도 문제가 생기기도 한다.

그렇지만 대부분의 경우에 등기를 보면 상대방이 소유자인지 알 수 있다. 즉 등기부는 소유자인지 여부를 확인해 주는 장부라고 할 수 있다. 이러한 장부는 국가와 같은 중앙기관이 보관하고 관리한다. 중앙기관이 거래에 참여하는 각 당사자가 진정한 소유자인지 확인해줄 필요가 있기 때문이다. 따라서 등기부는 블록체인과 달리 집중형 장부시스템 또는 집중형 데이터저장시스템이라고 할 수 있다. 그렇다면 블록체인과 같은 분산형 데이터저장시스템은 각 데이터가 분산되어 있다는 것을 의미한다. 즉 모든 거래참여자들이 거래에 대한 데이터(장부)를 갖고 있는 것이다. 데이터를 중앙에 보관하지 않고, 모든 사람이 공유하는 것이다. 따라서 내가 상대방과 거래를 하면 그 거래기록이 내 장부에 보관될 뿐만 아니라 거래에 참여하는 모든 사람의 장부에 보관된다. 모든 거래참여자가 장부를 보관하기 때문에 모든 장부를 위조하지 않는다면 한 두 사람의 장부를 위조해도 소용이 없다. 모든 사람이 장부를 갖고 있다는 것은 모든 사람이 거래를 지켜보고 있다는 것에 비유할 수 있다. 실제로 거래 참여자가 장부의 내용을 보거나 다른 사람의 거래를 감시하는 것은 아니지만, 시스템 자체가 그러한 역할을 하고 있다. 따라서 중앙기관이 거래의 진실성을 파악하여 거래참여자들에게 알려주는 역할이 불필요하게 된다. 어차피 프로그램을 통해서 알 수 있으니 중앙기관의 정보제공을 필요로 하지 않는다. 따라서 중앙기관을 유지하기 위한 비용을 지출하지 않고 거래의 진실성을 담보할 수 있다.

스마트계약은 블록체인 기술을 바탕으로 이루어지는 계약을 말한다. 블록체인에서는 거래의 내용이 블록의 형태로 저장되는데, 계약의 조건도 역시 거래의 내용에 포함시킬 수 있다. 즉 특정한 조건이 성취되면 자동적으로 거래가 실행되도록 블록을 만들 수 있다. 예를 들어 매매계약에서 소유권이 이전되면 암호화폐를 지급하는 것으로 계약을 체결할 수 있고, 이를 블록의 형태로 저장하면 소유권이 이전됨과 동시에 암호화폐가 자동적으로 지급된다. 계약의 이행과정이 자동적으로 처리되는 것이다. 그런데 소유권 이전이라는 조건이 성취되었다는 사실은 어떻게 확인해야 할까? 만약 소유권이전이 이전되었는지 기존과 같이 중앙기관을 통해서 확인해야만 한다면, 또는 매수인의 승인절차가 필요하다면 조건이 성취된 때 자동적으로 이행이 이루어진다는 스마트계약은 사실 별 의미가 없다. 확인 및 승인절차가 완료될 때까지 자동적인 이행이 이루어지지 않기 때문이다. 이 경우에 스마트계약은 단순히 빠른 지급수단에 불과하게 된다. 그러나 암호화폐을 대가로 지급하는 과정뿐만 아니라 소유권의 이전에 있어서도 블록체인 기술이 활용된다면, 그리고 이 두 가지 블록체인 기술이 결합한다면 스마트계약은 자동화된 계약수단으로 기능을 발휘하게 된다. 예를 들어 한 달 뒤에 소유권이 이전되면 대금을 지급한다는 스마트계약이 프로그래밍 되었다면, 한 달 뒤에 당사자의 개입이 없더라도, 제3자의 중앙기관의 개입이 없더라도, 소유권의 이전과 대금의 지급이 자동적으로 이루어지게 된다. 블록체인기술을 바탕으로 한 스마트계약은 계약의 이행이 자동적으로 이루어지도록 함으로써 거래비용을 대폭 낮추면서 대규모로 신속하게 거래가 이루어질 수 있도록 만들 것이다.

블록체인 기술에 기반을 둔 스마트계약은 인공지능기술과도 결합할 수 있다. 이렇게 되면 자동적이고 신속한 계약의 이행뿐만 아니라 다양한 형태의 스마트계약을 기대할 수 있다. 예를 들어 A회사는 스마트계약을 통해서 투자를 받을 수 있다. 즉 A회사는 스마트계약을 통해서 암호화폐로 투자를 받으면, 투자금에 해당하는 토큰을 투자자에게 발행해 줄 수 있다. 물론 회사의 수익은 토큰에 따라 배당될 것이며, 토큰은 시장성을 가질 수 있다. 그런데 A회사뿐만 아니라 B회사도 스마트계약을 통해서 투자를 받을 수 있다. 이 때 투자를 원하는 투자자는 A회사와 B회사 중에서 어느 회사에 투자할 것인가를 결정함에 있어서 인공지능을 활용할 수 있다. 즉 인공지능은 시장상황과 각 회사의 재무제표를 분석하여 수익전망을 예측할 수 있고 그 예측결과에 따라서 어느 회사에 투자할 것인가를 정할 수 있다. 더 나아가서 인공지능이 스스로 회사들의 수익성에 대한 예측결과를 바탕으로 직접 스마트계약을 체결하는 것도 가능하게 될 것이다.

제2절   인공지능과 불법행위법

A병원에서 일하는 의사 B가 C 컴퓨터 회사가 만든 암 진단용 의료 인공지능 D를 써서 환자 E를 위암으로 진단했다. 환자 E는 1년 동안 위암 치료를 받았다. 그런데 병세가 낫지 않아서, 이상하게 여겼는데 나중에 환자 E의 암이 간암으로 판명되었다. 이 경우 환자 E는 누구에게 무슨 책임을 물을 수 있는가?

I. 불법행위는 무엇이고, 누가 책임을 지는지?

어떤 사람(앞 사안에서 의사 B)이 일부러 다른 사람(앞 사안에서 환자 E)에게 손해를 입힌다. 또한 어떤 사람(의사 B)이 자신에게 요구되는 주의를 기울이지 않아서 다른 사람(환자 E)에게 손해가 생긴다. 이렇게 일부러 또는 주의를 기울이지 않아서 법에 어긋나게 다른 사람에게 손해를 끼친 것이 '불법행위'이다. 어떤 행위와 발생한 손해 사이에 원인과 결과의 상관관계(인과관계)가 있으면 불법행위를 인정한다.[6] 불법행위가 인정될 경우, 손해를 끼친 사람은 손해를 입은 사람에게 책임을 져야 한다. 불법행위의 책임은 주로 발생한 손해를 돈으로 물어주는 것이다(민법 §750). '계약'과 견주어 보면, 계약은 법으로 인정하는 서로의 약속을 바탕으로 한다. 이런 점에서 계약을 당사자가 계약으로 정한 책임이라는 뜻에서 '약정책임'이라고 한다. 반면에 '불법행위'는 법으로 인정하는 그런 약속이 없는 경우, 법은 발생한 손해를 피해자에게 물어주도록 정한다. 손해를 끼친 사람과 손해를 입은 사람 사이에 아무런 계약이 없어도, 법이 정한 손해를 물어주어야 할 책임이 있다는 점에서 '법정책임'[7]이라고 한다.

앞 사안에서 의사 B는 암 진단용 의료 인공지능을 써서, 환자 D의 정확한 암을 진단하지 못했다. 그래서 환자 E는 오랫동안 다른 치료를 받아야 했고, 쓸데없이 시간과 돈을 썼다. 이 경우에 환자 E는 누구에게 책임을 물을 수 있을 것인가? A병원에게 손해를 물도록 하여야 하는가? 의사 B에게 손해를 물도록 해야 하는가? 컴퓨터 회사 C에게 물어야 하는가? 아니면 환자 E는 자신에게 발생한 손해를 A병원, 의사 B와 컴퓨터 회사 C 모두에게 물어 달라고 해야 하는가?

앞 사안에 민법의 불법행위 조문을 적용하면, A병원의 경우는 의사 B를 고용해서 병원의 진료 업무를 맡겼다. 그래서 A병원은 사용자로서 의사 B가 잘못 진단해서 환자 E에게 생긴 손해를 물어주어야 한다. 이것을 사용자가 피해자에게 지는 책임이라는 점에서 '사용자책임'이라고 한다(민법 §756). 의사 B는 의료법과 같이 법으로 요구되는 주의의무를 소홀히 해서 이런 결과가 생겼다면, 의사 B도 환자 E가 입은 손해를 물어주어야 한다(민법 §750).[8] 컴퓨터 회사 C에게 요구되는 주의의무를 소홀히 해서 이런 손해가 발생했다면, 환자 E는 C회사에도 손해를 물어달라고 할 수 있다(민법 §750). 또한 암 진단용 의료 인공지능에 결함이 있었다면, 컴퓨터 회사 C에게 제조물책임을 물을 수도 있다(제조물책임법 §§2, 3).[9] 그런데 누구의 잘못으로 환자 E에게 이런 손해가 발생했는지 분명하지 않다면, 환자 E는 A병원, 의사 B와 컴퓨터 회사 C에게 모두 손해를 물을 수도 있다. 이것을 여러 사람이 손해를 입은 사람에게 공동으로 불법행위를 입혔다고 하는 뜻에서 '공동불법행위'라고 한다(민법 §760).

II. 인공지능은 불법행위로 생긴 손해를 물어 주어야 하는가?

그런데 앞 사안에서 환자 E는 암을 제대로 진단하지 못해서 생긴 여러 손해에 대해서 책임을 암 진단용 의료 인공지능 D에게도 물을 수 있을 것인가? 사람만이 책임을 지는 주체가 될 수 있다는 주장과 기술 발전에 따라서 인공지능도 충분히 제한된 범위에서 책임을 질 수 있다는 주장이 있다.[10]

사람만이 책임의 주체가 될 수 있다는 주장은 현행법이 사람만이 책임 주체가 될 수 있다는 전제로 한다. 그런데 유럽연합의 논의처럼 인공지능에게 '전자인격'의 지위를 줄 수 있는 가능성에 대해서는 논란이 있다.[11] 그리고 어머니 뱃속에서 태어난 사람만이 아니라 법이 정한 목적과 범위 내에서 사람처럼 다루는 '법인(예를 들어, 회사)'을 인정한다. 그래서 이런 법인에 대한 이론을 인공지능에게도 빌려 써서, 인공지능이 책임을 지게 해야 한다는 주장도 있다.[12] 이런 태도에는 로마 시대에 노예가 사람이었지만, 제한된 범위의 사람으로 취급되었기 때문에, 인공지능에 이런 로마 시대의 노예와 비슷한 지위를 인정하자는 주장도 있다.[13] 이런 이론을 바탕으로 한다면,[14] 환자 E는 여러 사람뿐만 아니라 암 진단용 의료 인공지능 D에게도 자신에게 발생한 손해를 물어달라고 할 수 있는 가능성이 있다.[15]

다만, 법인의 경우 책임능력(민법상 불법행위능력과 형법상 형사책임능력)에 대해서 오랫동안 논란이 있었다.[16] 인간과 견주어 동물의 보호는 아직까지 동물복지 차원에 따른 논의이고,[17] 로마시대에 제한능력자였던 노예 법리를 인간의 존엄성에 바탕을 두어서 권리와 의무의 주체를 전제로 하는 현대 사회에 수용하는 것에 대해서도 의문이다. 또한 인공지능에게 별다른 책임재산을 인정해서, 인공지능 자체가 책임이 주체가 되는 것은 사람의 책임을 회피하는 수단이라는 위험성도 있다.[18] 그런 측면에서 현재의 약한 인공지능의 기술 수준에서는 사람만[19]이 불법행위에 따른 손해배상책임을 지는 것으로 평가해야 한다.

Ⅲ. 인공지능과 관련해서 생긴 손해를 어느 범위까지 물어주어야 하는가?

인공지능과 관련한 손해배상 범위를 다루기 위해서 다음의 사안을 본다.

> A병원에서 일하는 의사 B가 C 컴퓨터 회사가 만든 암 진단용 의료 인공지능 D를 써서 환자 E를 위암으로 진단했다. 환자 E는 1년 동안 위암 치료를 받았다. 그런데 병세가 낫지 않아서, 이상하게 여겼는데 나중에 환자 E의 암이 간암으로 판명되었다. 이 경우 환자 E는 누구에게 무슨 책임을 물을 수 있는가?

사안에서 환자 E에게 발생한 손해는 무엇인가? 손해는 어떤 사람이 특정 사건으로 자신이 입은 손실이고, 이런 현재 상태와 피해자에게 발생한 불리하게 한 사건이 없었으면 있었을 상태를 비교해서 나온 차이를 손해로 파악한다.[20] 이런 손해 개념에 따라 앞의 잘못된 암 진단의 사안의 경우 환자 E는 자신의 위암을 간암으로 잘못 진단해서 환자 E의 악화된 건강상태를 손해로 평가할 수 있다. 따라서 쓸모없이 위암 치료에 썼던 치료비와 잘못된 진단에 따라서 늦어버린 간암 치료의 기회를 금전으로 평가한 것을 손해이다.[21]

현재 우리 대법원이 불법행위 손해에서 인정하는 손해의 내용은 세 가지이다. 첫째, 불법행위라는 사고가 사건으로 말미암아 피해자가 써야 하는 비용(예: 병원치료비와 입원비)이다. 적극적으로 비용을 지급해야 한다는 측면에서 이를 '적극적 손해'라고 한다. 둘째, 병원에 치료받느라 입원해서 환자 E는 자신의 직장에 나가서 일하지 못한다. 따라서 환자 E는 자신이 한 일을 바탕으로 받는 월급을 받지 못한다. 그렇기 때문에 이런 의료사고가 없었으면 환자 E가 자신의 직장에 나가서 일하면서 받을 수 있던 월급을 받지 못하기 때문에 이 부분에 손해가 발생한다. 불법행위로 말미암아 받을 수 있던 부분을 받지 못해서 생겨난 손해라는 측면에서 이를 '소극적 손해'라고 한다. 셋째, 위암 판단을 초기에 받았으면 충분히 치료 받아서 건강한 삶을 살 수 있었을 것이라는 생각을 하면서, 환자 E가 밤마다 이에 대한 억울한 생각이 들어서 악몽에 시달린다고 가정하자. 환자 E가 이로 말미암아 큰 정신적 충격을 겪고 고통을 입고 있으면, 이 상태를 돌릴 수 없지만 돈으로 이를 어느 정도 만회하려고 지급하는 손해배상이 '정신적 손해배상('위자료'라고도 한다)'이다(민법 §751).[22]

따라서 앞에서 본 것처럼, 환자 E는 이런 3가지 손해의 내용을 A병원이나, 의사 B나 컴퓨터 회사 C에게 손해배상으로 청구할 수 있다. 또한 이 모두를 상대로 불법행위에 따른 손해를 물어달라고 할 수 있다.

IV. 인공지능 기술이 발전하면 불법행위를 다루는 법도 달라져야 하는가?

어떤 인공지능 기술을 전제로 하는지에 따라 불법행위로 생긴 손해를 누가 물어주어야 하는지가 달라진다. 여전히 사람을 책임의 주체로 보고 또한 인공지능을 사람이 쓰는 단순한 '도구'로 본다면, 현재 불법행위를 다루는 법을 크게 바꿀 이유가 없다.

그런데 인공지능 기술이 눈부실 정도로 빠르게 발전하고, 어느 순간 사람과 비슷하거나 사람을 뛰어넘는 단계가 된다면,[23] 인공지능도 불법행위에 따른 책임을 질 수 있는 가능성이 생긴다. 그런 경우에는 책임을 지는 주체를 사람으로 전제한 법은 바뀔 가능성이 있다. 현재의 논의 과정에서 인공지능이나 인공지능 로봇이 사람과는 다르게 독자적인 불법행위 책임을 져야 한다는 주장은 대부분 이런 인공지능 기술을 전제로 이야기한다. 그러나 그런 인공지능 기술은 인공지능 과학자 사이에서도 오지 않는다거나 온다는 대립된 전망이 있다. 그렇기 때문에 현재의 약인공지능의 기술을 전제로 하는 경우, 아주 커다란 불법행위 책임 이론 이나 책임법을 바꿀 필요성이 없다.

특히 우리나라의 불법행위법은 독일의 제한된 불법행위 요건이나 미국식의 하나하나의 소송형태를 전제로 한 불법행위법이 아니다.[24] 프랑스 민법이 채택하 고 있는 그 요건이 상당히 넓은 개방적인 요건을 포함할 수 있는 일반불법행위 규정을 취하고 있다.[25] 이런 우리나라의 불법행위법의 얼개에 있어서는 더욱이나 현재의 인공지능기술을 전제로 한다면, 불법행위법에 있어서 큰 변화를 요구하 지 않는다.[26]

지금까지 인공지능과 민사법으로 '계약법'과 '불법행위법'을 설명했다. 인공 지능과 민사법과 관련된 몇 가지를 좀 더 살펴본다.[27] [28]

 생각해 볼 점

1. 인공지능이 인간의 부에 대한 욕망을 실현하기 위한 자율성을 갖는 도구로 활용된다면 어떤 긍정적·부정 적인 현상이 발생할까? 주식회사가 등장하게 된 사회적 배경과 연관시켜서 생각해 볼 필요가 있다.
2. 인공지능과 스마트계약을 통해서 계약이 신속하고 효율적으로 체결되고 이행될 수 있다면 인간의 삶은 더 행복해질까?
3. 전통적인 불법행위의 경우, 발생한 손해를 생기게 한 사람이 손해를 입은 사람에게 마치 손해가 생기 지 않은 것처럼 손해를 물어주어야 한다. 그런데 타임머신을 타고 과거로 돌아가서 그런 일이 없던 것 처럼 할 수 없다. 그래서 현실적인 대안으로 피해를 입은 사람에게 그런 손해의 어려움을 이겨내도록 돈을 지급하게 한다. 그런데 어떤 사안에서는 발생한 손해가 너무 커서 한 사람이 그 손해를 모두 책 임지기 힘든 경우가 있다. 그래서 많은 사람을 '보험'에 가입하게 해서, 손해의 위험을 사회 전체로 나누는 정책을 편다. 앞서 본 사례의 경우에도 보험회사가 손해를 입은 사람에게 보험금을 주어서, 불 법행위 손해를 물어주도록 한다.
4. 그래서 앞으로 올 사회에서 인공지능과 관련한 불법행위 손해에 대처하기 위해서 보험을 확대하거나, 정부가 어떤 기금을 만들어서 그 기금으로 이러한 문제에 대처하는 방안도 있다. 각 제도는 서로 장점 과 단점이 있다. 인공지능 기술이 발전하는 사회에 불법행위를 대체하는 방안은 어떤 모습이 좋을까?

인공지능과 지식재산권법

제7장

제1절 인공지능 '창작'의 보호

Ⅰ. 저작권제도는 왜 생겼을까

1. 매체기술의 발달과 저작권의 보호

저작권은 무체물인 저작물에 대한 권리부여를 주된 내용으로 하므로 저작권제도의 역시 저작물을 담고 있는 매체기술의 발달과 깊은 연관성을 가지고 형성, 발달해 왔다. 인쇄술이 발명되기 이전에는 유체재산법(민법)에 의해 지적인 창작품들이 간접적으로 보호되었다. 중세시대에는 하나의 저작물을 다량으로 제작하는 것이 극히 곤란했기 때문에 저작물(시·소설, 조각, 그림)의 저작자는 유체물(책, 미술작품)의 소유자가 되어 그 유체물을 다른 사람에게 매매하는 방식으로 권리를 행사하였다. 이 당시에는 저작물을 담고 있는 매체의 소유권과 별개로 경제적으로 이용하는 것도 불가능하였고, 타인의 저작물을 표절하는 행위에 대해서도 도덕적 비난의 대상이 되었을 뿐 저작권자의 경제적 손실은 극히 미미하였다.

그러나 인쇄술 발명 후, 책 제작비용이 감소하고 책이 대중에게 반포되었다. 인쇄 출판업자는 그 원본의 정리·정정에 많은 노력과 비용이 들지만 그 간행 후 얼마나 팔릴지는 전혀 불투명했고, 인쇄술이 제자리를 잡게 된 15세기 말경에는 저작물에 대한 해적행위가 발생하게 되었다. 통치자들과 성직자들 입장에서는 정치적 변혁을 꾀하는 사상의 침투와 종교적 이단의 전파에 부담을 느낄 수밖에 없었고, 이에 영국 왕실은 국왕대권(royal prerogative)으로 허가 및 공적 검열 없이는 누구도 출판행위를 할 수 없도록 하였다. 즉 런던의 인쇄업자와 서적판매상 단체인 출판업자조합(the stationers' company)에게 출판독점의 특권을 부여하였고, 이러한 인쇄특권제도를 이용하여 인쇄업자들의 간행물을 통제·검열하였다. 출판업자조합은 출판 관련 영업의 독점적으로 행사하였고 내부적으로 인쇄할 작품을 할당하는 출판업자의 저작권(stationer's copyright)이 발생하였으나, 이는 출판자를 위한 것이지, 저작자를 위한 것은 아니었다.

이러한 출판특허제도는 17세기 존 로크를 비롯한 많은 사상가의 비판을 받아 1694년 폐지되었고, 개인주의사상에 기초한 근대적 법질서의 발전에 따라 물건에 대한 소유권과 마찬가지로 저작자에게도 그의 정신적 노력의 소산인 저작물에 관하여 일종의 소유권이 인정되어야 한다는 생각이 등장하게 되었다.[1] 마침내 창작의 대가를 저작자에게 귀속시켜야 한다는 최초의 저작권법인 앤여왕법(Statute of Anne, 1710)이 이러한 배경에서 탄생하게 되었다.

2. 저작권의 주요내용

저작권법은 저작자의 권리와 이에 인접하는 권리를 보호하고 저작물의 공정한 이용을 도모함으로써 문화 및 관련 산업의 향상발전에 이바지함을 목적으로 한다. 저작자란 저작물을 창작한 자(§2②)로 시인, 소설가뿐만 아니라 모든 국민이 될 수 있다. 저작권제도는 1차적으로 인간의 사상 또는 감정을 표현한 창작물(copyright work)을 보호하는 제도이나 문화 및 관련 산업 발전의 취지상 저작물은 아니지만 그와 인접한 객체를 보호하는 저작인접권(copyright-related rights)이라는 제도를 두고 있다. 저작권법이 인정하고 있는 저작인접권자로는 가수, 무용수, 성우 등 실연자(performer), 음반의 제작에 투자하고 책임을 부담하는 음반제작자(phonogram producer), 방송을 공중에 전달하고 프로그램 편성과 관련된 책임을 부담하는 방송사업자(broadcasting organization) 등이 해당된다. 실연자는 그 예술성에 근거하여 보호를 받지만, 음반제작자와 방송사업자는 다분히 투자에 대한 대가로서 일종의 재산권을 부여 받는 것이라고 평가되고 있다.

저작권은 저작자가 그 자신의 창작한 저작물에 대해서 갖는 권리로 저작인격권과 저작재산권으로 나누어진다. 저작인격권은 저작물에 대하여 가지는 저작자의 인격적 이익의 보호를 목적으로 하는 권리로, 미공표 저작물에 관하여 공표 여부를 결정할 수 있는 권리인 공표권, 저작물의 창작자인 것을 주장할 수 있는 권리인 성명표시권, 저작물의 내용, 형식 및 제호의 동일성을 유지할 권리인 동일성유지권으로 구성되어 있다. 저작재산권은 저작권자가 자신의 저작물을 인쇄, 녹음, 녹화 그 밖의 방법에 의하여 유형물에 고정하거나 유형물로 다시 제작할 권리인 복제권, 공중에게 공개할 권리인 공연권, 저작권자가 자신의 저작물을 공중이 수신하거나 접근하게 할 목적으로 무선 또는 유선통신의 방법으로 송신하거나 이용에 제공할 권리인 공중송신권, 저작권자가 자신의 원작품 혹은 그 복제물을 공중에 직접 보여줄 권리인 전시권, 공중에게 양도하거나 대여할 권리인 배포권, 저작권자가 자신의 원작품 또는 그 복제물을 돌려받는 것을 전제로 빌려줄 권리인 대여권, 저작권자가 자신의 원작품을 번역·편곡·변형·각색·영상제작 그 밖의 방법으로 작성할 권리인 이차적 저작물 작성권을 내용으로 한다.

Ⅱ. 인공지능 창작물은 저작물에 해당될까

1. 인간창작과 구분되지 않는 인공지능 창작물

현재 언론(로봇 저널리즘), 의학(수술하는 로봇), 법조(인공지능 변호사·판사) 등 다양한 영역에서 인공지능이 인간의 기능을 대체하는 시도들이 이루어지고 있다. 무엇보다도 특히 창작의 영역에서 인공지능의 기능은 인간이 수행한 결과와 구분할 수 없을 정도의 놀라운 결과를 보여주고 있다. 인공지능을 통해 양산되는 시, 음악, 극본, 그림 등 다양한 유형의 창작물이 시현, 감상되고 있다. 2016년 8월 10일 경기필하모닉은 '모차르트 VS 인공지능'이라는 주제로 AI 에밀리 하웰(Emily Howell)[2]이 작곡한 오케스트라 곡을 선보였다. 현재까지 에밀리 하웰이 작곡한 곡은 바로크 음악부터 현대음악까지 다양하며, 아이튠즈, 아마존 등에서 유통되고 있고 2010년 '프롬 다크니스, 라이트', 2012년 '브레스리스(breathless)' 등으로 정식 발매되었다.[3] 또한 구글의 AI엔진은 뉴럴 네트워크의 기능을 활용하여 수많은 로맨스 소설들을 읽고, 그 소설들로부터 배운 단어들을 조합하여 새로운 소설을 작성하였다.[4] 실질적으로 인간 창작물과 구분하기 힘든 창작의 결과를 보여주기도 한다. 구글의 인공지능 딥드림(Deep Dream)이 만들어내는 몽환적이고 초현실적인 이미지는[5] 실질적으로 인간 창작물과 구분하기 힘들다. 2016년 3월, 딥드림이 만든 29점의 이미지가 약 1억 3,000만 원에 팔린 것 역시 인간 창작물과 거의 유사하다는 인식이 어느 정도 작용했다고 하지 않을 수 없다.[6] 소니(Sony) 역시 유튜브를 통해 인공지능 플로우머신즈(Flow machines)가 작곡한 팝송 2곡을 공개하면서 플로우머신즈가 작곡한 음악을 음반으로 제작, 판매할 것임을 밝힌 바 있다.[7]

2. 인공지능 창작물은 저작물일까

현행법상 저작물이라 함은 "인간의 사상 또는 감정을 표현한 창작물"을 의미하며(저작권법 §2①), 저작자는 "저작물을 창작한 자"를 말한다(동법 §2②). '인간'의 사상 또는 감정의 표현이므로 침팬지가 그린 그림, 자연적으로 만들어진 수석(壽石)이나 관상수는 저작물이 아니다. 또한 '사상 또는 감정'이란 표현의 대상 자체가 아니라 그 표현대상을 구체적으로 표현하는 과정에 있어서 작가의 사상 또는 감정이 이입되고 그 결과로서 구체적으로 표현된 것에 나타나 있는 사상 또는 감정을 의미하는 것이다.[8] 결국 저작물로 성립하기 위하여 중요한 것은 표현하고자 하는 대상이나 소재 자체가 아니라 그 대상이나 소재로부터 구체적인 표현물에 이르기까지 인간의 어떠한 사상이나 감정이 이입되어 그 결과 표현물에 그 사상 또는 감정이 나타나 있는가 하는 점이다.[9] 현행법상 '사상이나 감정'을 표현하는 주체가 될 수 있는 자격요건으로서 정신적 노력을 할 수 있는 사람을 전제로 하고 있으며[10] 인공지능이 만든 창작물은 이러한 요건을 충족하지 못하므로 저작물로 볼 수 없고 따라서 저작권법상 보호대상이 되지 않는다. 즉 인간이 자신의 사상과 감정을 담아 창작 과정을 주도하고, 인공지능을 창작물 생성에 필요한 단순한 '도구'로만 이용하였다면, 창작을 주도한 그 사람이 해당 창작물의 저작자가 되는 것에 대하여 현행법의 해석상 특별히 이견이 없다. 그러나 사람의 개입이 없거나 적어도 그 개입이 그의 사상과 감정을 표현하는 방식에 이르지 못하고 인공지능 스스로 그림, 음악, 어문과 같은 창작물을 만들어 낼 경우 인공지능 자체가 저작자가 되기는 곤란하다.[11]

Ⅲ. 인공지능에 의한 창작물을 보호하여야 하는가

1. 보호무용론: Public Domain

저작권제도의 취지에서 볼 때, 보호대상자로 거론되는 자들이 권리의 주체가 되기에 적절치 않다는 점이다.[12] 인공지능이 만든 창작물에 대하여 권리가 인정된다면 그 귀속주체가 될 수 있는 자들은 인공지능을 만든 프로그래머, 그러한 프로그램의 사용자, 인공지능 자체, 공동저작자 등이다. 우선 인공지능 자체에 대한 법인격 부여는 심오한 철학적 논의는 차치하고서라도 저작권을 인정하는 본질론에 입각하여 볼 때 그 권리의 주체로 타당하지 않다. 자연권론에 의할 경우 저작자의 인격적 권리로부터 재산권이 비롯됨을 알 수 있다. 즉 인공지능 창작물의 경우 저작자의 인격이 발현되었다고 볼 수 없으므로 인격적 보호법익이 존재한다고 할 수 없다. 실정권론에 의한다 할지라도 창작자에게 권리를 부여하는 목적은 그들로 하여금 창작에 대한 인센티브를 부여하기 위함이다. 그러나 인공지능은 이러한 인센티브를 부여하지 않아도 얼마든지 창작물을 양산해 낸다.[13] 사실 인간 저작자에게 유용하게 요구되는 경제적 혹은 그 밖의 다른 이유로 인한 창작인센티브를 인공지능은 요구하지 않는다. 따라서 저작권을 부여하는 가장 근본적 정당화 요소로서 '창작유인'의 효과를 기대할 수 없으므로 저작권법상 창작물에 대한 권리의 귀속주체가 될 수 없다. 다음으로 인공지능을 만든 프로그래머는 인공지능이 무엇을 창작할지 알 수가 없다. 프로그래머가 인공지능 자체를 만들어 내는데 노동력을 비롯한 여러 자원들을 투자함에도 불구하고 이러한 투자가 최종적으로 인공지능이 만들어낸 창작물에 어느 정도 포함되어 지는지에 대하여는 의문이다.[14] 즉 인공지능이 만든 창작물에 발현되어 있는 것은 프로그래머의 개성이 표출된 독창성이 아니므로 작품에 대한 인격적·재산적 권리를 프로그래머에게 부여하는 것은 타당하지 않다. 프로그래머의 의도는 창작물을 양산하는 프로그램을 만든다는 의도이며 이러한 의도를 해당 프로그램이 만들어낸 창작물에 대한 창작의도까지 확장할 수 없다. 즉 '작품을 통해 청중에게 어떠한 정신적 효과를 미치고자 하는 의도'를 프로그래머에게 확인할 수 없다. 한편 프로그래머는 해당 인공지능을 만듦에 있어서 상당한 투자를 하게 되고 그에 합당한 보상을 받아야 함은 타당하다. 그래서 이러한 보상의 일환으로 프로그래머는 인공지능 프로그램이 창작한 저작물에 대한 저작자로서의 지위를 요구할 수 있다. 그러나 프로그래머는 이미 인공지능 자체에 대한 합당한 보상을 받을 수 있다. 따라서 프로그래머에게 인공지능이 만들어낸 창작물에 대한 저작권을 인정하는 것은 이중보상이 될 수 있다.[15] 성능이 더 좋은 카메라를 개발한 개발자는 그 카메라를 매매 등의 방식으로 양도하였을 때 그 카메라에 대한 보상을 받은 것이며, 그 카메라를 사용해 찍은 사진저작물에 대한 저작권이 카메라 개발자에 귀속되는 것은 아니다. 따라서 프로그래머를 저작자로 취급하는 것은 기존의 저작자의 개념을 확장함으로써 지적창작물의 보호범위를 부당하게 확장하는 결과를 초래하게 된다. 한편 프로그래머로부터 인공지능을 구매하여 사용하는 자가 인공지능 창작물의 권리를 누리는 것이 타당한가를 검토해 볼 필요가 있다. 앞서 기술한 대로 그가 어떠한 작품에 대하여 생각하고 실행에 대한 통제권을 행사할 수 있다면 그는 단순히 명령을 따르는 자가 아니라 저작자라고 할 수 있다. 이러한 경우 사용자의 개성이 발현된 독창성을 인정할 수 있는 여지가 있다. 그러나 인공지능 창작물에 대한 인공지능 사용자의 통제권과 자율권의 범위는 버튼을 누르는 수준에 그친다. 이러한 경우 창작물에 인공지능 사용자의 '개성'이 인격적으로 발현되어졌다고 할 수 없으며, 이러한 개성의 발현으로서의 '독창성'을 기대할 수 없다. 다만 사용자의 기여도가 지극히 최소한이라 할지라도(단순히 버튼을 누르는 것에 불과할지라도) 창작의지를 고려해 볼 때 사용자에게 제한적이라 할지라도 일정한 권리를 부여하는 것이 프로그램을 작동시켜 새로운 창작물을 생성할 만한 유인책을 제공하는 것이라고[16] 볼 수도 있다. 그래야 인공지능의 사용자로 하여금 이를 사용하게끔 하는 인센티브가 존재하고 이로 인해 인공지능의 사용이 활성화된다. 그 결과 인공지능 자체의 가격형성에 긍정적 영향을 미치게 되며 창작물을 만드는 인공지능에 대한 투자로 이어질 수 있다는 주장도 가능하다.

그러나 이는 사용자가 무언가 독창성 있는 것을 창작하였기 때문에 부과되는 인센티브가 아니다. 따라서 이러한 종류의 권리는 저작권이 아닌 투자나 노력을 보호하는 법제 즉 부정경쟁방지 등 다른 법체계에서 논의되어야 하는 사항이다. 따라서 인공지능 사용자는 인공지능 창작물에 대하여 저작권법상의 권리의 귀속 주체가 될 수 없다.[17] 마지막으로 프로그래머와 사용자가 공동저작자가 될 수 있는가 하는 문제를 검토해 볼 필요가 있다. 우선 각각이 저작자로서의 요건을 충족하되, 저작물을 분리하여 이용할 수 없는 경우에 공동저작자로서의 지위를 인정하는 것이다. '개성', '독창성', '의도' 등의 저작자의 개념적 요소에 비추어 볼 때, 또한 본질론에 입각한 '창작유인'에 비추어 볼 때 프로그래머와 사용자 모두 저작자로 인정할 수 없으므로 공동저작자 개념은 타당하지 않다. 다만 저작권이 아닌 이들의 투자와 노력을 보호하기 위한 어떠한 실정법상의 권리가 논의될 때 그러한 권리의 공동보유자로서의 지위는 논할 수 있으리라 본다. 인공지능 프로그래머, 하드웨어 소유자, 사용자에게 저작권이 각각 분할되어 사용되어져야 한다는 이론 역시 이들에게 저작권 귀속 자체의 타당성이 인정된 뒤의 문제이므로 그러한 정당성이 인정되지 않는 한 타당하지 않다. 결국 부정경쟁방지나 그밖에 다른 특수한 유형의 권리인정 필요성에 대한 부분은 논외로 하더라도, 인공지능이 만든 창작물에 대한 저작권의 정당한 귀속주체는 존재하지 않는다.

한편 저작권제도는 인간을 전제하지 않고 생각하기 어려우며, 독점에 대한 우려 때문에 인공지능 창작물의 보호에 부정적인 견해도 존재한다. 즉 법률로써 인공지능에게 배타적 권리를 부여한다면 이를 이용하는 인류의 권익은 상당히 위축될 것이다.[18] 그 이유로 현재에도 권리자와 이용자의 권익 사이에 정치적 균형이 문제되는데, 인공지능의 창작을 보호하게 되면 향후 인간과 인공지능 간의 대립적 구도가 심화되고, 추후 인공지능이 독자적으로 학습하고 진화하여 인간보다 수백 배 수천 배 많은 창작물을 만들어 낸다면 폭발적으로 늘어나는 창작물을 보호함으로 인하여 인류의 공익이 저해될 수 있다고 한다.

2. 보호론

인공지능 창작물의 보호와 관련하여 통상적인 저작물에 대한 보호보다는 낮은 수준의 보호가 필요하다는 논의가 제안되고 있다. 인공지능의 창작물에 대한 보호 범위는 통상적인 '실질적 유사성' 범위가 아니라 '현저한 유사성'이 인정되는 범위에 국한하여야 한다는 견해,[19] 그것이 아니라 '실질적 동일성'이 인정되는 범위에 국한하여야 한다는 견해,[20] 저작권등록을 요구하는 한편 전체 보호기간은 줄여 6년(최초 등록 후 3년 및 갱신 후 3년)의 보호기간으로 단축하자는 견해[21] 등이다.

인공지능 창작은 방대한 데이터 분석을 비롯하여, 많은 시간과 노력이 필요한 작업이다. 따라서 일정한 가치가 있는 인공지능 창작을 장려하기 위해서는 그 투자를 보호할 필요가 있다. 일본과[22] 유럽 일부 국가 역시 이러한 이유로 인공지능 창작에 대한 보호를 시도하고 있는 듯하다.[23] 즉 인공지능 창작물의 보호필요성에 대해 긍정적이나 저작권 제도의 본질론에 근거하기 보다는 인공지능 산업에 대한 투자를 활성화를 근거로 한다. 즉 창작을 하는 인공지능에 대한 투자나 적극적인 이용을 도모한다는 관점에서 인공지능 창작물 보호가 필요하다는 것이다. 다만 인공지능 창작물을 보호할 경우 그 부작용도 고려해야 하므로 그 범위를 인공지능에 대한 투자 촉진과 이용의 보호하는 측면에서 적정한 수준과 범위(예, 가치가 높은 인공지능 창작물)를 결정해야 한다고 한다. 그 결과 보호기간에 대하여 인간 창작물의 보호기간보다 단축되어야 함을 제안한다.

투자가 저작자에게 권리부여의 정당성을 부여하는 결정적인 요인이 되지는 못해도, 저작권법상 투자 자체를 보호하기 위한 제도를 인정하고 있다. 앞서 언급한 음반제작자, 방송사업자에 해당되는 저작인접권자의 권리, 데이터베이스제작자의 권리 등이다. 저작권법은 데이터베이스의 제작 또는 그 소재의 갱신·검증 또는 보충에 인적 또는 물적으로 상당한 투자를 한 자를 "데이터베이스제작자"라고 하며 그에게 5년간 데이터베이스의 전부 또는 상당한 부분을 복제·배포·방송 또는 전송할 권리를 부여한다.[24] 엄격히 저작자가 아님에도 불구하고 이러한 데이터베이스제작자의 권리를 보장하는 것은 데이터베이스의 제작에 들이는 막대한 투자에도 불구하고, 제3자가 이를 추출하여 재이용하는 것이 용이하고, 이러한 행위는 제작자의 투자와 노력이라는 법익에 대한 침해가 되며, 이는 궁극적으로 데이터베이스 산업과 활용을 저해할 것이라는 우려에 기인한다.

따라서 현행 저작권법은 데이터베이스제작자에 대하여 저작인접권[25]과 유사한 방법에 의한 보호를 취하고 있으며 데이터의 선택과 배열의 창작성이 아니라 데이터베이스를 구성하는 데이터의 체계화와 이와 관련된 상당한 투자를 보호하는 것이다. 데이터베이스의 제작자는 이러한 투자에 근거해서 권리를 취득하며, 또 이러한 투자가 미치는 범위 내에서 보호를 받는 것이다.[26]

3. 소 결

결국 인공지능 창작의 보호는 인간 창작인 저작물과 동일한 수준의 보호를 부여하기 보다는 인공지능 창작을 장려하기 위해 투자를 보호할 필요가 있다는 방향으로 논의의 합의점을 찾아가고 있다.[27] 이러한 투자의 보호법리가 적용될 경우 '인공지능 창작물의 제작에 상당한 투자를 한 자'가 일정한 권리의 주체가 될 수 있다. 여기에는 인공지능 프로그램 이용 약정, 인공지능 창작물의 생성 기여도 등을 근거로 '인공지능 프로그램 개발자', '인공지능 프로그램 이용자' 또는 '인공지능 프로그램 소유자' 등이 각각 또는 공동으로 될 수 있다. 한편 이들은 인공지능 창작물로 인한 저작권 침해책임에 있어서도 자유로울 수 없다. 인공지능 창작물이 보호받는 인간 창작물 즉 타인의 저작물을 허락 없이 사용한 경우 그 침해 책임 또한 이들이 져야 할 것이다. 또한 인공지능 창작의 보호가 저작권 제도의 연원에서 비롯되는 것이 아니라 투자의 보호에서 비롯된다고 보는 한 인공지능 창작물에 대하여는 인간 창작과 동일한 보호를 부여하는 것은 타당하지 않다. 저작자 생존 중 뿐만 아니라 사후 70년간 독점배타적 권리를 보장하는 인간 창작물에 대한 저작권을 인공지능 창작물에 그대로 적용하는 것은 새로운 창작의 유인에 그다지 바람직하지 않다. 특히 인공지능 창작물의 양적증가, 창작과정의 비투명성 등에 비추어 볼 때 개별적 사용허락의 어려움이 발생할 수밖에 없다. 투자에 따른 보상의 전보라면, 사전에 허가를 득해야 하는 준물권적 배타적 권리보다는 사후 보상청구권을 행사할 수 있도록 하는 방안이 더욱 적정, 유용하다고 볼 수 있다. 이러한 경우 인공지능 창작에 대한 권리는 금전적 보상청구권으로 축소된다. 또한 이러한 보상청구권을 개별적으로 행사하게 될 경우 개별이용허락의 단점이 그대로 드러나므로 집중행사할 수 있는 방안도 함께 고려될 수 있다.

Ⅳ. 그밖에 인공지능 창작물을 둘러싼 문제들

1. 인공지능 창작물과 인간 창작물의 구별

실무적으로 인공지능 창작물인지 인간의 창작물인지 식별하기란 어려운 일이다. 인공지능은 사람과 달리 시간과 공간의 제약을 받지 않고 언제든지 창작물을 대량으로 생산할 수 있다. 역사상 다작하는 작가로 꼽히는 셰익스피어는 평생 36편의 희곡을 썼다. 그러나 이론적으로 인공지능은 세상에 존재할 수 있는 모든 책을 자동으로 만들어 낼 수 있다고 한다. 인간에 비하여 훨씬 빠른 속도로 대량의 결과물을 만들어 낼 수 있다는 점을 생각할 때, 또한 기술이 발전하면 비용이 더 줄어들 수 있다는 점을 고려할 때, 상업적인 차원에서 콘텐츠 생산자들이 인공지능 창작물을 선호할 가능성도 있다. 그렇다면 인공지능 창작물의 소유자는 인공지능이 만든 창작물을 마치 자기가 만든 것처럼, 허위공표, 허위 저작권 등록을 할 유혹에서 벗어나기 힘들다. 이러한 경우 저작권법상 허위공표·등록죄가 성립할 수 있지만,[28] 이러한 상황을 인지하고 수사에 착수한다는 것이 현실적으로 곤란하다. 여기서 인공지능 창작물과 인간창작물을 구별해야 하는 필요성이 제기된다. 현행 저작권 제도는 저작권 발생에 어떠한 절차나 형식을 필요로 하지 않는 무방식주의를 취하고 있다(저작권법 §10②).[29] 특허·디자인 등 산업재산권처럼 등록을 권리 발생의 요건으로 하지 않는다. 그러나 인간의 창작물과 인공지능 창작물을 구별하기 위해서는 인공지능 창작물을 구별할 수 있는 일정한 방식의 도입이 검토되어야 할 것이다.

2. 인공지능 창작과정에서 인간 저작물의 이용

인간 창작물의 경우 통상적으로 그 창작과정을 유추할 수 있다. 물론 음악, 미술, 건축 등 저작물의 유형에 따라 창작과정이 다르긴 하지만 각 영역별로 창작과정이 어느 정도 공개되기도 하고 검증을 통해 이루어지기도 한다. 그림의 경우 그리는 패턴, 화풍, 활용된 도구 등 누가 어떠한 방식으로 개입하여 창작이 이루어지는지 어느 정도 입증이 가능하다.[30] 그러나 인공지능 창작은 딥러닝 기술에 기반한 빅데이터 분석과정을 거치게 된다. 딥러닝 기술은 기존의 창작물을 학습하고 이를 기반으로 새로운 창작을 하게 되는데 이 과정에서 기존 창작물의 복제와 분석을 통해 새로운 창작이 만들어 진다. 이러한 일련의 과정이 시스템 내부에서 이루어지므로 창작과정을 외부에서 파악하기가 용이하지 않다. 따라서 인공지능에 의해 만들어진 창작물이 인간이 창작한 저작물의 보호받는 표현을 그대로 차용하고 있는 경우 어떻게 침해하였는지에 대하여 실질적으로 입증이 어렵다. 저작권 침해를 주장하기 위해서는, 저작권침해를 의심받는 자의 저작물이 원저작물에 '의거(依據)'하여 제작되어야 하고, 침해를 의심받는 저작물과 원저작물이 동일하거나 '실질적으로 유사할 것(substantial similarity)'을 입증하여야 한다. 이러한 입증은 인간에 의한 창작물 간에도 어려운 부분이지만 창작과정을 유추하기 어려운 인공지능의 창작에 있어서는 더욱 어려울 수밖에 없다.

제2절 인공지능과 지적재산권(특허분야)

I. '인공지능'은 발명과 특허에 어떠한 변화를 가져올까?

'발명'의 역사는 인류의 조상이 돌도끼와 흙그릇을 만들던 아주 먼 옛날로 거슬러 올라간다. 하지만 새로운 발명을 한 사람에게 특허권을 주어 법으로 보호하게 된 역사는 그리 길지 않다. '특허(patent)'라는 용어는 14세기 영국에서 처음 쓰였다고 하고, 최초의 특허법이 만들어진 것은 르네상스 이후 베니스에서였다. 어쨌든 현재는 전 세계 대부분의 국가가 특허법을 두고 있는데, 이처럼 특허로 발명을 보호하는 이유는 기술의 발전과 혁신을 촉진하는 데에 특허 제도가 기여하는 바가 크기 때문이다. 즉, 새로운 발명을 만들어낸 사람에게는 특허권이라는 독점권을 한시적으로 부여하고, 대신 특허권을 받기 위해서는 자기 발명을 대중에게 공개하도록 해서, 발명자에게는 새로운 발명의 인센티브를 부여하고 공개된 발명을 기초로 더 많은 사람들이 기술을 개선하고 보완할 수 있도록 한다는 원리이다.

하지만 현대의 특허법은 모든 종류의 발명에 대해 특허를 주는 것이 아니라 법률이 정하는 일정한 요건을 갖추어야 한다. 그 중 가장 기초적인 것은 '기술사상의 창작', 즉 기술적인 아이디어를 새롭게 만들어낸 것이어야 한다는 것이다. 이 점에서 특허법상의 '발명'은 이미 존재하는 것을 찾아내는 '발견'과는 구별된다. 그런데 특허법상으로도 의약물질의 새로운 용도를 발견하거나 특정한 염기서열이 발현하는 새로운 효과를 발견하는 경우를 특수한 발명의 형태로 인정하기도 하는 점에서 '발견'과 '발명'을 구분하는 것이 언제나 쉽지는 않다. 더구나 대부분의 발명·특허는 원천기술이 아닌 응용기술에 관한 것이어서 어떤 면에서는 발견에 가까운 측면도 있다.

이렇게 발명과 발견의 경계가 모호해지게 된 것은 새로운 기술이 등장하고 기술이 고도화된 결과인데, 많은 학자들은 인공지능 기술이 그 경계를 더욱 모호하게 만들 것으로 예측하고 있다. 한 가지 이유는 인공지능을 구현하는 대표적 기술인 기계학습(machine learning)이나 딥러닝(deep learning)이 많은 양의 데이터를 수집해서 수많은 시행착오를 통해 최적의 솔루션을 찾는 과정이기 때문이다. 이런 과정은 무언가 새로운 것을 만들어내는 '발명'보다는 이미 존재하는 답을 찾아가는 '발견'에 가깝다고 할 수 있다. 하지만 인공지능에 의한 이런 '발견'에 가까운 과정에 의해 얻어진 결과가 인류의 복지에 점점 더 많이 기여하게 될수록 그 결과물을 법으로 보호하고자 하는 움직임이 커질 수 있을 것이고, 그렇게 되면 특허의 영역인 발명과 특허로 취급되지 않던 발견 사이의 구분이 더욱 모호해질 수밖에 없을 것이다.

그리고 만약 인공지능 기술에 의해서 만들어진 결과물을 발명으로 보호하게 되면 특허의 숫자도 크게 늘어날 것으로 예상된다. 이미 전 세계 특허출원 건수는 1996년의 약 100만 건에서 2014년에는 약 300만 건으로 증가하는 등[31] 기술발전에 따라 발명·특허의 양은 늘어나고 있다. 그런데 인공지능은 적용 범위나 활용도의 측면에서 그동안 인류가 이용해 왔던 다른 도구와는 비교할 수 없을 정도로 높은 생산성을 가지게 될 것이라고 한다. 그래서 인공지능을 사람의 연구활동을 보조하는 데 사용하는 경우건, 인공지능 스스로 새로운 기술적 결과물을 만들어내는 경우건, 발명의 수는 지금까지와는 비교할 수 없을 정도로 엄청나게 빠른 속도로 증가할 것이라고 예측하는 것은 무리가 아니겠다. 하지만 한편에서는 그와 같이 수많은 기술적 결과물에 대해 모두 특허권을 준다면 그로 인해 오히려 사회적 효용이 감소될 수 있다는 우려도 나오고 있다. 앞에서 얘기했듯이 특허 제도라는 것이 기술 발전을 통해 우리 사회를 전체적으로 더 나은 모습으로 만들려는 정책적인 지향을 가지고서 존재하고 운영되는 것이기 때문에, 만약 인공지능이 특허 제도를 통해 우리 사회에 큰 영향을 미치게 된다면 그 제도 자체도 지금과는 다른 모습으로 바뀌어야 한다. 그렇다면 과연 미래의 특허 제도는 어떤 모습이 될까?

II. "인공지능 발명"은 특허 제도 내에서 어떻게 보호를 받을 수 있을까?

앞서 인공지능 기술이 발명과 특허의 개념, 그리고 현상에 가져올 변화에 대해 개략적으로 살펴봤다. 이제부터는 인공지능이 관여한 발명을 특허 제도 내에서 어떻게 보호할 것인지에 관해 좀 더 현실적인 문제를 들여다보겠다.

1. 인공지능 발명의 특허권자는 누가 되어야 할까?

우리나라 특허법은 새롭고 진보한 발명을 특허권으로 보호하고 있다. 특허권을 받기 위해서는 발명의 내용을 적은 특허출원서를 특허청에 제출하여 그 발명이 기존의 기술에 비해 새로운 것인지, 그리고 기술적으로 진보한 것인지 등에 관한 면밀한 심사를 받아야 한다. 이처럼 특허를 출원하는 것은 원칙적으로 발명을 완성한 '사람(발명자)'만이 할 수 있는데, 그 이유는 우리 특허법이 전제하고 있는 '발명' 행위가 사람의 지적 사고의 결과물이기 때문이다. 다시 말해, 진짜 사람만이 뇌와 손발을 이용한 창조적 활동을 통해 '발명'을 완성할 수 있고, 그렇게 발명을 완성한 사람에게 특허를 받을 수 있는 권리가 원천적으로 귀속된다는 것이다. 물론 발명자를 고용한 회사나 발명자 아닌 다른 사람이 특허권을 갖는 경우도 많이 있지만, 이것은 그러한 제3자가 발명을 완성했기 때문이 아니라, 발명자로부터 계약 등을 통해 특허를 받을 수 있는 권리를 넘겨받아 특허출원을 하였거나, 아니면 특허권을 획득한 발명자로부터 사후에 특허권을 넘겨받았기 때문에 가능한 것이다.

즉, 특허를 받을 수 있는 발명은 '사람(자연인)이 완성한 발명'이어야 하는데, 인공지능이 만들어낸 기술적 결과물은 '사람이 완성한 것'이라고 보기 어려워 과연 특허로 보호할 수 있는지가 문제가 되는 것이다. 물론 이러한 문제는 기존의 특허법이 인공지능의 출현에 이를 정도로 고도화된 기술 발전의 상황을 예정하지 않았기 때문에 부딪히게 되는 문제라는 점에서 특허법상의 '발명' 개념을 입법적으로 혹은 해석을 통해 수정함으로써 어느 정도 극복이 가능할 수 있다. 하지만 더욱 중요한 문제는 만약 인공지능 발명에 대해 특허를 인정한다면 과연 '누구에게 특허권을 줄 것인가'라는 질문이다.

인공지능이 발명에 개입하는 과정은 여러 가지 양상을 나타날 수 있다. 예를 들어 사람이 인공지능을 발명의 도구로 활용해서 발명을 완성하는 경우가 있을 수 있다. 이 경우에는 발명을 착안하고 발명 활동을 기획하고 그 결과를 선별하는 과정이 인공지능 도구를 조작한 사람에 의해 주도되기 때문에 그 조작자를 발명자와 특허권자로 인정할 수 있을 것이다. 이 경우에 인공지능은 기존의 컴퓨터에 비해 약간만 더 고도화된 도구 정도인 것이다. 그런데 만약 단지 문제 상황만 주어지고 구체적인 목표가 설정되지 않은 상황에서 인공지능이 스스로 그 목표에 가장 적합한 솔루션을 찾아내는 과정을 스스로 수행한다면, 그 결과에 대해서는 누구에게 특허권을 주어야 할까? 소위 '강한 인공지능'이라고 하는 범용 자동화기계를 상정하지 않고 특정 분야에서만 활용되도록 설계된 '약한 인공지능'을 생각하더라도 비교적 가까운 미래에 이와 같은 방식으로 인공지능을 활용하는 경우는 얼마든지 예상할 수 있다.

이러한 상황에서 인공지능에 의한 발명 과정에 관여한 사람으로는 인공지능 기계를 만들어낸 사람(제작자), 인공지능 기계를 소유한 사람(소유자), 인공지능 기계를 조작한 사람(조작자) 등을 생각해 볼 수 있다. 이때 인공지능 기계는 그것이 활용될 기술적 혹은 산업적 범위가 대략적으로 설정된 상태에서 제작되므로 그것이 구체적으로 어떠한 과제를 해결하는 데에 활용될 것인지는 제작 단계에서 구체적으로 특정되어 있지 않다는 점에서, 인공지능 제작자에게 인공지능 기계를 통해 산출된 모든 결과물에 대한 권리를 귀속시키는 것은 타당하지 않다고 할 수 있다. 한편, 민법의 과실(果實), 즉 어떠한 물건으로부터 산출된 파생 결과물에 대해서는 원래의 물건을 소유한 자에게 그 과실에 대한 권리를 귀속시킨다는 원리에 따라 인공지능 소유자에게 인공지능 발명의 특허권을 귀속시켜야 한다는 관점도 있는 것 같다. 하지만 결국 특허법이 보호하는 특허발명은 발명이라는 지적인 행위의 결과이고 또 이러한 지적행위를 장려하기 위한 제도라는 점을 생각해보면, 그러한 발명이 부분적으로 인공지능에 의하여 수행된다고 하더라도 전체적으로 새롭고 진보한 기술적인 아이디어를 얻어내는 과정인 '발명활동' 전체를 관리한 사람에게 발명에 따른 권리를 부여하는 것이 타당할 것이다. 그렇다면 인공지능 기계를 일반적·추상적으로 지배하고 있는 소유자가 아니라 인공지능 기계를 실제 문제 해결 과정에서 조작하여 구체적·직접적인 관리 내지 통제 권한을 행사하는 조작자를 발명자로 인정하는 것이 아마도 가장 타당하고 일반적인 결론일 것이다. 하지만 조작에 다수의 관계자들이 관여하고 있을 때에 어느 정도의 관여한 사람들 중에 누구를 어느 기준에 따라 발명자로 할 것인지는 앞으로도 계속 논의를 통해 해결할 문제이다.

물론 실제로 최적 솔루션을 찾아낸 인공지능 기계 자체를 발명자로 인정하여야 한다는 과감한 주장도 있을 수 있겠지만, 이러한 관점은 자연인의 지적 활동을 전제로 하는 특허법상의 '발명' 개념에 대한 대대적인 수정을 가하지 않고서는 실제로 관철시키기가 쉽지 않을 것이다. 또한 인공지능을 권리의무의 주체로 포함시키는 이러한 급진적인 관점은 뒤에서 살펴볼 인공지능 발명에 대한 특허권의 행사, 인공지능 발명의 특허권 침해 책임에 대한 문제와도 관련이 있기 때문에, 단순히 특허법만이 아닌 민법을 비롯한 법체계에 대한 전체적인 수정을 요하는 것일 수도 있다. 따라서 인공지능을 특허권자로 직접 인정할 것인지의 문제는 인공지능의 자율성이 매우 고도화되어 '강한 인공지능'의 시대가 도래하게 된 먼 미래가 되어서 당시까지의 사회구조의 변화나 법감정의 변화 등을 함께 고려해서 보다 심도 있게 논의되어야 하지 않을까 하는 것이 필자의 생각이다.

2. 인공지능 발명이 직무발명이라면 무엇이 달라질까?

인공지능 발명에 대한 원시적인 권리를 갖는 사람을 인공지능 기계의 조작자로 인정하는 것은 '발명자'를 누구로 정할 것인가의 문제이다. 특허법에 따라 발명자가 특허 받을 권리를 갖게 될 경우, 그 발명에 대하여 특허출원 절차를 통해 특허권을 부여받게 되는 것도 발명자인 조작자가 될 것이지만, 현실적으로 특허권을 보유하고 그 권리를 행사하는 것은 인공지능 기계를 소유하면서 조작자를 고용하고 있는 회사가 되어야 할 필요가 있을 수 있다. 왜냐하면 발명자는 회사에서 정한 업무범위 내에서 직무의 일환으로 인공지능 기계를 조작하여 발명을 완성하였을 수 있고, 회사는 발명자에게 그러한 발명활동을 수행할 수 있도록 인공지능 기계를 비롯한 각종 물적·인적 투자를 하였을 것이기 때문이다.

　　발명자와 사용자 간의 발명 결과물에 관하여 우리 법체계는 이미 발명진흥법을 통해 그 권리의 귀속을 조율하고 있다. 즉, 발명진흥법은 종업원이 자신의 직무에 관하여 한 발명으로서 성질상 사용자의 업무 범위에 속하는 발명을 '직무발명'이라고 하여, 사용자가 계약이나 근무규칙 등에 의해 발명자인 종업원으로부터 그 발명에 대한 일정한 권리를 승계할 수 있도록 하고, 그러한 승계가 정당하기 위해서는 사용자가 종업원에게 정당한 직무발명 보상금을 지급해야 하는 것으로 규정하고 있다.

　　이러한 법 규정은 회사에 고용되어 인공지능 기계를 조작해 발명을 완성한 종업원을 발명자로 인정하는 경우에도 적용될 수 있을 것이다. 즉, 회사는 그 종업원의 발명에 대한 권리를 승계하여 회사 이름으로 특허를 출원해 직접 특허권을 받거나 종업원이 받은 특허권의 승계를 주장할 수 있을 것이다. 하지만 이 경우 인공지능의 개입 없이 순수하게 종업원의 발명활동에 의한 결과로만 얻어진 직무발명과는 조금 다른 취급이 필요할 수도 있다. 구체적으로, 인공지능 발명은 그 발명활동의 일부를 인공지능이 자율적으로 수행하는 것일 수 있기 때문에 발명활동에 대한 종업원의 참여도가 기존의 일반적인 직무발명에 비해 다소 낮게 평가되어야 할 수 있다. 이러한 점은 직무발명의 요건인 종업원의 직무와의 관련성을 따지거나 혹은 사용자가 종업원에게 지급해야 하는 정당한 보상금을 결정하는 데 참작되는 요소인 종업원의 '직무발명 기여도'를 산정하는 데 영향을 미칠 수 있다. 즉, 인공지능 발명은 종업원의 직무 관련성이 비교적 쉽게 인정되어 직무발명으로 인정될 기회가 늘어날 수 있지만, 그에 따른 보상금의 수준은 다른 종류의 발명에 비해 다소 낮게 인정될 것이라는 예측도 해볼 수 있을 것이다.

3. 인공지능 발명은 사람의 발명과 똑같이 보호되어야 할까?

앞에서도 살펴봤듯이 특허권이 일정한 요건을 갖춘 발명을 특허로 보호하는 이유는, 그러한 발명활동을 장려함으로써 발명자에게는 기술 혁신의 인센티브를, 공개된 발명의 내용을 접할 수 있게 된 공중(公衆)에는 이를 발판으로 삼아 지속적인 기술 개선을 가능하게 하여 기술과 산업의 발전을 통해 인류의 복지를 증진시킬 수 있다는 특허 제도의 기본적 이념에 따른 것이다. 특허 제도가 가진 이러한 이념 및 효과는 수백년에 걸친 특허법의 운영을 통해 증명되어 왔다. 그런데 특허 제도의 이러한 순기능이 인공지능 발명을 제도 안으로 들여오는 경우에도 여전히 그대로 작동될 수 있을까?

인공지능 기술이 특허 제도 안으로 받아들여질 경우 일어날 일차적인 변화로 흔히 얘기되는 것은 특허의 수가 기하급수적으로 증가할 것이라는 점이다. 이러한 결과는 발명의 과정이 자동화됨에 따라 그간 특허 제도가 특허권이라는 독점적 권리를 주는 것을 통해 발명활동에 부여해온 인센티브의 효용이 감소하게 될 것임을 뜻하는 것이기도 하다. 따라서 인공지능의 발명에 대해 기존과 동일한 정도로 보호하는 것이 특허 제도의 목적 측면에서 정당한지에 대한 의문이 제기되고 있다.

또한 인공지능의 발명은 기술적 진보를 가져온다는 결과의 측면에서는 순수한 인간의 발명과 큰 차이가 없을 수 있겠지만, 주로 개별적인 과제 내에서 최적의 값을 찾아낸 결과일 공산이 크기 때문에 발명의 질에 있어 이른바 원천기술에 해당하게 될 가능성은 크지 않아 보인다. 우리 특허법은 원천기술과 개량기술을 구분하지 않고 발명의 내용과 관계없이 특허 출원일로부터 20년간 그 발명의 실시를 독점할 수 있는 동등한 권리를 부여하고 있다. 하지만 이처럼 인공지능에 의한 발명의 대량화가 현실로 다가올 경우, 한 건의 발명에 특허권을 주어 발명활동을 증진시킬 수 있는 효과는 감소하는 반면에, 독점적인 권리가 부여된 새로운 기술 영역이 만들어짐으로써 그만큼 인류 전체가 누릴 수 있는 기술적 가치의 효용은 감소하게 될 것이다.

이러한 변화를 기술 시장에서 발명의 공급량과 가격의 변화로 설명하는 견

해가 있다. 즉, 아래에서 보는 것처럼 인공지능 기술에 의한 발명 과정의 자동화
는 발명의 한계비용을 감소시키게 되고, 수요에 변화가 없는 상태에서 공급곡선
에 이러한 변화가 나타날 경우 발명의 가격은 상승하지만 오히려 발명의 공급량
이 줄어들게 되는 기이한 사태가 발생하여 특허 제도의 사회적 효용이 저하될
수 있다는 것이다(아래 그래프32 참조).

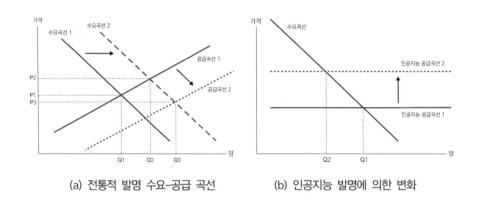

(a) 전통적 발명 수요-공급 곡선   (b) 인공지능 발명에 의한 변화

이러한 문제점에 대한 해결책은 크게 두 가지 방향에서 논의되고 있다. 그
중 첫 번째는 인공지능의 발명에 대해서는 요구되는 기술적 진보(진보성)의 수준
을 높게 설정하는 등의 방법으로 특허성의 심사 요건을 강화하여 특허의 수를
통제한다는 것이고, 다른 하나는 인공지능 발명의 경우 특허권의 존속기간을 단
축하는 등의 방법에 의해 보호의 수준에 차등을 두어 부작용을 막고자 하는 것
이다.

이 두 가지 방안은 배타적인 관계에 있지 않기 때문에 실제 제도를 개선하
고 운영하는 데 있어서는 상호 보완적으로 검토될 수 있을 것이다. 하지만 제도
의 효용성이나 정당성의 문제를 떠나, 이처럼 인공지능 발명에 대해 차등적인 보
호를 제공한다는 구상을 실현할 경우 가장 먼저 부딪히게 될 문제는, 과연 '인공
지능 발명을 사람의 발명과 어떻게 구분할 것인지'이다. 또 이와 조금 다른 문제
이기는 하지만 전혀 관련이 없다고는 할 수 없는 문제로서, 인공지능 발명의 특
징을 과연 한 가지로만 규정할 수 있을 것인지, 만약 그렇지 않다면 인공지능 발
명이라고 해서 무조건 사람의 발명보다 약하게 보호하는 것이 제도의 목적에 비

추어 정당한지의 문제를 생각해볼 수 있다. 사람의 발명이라고 해서 모두 다 원천기술로만 이루어진 것은 아니고 오히려 많은 경우 인공지능 발명보다도 낮은 수준인 것도 얼마든지 있을 수 있기 때문이다.

따라서 인공지능 발명에 대한 특허권 보호의 수준을 결정하는 데 있어서는 그것이 '인공지능에 의한 것'이라는 형식적 기준에 얽매일 것이 아니라, 인공지능에 의한 발명의 특징 중 특허 제도의 운용에 부작용을 가져올 수 있는 요인에 주목하여 그 부작용을 최소화할 수 있는 방안을 찾아내어야 할 것이다. 예를 들어, 인공지능에 의해 발명 과정이 자동화될 경우 기존에 공개된 기술과 해결하려는 기술적 과제나 해결 방안에 있어 미미한 차이만을 갖고 있는 수많은 기술이 양산될 수 있는데, 이러한 기술적 차이는 종래의 특허 심사 기준을 동일하게 적용하거나 혹은 약간만 수정하여 적용함으로써 구별해낼 수 있다. 물론 발명의 양이 절대적으로 증가할 경우 전체적으로 진보성 등 특허 인정의 문턱을 조정하는 것을 고려할 수 있겠지만, 인공지능의 발명이라는 이유만으로 다른 기준을 적용하는 것은 앞서 얘기한 여러 문제가 있을 수 있기 때문에 조심스럽게 접근할 필요가 있다고 생각한다.

또한 인공지능에 의한 발명의 양적 증대에 대처하려면 특허권 부여의 심사에 필요한 자원의 양도 크게 늘어날 것으로 예상된다. 따라서 기존에 심사관의 인력에 의존해오던 심사 과정(공지기술의 조사는 물론 공지기술과 특허 출원된 발명의 차이점을 파악하여 진보성의 유무를 판단하는 과정까지)을 인공지능의 도움을 통해 자동화함으로써 특허 심사의 결과적 타당성을 확보할 수도 있을 것이다.

III. 인공지능에 의해서 특허권의 침해가 발생한다면 어떤 결과를 가져올까?

지금까지는 인공지능에 의해 얻어진 발명을 특허 제도 내에서 어떻게 보호할 것인지의 문제에 대해 살펴보았다. 이제 관점을 조금 바꾸어, 인공지능의 활동이 다른 특허권을 침해하는 결과로 이어질 때 이를 어떻게 처리할 것인지의 문제로 시야를 넓혀 보겠다. 즉, 인공지능이 만들어낸 기술적 결과물이 이미 등록된 특허발명의 내용을 실시하는 것이어서, 특허권을 침해하는 결과를 낳게 된다면 누구에게 어떤 책임을 부여해야 하는지의 문제이다.

인공지능에 대하여 법적 책임 주체로서의 독자적인 인격성을 인정할 수 있게 되기 전까지는 결국 인공지능의 활동을 원인으로 하는 특허권 침해 결과에 관여한 '사람'이 그 책임을 부담하게 될 수밖에 없을 것이다. 이 경우에도 인공지능 활동에 개입한 사람은 인공지능의 제작자, 소유자, 조작자 등으로 나누어볼 수 있을 것이다. 기본적으로는 특허권 침해의 결과를 구체적으로 예견하였는지에 따라 그 책임의 유무가 결정될 가능성이 높다고 생각한다. 나아가 이러한 사람들 중에서, 논리적인 면에서 그 사람이 인공지능의 결과물에 어느 정도 관여하였는지, 정책적인 면에서 그 사람이 결과물로 인하여 어떤 이익을 얻고 있는지 등을 살펴보아야 할 것이다.

인공지능 기계를 법적으로 소유하고 운용하는 회사와 같이 그 소유자 내지 점유자는 인공지능에 의한 활동의 이익을 받게 되는 경제적 효과의 귀속 주체일 경우가 많을 것이기 때문에 무조건 지시·조작자에 비해 가벼운 책임을 져야 한다고 보기는 어렵다. 또한 경우에 따라 인공지능의 기술적 활동은 구체적인 지시가 없이 이루어지는 일도 있을 것이기 때문에 이러한 경우에까지 기계적인 조작자에게 모든 책임을 부과하는 것은 타당하지 않을 수도 있다. 소유자 내지 점유자의 책임의 근거를 민법상의 책임 귀속 이론에서 찾아볼 수 있는데, 예를 들어 민법 제755조에 따른 책임무능력자의 감독자의 책임, 민법 제756조에 따른 사용자책임, 민법 제758조에 따른 공작물등의 점유자, 소유자의 책임 등에 기초하여 인공지능 기계에 대한 관리책임을 부담하는 소유자나 점유자에게 손해배상의 책임을 묻는 것이 가능할 수 있다. 물론 이 경우에도 회사 등 소유자가 인공지능 기계에 대한 추상적인 관리만을 행하고 구체적인 관리권한은 실제 조작자에게 부여되어 있다면, 고의나 과실의 정도에 따라 그 조작자에게 일차적인 책임을 부담시키는 것도 가능하겠다.

다만, 특허법은 특허권 침해자에 대해 형사상 책임을 추궁할 수 있도록 정하고 있는데, 특허권 침해에 의한 특허법 위반죄가 성립하기 위해서는 침해행위에 대한 고의가 요구되기 때문에 형사상 책임까지 부과할 수 있을 것인지에 대해 논란이 있다. 당연히 형사책임 주체로서의 인격성이 인정되기 어려운 가까운 미래의 약한 인공지능에 대해서는 특허권 침해의 내심적 의사를 의미하는 '고의'의 존재를 인정하기 어려울 것이고, 인공지능을 도구로 이용하여 고의적인 침해 결과물을 만들어낸 경우가 아닌 한 감독권한 행사의 '과실'만을 이유로 소유자나 조작자에게 인공지능의 활동에 대한 '고의' 책임을 부담시키는 것은 타당하지 않을 수 있다. 인공지능의 행위에 대하여 소유자나 조작자 등을 형사처벌하는 것은 형사법 체계의 대원칙인 죄형법정주의의 원칙에 비추어 볼 때도 정당화되기 어렵다고 생각되고, 실제로 형사처벌의 실익이 있을지에 대해서도 의문이 있다는 것이 일반적인 견해인 것 같다.[33]

 생각해 볼 점

1. 작곡가 A는 음원제작 인공지능을 구매하여 음원을 생산해 내는 와중에, A의 감정과 사상이 표현되지 않은 오직 인공지능에 의해 만들어진 곡을 마치 A가 작곡한 것처럼 공표하고 저작권위원회에 등록하였다. 이러한 행위는 용인될 수 있는가? 그 이유는 무엇인가?

2. 나는 소설가이다. 일제시대 한국 여성의 역경사를 배경으로 하는 소설을 집필하였는데, 인공지능이 만든 소설에 나의 소설 중 중요한 창작적 표현이 내 허락 없이 그대로 인용되었다면 저작권 침해를 주장할 수 있을까? 주장할 수 있다면 누구에게 그 책임을 물을 수 있을까?

3. 인공지능이 발달할수록 인간이 생각하는 수준을 넘어서는 기술의 발명도 이루어질 것으로 기대된다. 만일 하나의 산업분야에 필요한 그리고 현재의 기술적으로 가능한 발명들을 AI가 짧은 시간내에 모두 개발하여 특허등록을 신청한 경우에 일어날 수 있는 장점과 단점을 AI개발자 입장과 산업전체적인 입장 양측에서 고려해보자.

인공지능과 형사법

제1절   인공지능과 형사소송

> A는 강도죄를 저질렀다는 혐의로 경찰 B에 의하여 체포되었고, 검사 C에 의하여 기소되었다. 재판정에서 인공지능판사 D가 재판을 진행하였고, 기존의 모든 형사소송법적 지식에 의하여 구성된 알고리즘 상의 증거법칙과 양형규칙에 따라 A에게는 징역 1년이 선고되었다. 그러나 A는 인공지능 판사 D에 의한 재판결과에 승복할 수 없다. 이는 자신의 헌법상 재판받을 권리를 침해한 것이라고 주장한다. 이러한 A의 주장은 타당한 것인가?

Ⅰ. 형사소송이란 무엇인가?

1. 형사소송의 의미

형사소송이란 형사절차를 의미한다. 그럼 형사절차란 무엇인가? 범죄사실과 범죄자를 밝혀내어 국가의 형벌권을 실현하는 절차를 의미한다고 할 수 있다. 예를 들어 살인사건이 발생하였다면 이러한 살인에 관한 범죄사실과 살인을 저지른 범죄자를 밝혀내고, 범죄자에 대하여 재판을 진행하고, 재판의 결과에 따라 도출된 형벌, 보안처분을 집행하는 절차를 의미한다. 이러한 예에서 알 수 있듯이 형사절차는 수사–재판–집행이라는 3단계로 이루어진다고 할 수 있다.

2. 형사소송의 이념(실체적 진실주의 VS 적법절차의 원칙)

그런데 이러한 형사절차에서 주의해야할 점이 있다. 형벌은 국가의 제재 중 가장 강력한 것이라는 점에서 형사절차는 범죄자라고 지목된 자, 즉 피의자 또는 피고인의 인권이 보장되고, 그들이 자신의 변호를 할 수 있는 수단을 보장하는 적법절차를 지켜야 한다는 것이다. 단순히 범죄인만을 찾아내 강력하게 처벌하는 것만을 형사절차의 목적이라고 한다면 극단적으로는 고문도 정당화 될 수 있기 때문이다. 즉, 형사소송은 적법절차의 테두리 내에서 범죄인을 밝혀내고 그를 처벌하는 절차를 의미한다고 할 수 있다. 따라서 인공지능이 형사소송에 있어서 사용된다고 할 때에도 단순히 범인을 밝혀내고, 잡아내는 데만 효율적이어서는 안 되고 적법절차의 테두리 내에 있어야 한다는 점을 기억해야 한다.

II. 형사소송에서 인공지능의 활용가능성

형사소송에서 인공지능의 활용은 언제나 가능할 것인가? 강인공지능이 등장한 이후의 먼 미래의 일이라고 생각하는 것이 맞을까? 대답은 '그렇지 않다'이다. 다음의 기사에서 알 수 있듯이 지금도 인공지능이 법률업무에 활용되고 있기 때문이다.

한국의 첫 '인공지능 변호사'라고 할 수 있는 유렉스는 지난 2월 법무법인 대륙아주에 '취직'했다. 유렉스는 그동안 변호사와 법률 비서 여러 명이 짧게는 며칠에서 길게는 몇 달씩 걸려 작업하던 법 조항·판례 검색 등 사전 리서치 업무를 20~30초 만에 해치우고 있다.[1]

다음에서는 좀 더 세분화하여 형사소송에서 인공지능이 사용될 수 있는 가능성을 살펴보기로 하자.

Ⅲ. 형사소송에서 인공지능의 역할[2]

1. 인공지능 변호사

변호사의 업무는 자문업무와 송무업무로 크게 나누어 볼 수 있다. 형사소송과 관련하여서도 이러한 분류는 통용될 수 있다. 예를 들어 A회사의 회장 B가 M&A와 관련한 결정을 하면서 이것이 혹시 형사적으로 범죄에 해당하는 위험한 결정이 될 수 있을지 미리 알아보고자 할 때가 있을 것이다. 이에 대한 대답을 주는 것은 형사적인 자문업무이다. 그에 비하여 B가 수사나 재판을 받는 과정에서 변호인의 도움을 받게 되는데 이러한 절차에서의 변호사의 업무는 형사적인 송무업무라고 할 수 있다.

특히 몇몇의 주요 조사기관에 따르면 개별 사건에 기존 법리나 판례를 검색·적용해 자문하는 전형적인 자문업무부터 인공지능에 의한 대체가 일어나 변호사 직역이 가장 먼저 인공지능 개발의 영향을 받을 것이라 관측한다고 한다.[3] 그렇다면 자문영역과 관련하여 인공지능을 이용한 검색 기능 등이 발전할수록 필요로 하는 법률 전문 인력의 수가 줄어들 수도 있다.

그러면 송무업무의 경우에는 어떨까? 송무업무는 의뢰인과 인적으로 접촉하면서 주장을 정리하고, 증거를 수집·정리하고, 이를 서면으로 작성하여 법원에 제출하고, 공판정에서 판사를 설득하는 것을 내용으로 하는 업무라고 할 수 있다. 따라서 상당히 적극적으로 자료와 문서를 생성하는 측면이 강하다. 또 그 업무 수행에 있어 의뢰인에 대한 인간적인 접촉 내지 이해와 배려도 전제되어야 한다. 이러한 점 때문에 송무업무는 상당히 자동화하기 힘든 면이 존재한다.

2. 인공지능 경찰

경찰의 업무라고 할 수 있는 수사와 관련하여서는 많은 역할이 기대될 수 있다. 현재 지능형 CCTV 기술의 개발로 소수 운영자가 광범위한 지역의 안전을 효과적으로 관리할 수 있게 되고 있다고 한다. 그리고 더 나아가 딥러닝을 기반으로 방대한 데이터 패턴을 분석하고, 범죄를 사전에 예측하게 해주는 기능도 개발 중이라고 한다. 인공지능이 더 많은 데이터를 학습할 경우 SF영화에서와 같이 관제 센터에 앉아 범죄 발생 전에 적절한 예방 조치를 미리 취할 수 있게 되는 날이 가까워지고 있다고 한다.4 이러한 기술은 범죄 예방뿐만 아니라 수사에 있어서도 획기적인 변화를 가져올 수 있다고 생각된다.

3. 인공지능 검사

검사의 업무라고 할 수 있는 수사, 수사지휘, 공소제기(기소·불기소 결정, 공소장 등 서면의 작성), 공소유지의 업무 중 어떤 영역이 인공지능에 의하여 도움을 받게 될 것인지 예상하는 것은 매우 어려운 일이다. 그러나 앞에서 살펴보았듯이 이 중에 특히 수사 영역에 있어서는 조만간 인공지능의 도움을 많이 받게 될 것으로 보인다.

4. 인공지능 판사

판사의 업무를 판결문 작성과 공판진행, 간단한 절차에 의한 재판으로 나누어 살펴보자.

우선 인공지능에 의한 판결문 작성 및 양형에서의 활용가능성은 어떨까?

현재 형사판결문은 매우 논리적인 형식으로 작성되고 있다. 형사판결문은 유죄판결의 경우 형식적 기재사항, 주문, 이유(사실의 적시, 증거의 설시, 법령의 적용, 소송관계인의 주장에 대한 판단)로 이루어진다. 만일 인공지능이 증거능력, 증명력에 대한 판단을 할 수 있다면 또는 법원이 이에 대하여 조건을 입력하면 인공지능이 사실의 적시, 법령의 적용 등에 대하여 정리하는 것은 큰 문제가 되지 않을 것이다. 그리고 사실관계에 대한 정리가 되면, 유·무죄를 판단하고, 유죄의 경우 양형을 하는 것은 많은 데이터를 축적한 인공지능에 의하여 상당 부분 도움을 받을 수 있을 것이다. 일단 재판업무에서의 인공지능의 활용 초기에는 판사를 도와주는 형식을 취할 것이지만, 인간의 언어, 글씨, 그림 등에 대한 인식이 완벽하게 가능해진다면 인공지능이 행할 수 있는 분야는 매우 광범위해질 수도 있다고 생각된다. 최근 「형사사법절차 전자화 촉진법」, 「약식절차에서의 전자문서 이용 등에 관한 법률」이 시행되었다. 이에 따라서 형사사법에서도 빅데이터가 수집될 수 있는 기반이 마련되었다. 향후 약식절차 외에 정식공판절차에도 전자화가 시행되면 그 빅데이터는 어마어마한 양이 될 것이다. 이를 기반으로 양형에 활용하여 양형합리화 등을 시도하고자 하는 견해가 벌써 대두되고 있다.[5]

인공지능에 의한 재판진행은 가능할까?

인공지능이 많은 역할을 할 시대에는 공판절차 진행과 관련하여 큰 변화가 예상된다. 지금은 당사자들이 법원을 설득하는 과정, 그리고 이를 공개하고 구술변론으로 진행하는 것이 공판의 큰 테두리라면 인공지능 상용화 시대가 도래한 이후에는 인공지능이 사건을 이해하는 과정과 이에 대한 오류를 점검하는 과정 내지 이 과정을 당사자들에게 설명하는 과정이 주를 이룰 수도 있고, 이를 전체적으로 지휘하는 것이 법원의 주된 임무가 될 수도 있을 것이다.

간단한 형사절차인 약식명령절차, 즉결심판절차에서의 인공지능 활용가능성은 어떨까?

위에서 살펴본 판결문 작성, 공판 진행과 같은 업무 외에 약식절차,[6] 즉결심판[7] 등의 간단한 절차와 관련하여서는 더 빠른 시일 내에 인공지능이 활용되거나 인공지능으로 상당한 업무가 대체되는 날이 도래할 것으로 예상된다.

5. 인공지능 교도관

징역형, 금고형 등 유죄판결을 받고 교도소에서 수용된 자들에 대하여 인공지능을 탑재한 로봇을 통하여 이들을 감시하고 교정하는 것이 가능할까? 이와 관련 실제 2011년 정부주도로 '융복합기술기반 교정교화서비스로봇 개발사업'이 추진된 바도 있다.[8] 아직 실현되지는 못했지만 인공지능 기술의 발전에 따라 실용화 될 수 있는 분야라고 생각된다.

IV. 형사소송에서 인공지능의 활용을 위한 준비

1. 법률의 개정, 그리고 적법절차의 문제

인공지능 기술이 발전한다면 형사소송에 있어서도 이를 활용한 수사, 재판, 집행이 이루어질 수 있다. 이는 우선 형사소송법 등 관련 법률의 개정을 전제로 진행될 수 있다. 그런데 단순히 형사소송법을 개정하기만 한다고 하여 모든 문제가 해결되는 것은 아니다. 전통적인 관점에서의 적법절차가 준수되었는가 하는 문제가 발생할 수 있다. 이와 관련 인공지능이 활용되는 사회에서는 적법절차의 원리를 어떠한 형태로 변형시켜 발전시킬 것인지, 아니면 그러한 원리를 포기하고 새로운 기본권 패러다임을 수용해야 하는지 등에 대한 논의가 필요할 것이다.[9]

2. 데이터의 축적, 그리고 정보보호의 문제

인공지능의 형사소송에서의 활용은 당연히 법률자문, 수사, 재판, 집행과 관련되어 축적된 방대한 정보, 즉 빅데이터의 구축을 전제로 한다. 그런데 이러한 데이터의 축적과 활용은 필연적으로 개인정보보호와 관련한 문제를 발생시킨다. 즉 데이터 축적의 과정에서 개인정보 등이 유출되거나 본래 목적과 다른 용도로 사용될 우려가 항상 존재한다. 따라서 지금과 같은 단순한 신상정보, 금융거래 정보의 유출에서 더 나아가 매우 다양한, 그리고 매우 개인적인 신상 정보의 유출이 발생할 수 있다. 따라서 인공지능 시대의 정보보호라는 큰 주제의 논의가 필요할 것이다.

제2절 인공지능과 형법[10]

<사례 1>

2018년 어느 날 밤 인공지능을 탑재한 자동차가 자율주행 모드로 운전 중이었다. 그러나 이 차는 교차로에서 보행자를 치었고, 보행자는 사망하였다. 자동차에는 운전자가 탑승해 있었다.[11] 이 자동차에 탑승하고 있던 운전자는 보행자를 사망하게 한 결과에 대해 운전과실이 있다고 볼 수 있을까? 만약 그렇다면 운전자는 형법상 업무상과실치사죄 또는 「교통사고처리 특례법」 등에서 규정하고 있는 형벌을 받아야 할까?

<사례 2>

경찰의 치안활동을 보조하기 위해 사용된 인공지능 탑재 로봇은 범죄피해자인 A를 범죄를 저지른 사람으로 잘못 판단하였다. 로봇은 A에게 수갑을 채우기 위해 진압하다가 실수로 그를 넘어뜨려 뇌에 치명적인 손상을 가하게 되었다. 이 로봇의 실수는 누가, 어떻게 책임져야 할까?

Ⅰ. 형벌은 다른 법적 제재와 어떻게 다를까?

제2절에서는 형법과 관련된 인공지능의 이슈를 다루어보려 한다. 이를 위해서는 형법이 다른 개별법과 크게 구분되는 특성을 먼저 확인해 볼 필요가 있다.

1. 범죄와 형벌

형법은 '범죄'와 '형벌'이라는 2개의 키워드를 중심으로 작동한다. 또한 형법은 이른바 조건문으로 이루어져 있다. 이 두 가지 특징을 통해 형법의 법조문을 살펴보면, "당신이 어떠한 '범죄'를 저지른다면, 당신은 어떠한 종류 및 양의 '형벌'을 받게 된다."는 구조가 된다. 예를 들어 형법 제250조 제1항의 살인죄는 다음과 같다.

"사람을 살해한 자는 사형, 무기 또는 5년 이상의 징역에 처한다."

이 법조문은 사람을 살해하는 '범죄'인 살인죄를 저지른 경우, 그 사람은 사형, 무기징역 또는 유기징역이라는 종류, 그리고 유기징역의 경우 5년 이상이라는 법이 정한 형량(법정형)의 '형벌'을 받게 된다는 것을 나타내고 있다. 형법은 이런 방식으로 여러 가지 범죄의 모습을 규정하고, 그에 해당하는 형벌을 정해두고 있다.

형벌은 국가가 개인에게 가하는 제재방식 중 가장 강력하다는 점이 큰 특징이다. 징역형은 사람을 감금하여 자유를 박탈하는 것이어서 개인의 자유권을 크게 침해한다. 이를 넘어 법률상 국가가 스스로 '사형'이라는 이름으로 사람을 사망시킬 수도 있다.[12]

2. 전통적 형사책임의 원리

이렇게 형법은 인간의 기본권인 자유권과 재산권에, 극한의 경우 사람의 생명권에까지도 영향을 미칠 수 있다. 따라서 형법에서 무엇보다 중요하게 다루어지는 것은 형벌이 남용되지 않고 적절히 사용되도록 제어하는 방법이다. 형법의 기본원리인 죄형법정주의,13 책임원칙 등은 모두 이러한 바탕 하에 생겨났다. 이 중 책임원칙은 어떤 행위에 대하여 책임이 없다면 그 행위에 대해 처벌할 수 없다는 원리이다. 책임원칙은 어떤 행위에 대한 책임을 누군가에게 귀속시킬 수 있는지를 다룸과 동시에 형량의 결정, 특히 형량의 상한(上限)에도 영향을 미친다. 어떤 행위에 책임이 있다 하여도 그에 합당하는 형벌의 양 역시 그 행위의 책임의 크기를 넘어서는 과도한 양이어서는 안 된다. 이러한 형법의 기본원칙 덕분에 우리는 자신의 자유권을 확인할 수 있다. 국가가 사전에 마련해 놓은 법률 없이, 내가 행한 행위의 책임의 범위를 넘어서 부당하게 나를 처벌하지 못한다는 것을 확인할 수 있기 때문이다.

II. 지능형 로봇이 직접 형벌을 받을 수 있을까?

가까운 미래에는 인공지능의 발달로 인공지능을 탑재한 지능형 로봇이 사회 곳곳에서 활약하게 될 것이다. 그렇다면 기존에 인간이 저질렀을 때에는 범죄로 규정되어 처벌을 받았을 행동을 지능형 로봇이 행하는 일도 생겨날 수 있을 것이다. 위의 사례 1과 사례 2가 바로 그러한 예이다. 사례 2는 아직 일어나지 않은 일이지만, 사례 1은 2018년에 일어난 일이다. 2016년에 이미 자율주행차 운전자의 사망사고가 있었지만, 2018년의 사고는 자동차가 보행자, 즉 인공지능을 이용하지 않고 있던 시민을 사망하게 하였다는 점에서 우리에게 시사하는 바가 크다.14 만약 인간인 운전자가 직접 보행자를 다치게 하거나 사망하게 하는 경우 형법상 업무상과실치사상죄(형법 § 268) 또는 「교통사고처리 특례법」에 따라 교통범죄로 처벌될 수 있기 때문이다. 실제 우리나라 범죄통계에서 과실범이 차지하는 비중은 높은 편이며,15 이 중 교통사고범죄의 비율은 전체 범죄의 약 15%에 이른다.16

1. 인공지능의 (범죄)행위능력

인공지능을 탑재한 지능형 로봇이 형법에 따른 책임을 지기 위해서는, 그가 형법이 말하는 '범죄행위'를 스스로 행하였어야 한다. 그런데 전통적인 형법은 자연스럽게도 '인간'의 행위만을 생각하여 형법을 구상하였다. 이에 따르면 어떠한 기계나 로봇의 행위는 인간의 행위가 아니어서 어떤 경우에도 그것이 형벌을 받을 수는 없다. 이는 마치 어떠한 동물이 인간에게 해를 입히더라도 그 동물에게 직접 형벌을 부과하지 않는 것과도 유사하다. 그러나 지능형 로봇은 기존의 로봇이나 기계와는 다른 점이 있다. 기존의 로봇은 단순히 인간이 주입한 프로그램을 통해 인간의 뜻에 따라 움직이는 것이지만, 인공지능을 탑재한 지능형 로봇은 인간으로부터 독립하여 스스로 인식, 판단하고 행동할 수 있기 때문이다. 사실 이 특징이 바로 딥러닝 기술을 이용한 현대 인공지능의 핵심이라 볼 수 있다. 따라서 이제는 인공지능을 탑재한 지능형 로봇에 의해 이루어진 행동 역시 인간과 유사한 '새로운 주체'의 독립된 행동으로 볼 가능성도 열리게 되었다.

하지만 여전히 지능형 로봇의 행동을 자연인인 인간의 행위와 동일한 것으로 보기는 어렵다. 왜냐하면 인공지능의 독자적 인식, 판단, 행동 역시 자연인인 사람의 의도에 따라 준비된 자료들을 이용한 학습의 결과이기 때문이다. 또한 지능형 로봇은 인간의 어떠한 특정 목적에 따라 이용된다는 점에서는 기존의 기계와 다르지 않기 때문이다. 결국 인공지능을 활용한 지능형 로봇의 행위는 인간의 자유의지에 의한 행위와는 구별된다.[17] 따라서 지능형 로봇이 어떠한 행동을 하였다 하더라도, 그 행위를 한 로봇 자체에게 형법적 책임을 지우기는 어렵다.

하지만 다른 시각에서 살펴봄으로써 위와 다른 논지를 펼쳐볼 수도 있다. 로봇의 행위가 과연 사람의 행위와 근본적으로 다른 것인지 의문을 제기해 보는 것이다. 현대 뇌과학에서는 형사책임의 전제조건인 인간의 자유의지가 실체적 개념이 아닐 수 있다고 말한다.[18] 그 주장대로 만약 자유의지라는 개념이 허상이라면, 이 개념을 활용해서 지능형 로봇에게 자유의지가 없음을 이유로 그 행위가 인간의 범죄행위와 다르다며 형사책임에 선을 긋는 것 역시 비논리적인 것이 된다. 이렇게 보면 로봇과 인간은 형사책임 앞에 유사한 존재이다.

현대 뇌과학의 도전에도 불구하고 여전히 형법은 이 세계에 존재하고 있다. 즉 뇌과학계의 주장처럼 자유의지가 허상이라고 하더라도, 우리가 여전히 범죄행위를 한 인간에게 형벌을 가하고 있다는 사실에는 변함이 없다.[19] 그렇다면 우리는 자유의지라는 개념은 잠시 접어둔 채로, 어떠한 행위와 그에 따르는 형벌의

관계에 대해 이야기해 볼 수 있을 것이다.[20]

2. 인공지능의 수형능력

위에서는 지능형 로봇의 행동이 형법상 범죄행위로 인정받을 수 있는지를 살펴보았다. 한편 지능형 로봇의 행위에 자연인과의 동일성, 또는 유사성이라는 의미를 부과하지 않고도 지능형 로봇이 형벌을 받을 수 있는지를 논의할 수도 있다. 우리 법은 이미 자연인이 아닌 존재에게 형사처벌하는 규정을 가지고 있기 때문이다. 우리 법과 판례에 따르면 '법인(法人)'[21]은 범죄를 저지를 수는 없지만, 형사처벌은 받을 수 있다.[22] 법인에 대한 처벌 내용은 양벌규정으로 개인에 대한 주의·감독의무를 이유로 보통 재산형인 벌금형이 부과되는데, 이는 법인이 사회에 미치는 영향 등을 고려한 정책적 고려의 산물이다.[23] 그렇다면 우리는 앞으로 지능형 로봇이 사회에 미치는 영향력을 고려하여 필요에 따라 지능형 로봇을 처벌하자는 정책적 결단을 내릴 수도 있을 것이다. 지능형 로봇의 범죄행위가 인간의 범죄행위와 그 성질이 다르다 하여도 말이다.

그러나 형벌이론에 비추어 볼 때 아직까지 약인공지능을 기반으로 하는 지능형 로봇에 대하여 형벌을 내려야 할 필요성은 크지 않아 보인다. 그 이유로 두 가지를 들 수 있다.

첫째, 형벌을 부과하는 것이 왜 정당한지 그 이유를 찾는 형벌이론에서는 형벌의 정당성에 대하여 일반적으로 다음과 같은 네 가지 답을 제시해 왔다. 범죄자에 대한 응보(응보이론), 형벌을 부과한다는 사실 때문에 일반인들이 공포감을 느껴 범죄를 저지르지 않도록 함(소극적 일반예방), 일반인들이 형법규범을 진지하게 준수해야 하는 것으로 내면화하게 됨(적극적 일반예방), 이미 범죄를 저지른 자에 대한 재사회화(특별예방)가 그것이다. 그러나 대부분의 형벌이론을 인공지능에도 적용하기 위해서는 그 대상에게 약인공지능을 넘어서는 수준, 예를 들어 두려움, 고통과 같은 감정을 느끼거나 무엇인가를 이루겠다는 욕구 등이 요구된다.[24]

둘째, 지능형 로봇에게 걸맞는 새로운 종류의 제재로 언급되는 것들, 예를 들어 로봇의 리셋 또는 로봇의 활동을 멈추기 위한 킬 스위치 활용 등은 반드시 형벌의 형태라고 규정지을 필요가 없기 때문이다.[25] 형벌은 사회 내의 여러 제재 방식 중 한 가지일 뿐이며, 그 중 가장 근본적인 인간의 권리에 손을 댄다는 점에서 최소한으로 사용되어야 하는 제재 방식이다. 형법 제41조에서는 형의 종류를 사형, 징역, 금고, 자격상실, 자격정지, 벌금, 구류, 과료, 몰수의 9가지로 정해두었고, 제50조에 따르면 이 순서에 따라 형의 중함과 경함이 결정된다. 앞으로 어떠한 필요에 따라 제41조를 개정하면서 새로운 형벌의 종류를 만들어내는 날이 올 수도 있다. 하지만 새롭게 마련되는 제재수단이 모두 필연적으로 형법 제41조가 정하는 형벌이라는 이름을 가져야 할 이유는 없다.[26] 현재 상황에서의 로봇에 대한 규제는 제재적 행정처분의 형식을 갖추는 것이 더 바람직해 보인다.

3. 강인공지능과 형사책임

지금까지의 논의는 자아나 감정이 인간의 수준에 다다르지 않은 약인공지능을 전제로 한 것이다. 그러나 인공지능의 발전단계에 따라 로봇이 자신의 의지 또는 감정을 가지는 단계에 이른다면, 이때에는 로봇 역시 사회적 의무를 지니고 형사책임도 지는 주체로 볼 것인지에 대한 새로운 논의가 필요해 진다.[27] 강인공지능의 인공신경망은 인간의 뇌와 비견될 수 있고, 또한 강인공지능을 탑재한 지능형 로봇은 자의식을 가지고 있다는 점에서 인간과 동일시될 수 있는 특성을 지니고 있다. 이 경우 지능형 로봇은 자신의 뜻에 따른 자기 행동에 대해 책임을 질 수 있는 형법적 존재가 될 수도 있을 것이다.[28]

Ⅲ. 거꾸로 인공지능로봇이 범죄피해자가 될 수도 있을까?

인공지능의 발전에 따라 다양한 종류의 지능형 로봇이 등장하게 될 것이다. 그 중 인간과 함께 사회 내에서 관계를 맺는 사회적 로봇도 나타나게 될 것인데,[29] 이 로봇이 마치 인간처럼 범죄의 피해를 입는 모습도 생각해 볼 수 있다. 현재의 법으로는 로봇은 단순한 기계에 불과하기 때문에 기계를 파손하는 행위는 손괴죄(형법 §366)로 처벌될 가능성만 있을 뿐이다. 그러나 지능형 로봇과 인간의 사회적 관계를 고려한다면 이러한 행위를 새롭게 해석해 낼 여지도 생기게 된다.

이는 마치 동물 학대에 대한 법적 관점이 변화하는 모습과도 유사해 보인다.[30] 타인의 재물인 동물을 학대할 경우, 예전에는 단순히 형법전 상의 손괴죄에 해당할 뿐이었다. 하지만 동물은 다른 물건과 다르며, 고통을 받지 않을 권리를 가진 주체로서 법적으로 보호하여야 한다는 견해가 반영되어 현재의 동물보호법의 모양새가 갖추어졌다. 동물보호법 제1조는 "동물의 생명보호, 안전 보장 및 복지 증진", 그리고 "동물의 생명 존중"과 "사람과 동물의 조화로운 공존"이 중요한 가치임을 알리고 있다. 즉 현대 법체계에서는 자연인인 사람 외에도 동물도 생명권과 안전하게 복지를 누리며 살 권리를 가지고 있다. 동물이 이러한 권리를 가지는 이유로는 첫째, 즐거움과 고통을 느낄 수 있는 능력, 즉 쾌고감수능력을 들 수 있다.[31] 둘째, 동물은 인간과 이 사회에서 함께 살아가고 있는 존재라는 점도 그 이유가 된다. 동물은 인간과 함께 살아가면서 인간과 협력하며 유대감을 가지고 상호 감정을 교류한다.

이처럼 인간과의 관계를 맺는 자연인 외의 어떤 존재는 법익을 향유할 수 있는 주체로 자리매김할 수 있을 것이다. 약인공지능 상태의 로봇은 아직 쾌고감수능력을 지니지는 않았으나, 인간과 어떠한 감정을 교류하는 관계적 지위를 서서히 만들어가고 있다.[32] 법적 주체가 부여받는 권리와 의무를 〈권리주체성 인정 → 권리주체성 및 사법상 의무주체성 인정 → 형사책임능력 부여〉와 같이 단계화하여 볼 때,[33] 앞으로 지능형 로봇은 적어도 첫 단계의 권리주체성, 또는 두 번째 단계의 사법상의 의무주체성까지 인정받을 여지가 있다. 이미 유럽연합은 2017년 "로봇기술 분야에 적용될 민사상 법원칙에 관한 집행위원회 권고 결의안 (European Parliament resolution with Recommendations to the Commission on Civil Law Rules on Robotics(2015/2103(INL))"을 채택하여 로봇에게 사법상의 법적 지위를 부여하려는 움직임을 보여주었다.[34] 이러한 지위를 가지게 되는 주체는 형법상으로 보호법익을 향유하는 존재, 즉 형법상 피해자의 지위에 설 수 있게 될 것이다.

Ⅳ. 인공지능이 형벌을 받지 못한다면, 누가 그 행위에 대하여 책임져야 할까?

지금까지 인공지능, 그리고 지능형 로봇의 형사책임 문제를 다루어 보았다. 결론적으로 약인공지능 시대에 인공지능 시스템 또는 지능형 로봇에게 형법적 책임을 지워 형벌을 부과할 수는 없다고 본다. 그러나 이들의 형사책임을 부정할 때에도 여전히 인공지능 활용에 대한 규제정책은 충분히 마련되어야 한다.35 또한 이때의 법률적 규제를 사법(私法)적 수준, 또는 행정법적 제재의 수준으로 둘 것인지, 또는 형벌을 이용할 것인지도 결정되어야 한다. 예를 들어 인공지능의 윤리적 사용을 위한 규범을 마련한 경우, 이 위반이 사회에 중대한 침해를 가져오게 될 것이라 예상한다면, 그에 대한 제재로 형벌을 활용할 수 있다. 프로그램을 개발하고 이용하는 단계에 따라, 악의적 사용이나 과실에 의한 오작동인 경우에 각각 법적 제재가 필요한지 여부를 따지고, 필요하지 않다면 다른 사회적 보장 제도를 활용하여 시민의 손해를 보전할 것인지, 필요하다면 어떠한 종류의 제재가 어떠한 정도로 필요한지 역시 우리가 결정하여야 할 일이다. 특히 제2절 도입 부분에서 살펴본 것처럼 형법의 영역에서는 과실에 의한 인간 권리의 침해 문제가 가장 빈번하게 일어나는 일이 될 것인데, 이 때 형법은 과실범에 대해 어떻게 대처할 것인지를 앞으로 적극적으로 논의할 필요가 있다.

 생각해 볼 점

1. 인공지능 판사에 의한 판결이 그 후 진범이 밝혀지면서 잘못된 것이었음이 밝혀졌다. 이러한 경우 누명을 쓴 사람, 검사, 그리고 법원은 각각 어떻게 대응하여야 할까?

2. 인공지능의 발달로 인하여 개인이 법원에서 제공하는 인공지능 프로그램을 이용하면 충분히 방어권을 행사할 수 있으므로 경미한 사건의 경우 국선변호인을 선임하지 않는다고 할 때 피고인은 어떻게 대응하여야 할까?

3. 형법이 과실치상 또는 과실치사(형법 §268)와 같은 범죄를 규정하고 처벌하는 이유를 생각해보자. 인공지능을 활용한 로봇이 작동하여 위와 같이 과실치사상의 결과를 낳게 되었을 때, 로봇이 처벌받을 수 없다면 이와 관련된 사람이라도 형사처벌받아야 할까? 만약 그렇다면 그 인공지능에 관련된 사람

중 누가 처벌받아야 할까?

4. 만약 로봇이 형법상 보호법익을 향유하는 존재가 될 수 있다면, 형사소송에서 어떤 변화가 일어날 수 있을까?

제9장

인공지능과 정보보호법

<사례 1- 개인정보보호법>

A는 B가 진행하는 경품 마케팅에 응모하면서 본인의 이름, 전화번호, 이메일 주소가 C 등에게 전화판촉 용으로 제공될 수 있다는 광고를 보고 동의를 해주었다. A는 D가 제공하는 무료 이메일 서비스를 이용하기 위하여 이용약관과 개인정보처리방침에 동의를 하고 가입하였다. D의 개인정보처리방침에는 무료 이메일 서비스 제공과 다양한 마케팅 용도로 A의 개인정보를 이용할 수 있다고 하였다. D는 A가 이메일 서비스를 이용하면서 생성한 각종 정보를 바탕으로 인공지능 기반 프로파일링 기법을 활용하여 분석한 결과를 바탕으로 맞춤형 광고를 A에게 제공하였다. D가 제공한 맞춤형 광고는 A에 대한 정확한 분석결과를 바탕으로 한 경우도 있고, A가 불쾌하게 느끼거나 사생활이 침해되었다고 느낄만한 분석결과를 바탕으로 한 경우도 있었다. D는 인공지능 기술을 활용하여 A를 비롯한 이메일 이용자에 관한 무수히 많은 정보들 중에서 이용자를 식별하게 할 만한 정보를 모두 제거함으로써 비식별 처리한 정보를 C에게 제공해주었다. C는 인공지능 기술에 바탕을 두어 B 및 D로부터 제공받은 데이터에 다른 데이터를 결합·분석하여 정밀한 타겟 마케팅 기법을 개발하고, 실제 세밀한 타겟 마케팅 정보와 방법을 일반 기업들에게 판매하였다. 이런 경우에 인공지능 기반 프로파일링 기법을 활용한 D의 행위는 법적으로 아무런 문제가 없을까? D가 비식별 처리한 정보를 C에게 제공하는 것은 합법일까? C가 B와 D로부터 데이터를 제공받아 결합 및 분석한 행위는 합법일까?

<사례 2- 개인정보보호법>

A는 새로운 사업을 시작하기에 앞서서 시장 조사를 위하여 상점을 개설할 건물 주변 도로 50곳에 인공지능을 이용한 CCTV를 설치하여 정보수집 위치정보, 이동방향, 유동인구와 연령별·성별 분포 등에 대한 정보를 수집하였다. 이 때 CCTV는 인공지능 기술을 활용하여 개개인의 얼굴을 촬영은 하지만 모두 단순 일련번호를 부여하여 데이터를 저장하였고 원본 얼굴 데이터는 보관하지 않았다. 인공지능 CCTV 덕분에 A는 상권분석을 정확하게 하여 지역에 맞는 상점을 개설할 수 있었다. 이 지역에 거주하며 지나다니다가 수차례 A의 CCTV에 촬영당한 B는 A가 무단으로 개인영상정보와 위치정보를 수집하여 법을 위반하였다고 주장하면서 A를 상대로 손해배상청구소송을 제기하였다. A의 정보수집행위는 위법일까?

<사례 3 - 데이터거래법>

甲은 乙 회사로부터 인공지능 스피커를 구매하면서 서비스 이용을 위하여 乙 회사가 제시한 약관에 동의하였다. 위 약관에는 '회사는 이용자가 인공지능 서비스를 이용하는 과정에서 입력하는 데이터(음성명령 내용, 메모 내용, 커뮤니케이션 내용, 연동되는 기기나 물건의 위치정보 등)를 저장하여 인공지능의 성능 향상과 서비스의 고도화 등의 목적으로

활용할 수 있습니다'라고 기재되어 있다. 乙 회사가 인공지능 성능 향상을 위해 위 데이터를 제3자에게 제공하였다면 계약의 위반일까? 대가를 받을 목적으로 제공한 경우라면 어떨까? 제공한 것이 원래의 데이터가 아니라 인공지능 성능 향상을 위하여 가공된 데이터 또는 이를 활용하여 만들어진 알고리즘이나 프로그램이라면 어떨까? 만약 계약 위반이라 면 甲의 구제수단은 무엇이 있을까? 한편, 제3자가 乙 회사의 시스템을 해킹하여 위 데이터를 유출시켰다면 甲은 누구를 상대로 어떤 청구를 할 수 있을까?

제1절 인공지능과 개인정보보호

Ⅰ. 인공지능과 개인정보보호의 상관관계

1. 데이터와 개인정보보호의 필요성

사람은 생활하면서 매우 다양한 많은 정보를 생성하게 되며, 사회가 복잡해지고 경제생활이 활발해지면서 생성되는 정보의 종류와 양은 더욱 증가해왔다. 그러나 과거에는 한 번에 처리할 수 있는 정보의 양이 적었고, 데이터를 수집·처리하는 자가 다른 데이터 보유자로부터 데이터를 입수하여 결합할 수 있는 범위도 제한적이어서 그러한 데이터의 처리로 인하여 그 데이터와 관련이 있는 사람의 자유나 권리에 부정적인 영향을 미칠 가능성도 그리 높지 않았다. 특별히 특정 개인을 타겟팅하여 그에 관한 다양한 정보를 의도적으로 수집하여 분석한 후 이를 악용하려는 고의적이고 연속적 활동이 없는 한 그 사람의 권리를 침해하거나 자유를 제약하는 것은 쉽지 않았기 때문에 단순히 일반 사람들의 데이터가 처리된다는 것만으로 일정한 법적 규제를 가할 법제도적 필요성 또한 높지 않았던 것이 사실이다. 이러한 시대에는 특정 개인에 관한 비밀스런 정보를 일반에 공개하여 노출시키거나 특정 개인의 사적인 영역에 침입해 들어가서 사생활의 평온을 침해하는 경우와 같이 사생활의 비밀과 자유[1]를 침해하는 때에 비로소법이 개입하여 강제력을 동원하거나 손해배상과 같은 피해구제가 허용되었다.[2]개인에 관한 데이터는 사생활의 비밀과 자유, 인격권, 행복추구권 등과 같은 법적으로 보호받는 이익이 침해되는 때에 법의 개입이 필요했던 것이다. 그런데 기술의 발전에 따라 컴퓨터나 정보처리장치를 통하여 다량의 데이터가 쉽게 처리되기 시작했고, 다양한 데이터가 네트워크를 통하여 유통되는 일이 많아지면서 다량의 다양한 데이터의 처리로 인해 개인의 자유와 권리에 대한 침해의 가능성이 높아지게 되었다. 특히 이러한 침해의 가능성은 제한된 범위의 특정 개인에 한하지 않고, 대다수 국민들에게 일반적으로 발생할 수 있게 되었다. 수천만 건의 개인정보를 수집한 기업에 대한 해킹으로 개인정보가 유출되면서 우리 국민 대부분의 개인정보가 오·남용될 가능성이 높아진 것은 과거의 단편적이거나 제한적 침해의 양상과는 전혀 다르다. 이러한 상황의 변화로 인하여 개인의 자유와 권리에 대한 사전적·예방적 보호의 필요성이 인정되어 데이터 자체의 처리에 관한 법적 기준의 정립에 대한 요구가 높아지게 되었고, 그 결과 우리나라의 경우에는 「개인정보 보호법」이 제정되기에 이른 것이다.

2. 인공지능 시대의 개인정보보호의 의미

정보화시대의 진전에 따라 데이터 자체에 대한 보호의 필요성에 기하여 개인정보보호법제가 발전해왔지만, 인공지능의 활용이 확대되고 인공지능 자체가 고도화되면 될수록 개인정보보호의 필요성은 더욱 강조될 가능성이 높다. 인공지능을 활용하면 다양한 데이터를 결합하여 특정 개인을 식별해내거나 특정 개인에 관한 정보를 보다 정확하게 추론하는 것이 가능하게 되며, 비정형적인 데이터의 경우에도 보다 지능적으로 결합하고 분석하는 것이 가능하게 됨으로써 과거보다 특정 개인에 대한 정보 집적, 분석, 추적, 타겟팅 등이 수월해질 수 있으며, 그러한 처리 결과가 때로는 특정 개인의 의사에 반하거나 특정 개인에게 부정적인 영향을 미치는 경우가 생겨날 가능성도 높아질 수밖에 없다. 만일 인공지능을 통한 개인정보의 처리결과가 법적인 효력과 연계되는 경우에는 그 사회적·경제적 의미는 더욱 커질 수밖에 없으며, 여기에서 법적 보호의 필요성이 더욱 강조될 수밖에 없다. 물론 인공지능 기술을 잘 활용하면 개인정보의 보호에도 도움이 될 수 있지만, 인공지능을 이용한 광범위한 개인정보의 처리를 완전히 막을 수는 없다. 따라서 인공지능 시대가 본격화된다면, 필연적으로 개인정보 보호의 문제는 사람의 기본적 자유와 권리의 보호를 위하여 더욱 그 중요성이 강조될 것이다.

II. 개인정보와 개인정보자기결정권

1. 개인정보의 의의

개인정보에 대한 법적 규율을 이해하기 위해서는 우선 개인정보가 무엇인지에 대한 이해가 선행되어야 한다. 개인정보의 개념정의에 따라 법이 적용되는 범위와 대상이 확정되기 때문에 실무상으로도 매우 중요하게 다뤄진다. 현행법상 개인정보의 개념은 "생존한 개인에 관한 정보", "식별가능성", "결합의 용이성"을 핵심적인 요건으로 삼고 있다. 「개인정보 보호법」 제2조 제1호에 의하면, "살아 있는 개인에 관한 정보로서 성명, 주민등록번호 및 영상 등을 통하여 개인을 알아볼 수 있는 정보(해당 정보만으로는 특정 개인을 알아볼 수 없더라도 다른 정보와 쉽게 결합하여 알아볼 수 있는 것을 포함한다)"로 정의한다.[3] 이에 의하면 성명이나 주민등록번호처럼 직접 해당 정보만으로도 개인을 식별할 수 있는 경우뿐만 아니라 해당 정보만으로는 특정 개인을 식별할 수 없더라도 다른 정보와 쉽게 결합해서 특정 개인을 식별할 수 있을 때에는 개인정보에 해당한다. 문제는 후자의 경우와 같이 결합의 용이성과 식별가능성이 모두 요구되는 정보의 경우에 개별적·구체적 사실관계에 따라서 개인정보인지 아닌지의 판단이 모호한 경우가 많다는 것이다. 결합의 용이성이나 식별가능성의 기준을 어떻게 설정하는가에 따라서 개인정보로 인정되는 범위도 크게 달라질 수 있기 때문에 합리적이고 명확한 기준의 설정은 매우 중요한 의미를 가진다.[4] 실제로 크게 논란이 되었던 소위 '증권통 사건'에서 법원은 휴대폰의 IMEI와 USIM 일련번호에 대하여 개인정보라고 판단하였는데,[5] 이에 대하여는 개인정보성을 부정하는 것이 타당하다고 하면서 비판하는 견해들도 있다.[6] 그런데 모든 경우의 수를 고려하여 사전적으로 완벽하게 개인정보성을 판단하는 기준을 설정하는 것은 사실상 불가능에 가깝다. 동일한 정보라고 하더라도 맥락에 따라 판단이 달라질 수 있기 때문이다. 따라서 얼굴이 촬영된 영상정보나 이름과 같이 비교적 명확한 개인정보 외에 식별가능성과 결합의 용이성을 바탕으로 판단하는 경우에는 개별적·구체적 사안에서 적용할 해석방법론을 명확히 하고 고려해야 할 요소를 보다 상세하고 명확히 정해 놓는 것이 바람직할 것이다. 그리고 개인정보인지 아닌지 판단의 문제는 기술적 문제가 아니라 규범적 판단의 문제라는 점을 명확히 인식하여야 한다. 실제 기술적으로는 0.1%라도 식별의 '가능성'이 있다면 개인정보라고 보아야 할까? 기술적 판단은 최종적인 규범적 판단을 위한 하나의 고려사항일뿐이다. 규범적 판단을 위한 방법으로서 모든 고려할 수 있는 사항들을 종합한 후 이익형량을 시도함으로써 종국적으로 개인정보인지의 판단을 하는 것이 바람직한 접근방법일 것이다.7

2. 개인정보자기결정권

개인정보를 보호하기 위한 여러 법률이 시행되고 있고 헌법재판소나 대법원도 개인정보와 관련한 여러 판결을 통하여 개인정보에 대한 법적 보호를 인정하고 있지만, 개인정보에 대한 권리의 구체적인 법적 성질과 내용에 대하여는 여전히 논란이 있다. 우리나라에서 개인정보에 대한 독자적인 권리 개념이 명시적으로 인정되기 시작한 것은 헌법재판소 결정이다.8 헌법재판소가 개인정보자기결정권을 헌법상 기본권으로 승인한 이후 대법원도 개인정보자기결정권을 명시적으로 인정하고 있다.9 헌법재판소와 대법원 판결에 나타난 개인정보자기결정권은 한마디로 말하면 헌법상 사생활의 비밀과 자유 및 행복추구권으로부터 도출되는 독자적 기본권이라는 것이다. 이처럼 헌법상 권리로 승인한다고 하더라도 사인간의 사법적 법률관계에도 효력을 가진다고 해석하는 것이 타당할 것이다.10 문제는 사권으로 인정하는 경우에 개인정보자기결정권의 법적 성격이 재산권인지 인격권인지가 명확하지 않다는 점이다. 개인정보자기결정권이 인격 발현과 밀접한 관련을 가진다는 점에 대해서는 누구도 부인하기 어렵기 때문이 인격권으로서의 성질을 가지는 점은 충분히 인정할 수 있다. 그러나 개인정보가 처리되고 유통되는 모습을 보면, 개인정보자기결정권을 순수하게 인격권으로만 취급하는 것은 현실과 동떨어진 것으로 생각할 수 있다. 만일 재산적 성격을 인정한다고 하더라도, 민법상 소유권과 같은 물권으로 해석하는 것은 현행법상 인정하기 어렵다. 또한 물권적 보호는 어렵다고 하더라도 퍼블리시티권(right of publicity)과 유사한 형태로 파악하자는 견해도 주장할 수 있지만, 아직 퍼블리시티권조차 확고한 권리로서 인정받지 않은 상황에서[11] 퍼블리시티권의 객체인 영리적 초상보다 인격적 성격이 강한 개인정보에 대하여 전면적으로 그와 유사한 형태로 재산적 성격을 인정하는 것도 쉽지는 않다. 이처럼 개인정보에 관한 권리의 성격에 대하여 명확한 해답이 도출된 것은 아니지만, 기본적으로는 개인정보자기결정권의 객체인 개인정보는 사람의 인격적 속성과 매우 밀접한 관련을 가지기 때문에 인격권적 성질을 근간으로 하여 그 권리 속성을 파악할 수밖에 없을 것이다. 다만, 앞서 본 것처럼 실무상 그 재산적 속성을 무시할 수 없기 때문에 구체적인 사건의 축적과 다각적인 논의를 통하여 정립되는 인격적 보호범위와 재산적 보호범위의 적절한 한계를 고려하여 이를 반영한 실질적·논리적인 귀결로서 법적 성질을 명확히 하는 것이 바람직하다.

III. 개인정보보호법제와 인공지능의 규율

1. 우리의 개인정보보호법제 체계

우리나라의 개인정보보호법제는 일반법으로서 「개인정보 보호법」이 있고, 개별 영역에 관한 법률로서 「정보통신망 이용촉진 및 정보보호 등에 관한 법률」, 「위치정보의 보호 및 이용 등에 관한 법률」, 「신용정보의 이용 및 보호에 관한 법률」, 「디엔에이신원확인정보의 이용 및 보호에 관한 법률」을 비롯하여 개별 법률에서 일부 규정을 통하여 개인정보의 보호에 관한 규정을 두는 경우도 많다. 그런데 2020. 1. 9. 국회를 통과한 소위 '데이터 3법'의 개정으로 온라인 상의 개인정보보호를 규율하던 「정보통신망 이용촉진 및 정보보호 등에 관한 법률」의 관련 규정은 삭제되고, 개정법 시행에 따라 「개인정보 보호법」으로 통합된다.

2. 개인정보보호법제의 규율 방식

「개인정보 보호법」을 비롯한 우리의 개인정보보호법제는 기본적으로 개인정보에 해당하는 경우에는 수집 단계에서부터 엄격한 처리 기준을 설정하여, 개인정보보호 관련법에서 규정하는 요건을 충족하는 경우에만 합법적인 처리가 가능

하다. 수집 단계에서 합법적 처리 요건을 갖추었다고 하더라도, 이를 수집 목적
외로 처리하거나 제3자에게 제공하는 경우에는 각 단계별로 별도의 기준을 충족
한 때에 적법한 처리로 인정된다. 즉, 개인정보에 관한 일반법인 「개인정보 보호
법」에 따르면, 수집단계에서는 (1) 정보주체의 동의를 받은 경우, (2) 법률에 특
별한 규정이 있거나 법령상 의무를 준수하기 위하여 불가피한 경우, (3) 공공기관
이 법령 등에서 정하는 소관 업무의 수행을 위하여 불가피한 경우, (4) 정보주체
와의 계약의 체결 및 이행을 위하여 불가피하게 필요한 경우, (5) 정보주체 또는
그 법정대리인이 의사표시를 할 수 없는 상태에 있거나 주소불명 등으로 사전 동
의를 받을 수 없는 경우로서 명백히 정보주체 또는 제3자의 급박한 생명, 신체,
재산의 이익을 위하여 필요하다고 인정되는 경우, (6) 개인정보처리자의 정당한
이익을 달성하기 위하여 필요한 경우로서 명백하게 정보주체의 권리보다 우선하
는 경우(이 경우 개인정보처리자의 정당한 이익과 상당한 관련이 있고 합리적인 범위를 초
과하지 아니하는 경우에 한함)에 합법적인 처리로 인정된다(§ 15①). 개인정보를 제공
하는 경우에도 동의를 받거나 위 수집 시 적법 처리 기준 중 (2), (3), (5)에 따라
개인정보를 수집한 목적 범위에서 개인정보를 제공하는 경우에 적법한 제공으로
인정된다(§ 17①). 개인정보를 목적 외로 이용하거나 제공하는 것은 원칙적으로 금
지되지만, 정보주체 또는 제3자의 이익을 부당하게 침해할 우려가 없는 때에 한하
여 (1) 정보주체로부터 별도의 동의를 받은 경우, (2) 다른 법률에 특별한 규정이
있는 경우, (3) 정보주체 또는 그 법정대리인이 의사표시를 할 수 없는 상태에 있
거나 주소불명 등으로 사전 동의를 받을 수 없는 경우로서 명백히 정보주체 또는
제3자의 급박한 생명, 신체, 재산의 이익을 위하여 필요하다고 인정되는 경우, (4)
통계작성 및 학술연구 등의 목적을 위하여 필요한 경우로서 특정 개인을 알아볼
수 없는 형태로 개인정보를 제공하는 경우, (5) 개인정보를 목적 외의 용도로 이
용하거나 이를 제3자에게 제공하지 아니하면 다른 법률에서 정하는 소관 업무를
수행할 수 없는 경우로서 보호위원회의 심의·의결을 거친 경우, (6) 조약, 그 밖
의 국제협정의 이행을 위하여 외국정부 또는 국제기구에 제공하기 위하여 필요한
경우, (7) 범죄의 수사와 공소의 제기 및 유지를 위하여 필요한 경우, (8) 법원의
재판업무 수행을 위하여 필요한 경우, (9) 형(刑) 및 감호, 보호처분의 집행을 위

하여 필요한 경우((5)~(9)는 공공기관의 경우에만 해당됨)에만 허용된다(§18②). 이외에도 여러 처리 기준이 존재하지만, 기본적으로는 법에 규정된 사항 외에는 정보주체의 동의를 요한다. 합법적 처리는 법에 규정된 경우 혹은 동의 받은 목적 범위 내에서만 원칙적으로 처리가능하다.

3. 인공지능에 대한 현행법의 규율

현행 개인정보보호법제 중에서 특별히 인공지능을 전제로 하여 규정된 것은 아직 찾아보기 어렵다. 따라서 사람인 정보주체가 개별적으로 동의를 주고 그러한 정보주체로부터 개인정보처리자가 개인정보를 수집하여 처리하는 경우에 적용되던 법규정들이 인공지능에 대하여도 그대로 적용된다. 앞서 소개된 사례에서와 같이 사업자가 인공지능을 이용하여 정보주체로부터 수집된 개인정보를 처리하여 자동화된 절차에 의하여 해당 정보주체에게 마케팅이나 인사 결정 등 다양한 영향을 주는 경우에도 그러한 인공지능을 활용한 개인정보처리자가 인공지능을 활용하여 마케팅을 한다거나 채용 결정 등 인사과정에서 반영한다거나와 같은 처리 목적을 고지하여 그에 대한 동의를 받거나 정부나 공공기관인 경우에는 인공지능을 활용한다는 법령을 만들어서 적용하는 경우와 같이 현행법의 규율 체계 내에서는 제한적인 기준 하에서만 이용가능하다.[12] 인공지능이 고도화되면, 사람이 생각하지 못했던 무수히 많은 정보의 수집과 그러한 정보의 결합·분석이 가능해지고 그러한 개인정보 처리의 결과는 사람의 확인을 거치지 않고 자동적으로 각각의 정보주체에게 그 효과가 미치게 된다. 인공지능을 발전시키고자 하는 중요한 이유 중의 하나도 사람이 하는 행위보다 더 지능적으로 잘 할 수 있는 인공지능을 활용하여 자동화된 처리를 함으로써 그로부터 발생하는 편익을 사람이 누릴 수 있도록 하자는 것이다. 물론 인공지능은 매우 다양한 형태로 발전하고 우리 생활에 접목되겠지만, 지능화와 자동화라는 인공지능의 측면은 분명 기존의 개인정보보호법제의 규율방식과는 충돌될 수밖에 없다. 왜냐하면, 기존의 개인정보보호법제는 '개인정보자기결정권'을 바탕으로 개인정보의 처리에 대한 결정권을 사람에게 부여하고, 그러한 헌법상 권리로부터 가능하면 모든 개인정보의 처리단계에 대한 사람의 개입을 정도의 차이는 있더라도 허용하자는 것이 기존 규율방식으로 보이기 때문이다. 개인정보처리에 대한 사람의 개입을 법적으로 구현하자는 것과 최대한 사람의 개입을 줄여서 지능적이고 자동화된 처리를 하자는 인공지능 사이에 어느 정도로 어떠한 방식으로 규율할 것인가라는 질문을 놓고 불가피하게 가치의 충돌이 발생할 수밖에 없다. 현행법은 인공지능을 고려하여 기준을 설정한 것이 아니기 때문에 향후 인공지능까지 고려한 합리적인 규율 방안의 논의가 활발하게 전개되어야 할 것이다.

4. 인공지능에 대한 해외 개인정보보호법제의 대응-EU GDPR

인공지능을 둘러싼 개인정보보호의 문제에 대해서도 보다 적극적으로 대응한 해외 법제를 찾아본다면, 최근 전 세계적으로 많은 관심이 집중되어 온 유럽연합의 "일반정보보호규정(General Data Protection Regulation, GDPR)"[13]을 예로 들 수 있다.

인공지능과 관련된 GDPR 규정을 구체적으로 살펴보기에 앞서서 먼저 GDPR에 대한 기본적인 이해를 위하여 간략하게 GDPR의 입법배경과 주요 내용에 대하여 설명한다.[14] GDPR은 최근 전 세계의 개인정보보호법제 중에서 가장 주목받고 있는 법제로서 개인정보에 대한 규율방향을 논의함에 있어서도 많은 참조가 될 수 있다. EU에서는 GDPR 이전에도 EU 정보보호지침(Directive 95/46/EC on the protection of individuals with regard to the processing of personal data)을 통하여 EU 전역의 개인정보보호를 꾀하였다. 그러나 정보보호지침은 입법지침일뿐이어서 유럽 내에서 정보보호지침을 집행하는 데 일관성이 결여되었고, 법적인 불확실성 또는 온라인에서 활동하는 개인을 보호하는데 한계가 있었다. 더욱이 입법지침이어서 각 회원국은 정보보호지침을 기준으로 별도의 입법을 제정하여야 했고, 이로 인하여 각 회원국의 법령 간 규제수준에 차이가 발생하여 국가마다 개인정보보호권 등 개인의 권리와 자유의 보호 수준에서 차이를 보였다. 이러한 규제수준의 차이는 유럽 전체의 자유로운 개인정보의 흐름을 방해할 수 있다는 문제와 아울러 유럽연합 차원의 경제 활동을 추구하는 데 장애가 되고, 경쟁을 왜곡하고 유럽연합 법률에 따른 기관들이 맡은 임무를 수행하는 데에도 장애가 될 수 있었다. 이에 GDPR은 개인정보의 처리와 관련한 자연인의 보호 및 개인정보의 자유로운 이동에 관하여 규정하는 것을 목적으로 하면서, 자연인의 기본적 권리와 자유, 특히 개인정보의 보호를 위한 권리의 보호를 목적으로 한다(GDPR §1). 아울러 EU 역내에서의 개인정보의 자유로운 이동이 제한되거나 금지되지 않도록 보장하는 것도 주요 목적으로 한다(GDPR §1). 이러한 목적 하에 GDPR은 개인정보 처리기준이나 규율체계 등을 규정한다. 그리고 개인정보를 다루는 컨트롤러나 프로세서에 대하여도 책임성을 강화하고, 제재를 강화하는 내용을 규정한다. 무엇보다 인터넷으로 연결되어 국경이 사라진 현상을 반영하여 EU 회원국의 정보주체에게 유상이든 무상이든 재화나 용역을 제공하는 활동을 처리하거나 EU 내에서의 EU 회원국 정보주체의 활동의 모니터링과 관련한 활동을 처리하는 EU 밖의 정보 컨트롤러나 프로세서에게도 적용되도록 장소적 적용 범위를 확장하였다. 또한 개인정보의 역외이전에 대하여도 다양한 규율체계를 마련하여 개인정보의 국가간 이동에 대하여도 효과적인 보호를 하도록 꾀하고 있다. 보호체계 측면에서는 GDPR에 따라 회원국은 개인정보 관련 민원을 접수 및 처리하고 행정 제재를 과하기 위한 독립된 감독기구(Supervisory Authority)를 설치하게 되며, 각 회원국의 감독기구는 다른 감독기구와 상호 지원 및 공동 활동을 수행하면서 협력하게 된다. 사업자가 EU에 여러 사무소를 두는 경우에 주된 사업장이 소재하는 지역의 주 감독기관(lead supervisory authority, GDPR §56)의 단일한 감독을 받게 되어 규제기관 측면에서의 중복을 피하고자 하였다. 주 감독기관은 해당 사업자의 EU 전역에서의 개인정보의 처리를 감독하는 소위 원스톱숍(one-stop shop)의 기능을 수행한다. 아울러 기존의 제29조 작업반(Article 29 Working Party)을 대체하는 유럽정보보호위원회(European Data Protection Board (EDPB), GDPR §68)가 각 감독기구를 조정하는 역할을 수행한다. 이러한 규율체계 하에서 정보주체의 다양한 권리를 명확히 규정하였다. 대표적인 권리로서 정보주체의 접근권(§15), 정정권(§16), 삭제권 혹은 잊힐 권리(§17), 처리제한권(§18), 고지의무(§19)에 기반한 고지 받을 권리, 정보이동권(§20), 거부권(§21), 자동화된 개별적 의사결정(§22) 등이 있다. 이 중에서도 특히 인공지능과 밀접한 관련을 가지는 것은 제22조이다.

GDPR 제22조는 프로파일링(profiling)을 포함하는 자동화된 개별적 의사결정을 규정한다. 이에 의하면, 정보주체는 자신과 관련된 법적 효과를 야기하거나 자신에게 중대한 영향을 미치는 프로파일링을 포함한 자동화된 처리에만 기초한 의사결정에 종속되지 않을 권리를 가져야 한다. 이러한 권리가 인정되지 않는 예외로서는 자동화된 의사결정이 (1) 정보주체 및 정보 컨트롤러15 사이의 계약의 체결이나 이행을 위하여 필요한 경우, (2) 정보주체의 권리 및 자유와 적법한 이익을 보호하기 위한 적절한 조치를 부과하고 컨트롤러가 준수하는 EU나 회원국의 법률에 의하여 해당 자동화된 결정이 허가된 경우이거나 (3) 해당 결정이 정보주체의 명시적 동의에 의한 경우가 있다. 이처럼 제22조는 개인별 맞춤형 의사결정이 알고리즘 등 인공지능에 의하여 자동적으로 이루어지는 경우에 적용되며, 자동화된 의사결정 그 자체를 금지하는 것은 아니지만, 그러한 자동화된 의사결정에 종속되지 않도록 권리로서 명시한 점은 향후 인공지능에 대한 규율체계를 정립하는 과정에서 매우 의미 있는 규정이라고 할 수 있다. 이외에도 직접 인공지능을 전제로 한 규정은 아니지만, 인공지능 시대에 유용한 규정 중의 하나가 개인정보의 처리 원칙에 선언된 '양립성' 판단 기준이다. GDPR 제5조 제1항은 개인정보 처리 원칙을 설정하면서, 개인정보는 특정된 명시적이고 합법적 목적에 따라 수집되어야 할뿐만 아니라 수집 목적과 양립가능하지 않은 방식으로 처리되지 말아야 한다고 규정한다.

　　이상에서 소개한 GDPR의 규정을 보면, 알고리즘이나 인공지능을 이용한 자동화된 의사결정이나 이를 위한 개인정보의 처리 자체를 무조건 금지하지는 않지만, 인공지능으로부터 발생할 수 있는 정보주체에 대한 피해를 막기 위하여 정보주체에게 그에 종속되지 않을 수 있는 명시적인 권리를 규정하고 있다. 한편으로 개인정보를 수집한 목적에 반하는지의 여부를 판단함에 있어서 양립성 판단을 하도록 규정함으로써 인공지능에 의한 개인정보의 처리에 대하여도 일정 부분 허용할 수 있는 가능성을 열어두고 있다.

Ⅳ. 앞으로의 논의와 우리에게 남겨진 과제

　　우리의 개인정보보호법제를 자세히 살펴보면, 인공지능에 의하여 막대한 빅

데이터(개인정보가 아닌 정보도 다수 포함될 수 있음)를 분석·처리하려면 인공지능이 무슨 목적으로 어떤 데이터를 처리하는가에 대해서 법에 세세히 규정하지 않는 이상 각각의 처리 목적에 대하여 정보주체로부터 동의를 받아야 한다. 반면, 인공지능을 활용하여 자동화된 개인별 의사결정이 이루어지고 이로부터 불이익한 법적 영향을 받는 경우에도 현행법은 구체적으로 그러한 법적 효과로부터 벗어나거나 종속되지 않을 권리를 명시하지는 않고 있다. 물론 일반적 권리로서 정보주체의 처리 정지 요구권, 삭제권 등의 권리를 통하여 구제받을 수 있지만, 점점 확대되고 있는 인공지능에 의한 개인정보처리 자체를 막거나 정지시키는 것은 사실상 불가능할 수 있다. 따라서 인공지능의 활성화를 통한 국민적 편익의 증진이라는 이익과 인공지능으로부터 발생할 수 있는 개인정보처리에 있어서의 국민에게 미치는 불이익을 적절히 조화할 수 있는 방안을 마련하여야 한다.

앞서 살펴본 EU GDPR의 경우에도 본격적으로 인공지능을 전제로 한 다양한 규정을 두고 있지는 않지만, 인공지능에 적용 가능한 일부 규정을 통하여 적절한 균형점을 모색할 수 있는 가능성을 엿볼 수 있었다. 우리나라에서도 엄격한 보호 분위기 속에서 쉽지 않았지만 '데이터 3법'의 국회 통과로 EU GDPR이 규정하는 양립가능성(compatibility)과 유사한 규정을 도입하였다. 그러나 그 규정의 해석을 놓고 여전히 논란이 제기될 것으로 보인다. 법 개정 이전부터도 이익형량이나 이익조정을 통한 합리적 해석을 주장하는 견해[16]가 있었던 것처럼 '데이터 3법'의 시행 후 행정 규제 기관이나 법원이 지속적으로 일관성 있게 이익형량을 시도하여 균형 잡힌 해석을 하는 것이 인공지능과 같은 새로운 환경 변화에 유연하고 합리적으로 대응할 수 있는 바람직한 길이 될 것이다.

최근 우리나라에서도 데이터 경제의 활성화와 인공지능 분야의 발전을 통한 사회·경제적 발전을 추진하고, 동시에 개인정보에 대한 효과적인 보호도 함께 모색해야 한다는 논의가 활발하게 진행되고 있다.[17] 인공지능은 미래 사회에서 우리나라의 경쟁력을 확보할 수 있는 매우 중요한 수단이 됨과 동시에 기술의 발전에 따라 우리 생활에서 필수불가결한 필수공통기반으로 작동할 가능성이 매우 크다. 따라서 인공지능의 발전을 가로막는 형태로 인공지능을 통한 개인정보처리를 금지하거나 극도로 제한하는 입법은 타당하지 못하다. 반면, 인공지능은 막대한 데이터의 처리와 자동화된 처리로 인하여 사람이 미처 예측하지 못한 방식과 내용으로 사람에게 정신적·물리적·경제적 피해를 주거나 인간의 기본적 자유와 권리를 제한하거나 침해할 가능성도 무시할 수 없다. 따라서 이러한 인공지능의 역기능으로부터 정보주체를 보호하기 위한 합리적인 보호 기준을 설정하는 것도 매우 중요하다. 아직은 강한 인공지능으로 진입하기까지 시간적 간격이 존재하기 때문에 본격적인 인공지능에 대한 규율이 현실화되지 않을 수 있지만, 점차 다가오고 있는 인공지능 시대를 대비하여 합리적이면서도 효과적인 개인정보보호법제를 정비하도록 국민적 합의를 도출하기 위한 다각적 노력을 기울여야 할 것이다.[18]

제2절   데이터거래법

I. 데이터 거래의 법

1. 데이터는 무엇이며 왜 중요한가

산업혁명이 에너지와 자원의 측면에서 인간의 능력을 확장시켰다면 정보기술은 지난 수십 년간 이들을 조직하고 재구성하는 지적 활동 자체를 자동화함으로써 인간의 능력을 한 차원 더 높였다. 다가올 새로운 시대에는 정보화의 심화에 따라 사물은 물론 생명이나 인간의 정신적 작용까지도 정보의 측면에서 근본적으로 다룰 수 있게 되고, 그 결과 정보 자체가 에너지, 물질과 함께 기본적인 자원 내지 재화로 기능하게 될 것이다.[19]

이러한 관점에서의 정보를 데이터라고 하며 데이터를 기반으로 하는 경제가 곧 데이터 경제이다. 데이터 경제는 빠른 속도로 확장하고 있으며, 제조업과 금융업은 물론 경영정보·회계·법률과 같은 서비스업, 나아가 농업에 이르기까지 모든 산업 영역에 충격을 주면서 생산성을 끌어올리고 있다. EU의 예를 들자면 데이터 경제의 가치는 이미 2014년 GDP의 1.85%에 이르렀고, 연간 5.6%

의 성장률을 보이면서 2020년 경에는 GDP의 3.17%에 이를 것으로 예측되고 있다.[20]

2. 데이터 이용을 규율하는 법은 무엇인가

데이터의 이용을 규율하는 단일한 법은 존재하지 않는다. 통상 데이터라고 일컬어지는 정보는 법적으로는 이질적인 대상의 집합체이기 때문이다. 데이터 중에는 개인정보보호법이 적용되는 개인정보도 있고 그렇지 않은 비개인정보도 있다. 비개인정보 가운데에는 다시 저작권과 같은 지식재산권의 대상이 되는 정보도 있고 배타적 지배권의 대상이 아닌 정보도 있다. 어떤 데이터는 위와 같은 데이터의 편집물이기도 하다. 이들 각각에는 서로 다른 법이 적용되는데, 경우에 따라서는 아직 법이 형성 내지 발전 중인 경우도 있다.

그럼에도 불구하고 데이터 이용을 규율하는 법적 방식은 크게 물권법적 방식과 채권법적 방식(계약법적 방식)으로 나누어볼 수 있다. 물권이란 물건을 직접 지배하는 권리로서 모든 사람들에게 주장할 수 있는 절대적 권리이다. 반면에 채권이란 계약 상대방과 같은 특정한 사람에게만 어떤 행위를 요구할 수 있는 상대적 권리이다. 데이터의 유형에 따라서는 배타적인 지배권이 확립되어 있는 경우도 있는데, 그런 경우에는 물권법적 방식에 의하여 규율될 수 있다. 소설이나 음악과 같은 저작물의 경우가 대표적이다. 하지만 어떤 데이터는 배타적 지배권이 인정되지 않거나, 인정되더라도 그 내용이 불확정적이다. 공장 설비에 설치된 사물인터넷(IoT)이 생성해내는 데이터가 전자에 해당한다면, 개인정보는 후자에 해당한다. 이런 경우에는 계약법적 방식에 의하여 규율될 수밖에 없다.

데이터의 이용에 관한 법의 복잡성과 불명확성은 데이터를 주요한 자원이자 재화로 하는 데이터 경제의 발전에 상당한 걸림돌이 되고 있다. 이 문제를 풀어감에 있어서는 법의 구체적 내용을 아는 것보다는 문제를 인식하고 해결하기 위한 사고의 틀이 보다 중요하다.

3. 효율성과 형평성

어떤 세상이 좋은 세상인가. 이 질문에 대하여 정답이란 있을 수 없을 것이다. 그럼에도 불구하고 오늘날 우리의 삶에 가장 영향력이 큰 프레임을 꼽자면 정책학적 접근방법을 들 수 있다. 이 접근법의 토대가 되는 후생경제학의 분석틀은 아담 스미스의 '보이지 않는 손'의 현대적 버전이다. 시장의 효율성은 벤담이 말한 '최대 다수의 최대 행복'이라는 공리주의 이상을 생산·소비·분배의 모든 측면에서 실현하는 수단이 된다. 다만 효율성을 추구하기 위한 수단이나 그 결과가 사람들의 정의 관념 즉 형평성에 반드시 부합하는 것은 아니다. 정책학적 접근방법은 형평성의 이상을 시장 개입이 아니라 재분배 수단에 의하여 달성할 것을 강조한다.

경우에 따라서는 시장이 효율성을 발휘하지 못할 수도 있다. 시장실패라고 불리는 이러한 현상의 원인으로는 독점 등 불완전경쟁, 외부효과, 공공재, 정보비대칭 등이 열거된다. 특히 학문과 예술과 같은 공공재는 비경합성 및 비배제성으로 인하여 과소생산되는 경향이 있기 때문에 국가가 나서서 보조금이나 포상을 지급하거나 직접 생산하여 공급하기도 한다. 데이터는 사용하여도 가치가 줄지 않는 비전유성(nonappropriatbility)을 지니는데, 이 때문에 혁신의 원천이 되는 중요한 재화임에도 불구하고 공공재의 경우처럼 과소생산되기 쉽다. 이를 보완하기 위한 가장 효과적인 수단은 데이터에 대한 배타적이고 절대적인 권리를 인정함으로써 인센티브를 부여하는 것이다. 특허권이나 저작권과 같은 지식재산권이 그 좋은 예이다. 이로써 시장의 동적 효율성(dynamic efficiency)이 달성될 수 있다.

그러나 이러한 독점적 권리 인정은 시장의 정적 효율성(static efficiency)을 해할지 모른다는 우려를 수반한다. 데이터의 경우 추가로 생산하기 위한 비용(한계비용)이 거의 없어서 자연독점이 이루어지기 쉽다는 점도 감안할 필요가 있다. 플랫폼 사업의 경우 이용자 증가에 따라 평균비용이 떨어진다는 점도 독점으로 이어지는 요인이 된다. 따라서 데이터 이용에 관한 법제도를 설계할 때에는 정적 효율성과 동적 효율성의 조화에 유의할 필요가 있다.

4. 어떻게 하면 효율적인 법제도를 만들 수 있는가

시장의 효율성은 법경제학적 측면에서는 코우즈 정리(Coase theorum)의 형태로 표현된다. 즉 거래비용이 없다고 가정할 경우, 개인 간의 자유로운 거래를 보장해주기만 한다면 누구에게 재산에 대한 권리를 부여하는지와 무관하게 개인적으로는 물론 사회적으로도 효율성이 달성된다는 것이다.21 그러나 현실 세계에는 거래비용이 적지 않게 존재하기 때문에 자원배분의 비효율이 초래된다. 이에 대한 대응방법으로는 두 가지가 있다.

첫 번째 방법은 거래비용을 최소화하는 법제도를 갖추는 것이다. 이를 규범적 코우즈 정리(normative Coase theorum)라고 한다. 거래비용을 감소시키기 위하여 가장 중요한 것은 재산에 대한 권리를 단순하고 명확하게 규정하는 것이다.22 권리가 명확해지면 당사자들이 자신의 권리의 가치, 즉 협상이 실패할 경우의 유보가치(reserve value)를 명확히 알 수 있기 때문에 협상이 용이해지는 것이다.

그러나 현실적으로 거래비용을 낮추는 데에는 한계가 있다. 이럴 경우에는 두 번째 방법으로서 재산에 대한 권리의 적정한 배분방법을 법으로 마련해 두어야 한다. 일반적으로 법경제학자들은 공리주의에 입각하여 해당 재산으로부터 가장 높은 가치를 얻는 사람에게 권리를 부여하여야 한다고 주장한다. 이를 규범적 홉스 정리(normative Hobbes theorum)라고 한다.23 예컨대 소들이 농장으로 들어와 옥수수 밭에 피해를 주는 상황에서, 우리의 직관으로는 목장주가 울타리를 설치하도록 하는 것이 공정하지만, 효율성의 관점에서는 울타리의 길이가 짧은 농장주가 울타리를 설치하도록 하는 것이 효율적이다. 규범적 홉스 정리에 따르면 위와 같은 사례에서 농장주가 울타리를 설치하도록 법제도를 만들어야 한다는 결론이 나온다. 효율성만 놓고 보자면 이러한 결론이 타당하겠지만, 이는 인과율을 기본으로 하는 우리의 도덕적 직관에 배치되는 것이다. 많은 사람들의 호응을 얻는 것은 오히려 노동을 한 자에게 그로부터 산출된 재산에 대한 권리가 귀속된다는 로크(John Locke)의 견해이다.24

따라서 데이터에 대한 권리를 누구에게 부여할 것인가라는 관점보다는 거래비용을 어떻게 하면 낮출 것인가라는 관점에서 데이터에 관한 법제도를 바라보는 것이 바람직하다. 그렇게 할 때 우리의 도덕적 직관에 부합하면서도 효율적인 법제도를 마련할 수 있다.25

II. 데이터에 대한 권리의 확립

1. 데이터에 대한 권리의 확립은 왜 중요한가

이론적으로는 데이터에 대한 배타적 지배권을 확립하는 것이 바람직하다.26 권리의 명확화는 거래비용을 낮추어 시장의 정적 효율성을 제고할 수 있기 때문이다. 뿐만 아니라 데이터의 경우에는 다른 재화와는 달리 동적 효율성의 측면에서도 배타적 지배권을 보장할 필요가 있다. 정보는 혁신을 추동하고 이를 통하여 소비자 잉여를 발생시키기 때문이다.

외국에서는 이 문제가 이른바 '데이터 소유권(data ownership)'이라는 주제로 논의되어 왔다. 이견27이 있기는 하지만, 우리나라에서는 소유권의 대상이 물건으로 제한되어 있으므로(민법 § 211) 배타적 지배권이라는 표현이 보다 적절할 것이다. 주목해야 할 것은 데이터 전유(專有)의 관행을 비판하면서 데이터 공유의 원칙(open data principle)을 주장하는 견해이다. 정보가 인류 공동의 유산이라는 이들의 주장에 일리가 없지는 않지만, 인센티브 부여에 의하여 동적 효율성을 확보할 필요성에 비추어보면 그대로 수긍하기는 어렵다.

2. 헌법상 재산권의 보장과 내용 및 범위

재화로서의 데이터에 대한 권리는 일종의 재산권으로서 헌법에 의하여 보장받는다(헌법 § 13②, § 23①, § 22②). 다만 근대 시민혁명의 결과 탄생한 근대 헌법들과 달리 현대의 헌법들은 더 이상 재산권을 불가침의 천부인권으로 보지는 않는다. 우리 헌법도 마찬가지여서 재산권의 내용과 한계는 법률로 정하며 그 행사는 공공복리에 적합하여야 한다고 규정한다(헌법 § 23①, ②). 이를 재산권의 사회적 기속성이라고 한다.

데이터에 대한 권리도 재산권이므로 법률에 의하여 그 내용과 범위가 정해진다. 입법자는 동적·정적 효율성과 형평성을 고려하여 데이터에 대한 권리를 설정하되, 무엇보다도 그 내용과 범위를 명확하게 규정하여야 한다. 이렇게 설정된 데이터에 대한 권리를 침해당할 경우 해당 법령이 정한 바에 따라 금지청구나 손해배상 등의 방법으로 구제받을 수 있다. 다만 국가는 공공필요가 있는 경우 정당한 보상을 지급하고 법률에 의하여 재산권을 수용 또는 사용할 수 있다(헌법 §§ 23③, 37②).

3. 개인정보인 데이터

개인정보에는 성명이나 주민등록번호 등 개인을 식별하기 위한 정보는 물론 그 자체로는 개인을 식별할 수 없더라도 다른 정보와 결합하여 식별할 수 있는 정보도 포함된다(개인정보보호법 § 2i). 그 결과 가치 있는 데이터의 상당한 부분은 개인정보에 해당하게 되므로 데이터거래법에서 개인정보에 관한 법은 가장 중요한 지위를 차지한다. 개인정보에 관한 권리는 헌법상 기본권인 개인정보 자기결정권[28]인 동시에 사법(私法)상의 권리이기도 하다. 본래 인격권적 권리로 이해되어 왔지만 최근에는 재산권적 성격도 인정되는 추세이다.[29] 인격권적 권리에서 출발한 만큼 배타성과 절대성이 인정된다.

개인정보에 대한 권리의 핵심적 내용은 자신의 개인정보에 대한 통제권이다. 이를 위하여 개인정보보호법은 개인정보의 처리에 대한 동의권, 개인정보의 정정 및 삭제권 등을 인정하고 있다(§ 4, § 15, § 36, § 37). 개인은 자신의 개인정보의 이용에 동의한 경우에도 언제든 동의를 철회할 수 있는 등 통제권을 상실하지 않는다. 그 결과 개인정보에 대한 권리의 명확성이 제한되어 거래비용이 높아지는 결과가 생기지만, 이는 개인정보에 대한 권리의 인격권적 특성에서 비롯된 것이어서 불가피한 측면이 있다.

개인정보에 대한 권리의 범위는 법률에 의하여 한정되어 있다.[30] 즉 개인정보보호법은 법령상 의무의 준수를 위하여 불가피한 경우나 정보주체의 권리보다 우선하는 처리자의 정당한 이익이 인정되는 경우 등에는 정보주체의 동의 없이도 제3자가 개인정보를 이용할 수 있도록 예외사유를 두고 있다(§ 15). 최근에는 가명처리(pseudonymization)된 개인정보의 경우 정보주체의 동의 없이도 학술이나 연구 목적 등으로 활용할 수 있도록 하자는 논의도 있다.[31] 한편 개인의 식별

가능성을 완전히 제거한(anonymization) 익명정보의 경우에는 개인정보에 해당하지 않으므로 개인정보보호법의 적용을 받지 않는다.

4. 지식재산권의 대상인 데이터

소설이나 음악과 같이 인간의 사상 또는 감정을 표현한 창작물을 저작물이라고 하며, 저작물을 창작한 사람은 일정 기간 동안 저작권에 의하여 보호를 받는다(저작권법 § 1i, ii). 또한 발명[32]을 한 사람은 특허권 설정등록을 함으로써 일정 기간 동안 특허발명을 실시할 독점적 권리인 특허권을 취득한다(특허법 § 2①, ②, § 87, § 94). 저작권과 특허권은 준물권(準物權)으로서 배타성과 절대성이 인정되고 있다.

저작권이나 특허권의 범위는 법률에 의하여 한정되어 있다. 저작권법상의 공정이용 제도가 대표적인데, 저작권법은 교육이나 보도 목적의 이용을 비롯하여 저작권자의 허락 없이 저작물을 이용할 수 있는 사유들을 인정하고 있다(§ 23 내지 § 35의3). 이러한 경우에는 저작권의 보호범위에 속하지 않으므로 보상 없이도 이용할 수 있다.

5. 배타적 지배권의 대상이 아닌 데이터

개인정보도 아니고 지식재산권의 대상도 아니어서 배타적 지배권자가 따로 없는 데이터는 자유롭게 활용할 수 있는 것이 원칙이다. 그러나 이러한 데이터도 유용한 경제적 가치를 지니고 그 생산에 적지 않은 비용과 노력이 소요되므로 보호할 필요성이 있다.

부정경쟁방지 및 영업비밀보호에 관한 법률은 영업비밀 침해행위에 대하여 금지청구 및 손해배상청구를 인정하므로 배타적 지배권의 대상이 아닌 데이터라도 영업비밀의 요건을 갖춘 경우에는 간접적으로 보호받게 된다(§ 2②, § 10, § 11). 일각에서는 데이터 생산자에게 물권적 권리를 부여함으로써 데이터 생산을 촉진하자는 주장[33]이 제기되기도 하지만 좀 더 신중한 검토가 필요할 것이다.

6. 2차적 데이터

지금까지 개인정보인 데이터, 지식재산권의 대상이 되는 데이터, 배타적 지배권의 대상이 아닌 데이터 등 원 데이터에 대한 권리 설정의 문제를 살펴보았다. 이들 원 데이터를 소재로 하여 가공된 2차적 데이터 역시 경제적 가치를 지니고 독립하여 거래의 대상이 될 적격이 있다면 그에 대한 재산권을 설정해 줄 필요가 있다.

현행법상 2차적 데이터에 관한 대표적인 제도로는 데이터베이스제작자의 권리(저작권법 §91 이하)가 있다.[34] 데이터베이스는 소재를 체계적으로 배열 또는 구성한 편집물로서 개별적으로 그 소재에 접근하거나 그 소재를 검색할 수 있도록 한 것을 말한다. 데이터베이스의 제작 또는 그 소재의 갱신·검증 또는 보충에 인적 또는 물적으로 상당한 투자를 한 자는 데이터베이스제작자로서 보호된다(저작권법 §2xix, xx). 데이터베이스제작자의 권리는 저작권과 유사하게 규정되어 있으며, 공정이용에 관한 규정도 준용된다(§94).

소재의 법적 성격은 데이터베이스제작자의 권리에 영향을 미치지 않으므로, 원 데이터는 개인정보일 수도 있고, 저작물이나 특허발명일 수도 있으며, 배타적 지배권의 대상이 되지 않는 데이터일 수도 있다. 다만 데이터베이스제작자의 권리가 성립했다고 하더라도 그 보호가 소재에 미치지는 않고, 당초 소재에 관하여 적용될 법리에 영향을 미치지도 않는다(§93③, ④).

III. 데이터의 자유로운 거래

1. 데이터의 자유로운 거래는 왜 중요한가

지금까지 본 것처럼 재산권의 보장은 자원의 효율적 사용을 가능하게 함으로써 사회의 후생을 증진시키는 발판이 된다. 그러나 그것은 어디까지나 당사자들이 자유롭게 재산을 거래할 수 있음을 전제로 한다. 근대 사법은 사적자치의 원칙을 채택함으로써 이를 보장하였고, 우리 헌법과 민법 역시 마찬가지이다(헌법 §10,[35] 민법 §105).

재산의 자유로운 거래는 그것이 원리적으로 보장될 뿐 아니라 거래비용이 충분히 낮아야만 효율적으로 이루어질 수 있다. 계약자유의 원칙이 효율적인 결과를 이끌어내기 위해서는 당사자에게 충분한 정보가 제공되어야 하고, 당사자가 그 정보를 제대로 인지하고 합리적으로 판단할 수 있어야 하며, 그 판단의 토대 위에서 대등하게 상대방과 협상할 수 있어야 한다. 그러나 오늘날에는 이와 같은 전제가 더 이상 타당하지 않은 경우가 많다. 무엇보다 사회가 복잡화되고 전문화되면서 정보비대칭 현상이 일상화되었다. 경제력 집중과 소비사회의 출현으로 구조적인 협상력 격차가 발생하는 경우도 많아졌다.[36] 또한 심리학적 관점에서 출발한 행동경제학의 성과는 인간이 합리성의 한계를 노정하고 있음을 보여준다.[37] 오늘날의 민법학은 위와 같은 문제의식을 반영하여 사회적 형평성의 원칙을 강조하면서 실질적 사적자치의 원칙을 추구하는 것이 일반적이다. 법적 측면에서 사적자치의 원칙을 보완하려는 시도는 법경제학의 관점에서는 계약의 제도적 효율성을 복원하려는 것으로 해석될 수 있다.

2. 데이터 거래의 법적 구성

타인에게 귀속된 재산의 이용방법에 관하여는 칼라브레시(G. Calabresi)와 멜라메드(A. D. Melamed)의 유명한 연구가 있다.[38] 이들에 따르면 타인의 재산을 이용하는 방법에는 동의 규칙(property rules), 보상 규칙(liability rules), 그리고 양도 불가능성 규칙(inalienability) 등 세 가지 규칙이 있을 수 있다고 한다. 동의 규칙은 소유자의 허락 없이는 타인의 재산을 이용할 수 없다는 원칙을 말하고, 보상 규칙은 소유자의 동의 없이도 그의 재산을 이용할 수 있도록 하되 이에 관하여 정당한 보상을 하여야 한다는 원칙을 말한다. 양도 불가능성 규칙은 신체장기, 투표권, 인권 등의 비재산적 가치와 결부된 사례에서 찾아볼 수 있다.

그러나 대륙법의 영향을 받은 우리 법제 하에서 보다 유용한 설명은 데이터의 이용관계를 물권적 이용과 채권적 이용으로 구분하는 것이다. 전자는 데이터에 대한 배타적 지배권을 전제로 하여 그 권능 전부를 양도받거나 일부 권능만을 설정적으로 양도받는 것을 말한다. 건물에 전세권을 설정해주는 것과 유사하다고 할 수 있다. 이 경우에는 제3자에게도 권리를 주장할 수 있다. 후자는 타인과의 계약에 의하여 데이터를 이용하는 것이다. 이 경우에는 계약 상대방에게만 권리를 주장할 수 있을 뿐이다. 특히 채권적 이용은 타인의 데이터에 배타적 지배권이 설정되어 있지 않아도 가능하다. 계약에 의한 채권적 이용 허락은 이용방법, 이용 범위, 제3자 제공 허용 여부 등에 관하여 상세히 규율할 수 있다는 장점이 있지만, 제3자에게 유출되는 등 피해가 발생한 경우 계약 상대방에 대한 채무불이행책임만을 추궁할 수 있을 뿐이라는 한계가 있다.

3. 개인정보인 데이터

개인정보에 대한 권리는 그 인격권적 성격으로 인하여 양도나 포기가 불가능하므로 타인의 개인정보의 이용은 계약법적 수단에 의할 수밖에 없다. 정보주체의 동의는 개인정보 이용의 맥락에서는 계약적 합의로 해석될 수 있다.[39]

다만 정보주체의 동의에 의하여 확보한 개인정보 이용권은 채권적 권리에 불과할 뿐만 아니라 일반적인 채권적 권리에 비하여도 매우 미약한 것이다. 정보주체는 언제든 동의를 철회할 수 있고(개인정보보호법 §37).[40] 위와 같은 채권적 이용권은 양도나 이를 기초로 한 이용권의 설정이 제한되어 있기 때문이다(동법 §17, §18).

최근에는 정보주체가 자신의 개인정보로부터 발생하는 재산적 이익을 향유할 수 있어야 한다는 점이 강조되면서 이른바 마이데이터(my data)에 관한 논의가 많이 이루어지고 있다. 기존의 경직적인 동의 제도가 유연한 개인정보 이용계약으로 새롭게 이해되고, 기술적 측면에서 이른바 서비스로서의 동의(consent-as-a-service)를 구현하기 위한 기술이 발전한다면 개인정보인 데이터의 경우에도 계약 제도가 갖는 효율성이 발휘될 수 있을 것이다.

4. 지식재산권의 대상인 데이터

저작권법과 특허법은 권리의 양도와 물권적 이용 및 채권적 이용을 위한 제도를 완비하고 있다. 저작권법의 경우 물권적 이용권으로는 배타적 발행권 (§§57-62)과 출판권(§63, §63의2)이 있고, 채권적 이용권으로는 이용허락에 의한 권리(§46)가 있다. 특허법의 경우 물권적 이용권으로는 전용실시권(§100①, ②)이 있고, 채권적 이용권으로는 통상실시권(§100④)이 있다. 물권적 이용권자는 채권적 이용권을 부여할 고유의 권한이 있다. 예컨대 특허권의 전용실시권자는 특허권자의 동의 없이도 타인에게 통상실시권을 부여할 수 있다(특허법 §102①).

5. 배타적 지배권의 대상이 아닌 데이터

배타적 지배권의 대상이 아닌 데이터의 경우 사실상 지배를 통하여 보호받을 수밖에 없으므로 지식재산권의 경우처럼 재산권을 양도하는 방식은 사용할 수 없다. 따라서 단지 매매와 유사한 계약41과 사실상 지배의 이전으로 양도에 갈음할 수밖에 없을 것인데, 많은 경우 영업양도나 다른 용역의 제공에 수반하여 이러한 이전행위가 이루어질 것이다.

배타적 지배권의 대상이 아닌 데이터의 이용관계는 원칙적으로 계약에 의하여 규율될 수밖에 없다. 예컨대 AI 스피커 매매계약의 경우 매도인과 매수인은 물품의 이용 과정에서 발생하는 데이터의 이용에 대한 권한을 매도인에게 부여하는 약정을 할 수 있을 것이다. 이 경우 개인정보나 지식재산권의 대상인 데이터의 이용관계에 관하여는 해당 법제를 고려한 별도의 조항이 마련되어야 함은 물론이다.

6. 2차적 데이터

2차적 데이터가 데이터베이스인 경우 데이터베이스제작자의 권리에 관한 저작권법상의 규정들이 적용된다. 즉 데이터베이스제작자는 저작권의 경우에 준하여 자신의 권리를 양도할 수 있고, 데이터베이스에 대한 배타적 발행권의 설정 및 채권적 이용허락을 할 수 있다(저작권법 §96).

비정형 데이터의 경우처럼 2차적 데이터가 저작권법상 데이터베이스의 요건을 갖추지 못한 경우에는 배타적 지배권의 대상이 아닌 데이터에서와 같은 문제가 발생한다. 따라서 데이터 보유자는 매매 유사의 계약 및 사실상 지배의 이전으로 권리 양도에 갈음할 수밖에 없고, 이용권의 설정도 계약에 의할 수밖에 없다. 법적 구제수단 역시 계약 상대방에 대한 채무불이행책임만 추궁할 수 있을 뿐이다.

생각해 볼 점

1. 데이터 공유를 주장하는 측과 데이터 전유(專有)를 주장하는 측의 논거로는 무엇이 있을까?

2. 현재 배타적 지배권의 대상으로 되어 있지 않은 데이터에 대하여 새로이 배타적 권리를 인정하는 입법은 바람직한가? 그 이유는 무엇인가?

3. 계약에 따라 상대방에게 자신의 개인정보 이용을 허락한 사람이 이를 철회한 경우, 상대방에게는 어떠한 법적 구제수단이 인정될 수 있을까?

제10장

인공지능과 경쟁법

X상품을 제조하는 사업자 A는 시장에서 실시간으로 수집되는 판매정보를 처리하여 가격을 자동적으로 조정하는 인공지능 알고리즘을 채택하여 가격을 결정하기로 하였다. 사업자 A는 경쟁사업자인 B, C, D도 유사한 인공지능 알고리즘을 도입하는 것을 잘 알고 있었다. 주요 경쟁사업자들이 가격 알고리즘을 도입함에 따라 가격결정에 관한 정보는 더 투명하게 유통되었고 실제로 얼마 지나지 않아 한 사업자의 가격 변동은 다른 사업자의 가격 변동에 지체 없이 반영되어 가격이 비슷하게 변화하게 되었다. 이처럼 인공지능 기술이 시장에서 사업자가 사용하는 전략이나 정책에 적용되어 새로운 경쟁 문제가 발생하는 경우 시장의 규칙인 경쟁법이 어떻게 대응할 수 있을지 생각해본다.

제1절   시장의 규칙으로서의 경쟁법이 인공지능 시장을 만날 때

우리가 아는 시장은 동일 또는 유사한 상품 또는 용역을 공급하는 다수의 사업자들이 소비자의 선택을 받기 위하여 경쟁하는 시장이다. 시장은 보이지 않는 손(invisible hand)에 의해 움직여진다는 말이 있는 것처럼 시장에서는 누가 의도하거나 계획하지 않아도 시장 참여자들의 자율적인 활동에 따라 거래되는 상품 또는 용역의 공급과 수요가 균형을 찾아간다. 이러한 균형을 찾아주는 중심에 상품 또는 용역의 가격이 있다. 일정한 균형 상태에 있던 시장에서 어떤 사업자가 가격을 올리거나 내리면 그의 경쟁 사업자 또는 소비자가 반응을 하여 균형이 깨졌다가 다시 새로운 균형이 이루어진다. 가격이 이러한 균형추 역할을 할 수 있는 것은 사업자들이 가격을 중심으로 자유롭고 공정하게 경쟁을 할 때 비로소 가능하다. 따라서 시장의 규칙은 다름 아닌 경쟁의 규칙이다.

그런데 현실적인 시장에서는 경쟁의 규칙을 위반하는 반칙행위가 존재한다. 어떤 사업자는 시장에서의 지위가 매우 높아 굳이 가격을 내리는 방식으로 경쟁하지 않더라도 시장에서 안정적인 수요를 확보할 수 있다. 이런 사업자는 소비자에게 경쟁 상태에서 형성되었을 가격보다 높은 가격으로 상품 또는 용역을 공급하여 초과이윤을 얻거나 자신의 이런 지위를 위협하는 경쟁사업자를 배제하는 행위를 할 수 있다. 예컨대, 경쟁사업자가 낮은 가격으로 경쟁하려고 할 경우 일시적으로 훨씬 더 낮은 약탈적인 가격으로 그 사업자의 사업활동을 어렵게 하거나 그 사업자의 유통망을 봉쇄할 수 있다. 또는 시장에 그처럼 강력한 사업자가 없더라도 사업자들끼리 가격을 담합하여 그들 사이의 경쟁을 피할 수도 있다. 경쟁의 규칙을 위반하는 사업자들의 행위는 시장경제에 큰 위협이 되기 때문에, 이러한 행위를 억제하기 위하여 정부의 역할, 즉 보이는 손(visible hand)의 개입이 허용된다. 정부가 이런 역할을 할 수 있도록 제공되는 법적 수단이 경쟁법(Competition Law) 또는 반독점법(Antitrust Law)이다.

경쟁법은 법의 영역이지만 어느 다른 법에 비하여 경제학과의 학제적 협력을 필요로 하는 분야이다. 경쟁법의 적용과 집행을 위해서는 시장의 구조와 경쟁의 모습 그리고 그 안에서의 시장 참여자 간의 역학관계에 대한 이해가 필요한데, 이는 경제학의 용어와 논증 방식에 많은 것을 빚지고 있다. 예컨대, 어떤 사업자가 혼자서 행하는 행위 또는 여러 사업자가 공동으로 행하는 행위가 과연 경쟁을 침해하는 행위인지를 정확히 알기 위해서는 그 행위가 어떤 시장에서 일어난 것이고 그 행위로 다른 시장 참여자 그리고 시장에서의 경쟁의 구도에 어떤 영향이 일어났는지가 분석되어야 한다. 경제학은 바로 이러한 행위의 영향, 즉 효과에 대한 분석 도구와 방법론을 제공해준다. 그러나 법이 문제해결을 위해 수행하는 부담경감의 기능을 고려할 때 경쟁 침해 여부가 문제되는 상황마다 경제학적 분석에 의존할 수는 없다. 따라서 경쟁법에는 일정한 유형의 행위가 존재하면 경쟁 침해가 발생할 우려가 높다는 논리적, 경험적 근거에 의하여 행위 유형에 초점을 맞추어 법 집행 여부를 결정하는 법리가 발전되어 있다. 보다 규범적인 행위 유형 중심의 접근방식과 보다 실증적인 효과 중심의 접근방식의 대립과 조화는 경쟁법 집행 실무에서 중요한 과제이다.

시장의 규칙을 세우고 발전시키는 경쟁법의 과제는 시장의 변화, 특히 그 시장에서의 경쟁 구도의 변화에 따라 계속해서 도전을 받아왔다. 가장 최근의 도전은 플랫폼 경제의 출현에 따른 변화이다. 플랫폼 경제에서는 전통적인 파이프라인 경제에서 볼 수 없었던 특징이 나타나고 있다. 전통적인 파이프라인 경제에서는 규모의 경제를 갖는 주요 공급자를 중심으로 수직적인 가치사슬에 의하여 일방향적인 공급과 수요가 일어나는 반면에, 플랫폼 경제에서는 네트워크 효과를 갖는 플랫폼 양쪽에 있는 고객과 파트너를 포함하는 생태계에서 양방향적인 상호작용이 일어난다. 전통적인 파이프라인 경제에서의 경쟁은 눈에 띄는 기술혁신이 없거나 있더라도 일정한 시장에서 점진적으로 일어나는 '시장 내에서의 경쟁(competition in the market)'의 모습이다. 이에 대하여 플랫폼 시장에서의 경쟁은 파괴적 기술혁신과 시장의 경계를 옮기는 현상이 빈번히 일어나는 '시장을 얻기 위한 경쟁(competition for the market)'의 모습이다. 전통적인 파이프라인 경제와 구별되는 플랫폼의 특징으로 인하여 경쟁법의 법리와 사업자의 행위를 판단하기 위한 접근방식에 대해서도 인식 틀과 방법론에서 전환이 필요한 것이 아닌지 문제제기가 이루어지고 있다.

시장의 관점에서 인공지능 기술이 창출하는 시장은 플랫폼 경제에서 제기된 문제에 복잡성을 더하고 있다. 인공지능 기술은 그 중 특히 기계학습(machine learning)이라고 표현되는 기술이 시장에서 사용되면서 경쟁 구도와 사업자 간의 역학관계에 중요한 변화를 초래하는 요인이 되고 있다. 기계학습은 '데이터 입력 → 알고리즘에 의한 처리 → 결과 출력'이라는 기존의 프로그램 과정을 '데이터 및 원하는 결과 입력 → 기계학습 → 알고리즘 출력'이라는 과정으로 바꾸고 있다.[1] 그에 따라 기계학습은 그 원천이 되는 유용한 데이터의 확보와 기계학습이 만들어내는 자동화된 의사결정 알고리즘의 영향과 관련된 새로운 이슈를 불러일으키고 있다. 시장의 규칙으로서의 경쟁법이 인공지능 시장을 만날 때 여전히 종전과 같은 규범으로서의 기능을 하면서 집행력을 가질 수 있을 것인가, 만일 그렇다고 하더라도 어떤 변화가 필요할 것인가, 또한 만일 그렇지 않다면 경쟁법은 새로운 디지털 경제에서 어떤 모습으로 남게 될 것인가?

제2절 경쟁법의 전통적인 접근방법과 디지털 경제의 도전

I. 경쟁법의 전통적인 접근방법

경쟁법은 경쟁을 제한하는 행위로부터 시장에서의 경쟁을 보호하는 법이다. 경쟁법은 시장에서 사업자들 간에 자유롭고 공정한 경쟁이 이루어지면 그 결과로 소비자의 후생이 증대된다는 전제 하에 경쟁을 침해하는 행위를 규제한다. 이때 판단의 기준이 되는 경쟁은 대체로 정태적인 경쟁(static competition)인 경우가 많다. 정태적인 경쟁은 일정한 기술 수준과 시장 여건을 토대로 하여 시장에서의 균형에 수렴하는 경쟁을 말한다. 이러한 경쟁이 침해되었는지 여부는 사업자들 간의 경쟁상 제약 또는 경쟁압력의 강도가 어떻게 변화되었는지 또는 경쟁의 성과가 되는 가격, 수량, 품질 기타 거래조건에 어떤 변화가 초래되었는지를 관찰하거나 분석함으로써 평가할 수 있다. 경제학적으로는 가격이 자료를 수집하여 처리, 분석할 수 있는 주요 변수이고 실제로 경쟁 과정에서도 가격이 중요한 경쟁요소가 되므로, 가격을 중심으로 한 분석기법이 발전되어왔다.

선진 각국은 경쟁법 집행을 통해 경쟁을 침해하는 행위의 유형을 식별하고 유형화하여 왔다. 이런 행위 유형은 크게 사업자의 단독행위, 공동행위 그리고 기업결합행위로 구분된다. 사업자의 단독행위는 주로 시장지배적 사업자를 수범자로 하는 시장지배적 지위 남용행위를 말하지만, 입법례에 따라서는 시장지배적 사업자가 아니더라도 수범자가 될 수 있는 단독행위 유형을 정하는 경우가 있다. 미국의 연방거래위원회법에서 규정하고 있는 불공정한 경쟁방법(unfair methods of competition)이나 한국의 독점규제 및 공정거래에 관한 법률('공정거래법')에서 규정하고 있는 불공정거래행위가 그런 경우이다. 한국의 불공정거래행위 규정에서 보듯이 이런 규정은 단순히 경쟁을 침해하는 행위뿐만 아니라 경쟁질서 또는 거래질서에 부정적인 파급효과를 초래하는 행위까지 포괄할 수 있다. 경쟁을 침해하는 행위를 넘어 행위 규제 범위를 넓히게 되면 경쟁에 대한 부정적인 영향을 판별하기 어려운 경우에도 규제할 수 있게 된다는 장점이 있지만,

규제의 경계가 불분명해지게 되어 규제의 불확실성이 높아지는 단점이 있다. 이에 대하여 사업자의 공동행위는 경쟁자 간에 이루어지는 수평적 공동행위와 서로 다른 거래단계에 있는 사업자 간에 이루어지는 수직적 공동행위가 있다. 한국의 공정거래법 실무는 수평적 공동행위만을 규율한다. 기업결합행위는 사업자의 조직 또는 지배구조 변경에 관한 행위이므로 시장에서의 행위인 단독행위나 공동행위의 전 단계에서 이루어지는 것이지만, 그 행위가 시장에서 행위를 하는 사업자의 유인과 능력, 경쟁 구도에 중대한 영향을 미치므로 별도의 규제 대상으로 한다.

경쟁법에서 시장에서 행해지는 사업자의 행위를 분석하는 방식은 전통적인 구조(structure) – 행위(conduct) – 성과(performance) 분석 틀에 기초한다. 이는 시장구조를 묘사하는 것으로 시작한다. 시장구조를 묘사하기 위해서는 관련시장을 획정하고 그 시장에서의 경쟁자를 식별한 후 문제되는 사업자가 그 시장에서 시장력(market power) 또는 시장지배력(market – dominant power)을 갖고 있는지 여부를 평가하는 것이 필요하다. 시장구조를 확인한 후에는 그 시장에서의 사업자의 행위를 분석하고 그 행위가 경쟁에 반하는 것인지를 판단하게 된다. 이 분석 방법론은 1930년대 메이슨에 의해 고안되어 1950년대와 1960년대 베인, 스티글러 등에 의해 발전한 산업조직론의 기본체계에 기초한 것으로서, 여기서는 구조에서 행위 그리고 성과에 이르기까지 하나의 방향으로 흐르는 인과관계가 고려된다.[2] 이러한 논리는 경쟁법에서 일정한 시장 구조 하에서는 일정한 유형의 행위가 경쟁에 반하는 성과를 초래한다는 경험적, 논리적 근거에 의해 행위 유형에 따른 위법성 판단 규칙을 정립하는 데 도움을 준다. 아래 [그림 10 – 1]은 전통적

[그림 10-1] 전통적인 구조-행위-성과 분석 틀

인 구조-행위-성과의 분석 틀을 보여준다.

Ⅱ. 디지털 경제의 특성과 경쟁법의 전통적인 접근방법의 한계

전통적인 구조-행위-성과의 분석 틀의 주된 문제점은 그것이 하나의 방향으로 흐르는 인과관계를 고려하기 때문에 반대 방향으로 흐르는 인과관계는 포착하지 못한다는 점이다. 실제 경제 현실에서는 예컨대, 높은 이윤(성과)이 시장 진입을 유도하고(행위) 더 많은 판매자를 이끌어내는(구조) 반대 방향의 인과관계가 존재한다. 이것을 피드백 루프(feedback loop)라고 한다. 1980년대의 신산업조직론에서는 이러한 피드백 효과를 포착하기 위하여 전통적인 분석 틀을 다음 [그림 10-2]와 같이 확장하였다.

그러나 이런 경제학적 통찰은 아직 경쟁정책과 경쟁법 사건의 집행에 통합되지 못하고 있다. 한국을 포함한 대부분의 국가의 경쟁법 사건의 집행에서는 먼저 관련시장을 획정하고 이를 전제로 나머지 분석을 행하는 전통적인 일방향의 인과 논리를 따르고 있다. 이러한 분석 틀은 전통적인 파이프라인 경제에서는 여전히 유효하지만, 특히 피드백 효과가 강하게 나타나는 시장에서는 한계가 드러나고 있다는 비판이 많이 대두되고 있다. 디지털 경제에서 형성되고 있는 시장의 경우가 그렇다.

디지털 경제에서는 전통적인 경제와는 근본적으로 다른 역동성이 존재한다. 이러한 역동성의 특징을 나타내주는 것이 네트워크 효과(network effect)의 발생

[그림 10-2] 새로운 구조-행위-성과 분석 틀

과 시장에서의 경합가능성(contestability)의 증대이다.3 이런 특징으로 인해 디지털 경제에 참여하는 사업자의 경쟁의 모습은 종전과 크게 달라지고 있고 시장의 경계 자체가 허물어지면서 다시 정립되고 있다. 아래에서는 네트워크 효과와 경합가능성에 대하여 좀 더 알아보도록 하자.

　　네트워크 효과는 어떤 상품 또는 용역에 대한 이용자가 몰릴수록 이용자가 계속 늘어나는 상황을 설명하기 위한 용어이다. 네트워크 효과가 작용하는 상품 또는 용역은 그 자체의 품질보다도 얼마나 많은 사람들이 이를 사용하고 있는지가 더 중요하다. 네트워크 효과가 작용하는 상품 또는 용역에는 비디오 게임기나 신용카드와 같은 오프라인 상품도 있지만, 디지털 경제에서는 다양한 온라인 플랫폼에서 제공하는 매개 서비스의 중요성이 점점 더 커지고 있다. 온라인 플랫폼 서비스에서의 경쟁은 네트워크 효과를 일으키는 원천이 되는 이용자의 관심을 끌기 위한 경쟁의 모습으로 나타나고 있다. 온라인 플랫폼 사업자는 다양한 양면 시장형 사업모델을 통하여 계속적으로 기존의 상품과 용역을 개선할 뿐만 아니라 새로운 것을 개발한다. 그렇게 함으로써 온라인 플랫폼 사업자는 끊임없이 디지털 시장의 경계를 다시 정립하고 시장을 얻기 위한 경쟁을 하거나 새로운 시장의 형성을 목표로 하는 경향이 있다. 따라서 성과로부터 행위와 구조를 향하는 피드백 효과가 크게 작용한다. 이러한 효과를 고려하지 못하는 경쟁법의 전통적인 접근방법으로는 이러한 특성을 반영하는 올바른 분석과 판단을 하는 데 한계가 있을 수밖에 없다.

　　시장의 경합가능성은 시장의 경계 바로 바깥에서 일어나는 경쟁압력의 정도를 설명하기 위한 용어이다. 경쟁법의 전통적인 접근방법은 관련시장 획정을 전제로 하므로 그 시장 내에 이미 현존하는 실제적 경쟁만을 고려하지만, 시장의 경합가능성을 주장하는 이론은 기존 사업자와 그 시장에 진입이 가능한 사업자 간의 잠재적 경쟁도 효과적일 수 있다고 본다. 시장의 경합가능성에 영향을 주는 것은 그 시장에 매몰비용이 존재하는지 여부와 진입과 퇴출이 얼마나 자유로운지 하는 것이다.4 시장의 경합가능성이 높은 시장이라면 비록 그 시장에 있는 기존 사업자의 숫자가 적어 시장이 독과점 시장으로 보이더라도 실제로는 경쟁이 활발하게 벌어지고 있는 시장일 수가 있다. 디지털 경제에서는 최종 이용자에게 디지털 서비스를 전달할 수 있는 경로가 매우 많아지기 때문에 전통적인 방식에 의하여 관련시장을 획정하더라도 그 시장의 경계 자체가 유동적이다. 따라서 그 시장을 바꾸거나 뒤엎는 시장의 경합가능성 요인을 제대로 식별하지 못하면 사업자의 행위의 경쟁 영향 평가를 제대로 행하기 어렵다. 시장의 경합가능성 요인은 기술과 사업모델의 혁신을 통한 시장 진입과 기존의 시장을 대체하는 새로운 시장 창출이라는 잠재적인 힘을 가리킨다. 경쟁법의 전통적인 분석 틀에는 이러한 잠재적인 힘에 대한 고려가 들어 있지 않기 때문에, 이를 단순히 적용한 분석과 판단은 한계를 가질 수밖에 없다.

Ⅲ. 경쟁법의 전통적인 접근방법의 변화 가능성

해외에서는 디지털 경제의 발전에 대응하여 경쟁법의 전통적인 구조 – 행위 – 성과 분석 틀을 확장하여 피드백 효과와 상호의존성을 고려하는 새로운 분석 틀을 정립하려는 시도가 나타나고 있다. 이런 변화의 시도에 가장 적극적인 나라는 미국이다. 미국은 가장 먼저 경쟁법을 제정하고 집행한 나라이면서 경쟁법 집행에 발전된 경제학적 이해를 반영하는 데에도 가장 앞서 있다. 이는 법원이나 경쟁당국이 종전에 규범적인 평가에 따라 으레 문제가 있다고 생각되어왔던 기업의 행위라도 그 행위에 대한 경제학적 이해가 발전함에 따라 새로운 관점에서 평가하려는 태도를 취하는 것으로 나타난다.

경쟁법을 집행할 때 대부분의 법원이나 경쟁당국은 시장에서 영향력 있는 지위에 있는 기업이 행하는 어떤 행위에 대한 평가를 그 행위가 직접적으로 미치는 효과를 중심으로 행하는 경향이 있다. 예컨대, 그러한 기업이 행하는 행위가 직접적으로 그 상대방의 사업 결정의 자유를 제한하거나 가격을 올리는 효과를 초래하게 되면 그런 효과를 중시하여 그 행위를 부정적으로 평가하게 된다. 만일 그 행위를 통하여 다른 긍정적인 효과가 발생하더라도 그 효과가 상대방에 대한 것이 아니면 고려하지 않고 상대방에 대한 효과라도 그것이 부정적인 효과를 상회한다는 점이 뚜렷하지 않은 한 잘 고려하지 않게 된다. 일반적으로 어떤 행위가 언제나 부정적인 효과만을 초래하는 것이 아니라면 거래계에서 일어나는 행위는 상대방은 물론 크고 작은 이해관계인에게 다양한 효과를 갖기 마련이다. 그럼에도 불구하고 특정 상대방에게 미치는 부정적인 효과만 들어 그 행위자에게 그로 인한 책임을 지우게 되면 행위자의 행동반경은 좁아지게 된다. 그 행위자가 법적 위험에 민감한 사업자라면 그 효과를 경험적으로 예측하기 어려운 새로운 기술이나 사업 모델을 실험하는 걸 아무래도 꺼릴 수밖에 없다.

전통적인 파이프라인 경제에서도 행위가 상대방에게 초래하는 직접적인 효과를 중시하는 이런 접근방법이 경제학적 이해에 잘 맞지 않는다는 지적이 적지 않았다. 미국의 판례는 이러한 지적을 받아들여 행위의 상대방이 아니라 그 너머에 있는 시장에서의 경쟁에 미치는 효과를 따지고 그러한 효과가 있더라도 행위자가 긍정적인 효과를 제시할 경우 두 가지 효과를 견주어보는 판단기준을 정립하였다. 다만 전통적인 파이프라인 경제에서는 거래구조가 수직적인 가치사슬 형태이기 때문에, 경쟁법의 전통적인 구조-행위-성과 분석 틀에 이러한 판단기준을 결합하는 것만으로도 경계선상에 있는 사안에 대처할 수 있었다. 이에 대하여 디지털 경제의 대표적인 사업 모델인 양면시장형 플랫폼 사업 모델에서는 이런 정도의 분석 틀 조정만으로는 근본적인 해결책이 제공되지 않는다. 이 사업 모델에서는 이를 통한 가치 창출에 참여하는 이해관계인들이 단순히 수직적 관계로 연결되어 있는 것이 아니라 생태계를 구성하는 다양한 요소들처럼 상호의존적 관계로 얽혀 있는 경우가 많기 때문이다.

플랫폼 경제에서 일어나는 문제에 대하여 전통적인 분석 틀을 적용하면서도 이를 확장 또는 수정하는 방식은 기본적으로 앞서 [그림 10-2]에서 본 새로운 구조-행위-성과분석 틀을 경쟁정책과 경쟁법 사건의 집행에 통합하기 위한 다양한 시도로 이루어지고 있다. 예컨대, 구조 단계에서 시장구조를 묘사하기 위한 도구적 개념인 관련시장 획정에서 전에는 별개로 보았던 거래분야 간의 상호의존성을 고려하여 시장을 넓게 본다든지, 행위 단계에서 시장력을 평가하기 위한 경쟁압력의 출처를 주어진 시장에서만 찾지 않고 같은 이용자의 관심을 확보하기 위한 경쟁을 펼치는 혁신적인 서비스라면 시장 바깥에 있는 것이라도 고려하는 것이다. 다만 다양한 이론적 시도에도 불구하고 실제 사건에서 이러한 새로운 분석 틀을 명시적으로 채택하는 사례는 아직 드물다. 새로운 분석 틀은 혁신이나 진보와 같은 동태적 경쟁(dynamic competition)의 요소를 포함하고 있어 이를 제대로 평가할 수 있어야 하는데, 이러한 평가에는 여전히 어려움이 따르기 때문이다.

온라인 플랫폼 사례는 아니지만 2018년 6월 미국 연방대법원은 신용카드 사업자인 아메리칸 익스프레스사 사건에서 새로운 분석 틀에 의한 판단의 가능성을 보여주었다.[5] 요즘에는 대부분의 양면시장형 플랫폼 사업이 온라인 공간에서 일어나고 있지만, 플랫폼 경제에 대한 이론적 연구를 촉발시킨 분야는 신용카드 사업분야이다. 신용카드 사업은 신용카드 회사를 중심으로 가맹점과 이용자, 그리고 발급 또는 매입 은행이라는 3 당사자 또는 4 당사자가 네트워크를 형성하는 플랫폼 사업구조를 갖고 있다. 이러한 사업구조에서는 플랫폼 제공자인 신용카드 회사가 마련한 모듈화된 거래 패키지에 의하여 플랫폼 가장자리에서 가맹점과 이용자 간, 가맹점과 은행 간에 수많은 거래가 일어나고 서로 연결된다. 그런데 이 사업구조가 유지되려면 이 사업구조에 누가 참여할지, 어떻게 가치를 배분할 것인지, 어떻게 갈등을 배분할 것인지에 대한 일정한 질서가 있어야 한다. 이를 '플랫폼 거버넌스'라고 한다.[6] 신용카드 사업자는 이용자와 가맹점을 연결시키면서 자신의 사업의 장점을 살리기 위해 가맹점이나 이용자에게 이런저런 규칙과 기준을 설정하는데, 이는 플랫폼 거버넌스를 위한 활동이라고 할 수 있다.

이 사건에서 아메리칸 익스프레스는 미국 신용카드 시장에서 3위인 사업자로서 아멕스 카드를 발급하고 있는데, 가맹점과의 계약에서 일정한 행위를 금지하는 조항을 두었다. 이 조항은 가맹점이 고객에게 아멕스 카드 외의 다른 카드 이용을 권장해서는 안 된다는 것을 내용으로 하는데, 이는 가맹점이 수수료 부담을 줄이기 위해 고객이 아멕스 카드가 아닌 다른 카드로 결제하도록 유도하는 경우가 발생하자 이를 막기 위한 것이었다. 아멕스 카드는 '멤버십 리워드 프로그램'을 도입하여 고객에게 많은 혜택을 주는 것으로 선발 사업자인 비자 및 마스터카드와 경쟁하고 있었는데, 이러한 혜택은 수수료 수입을 기반으로 하는 것이기 때문이다.

그러나 이러한 행위에 대하여는 아메리칸 익스프레스가 상대방인 가맹점의 사업활동의 자유를 부당하게 제한하는 것이라는 문제 제기가 있었다. 미국 연방정부와 일부 주정부가 아메리칸 익스프레스를 상대로 제기한 반독점법위반 소송에서도 제1심과 제2심 법원의 결론이 갈렸다. 연방대법원에서는 아메리칸 익스프레스의 행위를 정당하다고 판단하였는데, 이 결론도 연방대법관 9명 중 5명이 찬성하고 4명이 반대한 박빙의 승부였다. 판결의 결론이 된 다수의견의 요지는 "신용카드 회사가 판매하는 것은 거래이지 가맹점에 대한 서비스가 아니므로, 거래에 대한 제한이 갖는 경쟁 효과는 가맹점에 대한 것만을 보고 판단해서는 안 된다"는 것이었다. 아메리칸 익스프레스의 행위로 가맹점은 그 활동의 자유를 제한받을 수 있고 수수료 부담도 늘어날 수 있지만, 그 행위가 갖는 효과가 신용카드 거래 규모를 늘리고 이를 통해 서비스의 품질도 향상시켜 신용카드 시장에서의 경쟁을 활성화하는 방향으로 일어날 수 있다는 점까지 넓게 본 것이다. 쉽게 말해서 이러한 판단은 거래구조 내부에서 행위 중심으로 판단하는 전통적인 분석 틀을 확장하여 거래구조를 조망하여 그 행위로 인하여 이해관계인 사이에 발생하는 피드백 효과와 상호의존성을 고려하기 위한 시도라고 할 수 있다.

제3절   인공지능 기술의 적용이 경쟁법에 미치는 영향

I. 인공지능 기술이 적용되는 상황

인공지능 기술의 발전은 3차 산업혁명 시대의 승자인 온라인 플랫폼 사업자와 4차 산업혁명의 도래를 앞두고 재도약하려는 파이프라인 제조업체 간의 새로운 시장을 건 경쟁의 양상으로 나타나고 있다. 새로운 경쟁의 장터에서 경쟁의 우위를 확보하기 위하여 시장을 주도하는 기업들이 앞 다투어 채택하는 인공지능 기술이 바로 기계학습 기술이다. 기계학습 기술은 이미 상품이나 서비스의 내용이나 구성을 결정하는 과정이나 상품이나 서비스 거래의 품질을 개선하는 과정에 사용되고 있다. 예컨대, T맵이나 카카오맵에서 제공하는 네비게이션 서비스의 경우 이용자가 입력한 목적지와 주행 데이터, 교통상황 데이터를 토대로 하여 컴퓨터가 기계학습 과정을 거쳐 이를 분류하고 연관성이나 패턴을 파악하여 경로 알고리즘을 생성하도록 하고 이 중 이용자의 선호에 부합하는 경로를 제시하는 것을 그 내용으로 하고 있다. 또한 아마존이나 넷플릭스와 같은 전자상거래 플랫폼 사업자들은 수집된 고객의 검색 또는 구매 경험 데이터를 토대로 하여 컴퓨터의 기계학습 과정을 거친 추천 알고리즘을 활용하는 유사한 방식을 통해 거래를 원하는 고객의 결정을 도와주고 있다.

그런데 다른 한편으로 인공지능 기술의 적용이 시장 참여자의 결정을 도와주는 수준을 넘어 아예 결정을 대신하는 단계에 이르는 상황에 대한 우려의 목소리도 제기되고 있다. 구매자가 기업이 제공하는 인공지능 알고리즘을 활용한 상품이나 서비스를 이용하거나 거래 과정에서 그 도움을 받으면 선택의 품질이 높아질 수 있다. 그러나 구매자가 제공받는 정보가 왜곡되거나 선택능력이 제한될 경우에는 거래상의 의사결정을 알고리즘에 의존하게 되는 문제나 알고리즘을 활용한 가격차별의 문제가 생길 수 있다. 이런 문제는 인공지능 알고리즘이 판매자 쪽에서 활용될 경우에도 발생한다. 특히 경쟁에서 중요한 요소인 가격의 결정을 인공지능 알고리즘이 대신하게 되는 상황과 관련하여 알고리즘 담합(algorithmic collusion)의 가능성에 대한 논의가 최근에 활발하게 이루어지고 있다.7 바야흐로 알고리즘이 시장에서의 거래관계에 깊숙이 침투하여 거래의 당사자인 판매자와 구매자 양쪽에게 적지 않은 영향을 미치는 시대가 되었다.

II. 문제되는 상황을 경쟁법 분석에 수용하는 방식

기계학습으로 대변되는 인공지능 기술이 시장의 영역에서 현실적인 변수로 등장함에 따라 시장에서의 규칙을 다루는 경쟁법에 제기되는 새로운 이슈는 크게 구매자와 관련된 이슈와 판매자와 관련된 이슈로 구분해 볼 수 있다. 또한 시장에서 활용되는 인공지능 기술의 경우 투입 요소로서의 데이터와 산출물로서의 알고리즘이 중요한 구성부분이 되므로, 발생하는 이슈의 성격을 데이터와 관련된 것과 알고리즘과 관련된 것으로 구분해 볼 수도 있다. 따라서 이하에서는 경쟁법에 영향을 미치는 인공지능 기술의 적용 상황을 ① 데이터와 관련된 구매자 관련 이슈, ② 알고리즘과 관련된 구매자 관련 이슈, ③ 데이터와 관련된 판매자 관련 이슈, ④ 알고리즘과 관련된 판매자 관련 이슈로 나누어 살펴보기로 한다.

1. 데이터와 관련된 구매자 관련 이슈

기계학습이 이루어지는 과정은 통계적 프로세스를 통해 컴퓨터 스스로 데이터의 특징을 찾아내고 이를 위한 규칙을 마련하는 과정이라고 할 수 있다. 따라서 학습을 통한 알고리즘 구축을 위해서는 초기 단계의 훈련 데이터는 물론 지속적인 기능 향상을 위한 추가적인 데이터 확보가 중요하다. 따라서 인공지능 기술이 적용되는 상품 또는 서비스를 둘러싼 경쟁에서 이를 제공하는 기업들 사이에 충분한 데이터를 어떻게 확보할 것인가 하는 문제가 경쟁력의 핵심적인 원천이 된다.

경쟁법은 시장에서 경쟁하기 위하여 필요한 어떤 유형 또는 무형의 자산이 특정 사업자에게 집중되어 있는 상황에 주목한다. 어떤 기업이 시장에서 시장력 또는 시장지배력을 갖고 있는가 하는 점은 경쟁법에 의한 분석 틀에서 언제나 중요한 출발점이었는데, 그런 자산의 보유 여부와 정도는 시장력 또는 시장지배력의 원천이 될 수 있기 때문이다. 전통적인 파이프라인 경제에서는 그런 자산이 주로 생산 설비나 물리적 네트워크와 같은 유형의 자산이었으나, 지식기반경제(knowledge-based economy)가 도래한 후에는 특허권이나 저작권과 같은 무형의 자산이 주목을 받았다. 이제 데이터 주도 경제(data-driven economy)라는 용어가 점차로 보편화되면서 데이터 또는 빅데이터가 논의의 초점이 되고 있다.

온라인 플랫폼의 시대에 성공적인 기업들은 대체로 구매자 또는 이용자로부터 많은 데이터를 수집하고 있다. 과거에 이런 데이터는 주로 구매자 또는 이용자를 특정하여 거래 또는 상호작용을 원활하게 하기 위한 것에 국한되었으나, 인공지능 기술의 발전으로 이용자의 위치 정보나 행태 정보로부터 상품 또는 서비스의 품질을 개선하고 거래 규모를 확대하는 데 필요한 수많은 가치를 창출할 수 있게 됨에 따라 수집, 이용 대상이 되는 데이터의 유형과 규모는 기하급수적으로 증가하고 있다.

이용자 데이터는 기계학습을 통한 인공지능 알고리즘의 발전에 매우 유용한 자원이지만 시장에서 저절로 거래되지는 않는다. 데이터를 생성할 수 있는 이용자는 매우 많고 분산되어 있어 이를 활용하려는 기업이 일일이 그 권리자를 찾

아 협상하기에는 너무나 많은 거래비용이 들기 때문이다. 그 과정에서 권리자가
자기만의 권리를 주장하거나 무임승차하는 전략적 행동을 할 가능성도 있다. 이
처럼 권리가 파편화되어 사회적으로 유용한 자원이 과소 사용되는 현상을 반공
유재의 비극(tragedy of anti-commons)이라고 한다.[8] 온라인 플랫폼은 양면시장
형 사업 모델에 의하여 데이터를 공급하는 쪽과 이를 필요로 하는 쪽 사이에 직
접적으로 상호작용하는 데 장애가 되었던 거래비용을 획기적으로 줄여주었다.
온라인 플랫폼이 데이터 주도의 혁신가로 불리는 이유는 여기에 있다.

　　그러나 기업들이 데이터 수집, 이용에만 열을 올린 나머지 데이터 생성의
원천이 되는 이용자의 보호에는 소홀히 한다는 비판이 최근 자주 대두되고 있다.
특히 이용자 데이터에는 이용자를 식별하거나 식별할 수 있는 개인정보가 포함
되어 있는 경우가 많은데, 개인정보는 이에 대해 개인이 스스로 결정할 수 있는
권리를 갖는 것을 전제로 하는 개인정보보호법의 보호 대상이 되기도 한다. 경쟁
법의 영역에서도 기업이 데이터를 수집, 이용하는 과정에서 이용자의 이익을 부
당하게 제한하는 거래조건을 설정하는 것이 문제되기도 한다. 독일 경쟁당국이
2017년 페이스북이 이용자의 인터넷 이용 관련 데이터를 수집, 이용하는 행위가
독일 경쟁법에 위반된다는 혐의에 대한 조사에 착수하여 2019년 법위반을 인정
한 것[9]이 그런 사례이다.

　　또한 수집된 데이터가 기계학습을 위하여 이용되는 과정에서 인공지능 기술
에 특유한 문제가 발생하기도 한다. 기계학습은 수집된 데이터를 훈련 데이터로
이용한 분석을 거쳐 예측 알고리즘을 구축하게 되는데, 훈련 데이터 자체에 과거
에 존재했던 사회적 차별이나 편향이 반영되어 있다면 이를 통해 구축되는 인공
지능 알고리즘에도 그러한 차별이나 편향이 반영될 수밖에 없다. 이는 동일한 상
품 또는 서비스를 구매한다고 생각하는 구매자의 특성에 따라 사실은 다른 유형
의 상품 또는 서비스가 차별적으로 제공될 수 있다는 것을 의미한다. 예컨대, 은
행이 직장인의 신용도에 따라 대출상품의 주요 조건을 결정하는 알고리즘을 구
성하는 과정에서 신용도나 상환 가능성에 대한 판단에 도움이 될 만한 지표로서
성별이나 교육수준에 관한 데이터를 이용할 경우 그 데이터가 과연 중립적인 것
인지 의문이 제기될 수 있다. 또한 대부분의 온라인 플랫폼이 온라인에서 활동하

는 이용자의 일상적인 습관에 대한 데이터를 이용하여 이용자가 원하는 상품이나 서비스의 검색 결과나 추천 순위를 달리하여 보여주는데, 상대적으로 온라인 활동이 덜하거나 기회가 적어 디지털 흔적을 적게 남긴 이용자가 상품 또는 서비스 거래에서 불리한 지위에 놓이게 될 가능성이 있다.

2. 알고리즘과 관련된 구매자 관련 이슈

알고리즘을 쉽게 정의하면 특정 정보를 투입하여 사전에 정해둔 계산 처리 과정을 거쳐 결과를 생산해내는 정보처리 규칙의 모음이라고 할 수 있다. 인공지능 기술에서 사용되는 알고리즘, 즉 인공지능 알고리즘도 기본 원리는 같다. 인공지능 알고리즘이 기존의 알고리즘과 다른 점은 이것은 미리 프로그램화된 것이 아니라 기계학습에 의하여 자동화된 과정 또는 자율적인 과정을 통하여 생성될 수 있다는 것이다. 그런 점에서 인공지능 알고리즘은 왜, 어떻게 이런 의사결정 시스템이 만들어졌는지 역추적하기 어렵고, 그것이 인간이 이해할 수 있는 논리적인 흐름을 제공하지 않는 경우가 종종 발생한다. 이는 알고리즘의 복잡성과 그로 인한 투명성의 부족 문제를 낳는다. 구체적인 알고리즘의 유형에 따라 그 판단 메커니즘의 수준이 달리 판단될 수 있는데, 결정트리(decision tree) 메커니즘에 비해 인공신경망(artificial neural network, ANN)을 이용하는 심층학습(deep learning) 알고리즘의 경우 투명성을 확보하는 것이 훨씬 더 어려울 수 있다. 그래서 인공지능 알고리즘을 통한 의사결정이 일종의 블랙박스처럼 인식되기도 한다.

인공지능 알고리즘의 설계가 잘못되었을 경우 아무리 양질의 데이터 셋에 의하여 추가적인 학습을 하더라도 구매자에게 제공되는 정보나 거래의 기회에 차별적인 결과가 발생할 수 있다. 이는 이러한 알고리즘에 의존하여 거래를 선택해야 하는 구매자에게 부정적인 영향을 줄 수 있다. 네비게이션 서비스에 적용되는 인공지능 알고리즘이 최적길 경로라고 알려주어 그대로 주행하였다가 오히려 길을 헤매거나 쓸데없이 돌아가는 경험을 하게 되는 경우를 예로 들 수 있다. 더욱이 기업이 알고리즘을 설계하는 과정에서 의도적으로 편향된 생각과 의견을 입력하는 경우 이를 규제할 수 있는 규정이나 법이 없다면 심각한 문제가 발생할 수 있다.

또한 알고리즘이 가격 산정에 적용될 경우 구매자별로 동태적이고도 개별화된 가격책정이 가능해진다. 이러한 가격 알고리즘은 구매자에 대한 데이터를 바탕으로 개인의 선호뿐만 아니라 특정 상품이나 서비스에 대한 개인의 지급의사의 변화를 점점 정확하게 추론할 수 있게 되기 때문이다. 통상적인 경우에는 판매자가 구매자의 지급의사의 차이를 정확하게 알 수 없고 가격의 차이를 이용한 차익거래의 가능성이 있기 때문에 동일한 상품 또는 서비스의 가격을 개별적으로 책정하는 데 어려움이 있다. 그러나 인공지능 기술의 발전으로 판매자가 구매자의 구매 행태에 대한 데이터를 축적하여 이를 토대로 개별 구매자의 선호 구조를 분석한 후 맞춤형 상품 또는 서비스를 제공하기 위한 지속적인 노력을 하면서, 제시되는 가격 자체도 개별 구매자의 선호도나 지급의사를 포함한 다양한 요소를 고려하여 맞춤형 가격이 될 수 있다. 이러한 맞춤형 가격은 경제이론에 의하면 구매자별로 개별화된 완벽한 가격차별이 될 수 있다. 개별 구매자별로 그 선호도나 지급의사에 일치하게 개별화된 가격이 책정될 경우 이론적으로 가격과 지급의사의 차이에 따른 소비자 잉여가 구매자에게 남지 않고 판매자에게 모두 귀속되는 결과가 될 수 있다.

3. 데이터와 관련된 판매자 관련 이슈

데이터와 관련된 구매자 관련 이슈는 이용자가 생성하는 데이터의 수집, 이용과 관련된 이슈라면, 데이터와 관련된 판매자 관련 이슈는 경쟁관계에 있는 판매자 간에 누가 더 데이터에 대한 접근에서 우위에 있는가 하는 문제이다. 인공지능 기술의 적용 여부와 그 정도에 따라 기업 간의 경쟁 구도가 달라질 수 있는 상황에서, 어느 기업은 인공지능 기술의 중요한 투입 요소인 데이터에 자유자재로 접근할 수 있는 반면에, 다른 기업은 그렇지 못하다면, 경쟁의 출발선에서 현격한 차이가 생길 수밖에 없다. 이는 출발선에서의 경쟁조건의 형평성 또는 평평한 운동장(level playing field)의 확보의 문제이다.

온라인 플랫폼이 사용하는 양면시장형 사업모델은 플랫폼이 양 측면에 있는 이용자 그룹과 그 관심을 끌기 위한 기회를 엿보는 판매자 그룹을 동시에 무대

위에 올려 중개하는 역할을 핵심적인 구성요소로 한다. 새로운 중개 서비스를 제공하는 시장을 얻기 위한 경쟁이 한참 진행되는 동안에는 다수의 기업들이 주도권을 차지하기 위해 노력한다. 그러나 네트워크 효과가 지배하는 시장의 특성 때문에, 일정한 기간이 지나면 시장의 선점에 성공한 기업이 시장의 전부 또는 대부분을 차지해버리고 나머지 기업들은 시장에서 사라지거나 주변부로 밀려나게 된다. 일반적인 경우 경쟁은 다시 그 바깥에서 시장의 경계를 허물고 새로운 시장을 개척하는 것으로 계속된다.

그런데, 데이터가 주도하는 경제에서는 이른바 데이터 주도 네트워크 효과라는 것이 발생한다는 이론이 유력하게 제기되고 있다. 그에 의하면, 온라인 플랫폼 간의 경쟁에서 승리한 기업은 그와 동시에 데이터 확보에도 유리한 지위에 오르게 되고, 이렇게 확보한 데이터는 그 범위와 규모의 측면에서, 또한 이러한 데이터를 활용한 시행착오 또는 실행에 의한 학습(learning by doing)의 기회의 측면에서 그 기업에게 다른 기업들에 비해 경쟁 우위로 작용하게 된다고 한다.[10] 그로 인해 한 시장에서 주도적인 기업은 그에 인접하여 새롭게 대두되는 시장에서도 그 지배력을 계속 확장할 수 있게 되어 다른 기업들이 후속 기회를 얻는 것을 배제할 수 있는 능력도 있고 그럴 유인도 갖게 된다는 것이다.

프랑스와 독일의 경쟁당국이 2016년에 공동으로 발간한 보고서[11]에는 데이터 또는 빅데이터를 활용한 경쟁제한행위의 유형이 열거되어 있는데, 이는 구체적인 행위의 묘사만 다를 뿐 기존에 경쟁법의 영역에 익숙하게 알려져 있는 행위 유형과 크게 다르지 않다. 여기에는 데이터에 대한 접근을 거부하는 거래거절, 데이터 이용에 대한 차별적 취급, 제3자와의 배타적인 데이터 이용계약, 데이터 셋의 판매와 데이터 분석 서비스의 제공을 연계하는 끼워팔기, 복수시장에서의 동일한 데이터 셋 이용을 통한 지배력 전이 등이 있다.

4. 알고리즘과 관련된 판매자 관련 이슈

알고리즘은 이를 이용한 상품 또는 서비스를 제공받는 구매자 간을 차별하는 도구로 사용될 수 있지만 판매자 간을 차별하는 도구로 사용될 수도 있다. 판매자가 이용자에게 접근하는 창구가 되는 검색 또는 순위결정 알고리즘이나 가격 비교 알고리즘의 경우가 그렇다. 온라인 활동을 하는 이용자의 대부분은 단순한 정보를 검색하기 위해서나 특정 상품이나 서비스를 구매하기 위한 정보를 얻기 위해서도 검색서비스를 많이 이용한다. 이때 검색서비스 제공자가 이용자가 입력한 검색어에 대응하여 검색 결과를 제시하기 위하여 사용하는 검색 또는 순위결정 알고리즘에 광고 수수료를 많이 지급한 판매자를 우대하기 위한 변수를 인위적으로 집어넣어 이용자의 선호도나 관련성과 관계없이 그러한 판매자의 검색 순위를 높게 배치하게 한다면, 이는 판매자 간의 차별을 초래하게 될 것이다. 우리가 흔히 사용하는 네이버 검색의 경우 아예 섹션을 달리하여 광고 수수료를 많이 지급한 판매자에 관한 정보가 먼저 나오도록 검색결과 화면을 구성하고 있다. 공정거래위원회는 네이버의 이런 행위에 대한 조사를 벌인 적이 있으나, 2014년에 이용자의 혼동을 방지하기 위하여 네이버에게 PC를 이용한 검색에서 통합검색 결과를 노출할 때 자신이 운영하는 키워드 광고 영역이 정보검색 결과가 아닌 광고임을 명확하게 표시하는 방안을 부과하는 것으로 사건을 종결하였다.[12]

검색 또는 순위결정 알고리즘에 의한 판매자 간 차별의 문제는 특히 검색서비스 제공자가 검색서비스에서의 경쟁 우위를 기반으로 하여 쇼핑, 부동산, 영화 등 다른 전문서비스 분야에서도 경쟁 우위를 확보하기 위하여 검색 또는 순위결정 알고리즘을 활용한다는 의문에서 확산된다. 네이버 역시 2014년의 공정거래위원회 사건에서 그러한 문제로 조사를 받았으나, 당시 네이버가 사용한 검색 알고리즘은 인공지능 알고리즘이라고 볼 수 없는 것이었다. 그에 비하여 구글은 자신이 사용하는 검색 알고리즘이 인공지능 기술을 적용한 것이므로 관련성에 기초한 자동화된 의사결정의 결과임을 강조하였다. 그런데 유럽에서 이용자가 구글의 검색서비스에 의하여 쇼핑 검색을 한 결과 구글 자신이 제공하는 전문서비스가 다른 경쟁 전문서비스에 비하여 검색결과에서 우대를 받고 있다는 문제제기가 이어졌다. 유럽의 경쟁당국인 유럽위원회는 2017년 구글의 쇼핑 검색에 의한 자사 서비스 우대의 결과가 경쟁법에 위반한다고 판단하고 제재하였는데,[13] 그 중요한 근거는 자사 서비스 검색결과와 경쟁 서비스 검색결과에 적용된 순위결정 알고리즘이 다르다는 것이었다. 구글은 비교 쇼핑 서비스를 포함한 웹페이지의 순위를 결정하기 위하여 페이지랭크 알고리즘이라고 알려진 순위결정 알고리즘을 적용하면서 이용자 경험을 증대하기 위하여 다양한 조정 메커니즘을 활용하고 있다. 그런데, 유럽위원회에 의하면, 구글은 경쟁사의 비교 쇼핑 서비스에 대한 검색 순위를 결정하기 위해서는 판다라고 알려진 알고리즘을 추가로 적용하고, 이것이 경쟁사의 검색 순위를 낮추는 데 이용된다는 것이다.

한편 앞서 본 것처럼 인공지능 알고리즘의 적용으로 인하여 개별적인 가격책정이 가능해진다고 하더라도, 판매자가 서로 다른 알고리즘을 사용하여 경쟁자의 가격책정에 대응하여 다른 가격을 구매자에게 제시하는 경쟁이 활발하게 일어나면 알고리즘 관련 가격차별의 이슈는 해소될 수 있을 것이다. 문제는 경쟁자 간에 동일한 가격결정 알고리즘을 적용하고 그 알고리즘에서 추가로 학습하는 경쟁자의 가격책정 데이터가 시장에서 자유롭게 수집되는 경우이다. 이런 경우 어느 한 판매자가 가격을 조정할 경우 그 데이터는 실시간으로 경쟁 판매자에게 전달되어 동일한 알고리즘의 적용을 통하여 미세한 시간 차이를 두고 가격은 동조화될 수 있다. 그로 인해 마치 경쟁자 간에 가격결정에 관한 합의를 한 것과 마찬가지의 결과가 발생할 수 있으나, 그러한 결과는 아무런 상호적인 의사 연결없이 알고리즘의 작용으로 인하여 생긴 것이므로 이를 카르텔이라고 단정하기 어렵다.

이러한 상황을 알고리즘 담합이나 디지털 카르텔이라고 부르면서, 이에 대한 경쟁법적 대응을 촉구하는 논의가 최근에 활발하게 전개되고 있다. 특히 OECD에서는 2017년 6월 "알고리즘과 공모"라는 주제로 토론회를 개최하여 이와 관련된 쟁점을 집중적으로 논의하였다.14 이와 관련하여 혹자는 알고리즘의 적용으로 인한 담합효과 발생의 위협에 경쟁법이 효과적으로 대응하기 위하여 '합의'를 요구하는 기존의 법리에서 벗어나거나 규제가 가능하도록 합의에 해당하는 요건을 재구성할 필요가 있다는 주장도 나오고 있다.

Ⅲ. 새로운 경쟁침해이론의 가능성

경쟁법은 사업자의 어떤 행위가 시장에서의 경쟁을 침해하는 다양한 메커니즘을 규명하는 경쟁침해이론에 의존하고 있다. 그런데, 인공지능기술의 적용으로 인하여 경쟁의 과정과 소비자 선택의 과정에 자동적인 의사결정이 일어나게 됨에 따라 경쟁이 침해되는 모습 자체가 변화하고 있다. 그에 따라 경쟁 개념 자체가 변화하고 있다. 또한 그 동안에는 시장에서의 경쟁 과정을 주된 침해 대상으로 보았으나, 인공지능 기술이 적용되는 상황에서는 경쟁 과정에 대한 영향은 명확하지 않아도 소비자 선택이 줄어들거나 혁신이 저해되는 경우가 발생할 수 있다. 따라서 소비자 선택과 혁신을 침해 대상으로 보는 새로운 경쟁침해이론의 출현이 기대되고 있다.

경쟁법의 전통적인 접근방법에서는 사전에 정의된 관련시장을 기준으로 하여 그 시장에서의 어느 사업자가 시장을 지배하는 힘이 있는지 그 힘을 제어하는 경쟁상 제약이 무엇이고 어느 정도인지를 측정하고 평가하는 방식으로 경쟁을 정의한다. 그러나 디지털 경제에서의 사업에 인공지능 기술이 적용되는 상황에서는 이러한 경쟁이 더 이상 의미 없게 될 수 있다. 무엇보다 경쟁은 시장의 경계를 바꾸고 끊임없이 재정의하는 방식으로 일어난다. 경쟁 개념 자체가 변화하고 있는 것이다.

경쟁이 침해되는 모습도 바뀌고 있다. 어느 정도 안정적인 그래프 형태로 유지되면서 조금씩 위아래로 움직이면서 새로운 균형점을 찾는 수요공급곡선처럼, 정태적인 경쟁 과정을 전제로 하여 이를 침해하는지 여부를 기준으로 하던 경쟁 침해의 개념도 더 이상 유효하지 않게 된다. 인공지능 시대에서의 경쟁 침해는 혁신의 배치를 더 어렵게 하거나 불가능하게 하는 행위로 정의될 수 있다. 시장의 경합가능성이 인정되는 한 경쟁은 움직이고 있는 것이므로, 이러한 경합가능성을 줄이는 행위가 경쟁 침해로 인식될 필요가 있다. 예컨대, 소비자 또는 그 창구가 되는 인터페이스에 대한 접근을 어렵게 하는 행위가 우리가 주목해야할 경쟁 침해 행위이다.

새로운 경쟁침해이론은 소비자 선택과 혁신을 침해 대상으로 하여 재구성될 수 있다. 경쟁법의 전통적인 접근방법에서도 소비자 선택과 혁신을 침해하는 행위가 경쟁을 제한할 수 있다는 것을 인식하고 있다. 다만 전통적인 경제에서는 가격을 인상하거나 생산량을 제한하는 효과를 어느 정도 식별할 수 있기 때문에, 소비자 선택과 혁신을 침해하는 효과는 부차적으로 고려해도 충분하다. 그에 비하여 디지털 경제에서는 가격 인상 또는 생산량 감소 효과를 분명히 식별하기 어렵기 때문에 소비자 선택 또는 혁신 침해 효과가 경쟁침해이론을 구성하는 중심적인 요소가 될 수 있다. 문제는 소비자 선택 또는 혁신을 어떻게 평가할 것인가 하는 점이다.

소비자 선택의 경우 소비자 선택을 그 자체로 가치 있는 것으로 볼 것인지 아니면 선택 범위가 많아지는 것이 소비자 혜택을 더 크게 하는 것으로 볼 수 있는 경우에만 보호되는 것으로 볼 것인지 하는 문제가 있다. 일반적으로 다양성이 증가하면 소비자 선택이 보호되는 것으로 생각되지만 지나친 다양성 증대로 복잡성이 높아져 소비자가 선택을 내리기 어려워진 상황에서 인공지능 기술이 기여가 빛나고 있다는 점에서 이는 간단하지 않은 문제이다. 인공지능 기술은 소비자의 선택을 돕기 위한 맞춤형 서비스를 제공하는 방식으로 소비자 혜택을 증진하고 있기 때문이다.

또한 혁신은 잠재적인 경쟁압력을 높이는 요인으로 중요하다. 그런데 혁신에는 동일한 가치 네트워크 내에서 일어나는 지속적인 혁신(이는 점진적 혁신과 돌파적 혁신을 포함한다)과 가치 네트워크 외부에서 일어나는 파괴적인 혁신이 있다. 인공지능 기술의 적용으로 지속적인 혁신을 더하는 경쟁 기업에게 사업상 피해가 발생할 수 있지만, 이런 과정이 디지털 경제의 패러다임을 바꾸는 파괴적인 혁신의 일환으로 벌어지는 것이라면 이를 어떻게 평가할 것인가? 누구도 그 해답을 아직 내놓지 못하고 있고, 구체적인 사건에서 내려지는 결정도 결국은 정책적인 것이 될 수밖에 없다.

 생각해 볼 점

1. 구글은 인공지능 기술을 적용한 검색 알고리즘에 의하여 검색어를 처리하므로 검색결과가 어떻게 나오는지 일일이 설명할 수 없다고 한다. 그런데 어떤 온라인 여행 사이트는 구글이 인공지능 기술을 적용한 이후 자신의 사이트의 검색 순위가 갑자기 낮아지고 대신 구글에게 광고비를 많이 내는 경쟁 사이트의 검색 순위가 높아져서 사업이 어렵게 되었다고 불만이다. 구글의 행위가 시장에서의 경쟁에 영향을 미

칠 가능성이 있으므로 문제라고 할 수 있는가, 아니면 온라인 여행 사이트 간의 경쟁에 실제로 어떤 영향이 미쳤는지를 따져보아야 판단이 가능할까?

2. 평소에 영화를 잘 보지 않는 A는 영화광인 친구로부터 최근에 개봉한 어떤 영화가 재미있으니 꼭 보라는 휴대폰 문자를 받았는데, 다음날 A가 이용하는 사회관계망 서비스에 그 친구가 추천 친구로 뜨면서 그 영화를 배급하는 영화사의 홍보용 게시물이 A가 보는 사이트 첫 화면에 등장하였다. A는 통신사에서 나에 관한 정보를 사회관계망 서비스 운영사에게 넘겨주는 것 아닌가 해서 기분이 나빴지만, 홍보용 게시물에서 할인 쿠폰을 제공해주어 기분이 풀렸다. 그 얘기를 친구한테 해주니 자기는 그런 혜택을 받지 못했다면서 A가 영화를 잘 보러가지 않으니 그런 혜택이 제공된 것일 수가 있다고 하였다. 사회관계망 서비스 운영사와 영화사는 A와 친구를 차별한 것일까?

인공지능과 노동법 및 사회보장법

배달앱을 이용하여 배달대행업을 영위하는 배달대행업체에 소속되어 배달 업무를 수행하던 배달기사 甲은 무단횡단을 하던 보행자와 충돌하는 사고를 당하였다. 甲은 업무상 재해를 이유로 요양급여 및 휴업급여 등을 신청하여 요양비, 휴업급여, 진료비 등의 산업재해보상보험급여를 받았고, 근로복지공단은 배달대행업체에게 甲에게 지급한 급여액의 50%에 해당하는 금액을 징수한다는 통지를 하였다. 이에 대하여 배달대행업체는 배달기사인 甲은 자신들과 근로계약서를 작성하지 않았고, 근로소득세를 납부하지 않았으며, 4대 보험에도 가입하지 않았고, 배달요청의 선택권이 있고 요청을 거절하더라도 배달대행업체로부터의 어떠한 제재도 없으며, 다른 회사의 배달 업무를 수행하는 것이 가능하고, 급여는 배달건수만으로 결정되었으므로 근로기준법이 정하고 있는 근로자가 아니므로, 자신들이 甲에 대하여 근로복지공단이 지불한 급여액의 50%를 부담할 수 없다고 주장하면서 처분의 취소를 주장하고 있다. 이 경우 甲은 배달대행업체의 근로자로 인정할 수 있을까?

제1절 지능정보사회가 노동시장에 어떠한 영향을 미칠까?

어렵고, 힘들고 위험한 일에서 벗어나 편안함과 안락함, 그리고 여유로움을 만끽하며 생활할 수 있는 지능정보사회가 도래하였다. 시대의 패러다임이 변화하며, 그 결과 얻는 것이 있는 반면에 잃는 것도 있다. 특히 인간의 노동을 인공지능을 탑재한 로봇이 대신함으로써 많은 근로자의 일자리가 위협을 받고 있다. 역사적으로 인간의 노동을 통한 생산을 극대화하여 많은 이윤을 추구하기 위한 수많은 방법이 발명되어 왔다. 예를 들면, 제분소 또는 주물공장에서 원자재를 나르기 위하여 고안된 컨베이어벨트를 자동차 생산공정에 도입함으로써 자동차의 대량생산이 가능하게 되었다. 그 결과 근로자의 업무 효율성을 극대화하여 부

(富)를 계속적으로 축적하기 위하여 '단순화, 표준화, 전문화'가 그 기틀을 잡기 시작하였다. 그렇지만, 자본가는 자신의 이익에 배치되는 많은 요구를 하고, 노동조합을 결성하여 자신들의 이익을 관철하기 위하여 파업 등 단체행동을 불사하는 근로자를 대체할 수 있는 새로운 노동수단을 찾기 시작하였고, 자동화의 과정을 거쳐 이제는 인공지능로봇을 도입할 수 있는 계기가 마련되었다.

본래 로봇은 '중노동 또는 강제노동'을 뜻하는 체코어인 'Robota'에서 비롯되었는데, 그 어원에 비추어 볼 때, 자본의 본질을 잘 꿰뚫고 있다. 로봇은 상품을 제조하는 '산업용 로봇', 사람과 장비에 유용한 서비스를 제공하는 '서비스용 로봇'으로 분류할 수 있다. 지금까지의 로봇시장은 자동차, 컴퓨터 및 장비, 무선, TV 및 통신장비, 의료장비, 정밀광학기계 등 전자·전기 산업, 고무·플라스틱 산업, 제약 및 화장품 산업, 식음료산업, 금속·기계산업 등 산업용 로봇이 주류를 이루고 있다.[1] 그렇지만, 2020년부터는 서비스로봇의 비율이 증가하여 의료, 물류 및 필드 서비스 부문에서 많은 활용이 예상되고, 점차적으로 유지관리, 보안 및 구조 시장(security and rescue market)에서 중요한 역할을 할 것으로 예상된다.[2]

인공지능로봇의 도입은 필연적으로 근로자의 일자리를 대체하므로 기존 근로자들의 실직을 양산할 위험이 크다. 그렇지만, 저출산 초고령화로 인하여 가장 높은 인구감소율을 보이고 있는 우리나라의 현실에 비추어 볼 때, 인공지능로봇은 경제활동인구의 감소를 보충·대체하여 줄 수 있다. 2016년 OECD의 분석에 따르면 아직까지는 인공지능로봇의 도입에 따른 일자리의 소멸 가능성은 낮은 것으로 평가되고 있다.[3] 그렇지만, 지능정보사회의 도래로 인하여 일련의 직업군에서 폭넓은 변화를 예고할 뿐만 아니라 노동시장에도 엄청난 영향을 미칠 것으로 예상되고 있다. 사람을 중심으로 하는 노동분업의 시대가 종식하고, 인공지능로봇이 일자리를 대체함으로써 실업의 문제 외에 근로자의 개념 변화, 근로시간 및 장소의 고정, 노동형태 등의 변화가 발생하여 이에 대한 법제의 대응이 필요하다.

제2절   지능정보사회에서 근로자를 보호하기 위한 법제의 대응

I. 지능정보사회에서 변화하는 근로관계에 따라 근로자를 보호하기 위한 방안은?

산업사회에서 노동시장의 근간인 사용자와 근로자 사이의 종속관계가 종식을 맞이하고 있다. 지능정보사회에서의 노동시장은 사용자가 마련한 공간에서 근로시간 동안 자신에게 맡겨진 과업을 달성하기 위한 근로를 제공하여 임금을 받는 사람을 원하지 않는다. 언제, 어디서나, 요구된 일을 창의적이고 자발적으로 해결하여 이윤을 창출하는 사람을 요구한다. 그 결과 특정 기업에 고용되지 않은 채 자유로이 독립적으로 일하는 사람들이 꾸준히 늘어날 것이다. 지능화된 디지털기기를 통하여 언제, 어디서나, 무엇이든 처리할 수 있는 지능정보사회에서는 더 이상 지시나 감독, 인력의 관리 및 효율적 배치를 통한 노동력 활용으로 발생한 이윤의 독식 또는 은혜적 분배, 그리고 근로시간에 근거한 임금체계가 제 기능을 하기 어렵다.

근로자의 개념에 대하여 근로기준법은 "직업의 종류와 관계없이 임금을 목적으로 사업이나 사업장에 근로를 제공하는 자"(§2i),[4] 「노동조합 및 노동관계조정법」은 "직업의 종류를 불문하고 임금·급료 기타 이에 준하는 수입에 의하여 생활하는 자"로 각각 정의하고 있다(§2i). 결국 근로자는 ① 직업의 종류와 관계없이 또는 직업의 종류를 불문하고, ② 근로를 제공하며, ③ 근로제공의 대가로 임금 등을 지급받아 생활하는 사람을 말한다.[5] 그런데, 여기에서 우리가 고민하여야 하는 사항은 지금까지의 근로관계는 근본적으로 사업장에서의 근로 제공을 그 본질로 한다는 점이다. "사업장"이란 사업을 영위하기 위하여 필요한 인적·물적설비를 갖추고 계속하여 사업 또는 사무가 이루어지는 장소를 말한다. 지능정보사회에서의 근로의 개념은 더 이상 사업장이라는 공간의 개념에서 벗어나 "일정한 장소를 바탕으로 유기적으로 단일하게 조직되어 계속적으로 행하는 경제적 활동단위"[6]로서의 사업을 중심으로 구성되어야 한다.

지능정보사회에서는 근로시간과 근로장소, 그리고 지시와 감독에 기초한 종속적 근로관계7에서 벗어나 근로자 스스로 근로시간을 편성하고 근로장소를 선택하며, 자신이 계획하거나 설계한 바대로 과업을 달성하려는 근로관계로 전환될 것이다. 근로기준법은 근로시간을 1주 40시간, 1일 8시간으로 정하고 있고(§50),8 18세 이상의 여성, 임신 중이거나 산후 1년이 지나지 아니한 여성, 18세 미만자를 오후 10시부터 오전 6시까지의 시간 및 휴일근로를 원칙적으로 허용하고 있지 않다(근로기준법 §70①②). 따라서 18세 이상의 여성, 임신 중이거나 산후 1년이 지나지 아니한 여성, 18세 미만자에 대해서만 근로시간 편성에 대한 제한을 두고 있을 뿐 그 밖의 근로자에 대한 근로시간의 편성을 제한하고 있지는 않다. 특히 '선택적 근로시간제'를 채택하여 근로자는 1일 8시간에 구애받지 않고 주당 40시간 범위 내에서 1일 근무시간을 자율적으로 조정하고, 출·퇴근시간을 근로자가 자유롭게 선택할 수 있게 되었다(근로기준법 §52). 나아가 업무의 성질에 비추어 업무수행 방법을 근로자의 재량에 위임할 필요가 있는 업무, 예를 들면, 연구개발업무, 정보처리시스템의 설계 또는 분석 업무, 기사의 취재, 편성 또는 편집 업무 등에 대하여 사용자의 지시 없이 근로자 스스로 근로시간을 편성할 수 있다(근로기준법 §58③, 같은 법 시행령 §31).

이와 같은 선택적 근로시간제와 재량적 근로시간제를 채택하여 근로시간의 선택 및 편성을 근로자가 결정할 수 있다. 그렇지만, 근로시간의 편성은 연구개발 등 제한된 업무에 한하여 인정하고 있는데, 그 확대를 고민하여야 할 때이다. 이 경우 함께 고려하여야 하는 사항이 임금이다. 야간 또는 휴일근로에 대하여 가산수당을 지급하도록 하고 있는데(근로기준법 §56), 근로자가 편성한 근로시간이 야간인 경우에도 가산수당을 지급하여야 하는 문제가 발생한다. 이러한 점에서 업무결과에 따라 임금이 결정될 수 있는 제도가 마련되어야 한다.

근로자의 종속적 관계를 결정하는 요소인 근로장소와 관련하여 지능정보사회에서는 시간을 중심으로 근로관계가 형성되므로 고정형 또는 지정형 근로장소로부터 벗어나 원격근무, 재택근무 등 근로장소의 제한을 배제할 필요가 있다. 특히 모바일을 기반으로 클라우드서비스 또는 인공지능을 활용한 근로가 이루어지므로 근로장소를 제한할 필요가 없다. 근로장소는 더 이상 필수요건이 될 수 없으며, 모바일 디바이스를 기반으로 하는 사이버스페이스가 바로 근로장소이고, 나아가 비즈니스 공간이 된다. 따라서 재택형, 스마트워크센터형, 모바일워크형 등 다양한 근로장소의 유형을 인정하고, 나아가 근무빈도 또는 시간에 대한 제한을 두지 않도록 하여야 한다.

이와 아울러 언제나 연결될 수 있는 통신환경이 마련되었기 때문에 근로자는 계속적으로 사용자와 연결될 수 있다. 근로자에게는 근로시간인지 또는 휴게시간인지 불분명해지고, 업무량이 증가하며, 과중한 업무에 따른 스트레스로 인간다운 생활을 영위할 수 없을 뿐만 아니라 인간으로서의 존엄과 가치를 누릴수 없다. 따라서 근로시간이 종료된 후에는 사용자로부터의 모든 업무지시를 받지 않을 권리, 즉 "연결되지 않을 권리"(right to disconnect)를 인정하여야 할 필요가 있다.

Ⅱ. 실직근로자에게 국가는 실업수당을 지급하여야 할 의무가 있을까?

1. 헌법상 근로의 권리 보장

우리나라는 세계에서 가장 높은 인구감소율을 보이고 있다. 그 결과 우리나라 경제활동인구의 감소가 가속화되고 있다. 경제활동인구의 감소를 인공지능로봇으로 보충·대체함으로써 순기능을 할 수 있다. 그렇지만, 결국 인공지능로봇으로 대체되는 일자리에서 근로하는 근로자는 실직하게 되어 인간다운 생활을 스스로 할 수 없게 되는 역기능이 발생할 수 있다.

헌법 제32조 제1항은 "모든 국민은 근로의 권리를 가진다. 국가는 사회적·경제적 방법으로 근로자의 고용의 증진과 적정임금의 보장에 노력하여야 하며, 법률이 정하는 바에 의하여 최저임금제를 시행하여야 한다."고 규정하고 있다. "근로"란 소득의 대가를 목적으로 이루어지는 정신적·육체적 활동으로, 소득을 목적으로 하지 않는 취미를 이유로 하는 활동은 근로에 포함하지 않는다. 소득이 없는 근로행위는 일반적 행동자유권 또는 직업의 자유에 따라 보장될 뿐이다. "근로의 권리"란 인간이 자신의 의사와 능력에 따라 근로관계를 형성하고, 다른 사람의 방해를 받지 않고, 근로관계를 계속 유지하며, 근로의 기회를 얻지 못한 경우에는 국가에 대하여 근로의 기회를 제공하여 줄 것을 요구할 수 있는 권리를 말한다.9 근로의 권리를 보장하는 것은 생활의 기본적인 수요를 충족시킬 수 있는 생활수단을 확보해 주며, 나아가 인격의 자유로운 발현과 인간으로서의 존엄과 가치를 보장하기 위한 것이다.10

헌법은 사유재산 및 사적 자치를 보장하고, 개인과 기업의 경제상의 자유와 창의를 존중하는 자유시장경제질서를 기본으로 하면서도 사회복지·사회정의를 실현하기 위하여 국가적 규제와 조정을 용인하는 사회복지국가원리를 수용하고 있다.11 노동질서는 경제질서를 구성하는 중요한 요소 중의 하나이다. 노동시장 및 노동관계에 관하여 헌법은 제32조, 제33조에서 근로의 권리와 근로삼권을 보장하는 등의 내용을 담고 있으며, 제15조에서 직업의 자유를 보장하고 있다. 헌법재판소는 "헌법이 이와 같이 근로삼권을 보장하는 취지는 원칙적으로 개인과 기업의 경제상의 자유와 창의를 존중함을 기본으로 하는 시장경제의 원리를 경제의 기본질서로 채택하면서, 노동관계 당사자가 상반된 이해관계로 말미암아 계급적 대립·적대의 관계로 나아가지 않고 활동과정에서 서로 기능을 나누어 가진 대등한 교섭주체의 관계로 발전하게 하여 그들로 하여금 때로는 대립·항쟁하고, 때로는 교섭·타협의 조정과정을 거쳐 분쟁을 평화적으로 해결하게 함으로써, 결국에 있어서 근로자의 이익과 지위의 향상을 도모하는 사회복지국가 건설의 과제를 달성하고자 함에 있다"고 밝히고 있다.12

근로의 권리는 사회적 기본권으로서, 국가에 대하여 직접 일자리를 청구하거나 일자리에 갈음하는 생계비의 지급청구권을 의미하는 것이 아니라, 고용증진을 위한 사회적·경제적 정책을 요구할 수 있는 권리에 그친다. 근로의 권리를 직접적인 일자리 청구권으로 이해하는 것은 사회주의적 통제경제를 배제하고, 사기업 주체의 경제상의 자유를 보장하는 헌법의 경제질서 또는 기본권규정들과 조화될 수 없다.13 나아가 근로의 권리로부터 국가에 대한 직접적인 직장존속청구권을 도출할 수도 없다. 물론 헌법 제15조의 직업의 자유 또는 헌법 제32조의 근로의 권리, 사회복지국가의 원리 등에 근거하여 실업방지 및 부당한 해고로부터 근로자를 보호하여야 할 국가의 의무를 도출할 수는 있지만, 국가에 대한 직접적인 직장존속보장청구권을 근로자에게 인정할 만한 헌법상의 근거는 없다.

단지 직업의 자유에서 도출되는 보호의무와 마찬가지로 사용자의 결정에 따른 직장 상실에 대하여 최소한의 보호를 제공하여야 할 의무를 국가에 지우는 것으로 볼 수는 있다. 그렇지만, 이 경우에도 입법자가 그 보호의무를 전혀 이행하지 않거나 사용자와 근로자의 상충하는 기본권적 지위나 이익을 현저히 부적절하게 형량한 경우에만 위헌 여부의 문제가 생길 것이다.[14]

2. 국가의 실업수당 지급의무의 인정 여부

국가는 헌법 제32조 제1항에 따라 "근로자의 고용증진에 노력하여야 할 의무"가 있다. 따라서 국가는 고용기회를 확대하고 평등한 고용기회를 보장하기 위한 정책을 개발하여 시행할 의무를 진다. 인공지능로봇의 채택으로 근로자들이 일자리를 잃게 되는 경우 국가에 대하여 실업수당의 지급을 청구할 수 있는가의 문제가 제기된다. 1919년의 「바이마르공화국 헌법」 제163조 제2항은 근로의 기회를 갖지 못한 국민에 대하여 법률이 정하는 바에 따라 생활비를 지급하도록 하고 있다. 즉, "모든 독일인은 그 경제적 노동에 의하여 그 생활자료를 얻을 기회가 부여되어야 한다. 적당한 노동의 기회를 가지지 못하는 자에 대하여는 필요한 생활비를 지급한다. 상세한 것은 특별히 제국법률에 따라 정한다." 또한, 제161조에서는 생활변화에 따른 경제적 최저생활을 보호하기 위하여 국민의 참여가 강제되는 보험제도를 설치하도록 하고 있다. 즉 "건강 및 노동능력을 유지하고 산부를 보호하며 그 연령, 병약 및 생활의 변화에 의한 경제상의 결과를 방호하기 위하여 제국은 피보험자로 하여금 기속적인 참여를 하게 하는 개괄적인 보험제도를 설치한다."

실업상태의 국민이 언제나 국가에 대하여 실업수당을 청구하는 것은 허용되지 않는다. 왜냐하면, 실업상태에 있는 사람 모두에게 그렇지 않은 대다수 국민이 납부한 세금을 지급하는 것이기 때문이다. 다만, 국가가 적극적으로 인공지능로봇의 도입에 따른 일자리 대책을 수립하고 시행하여야 함에도 불구하고 이를 수립·시행하지 않음으로써 발생하는 실업상태, 즉, 비자발적 실업상태로 인하여 최저한도의 경제적 생활이 불가능하게 된 경우에는 생계비 또는 실업수당의 지급을 청구할 수 있다. 이 경우 국가는 비자발적 실업상태에 있는 국민의 요구에

응할 수 있는 재정능력이 있어야 하는데, 이것은 규범의 영역이라기보다는 사실의 영역으로 정책적 판단의 몫이다.

III. 노동관계의 변화에 대응하기 위한 법제의 모색

1. 지능정보사회와 일자리 수의 상관 관계

급속하게 발전되는 기술을 채택하여 '생산성 향상을 통한 이윤의 극대화'를 실현하고 있다. 그런데 그 결과는 새로운 직업을 창출하였지만, 근로자는 업무의 대체로 인한 일자리의 상실을 걱정하게 하였고, 자본가와 근로자 사이의 빈부격차를 계속적으로 초래하여 왔다. IoT, 클라우드, 빅데이터, 모바일, 인공지능 등의 지능정보기술에 근거한 산업의 발전에 따라 인간의 노동에는 많은 변화를 초래하고 있다. 근로자의 업무를 지능정보기술이 대체하고 있는데, 그 대체의 정도에 따라 노동시장도 많은 변화가 발생할 것이다, 즉, 근로자의 업무 가운데 일부를 지능정보기술이 대체하여 생산성이 향상하면 그 업무는 유지되고, 그만큼 일자리는 유지된다. 그렇지만, 업무를 지능정보기술이 완전하게 대체하여 생산성을 향상한다면 근로자의 업무는 사라지고 그 결과 해당 일자리는 사라진다. 비행기에서 부조종사의 역할을 인공지능로봇이 수행하면 그 업무에 비례하여 부조종사의 일자리는 사라질 것이고, 자율주행 자동차의 상용화로 직업운전사는 사라지고, 그 결과 일자리는 모두 사라질 것이다.

지능정보사회에서 생활의 편리성은 증대하고 있지만, 일자리와는 긴장관계에 있는 것이 사실이다. 영국 옥스퍼드대학교 연구진의 2013년 조사에 따르면 우리나라의 노동시장은 2020년 전체 업무의 20%를, 2025년에는 45%를 로봇으로 대체하게 되어 점진적으로 로봇이 특히 생산직 근로자의 업무를 대체할 것으로 판단하고 있다.[15] 특히, 우리나라는 2016년 전기·전자산업을 중심으로 전 세계에서 2번째로 많은 산업용 로봇이 도입되고 있는데, 이것은 2011년 이후 매년 10% 이상 증가한 결과이다.[16] 2017년 3월 매사추세츠공대(MIT)와 보스턴대의 연구진은 산업용 로봇 1대가 6명의 일자리를 빼앗는다는 결과를 발표하였고, 미국에서만 10년 안에 600만개가 넘는 일자리가 사라질 것으로 예상하고 있다.[17]

2016년 OECD의 보고서에 따르면, 우리나라는 자동화로 인해 직업의 역할이 변하거나 직업 자체가 소멸할 가능성이 약 25% 미만인 수준으로, 분석 대상 국가 22개국 중 가장 낮은 것으로 나타났다. 이것은 미국, 독일, 일본, 영국, 캐나다 등 주요국은 물론 체코, 폴란드 등 그 밖의 신흥국가보다 직업구조 측면에서는 상대적으로 변화의 정도가 낮을 수 있음을 말한다. 그렇지만, 보스턴컨설팅그룹의 보고서에 따르면 2025년 첨단산업용 로봇에 의한 노동 비용 절감 효과가 가장 높은 국가가 한국이라고 전망하고 있다. 결국, 인공지능로봇이 일자리를 대체할 확률이 가장 높다고 보아야 한다.[18] 또한, 인공지능로봇의 발전에 따른 변화에 적극적으로 준비하고 대응하여야 한다는 것을 뜻한다. 인공지능로봇이 노동을 대체하는 시기는 현실화되므로 노동력 대체와 그에 따른 문제점을 면밀히 살펴 정책을 수립하여 시행하여야 할 시기가 온 것이다.

2. 지능정보사회에서의 노동관계의 변화에 따른 법제 마련 필요

지능정보사회는 '일자리의 수'에도 많은 영향을 미치지만 근로형태에도 많은 변화를 초래한다. 지능정보사회에서 산업은 제품의 생산 및 판매가 아닌 '서비스의 제공'으로 전환하여 가고, 소유를 중심으로 하기보다는 '사용 및 수익'을 중심으로 하게 될 것이다. 즉, 자동차 또는 주거시설 등은 필요한 때 필요한 시간만큼만 사용하여 수익을 창출하며, 그 결과 규모의 경제로부터 벗어날 것이다. 그리고 에어비앤비(Airbnb), 우버(Uber) 등과 같이 기업이 부동산이나 자동차를 소유하지 않을 뿐만 아니라, 페이스북(facebook)과 같이 기업이 콘텐츠를 생산하지도 않는다.

전통적으로 근로관계는 종속성에 근거하여 판단하여 왔지만, 지능정보사회에서는 더 이상 종속성에 근거하여 근로관계를 판단하기는 어렵다. 즉, 인적 종속관계(임금종속성) 또는 사용종속관계(업무종속성)에 근거하여서는 더 이상 근로관계를 파악하기는 어렵다. "고용 없는 성장"으로 특징되는 지능정보사회에서는 자연스럽게 청년세대를 비롯한 모든 세대의 실업 문제를 해결하기 위한 노동정책의 재정립이 필수적이다. 우리 사회를 짓누르는 현안으로 반드시 해결하여야 하는 이 문제에 대하여 아날로그적 접근은 더 이상 현실적이지 못하다. 노동법은 유기체로서 국내외의 정치·경제·사회·문화와 개인의 생활 및 기업의 경영 현실이 서로 영향을 주고 받으면서 발전해 간다.

사업자의 플랫폼을 이용하여 수익을 얻는 사람들은 근로자도 아니고 그렇다고 독립적 자영업자로 보기는 어렵다. 앱을 통하여 서비스를 제공하지만, 서비스 제공 여부를 결정할 수 있고, 사업주로부터 구체적으로 근로시간 및 장소 등에 관한 지휘·감독을 받지 않는다면, 근로자로 보기 어렵다.[19] 앱을 통한 이용자의 주문에 대응하여 자신의 서비스 제공 여부를 결정하고, 자신의 희망에 따라 일하며, 그 밖의 시간은 다른 근로의 제공을 통하여 소득을 창출하는 '1인 자영업자'가 증가할 것이다. 그런데 노동법은 근로자를 대상으로 할 뿐 자영업자를 대상으로 하지 않으므로 이들을 보호하기 위하여 노동의 개정 또는 특별법의 제정이 필요하다. 이를 위하여 종속관계에 기초한 근로자 해당 여부의 판단기준에 대한 재검토가 요구된다.

제3절 지능정보사회에서 인간다운 생활을 보장하기 위한 법제의 대응

I. 인간다운 생활의 의미 변화

헌법 제34조 제1항은 "모든 국민은 인간다운 생활을 할 권리를 가진다."고 규정함으로써 인간의 생존을 위한 가장 기본적이고 핵심적인 권리를 명확히 규정하고 있다. 여기에서의 "인간다운 생활"이란 사회복지국가적 관점에서 경제적·물질적 생활을 말한다. 즉, 헌법 제34조 제1항이 보장하는 인간다운 생활을 할 권리는 사회적 기본권의 일종으로서 인간으로서의 존엄성에 상응하는 최소한의 물질적인 생활의 유지에 필요한 급부를 요구할 수 있는 권리를 말한다.[20] 다만, 이 권리는 국가의 재정규모와 정책, 국민 각 계층의 상충하는 여러 이해관계 등 복잡하고 다양한 요소를 함께 고려하여 법률을 통하여 구체화하는 경우에 한하여 비로소 인정되는 법률적 권리이다.[21]

국가가 입법을 할 때에는 국가의 재정부담능력, 전체적인 사회보장 수준과 국민의 법의식이나 법감정 등 사회정책적 고려, 제도의 장기적인 지속을 전제로 하는 데에서 오는 제도의 비탄력성과 같은 사회보장제도의 특성 등의 요소를 감안하여야 한다.[22] 이와 같은 요소를 고려하여야 하기 때문에 입법자에게는 광범위한 입법재량이 인정된다. 따라서 그 수급요건, 수급자의 범위, 수급액 등 구체적인 사항이 법률에 규정됨으로써 법적 권리로 형성된다.

특히, 국가가 인간다운 생활을 보장하기 위한 생계급여의 수준을 구체적으로 결정할 때에는 국민 전체의 소득수준과 생활수준, 국가의 재정규모와 정책, 국민 각 계층의 상충하는 갖가지 이해관계 등 복잡하고 다양한 요소를 함께 고려하여야 한다. 그리고 국가가 인간다운 생활을 보장하고 있는지 여부는 특정한 법률에 의한 생계급여만을 가지고 판단하여서는 안 되고, 다른 법령에 따라 국가가 최저생활보장을 위하여 지급하는 각종 급여나 각종 부담의 감면 등을 종합하여 판단하여야 한다.[23]

Ⅱ. 기본소득을 인정하여야 하는가?

인공지능로봇이 일자리를 대체함으로써 비자발적으로 일자리를 상실하는 근로자는 자신의 인간다운 생활을 누릴 권리가 있다. 이미 미국 아마존은 물류센터 인력의 상당수를 로봇으로 대체하였고, 무인계산대를 설치하는 상점이 시범 운영하기 시작하였으며, 국내 대학에서 통번역 대학원 지원자가 감소하는 등 그 파장이 크다. 특히, 국제로봇연맹(IFR)에 따르면 지난해 한국의 제조업 노동자 1만 명당 로봇 수는 531대로, 전 세계 평균인 69대의 약 8배에 달한다.

산업혁명 이후 기술 혁신은 많은 사람들을 일자리에서 내몰았지만, 생산성 향상이 곧 새로운 수요를 창출하여 그 수요로 인하여 새로운 일자리를 만들어 왔다. 그 결과 일자리의 급격한 감소를 막아왔다. 그렇지만, 인공지능으로 대표되는 제4차 산업혁명의 시대에서는 인공지능로봇이 거의 모든 직종을 위협하고 있다. 더 이상 의사, 변호사, 회계사 등과 같이 높은 진입 장벽을 치고 있는 고수익을 누려온 전문 직종도 안전지대가 아니다. 더욱이 프로그래밍을 하는 인공지능도 등장해 인공지능이 또 새로운 인공지능을 만드는 세상이 도래할 수도 있다.

2000년대에 접어들면서 우리나라는 실업률 증가에 대한 우려가 나타났고, 2007년에 발생한 서브프라임 모기지(subprime mortgage) 이후 우리의 경제 전반에 걸친 고용의 저하로 인하여 일자리 창출은 당면 과제가 되었다. 이와 같은 경제 안정 및 일자리에 대한 국민의 열망으로 이명박 정부, 박근혜 정부가 탄생되었지만, 국민적 열망을 배반하는 일들이 벌어졌다. 특히 실업자 이외에 비자발적으로 아예 구직을 포기하는 '구직단념자'가 양산되는 등 유휴인력은 그 규모가 계속적으로 증가하고 있고, 문재인 정부가 해결하여야 할 최고의 과제이다.

2010년대에 들어서면서부터 인간 중심의 일자리는 점점 위축되고 감소되어 가고 있다. 특히, 인공지능로봇에 의하여 육체노동자 및 생산직 노동자를 대체하고, 자율주행 자동차 또는 자율비행 무인기 등의 출현으로 택시운전사는 물론 전문직인 비행기 조종사의 일자리를 대체하려 하고 있으며, 장래적으로 의사, 변호사, 기자 등의 직업도 각종 인공지능로봇에 의하여 대체될 것으로 전망된다. 그 결과 인공지능로봇은 생산력을 대체할지는 몰라도 소비를 대체할 수 없으므로 더 이상의 소비시장 붕괴를 '강 건너 불구경' 하듯 바라봐서는 아니 된다. '생산−유통−소비'가 더 이상 균형을 이루지 못하고, 극단적인 이윤추구 속에서 소득분배의 불균형이 심화되어, 소비 주체가 다수가 아닌 상황이 계속되고 있다. 그 결과 인간다운 생활을 위한 최소한의 필요조건을 자급할 수 없게 될 우려가 발생하고, 그 결과 사회는 물론 국가도 해체될 가능성이 상존한다.

인공지능로봇이 일자리를 대체해 가고 있는 시대에서 현재와 같이 임금노동을 전제로 부(富)를 배분하는 방식으로는 더 이상 국민의 생활을 보장하기 어렵다. 즉, 인간다운 생활이 가능하도록 기본적인 의·식·주 및 건강보험 등 기본적 필요비용을 충당할 수 있는 금전을 국가가 지급하여야 할 필요성이 발생한다. 이와 같은 문제를 해결하기 위하여 주장되는 것이 바로 '기본소득(basic income)'이다. 이것은 인간이 인공지능로봇과 대결을 전제로 하기보다는 만성화된 실업에 대한 불안감을 해소하여 보다 생산적인 활동을 할 수 있도록 하기 위한 토양을 마련하기 위하여 주장되는 것이다. 또한 인공지능로봇이 모든 일을 대신하면서 노동에서 해방된 인간은 예술가와 학자와 같은 지적이고 창의적인 활동에 전념하도록 하여 인간으로서의 존엄과 가치를 향상시키기 위한 것이다.

　　"기본소득"[24]이란 자산, 소득, 노동활동 여부에 관계없이 모든 국민에게 정기적으로 일정액의 소득을 지급하는 것을 말한다.[25] 그 지급주체는 국가 또는 지방자치단체로서 국민에게 아무런 조건없이 정기적으로 지급하는 소득이다. 즉, ① 기본소득은 보편적 보장소득으로 국민 모두에게 지급하는 소득이고, ② 무조건적 보장소득으로 자산심사나 노동의 요구 없이 지급하는 소득이며, ③ 개별적 보장소득으로, 가구 단위가 아닌 국민 개개인에게 지급하는 소득이다.[26]

　　사회보장제도와 기본소득은 그 차이가 있다. 사회보장제도는 임금을 받은 근로자가 건강보험, 고용보험, 산업재해보상보험, 국민연금 등 사회보험에 가입하고, 보험료 등을 납부하여 실업급여, 보상금 또는 연금 등을 받을 수 있다. 또한, 생활무능력자에 대하여 그 요건의 충족 여부를 심사하여 생활급여를 지급받는다. 그렇지만, 기본소득은 근로 여부 등의 조건과 아무런 관계없이 지급한다는 점에서 차이가 있다.

　　기본소득은 세계 여러 나라에서 실험적으로 운용되고 있다. 2017년 1월부터 2018년 12월까지 2년 동안 한시적으로 핀란드에서 장기실업자 2000명을 대상으로 실험하고 있는데, 1인당 500유로를 매달 은행계좌로 지급받는다. 캐나다의 경우 2017년 6월부터 3년간 온타리오 주 빈곤층 3,000명을 대상으로 17,000캐나다달러를 지급하고 있다.

　　기본소득은 인간으로서의 존엄과 가치 및 행복추구권, 평등권, 인간다운 생활을 할 권리, 사회적 시장경제질서 등에 근거하여 인정될 수 있지만, 그 구체적 내용은 법률에 의하고, 법률에서는 우선적으로 기본소득의 지급방식, 금액, 재원, 그리고 다른 사회보장제도와의 관계 등에 관한 내용을 담고 있어야 한다.

　　기본소득을 인정하려는 노력은 전세계적으로 점차 확산되고 있다.[27] 2016년 6월 스위스에서는 성인에게 매달 2,500 스위스 프랑을 지급하는 기본소득 채택 여부를 결정하기 위한 국민발안에 대한 국민투표가 시행되었지만, 찬성 23%, 반대 77%로 부결되었다. 제안된 내용은 「스위스연방헌법」에 새로운 조항을 신설(§110a)하려는 것으로 "① 연방은 조건없는 기본소득의 도입을 준비한다. ② 기본소득은 모든 주민들로 하여금 인간다운 생활과 공적 생활에 참여할 수 있게 하여야 한다. ③ 기본소득의 재원과 액수는 법률로 정한다."는 것이었다.[28] 이에 앞서 2004년 1월 브라질은 세계 최초로 '시민기본소득법(Lei da Renda Basica de Cidadania, 2004년 1월 8일, 법률 제10835호)'이 공포되었다. 다만, 2010년 '시민기본소득'이라는 명칭으로 기본소득 제도의 전국적 시행을 앞두고 있었으나, 재정적인 문제로 전혀 시행되지는 못하였다.29

제4절 지능정보사회에서 인간다운 생활의 보장을 위한 법제의 모색

Ⅰ. 인간다운 생활의 보장을 위한 사회보장법제의 정비 방향

지능정보기술은 우리의 생활에 많은 영향을 편리함을 주고 있지만, 계속적 확산은 결국 일자리 부족으로 귀결될 것이고, 그 정도는 더욱 심화될 것이고, 그에 따라 점점 더 인간다운 생활의 실현을 위한 사회보장이 요구된다. "사회보장"이란 출산, 양육, 실업, 노령, 장애, 질병, 빈곤 및 사망 등의 사회적 위험으로부터 모든 국민을 보호하고 국민 삶의 질을 향상시키는 데 필요한 소득·서비스를 보장하는 사회보험, 공공부조, 사회서비스를 말한다(사회보장기본법 §3i). 모든 국민은 사회보장 관계 법령에서 정하는 바에 따라 사회보장급여를 받을 권리를 가지고 있으며, 국가 및 지방자치단체는 건강하고 문화적인 생활을 유지할 수 있도록 사회보장급여의 수준 향상을 위하여 노력하여야 한다(사회보장기본법 §§ 9, 10 ①). 또한, 국가 및 지방자치단체는 사회적 위험에 처한 사람에 대하여 공정하고 효과적으로 사회보장급여를 제공하고, 사회적 위험에 처하여 사회보장급여를 받지 못하는 지원대상자를 적극적으로 발굴하여 지원함으로써 인간다운 생활을 실현하기 위한 노력을 하여야 한다(사회보장급여법 §4).

인공지능로봇에 의하여 일자리가 대체된 근로자의 인간다운 생활을 보장하기 위해서는 인적 종속관계 및 사용종속관계를 기준으로 근로자 여부를 판단하는 것은 지능정보사회에서는 더 이상 현실적이지 않다. 다수의 근로자와 다수의 이용자를 실시간으로 연결하는 플랫폼을 이용한 근로가 일반화되어 가는 지능정보사회에서 "업무 내용을 사용자가 정하고 취업규칙 또는 복무규정 등의 적용을 받으며 업무수행과정에서 사용자가 상당한 지휘·감독을 하는지, 사용자가 근무시간과 근무장소를 지정하고 근로제공자가 이에 구속을 받는지, 근로제공자가 스스로 비품·원자재나 작업도구 등을 소유하거나 제3자를 고용하여 업무를 대행하게 하는 등 독립하여 자신의 계산으로 사업을 영위할 수 있는지"를 기준으로 근로자 해당 여부를 판단할 수 없다. 나아가 인적 종속관계 및 사용종속관계를 엄격하게 적용하는 경우 자영업자로서 인정할 수 밖에 없으므로 서비스 제공자의 인간다운 생활의 보장은 상대적으로 약화될 수밖에 없다. 따라서 지능정보사회에서의 근로자의 인간다운 생활을 보장하기 위해서는 인적 종속관계 및 사용종속관계의 요소를 완화하거나 자영업자 판단기준의 확대 등이 요구된다.

지금까지의 국민연금, 건강보험, 고용보험, 산업재해보상보험 등 사회보험[30]은 사업주와의 직접 고용계약을 체결한 근로자를 보호하고 있다. 지능정보사회에서 근로자의 범위를 확대하여야 할 뿐만 아니라 인간다운 생활을 보장하기 위하여서는 소득이 발생하는 모든 사람을 보호할 수 있도록 사회보험을 재정비하여야 한다. 이를 위하여 지금까지 근로자와 사업주가 일정비율의 보험료를 분담하거나 자영업자로서 본인의 모든 보험료를 부담하는 방식에서 탈피하여야 한다. 즉, 지능정보사회에서는 소득에 비례하여 보험료를 납부하도록 하고, 다양한 계약형태를 통하여 소득을 창출하는 사업주는 그 소득에 비례하여 보험료를 납부하도록 하여야 한다. 그렇지만, 소득이 낮거나 사회보험급여 수준이 낮은 근로자의 인간다운 생활의 보장을 위한 방안이 모색되어야 하는데, 이를 위하여 최소한의 소득을 보장하기 위한 기본소득을 인정하여야 할 필요가 있다.

II. 로봇세의 도입은 필요한가?

인공지능로봇의 수는 계속적으로 증가할 것이고, 이에 따라 일자리 대체 및 실업은 심화될 것이다. 일자리를 잃게 되어 인간다운 생활이 어려운 국민을 국가는 보호하여야 한다. 이를 위하여 국가는 '고용증진을 위하여' 일자리 확대를 위한 정책을 수립·시행하고, 일자리를 잃은 근로자를 재교육하여 다른 직업으로의 전직이 가능하도록 하거나 새로운 직업을 구할 수 있도록 하여야 하며, 최소한의 물질적 생활이 가능하도록 실업수당을 지급할 수 있어야 한다. 이를 위하여 전제가 되는 것은 그 재원을 마련하여야 하는데, 이를 위하여 주장되는 것이 바로 '로봇세'이다.[31]

로봇세에 관한 논의는 빌게이츠가 2017년 2월 Quartz와의 인터뷰에서 "기술을 통해 노동이 사라진다고 해서 돈을 벌지 못하게 됐다는 의미는 아니기 때문에 소득세 수준의 세금을 로봇 사용자에게 부과해야 한다. … 현재 공장에서 5만 달러 이상 벌며 일하고 있는 인간 노동자에게는 소득세, 사회보장세 등 각종 세금이 부과되고 있다. … 이들과 같은 노동을 하는 로봇에게도 비슷한 수준의 과세를 해야 한다. 로봇이 인간의 직업을 가지면 왜 과세하지 않는가?"는 주장에서 비롯되었다.[32] 이보다 한 걸음 더 나아가 2017년 9월 영국의 노동당 총재인 Jeremy Corbin은 자동화의 부정적 효과를 상쇄할 목적으로 인간의 일자리를 대체하는 회사에 과세하여야 하고, 전체 사회의 이익을 위하여 로봇공학과 기술을 관리하여야 한다고 주장하였다.[33]

인공지능로봇은 인간이 할 수 있는 일들을 직접 수행해 나아갈 것이고, 그 결과 대규모 실직이 발생할 수 있다. 이에 따라서 인공지능로봇을 '전자인간' (electronic persons)으로 간주해 과세하고, 인공지능로봇 소유자들에게 세금을 부과하여 납부하도록 하거나 사회보장에 기여하는 방안을 모색하여야 한다. 그리고 인공지능로봇이 생산하는 부가가치를 급여나 납세 없이 모두 기업이 차지하게 된다면 부의 편중이 심화될 것이고, 실업자가 증가하는 반면 납세자가 감소하므로 사회를 유지하는 것이 매우 어려워지므로 로봇세의 신설이 필요하다.[34]

헌법은 법률로 그 종목과 세율을 정하도록 하고 있다(헌법 §59). "조세"란 국가 또는 지방자치단체가 재정수입을 확보하기 위하여 국민, 주민 또는 납세의무를 질만한 사정이 있는 자에 대하여 반대급부를 제공함이 없이 강제적으로 부과하는 과징금을 말한다. 국민과 국내법인은 물론 외국인 및 외국법인도 국내에서 소득을 얻거나 납세의무를 지울만한 사정이 있으면 조세를 납부하여야 한다. 조세는 국가 또는 지방자치단체의 재정수요의 충족, 소득의 재분배, 자원의 적정배분, 경기 조정 등의 기능을 가지고 있다.[35] 헌법 제59조가 조세의 종목과 세율을 법률로 정하도록 명시하고 있지만, 그 밖에도 조세의 근거, 납세의무자, 과세대상, 과세절차도 법률로 정하여야 한다. 그렇지만, 특별한 사정이 있는 경우에도 법률로 규정하여야 할 사항에 관하여 행정입법에 위임하는 것이 허용된다.[36]

　　인공지능로봇을 도입하여 일자리를 대체하는 경우 그 수익은 회사에게 귀속되므로 사업소득에 대한 과세가 가능하여, 개인은 소득세를, 회사는 법인세 및 원천징수한 소득세를 납부하여야 한다(법인세법 § 2, 소득세법 § 2). 또한, 소유하는 자산인 인공지능로봇에 대한 과세, 즉 재산세를 부과하는 것도 가능하다. 인공지능로봇은 다양한 유형으로 분류할 수 있고, 그 가격도 큰 차이가 있다. 특히 고가의 인공지능로봇은 그 재산적 가치가 크므로 이에 대한 등록제도를 도입하여 과세물건으로 분류하는 것도 가능하다. 로봇세는 인공지능로봇을 도입한 회사 또는 개인에게 부과하는 것이다.[37] 이것은 로봇에 대한 인격성을 부인하는 입장에서 출발하는 것이다.

　　그런데, 미국 샌프란시스코와 홍콩에는 인공지능로봇이 커피를 제공하는 무인 커피숍 '카페 X(Cafe X)'가, 그리고 시애틀에는 '아마존 고'라는 매장이 운영 중인데, 고객이 휴대전화를 찍고 들어가서 원하는 물건을 집어 들고 그냥 나오면 자동으로 계산이 이루어진다. 장래적으로는 사람과 직접 법률행위도 가능하게 될 것이다. 비록 인공지능로봇에 대하여 인격성을 부인하고, 행위자가 결정한 내심적 효과의사를 그대로 상대방에게 표시하거나 전달하여 법률행위를 완성하는 행위자의 사자(使者) 또는 이행보조자에 불과하다. 그렇지만, 딥러닝을 통한 자율학습이 가능한 자율로봇의 경우에는 이와 같은 지위를 인정하기 어렵고, 나아가 자율로봇과 상호작용을 통하여 계속적으로 증가하는 법률행위의 신속한 해결을 통한 편리성을 향상시키기 위해서는 인격성을 제한적으로 인정할 필요가 있다. 결국 인공지능로봇은 자율적 행위자로서 그리고 거래 상대방으로 인정될 수 있고, 법인과는 다른 새로운 법적 실체로 존재하게 된다.

　　'고용 증진에 노력할 의무'가 있는 국가는 인공지능로봇에 의하여 일자리가 대체된 비자발적 실업자를 대상으로 취업알선, 취업 후 적응지도, 직업지도, 직업적응훈련, 직업능력개발훈련 등에 대한 조치를 강구하여 직업생활을 통하여 자립할 수 있도록 필요한 지원을 하여야 한다. 이를 위하여 국가는 비자발적 실업자의 '고용촉진 및 직업재활'에 필요한 비용을 부담하여야 한다. 그 비용은 예산 또는 기금으로 충당할 수 있다.

　예산으로 충당하는 경우 로봇세를 재원으로 비자발적 실업자를 대상으로 '고용촉진 및 직업재활'을 수행하고자 하는 것이므로, 결국 조세수입 등을 주요 세입으로 하여 세출에 충당하는 '일반회계'에서 처리하여야 한다. 그렇지만, '고용촉진 및 직업재활'을 위한 비용 전부를 예산에서 부담하기보다는 일부만을 부담하고, 나머지 비용을 기금에서 충당하도록 하여야 한다. "기금"이란 국가가 특정한 목적을 위하여 특정한 자금을 신축적으로 운용할 필요가 있을 때 한하여 법률로 설치하는 자금을 말한다. 통제 위주의 경직된 예산제도만으로는 복잡한 행정수요에 능동적·탄력적·지속적으로 대응하기 어렵다. 국가는 비자발적 실업자에 대한 '고용촉진 및 직업재활'을 위하여 원활한 자금 지원이 필요하고, 법률에 근거하여 기금을 설치하여야 한다(국가재정법 §5①). 따라서 인공지능로봇에 의하여 일자리가 대체된 비자발적 실업자의 고용촉진 및 직업재활을 위하여 기금을 설치하기 위해서는 특별법의 제정이 전제되며, 해당 법률에는 기금의 재원 및 용도, 운용 및 관리, 회계기관과 자금계정의 설치 등에 관한 규정을 반드시 두어야 한다. 특히, 기금의 재원에 대하여 인공지능로봇에 의하여 일자리를 대체하는 사업자의 규모별로 납부하도록 하는 부담금, 가산금 및 연체금, 그리고 정부 또는 정부 외의 자로부터의 출연금 또는 기부금, 금융기관 및 다른 기금, 그 밖의 재원 등으로부터 차입금 등을 그 재원으로 할 수 있다.

　로봇세의 용도를 인공지능로봇에 의하여 일자리가 대체된 비자발적 실업자에 대한 교육이라는 공익사업을 목적으로 제한하여, 인공지능로봇을 도입하여 일자리를 대체한 기업에 대하여 부과하는 경우에는 '부담금'으로서의 성격을 갖는다고 볼 수 있다. "부담금"이란 중앙행정기관의 장, 지방자치단체의 장, 행정권한을 위탁받은 공공단체 또는 법인의 장 등 법률에 따라 금전적 부담의 부과권한을 부여받은 자가 분담금, 부과금, 기여금, 그 밖의 명칭에도 불구하고 재화 또는 용역의 제공과 관계없이 특정 공익사업과 관련하여 법률에서 정하는 바에 따라 부과하는 조세 외의 금전지급의무(특정한 의무이행을 담보하기 위한 예치금 또는 보증금의 성격을 가진 것은 제외한다)를 말한다(부담금관리 기본법 §2). 특정 공익사업을 수행하기 위한 재정충당을 위하여 부과되는 "부담금"은 일반적인 재정수요의 충당을 위하여 부과되는 조세와는 구분된다. 또한, 부담금은 특정집단으로부터 징수된다는 점에서 일반국민으로부터 그 담세능력에 따라 징수되는 조세와는 다르다. 그렇지만, 부담금과 조세는 공적 기관에 의한 반대급부가 보장되지 않는 금전급부의무를 설정한다는 점에서 조세와 공통된다.38

부담금은 그 부과목적과 기능에 따라 ① 순수하게 재정조달 목적만 가지는 것('재정조달목적 부담금')과 ② 재정조달 목적뿐 아니라 부담금의 부과 자체로 추구되는 특정한 사회·경제정책 실현 목적을 가지는 것('정책실현목적 부담금')으로 구분한다. 부담금이 정당화되기 위해서는 첫째, 부담금은 조세에 대한 관계에서 어디까지나 예외적으로만 인정되어야 하며, 어떤 공적 과제에 관한 재정조달을 조세로 할 것인지 아니면 부담금으로 할 것인지에 관하여 입법자의 자유로운 선택권을 허용하여서는 안 된다. 둘째, 부담금 납부의무자는 재정조달 대상인 공적 과제에 대하여 일반국민에 비해 '특별히 밀접한 관련성'을 가져야 한다. 셋째, 이상과 같은 부담금의 예외적 성격과 특히 부담금이 재정에 대한 국회의 민주적 통제체계로부터 일탈하는 수단으로 남용될 위험성을 감안할 때, 부담금이 장기적으로 유지되는 경우에 있어서는 그 징수의 타당성이나 적정성이 입법자에 의해 지속적으로 심사될 것이 요구된다고 하여야 한다.39

 생각해 볼 점

1. 국가는 사회적·경제적 방법으로 근로자의 고용 증진에 노력하여야 하는데, 4차 산업혁명의 진흥으로 일자리가 계속 늘어나 실업문제를 해결할 수 있을까?
2. 인공지능로봇의 도입으로 일자리를 잃게 되는 국민에 대한 인간다운 생활을 보장하기 위하여 국가가 마련하여야 하는 제도에는 무엇이 있을까?
3. 인공지능로봇에게 전자인간으로서의 지위를 부여하여 과세하는 것이 옳은 일일까?

03

인 / 공 / 지 / 능 / 과 / 법

인공지능과 전문분야

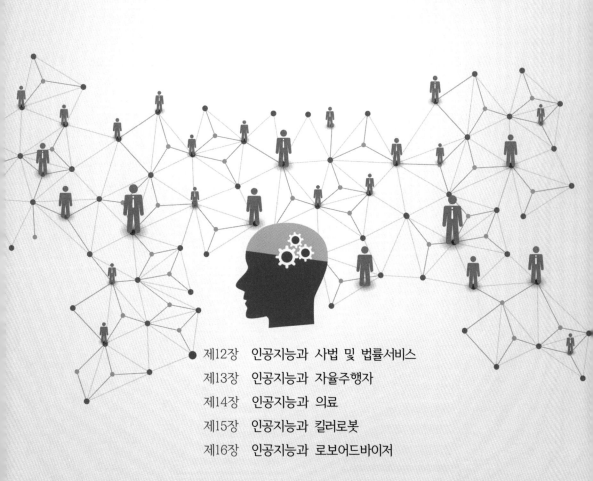

제12장

인공지능과 사법 및 법률서비스[1]

많은 법은 요건 사실이 충족되면 법적 효과를 낳는 구조로 되어 있다(If … Then …). 우리는 어떠한 요건 사실이 충족되었는지 검토해서 그에 따른 법적 효과를 판단하는 과정을 '법적 추론'이라 부른다. 인공지능을 이용해서 법적 추론 과정을 자동적으로 수행할 수는 없을까? 가령 임대차 보증금 반환 사건에서 임차인이 보증금 반환 청구권이 있는지 여부를 자동적으로 판단한다거나, 개인 회생 사건에서 여러 사실관계를 종합하여 신청인에게 신청 자격이 있는지 여부를 예측하는 인공지능을 생각해 볼 수 있겠다. 나아가 인공지능이 이러한 법적 추론 과정을 수행하려면 어떠한 능력을 갖추고 있어야 할까?

제1절 서 설

인공지능 기술은 법률 실무에 어떻게 활용할 수 있을까? 언론 기사를 보면 머지않아 인공지능 판사나 검사가 등장할 것이라는 예측이 제기되기도 하고, 국내 한 대형 법무법인이 "인공지능 변호사"를 도입했다고 보도되기도 한다. 법무부는 "인공지능 기반 대화형 생활법률지식 서비스"를 개시하였고, 인공지능을 이용해 간단한 소송 서류를 자동으로 작성해 주는 스타트업 기업이 등장하기도 하였다. 하지만 이러한 국내 사례들은 아직까지 시범적인 단계에 머물러 있어, 인공지능 기술이 법조 실무에 있어 실질적인 도움을 주고 있다고 보기는 어렵다.

이에 비해 국제적으로는 미국을 중심으로 하여 법률 서비스 기술이 빠르게 발전하고 있다. 국제적인 대형 법무법인, 회계법인들은 이미 노동 집약적 업무에 대해 인공기술을 이용한 자동화 기술을 적용하고 있다. 또한 혁신적 인공지능 기술을 이용한 중소형 로펌과 법률 분야 스타트업도 다수 생겨나고 있다. 스탠포드 대학 로스쿨은 컴퓨터 공학부와 협업하여 "CodeX"라는 프로그램을 개설하여 각종 강의와 연구 프로그램을 수행하고 있다.[2] 이를 통해 개발되고 전파된 기술을 바탕으로 하여 다수의 스타트업이 활발하게 생겨나고 있기도 하다.

　이처럼 법률 서비스에 인공지능 기술을 적용시키고자 하는 시도를 "리걸 테크(Legal-Tech)"라고 부른다. 해외 사례에 비추어 볼 때 우리나라에서의 리걸 테크 사업도 향후 상당한 규모의 시장으로 성장할 가능성이 크다. 본 장에서는 인공지능 기술을 어떻게 법률 서비스에 적용할 수 있을지 함께 고민해 보고자 한다.

제2절　인공지능이 "리걸 마인드"를 갖게 하려면?

Ⅰ. 규칙 기반 접근법-전통적 방식

　인공지능에게 법의 내용을 가르쳐서 "리걸 마인드"를 갖게 할 수는 없을까? 일찍이 1970년대 인공지능 기술의 개발 초기부터 컴퓨터에 법령상의 규칙을 잘 입력해 놓으면 인공지능이 법적 추론 과정을 수행할 수 있겠다는 아이디어가 제시되어 왔다.[3] 초기 연구의 대표적인 사례로 알려져 있는 것은 1970년대 중반에 개발된 TAXMAN이라는 미국 법인세법 전문가 시스템이다. 이 시스템은 미국 법인세 관련 세법 규정 컴퓨터 프로그램으로 작성해 놓은 것으로, 자본 거래에 대한 법인세를 자동적으로 계산해 낸다. 현재 우리나라에서는 이미 홈텍스 시스템(hometax.go.kr)을 통하여 각종 세금을 자동을 계산하고 신고하는 것이 당연시 되고 있다. 하지만, 주어진 거래에 대해 관련 세법 규정에 따라 세금을 자동적으로 계산하는 것은 일종의 '법적 추론'에 해당하고, 그 당시로서는 획기적인 아이디어였을 것이다.

　비슷한 방식을 국내에 도입한 시도로는 종래 로앤비의 생활 법령 안내 시스템이 있었다.[4] 위 시스템은 임대차나 교통사고 등과 같은 생활법률 분야에서 미리 여러 개의 질문을 준비해 놓고, 그 질문에 대해 사용자가 '예' 또는 '아니오'

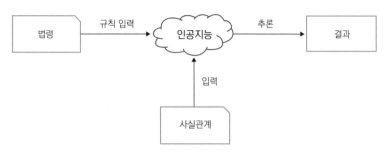

[그림 12-1] 규칙 기반 인공지능 시스템

등의 간단한 답변을 이어나가다 보면 최종적으로 원하는 법률 자문을 얻을 수 있도록 한 것이다. 예를 들어, 주택이 경매에 부쳐진 경우 임차인이 배당금을 받을 수 있는지 여부를 알려주기 위하여 전입신고를 하였는지, 확정일자를 받았는지, 보증금 액수가 소액보증금 우선변제 대상이 되는 범위 내인지 등에 대해 질문을 하고, 사용자가 답변을 이어 나가다 보면 최종적으로 배당금을 받을 수 있는지 여부를 답변해 주는 방식이다. 이러한 모델을 컴퓨터 공학에서는 의사결정나무(decision tree) 구조라고 한다. 로앤비 시스템은 의사결정 나무를 만들기 위해 법률가들이 법적 추론에 필요한 규칙들을 일일이 구별하여 정리한 뒤, 프로그램으로 입력해 넣는 방식(hard coding)으로 구현되었다.

위와 같은 인공지능 시스템은 [그림 12-1]과 같이, 법령의 내용을 전문가가 잘 파악하여 규칙을 도출해 낸 다음 컴퓨터 프로그램의 형태로 작성하는 것부터 시작한다. 그 다음 사용자가 사실관계를 입력하면, 인공지능은 그에 대응하여 법적 추론의 결과를 도출해 낸다. 이러한 모델은 규칙을 미리 입력하여 구현해 놓고 있다는 점에서 '규칙 기반 시스템(rule-based system)'이라고 부른다.

언뜻 규칙 기반 시스템은 다양한 규정으로 이루어진 사법 제도와 법률 서비스를 자동화하는데 매우 적절한 시스템인 것처럼 보일 수 있다. 그러나 이러한 예상과는 달리 실제로 규칙 기반 시스템은 법 분야에 있어서 아직 폭넓게 활용되지 못하였다. 그 주된 이유는 규칙 기반 시스템이 법적 추론의 과정의 복잡성을 충분히 반영하기 어렵다는 한계가 있기 때문이다. 법은 사회적인 규칙을 언어라는 도구를 이용하여 표현한 것이므로, 대부분 추상적인 개념으로 서술되어 있다. 예를 들어 교통사고 사건에서, 과연 운전자가 특정 상황에서 보행자를 피하지 못한 것이 과실로 평가될 수 있는지 여부는 다양한 사실 관계를 종합하여 판단해야 하는 고도로 추상적인 개념이다.

이러한 추상적 개념을 규칙 기반 시스템을 통해서 판단하려면, 법률가가 그에 관하여 추론을 수행하는 방법을 규칙으로 정리하여 컴퓨터 프로그램을 작성해야 할 것이다. 이처럼 규칙을 정리하는 방식으로는 가령 (i) 추론에 필요한 '변수'들을 정하고, (ii) 각 변수에 대한 '가중치'로 표현될 수 있는 변수들 간의 관계를 정하는 방법이 있을 것이다. 교통사고 운전자의 과실의 경우, 그 운전을 한 날씨, 낮/밤 여부, 주변 환경, 시야 상황, 보행자의 보행 패턴, 보행자의 의복 색깔, 보행자의 연령 등 매우 다양한 변수가 있을 수 있다. 그리고 그 가중치로는 사고 당시 주변 환경(횡단보도인지, 어린이 보호구역인지 등)에는 보다 높은 가중치를 두는 등의 방법이 있을 수 있을 것이다.

그런데, 많은 노력을 기울여 위와 같은 요소를 모두 고려하여 운전자의 과실 여부를 판단할 수 있는 프로그램을 개발하더라도, 그 프로그램은 '운전자의 과실'이라는 한 가지 추상적 개념만 판단할 수 있다. 따라서 다른 쟁점에 대해서는 법률가들이 또다시 프로그램을 작성해야 한다. 가령 숙박업자는 투숙객을 보호할 주의의무가 있고, 그 과실 추론에 필요한 '변수'와 '가중치'는 안전운전의무 위반 여부 판단의 경우와 전혀 다를 것이다. '과실'이라는 추상적 개념 한 가지에 대해서도 이러한데, '과실' 외에도 수많은 추상적 개념들 — 배임, 정당한 이유, 신의칙 등등 — 으로 범위를 더 확장한다면 인간이 무수히 많은 규칙을 일일이 작성하는 일은 결코 용이하지 않을 것이라는 점을 쉽게 짐작할 수 있다.

이처럼 추상적 개념의 추론 규칙을 정리하는 것에 과다한 시간과 노력이 소요될 점뿐만 아니라, 추론 규칙을 컴퓨터 프로그램을 작성하는 것 자체가 가능할 것인지 여부에도 의문이 있을 수 있다. 추상적 개념을 판단하기 위한 기준이 판결에 의해 명확히 제시되지 못한 경우도 적지 않고, 변론 전체의 취지나 정의 관념에 따라 결론이 내려지는 경우도 적지 않기 때문이다. 그래서 법적 추론 과정을 컴퓨터로 손쉽게 구현할 수 있을 것이라는 일반적인 기대와는 달리, 규칙 기반 접근법은 법률 서비스 과제를 적절하게 수행하기에는 상당한 한계를 갖는 모델이다.

II. 사례 기반 접근법-기계학습 기술의 적용

인간이 직접 법적 추론 규칙을 모두 입력하는 것이 어렵다면, 컴퓨터 스스로가 학습하게 할 수는 없을까? 그러한 기술이 바로 기계학습(machine learning)이다. 기계학습 기술에는 여러 가지 방식이 있는데, 가장 대표적인 것이 인간의 뇌 구조를 본 뜬 인공 신경망(neural network) 기술이다. 인공 신경망은 인간의 뇌 구조를 흉내 내어 가상의 뉴런(컴퓨터로 구현된 뉴런을 'perceptron'이라고 한다) 구조를 만들고, 다양한 데이터를 입력하여 인공지능이 스스로 뉴런에 적용되는 가중치들을 학습하도록 한다. 이러한 방식은 데이터(사례)를 기반으로 하여 인공 신경망을 학습시킨다는 점에서 "사례 기반 접근법"이라 한다. [그림 12-2]에서 설명하고 있는 바와 같이 사례 기반 접근법은 인간이 직접 규칙을 입력하는 것이 아니라 컴퓨터가 스스로 사례를 통하여 학습한다는 점에서 규칙 기반 접근법과는 근본적인 차이가 있다.

인공 신경망 기술이 발전하면서 사례 기반 접근법은 종래 규칙 기반 접근법이 해결하지 못한 과제들을 월등히 우수하게 수행할 수 있는 것으로 드러났다. 그 대표적인 사례가 자동 번역 분야이다. 과거 규칙 기반 접근법에 따르면 여러 언어의 문법과 언어 간 변환 규칙을 컴퓨터 프로그램으로 작성한 다음, 번역 대상이 되는 문장을 그 프로그램에 입력함으로써 번역을 수행한다. 가령, 한국어의

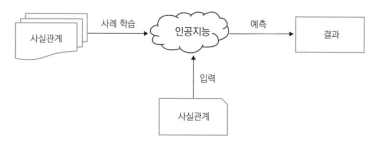

[그림 12-2] 사례 기반 인공지능 시스템

주어＋목적어＋술어 구조 문법과 영어의 주어＋술어＋목적어 구조 문법 사이의 변환 규칙을 컴퓨터 프로그램으로 작성한 다음, 번역할 한국어 문장을 넣으면 문법 변환 규칙에 따라 변환하는 것이 규칙 기반 접근법이다. 이에 비하여 사례 기반 접근법은 다수의 번역 사례를 학습한 다음 한국어의 어떠한 구절은 영어의 어떠한 구절로 번역되는지를 인공지능이 스스로 학습하는 방식으로 동작한다. 최근의 구글 번역기 등은 사례 기반 접근법을 활용함으로써 기존의 규칙 기반 번역기에 비하여 훨씬 우수한 정확도를 보이고 있는 것으로 알려져 있다.[5]

최근의 급속한 인공지능 분야 발전은 ① 충분한 데이터의 축적 ② 컴퓨터 연산장치(CPU/GPU)의 비약적 성능 향상 및 ③ 인공지능 분야 알고리즘의 발전이 낳은 것이라고 설명된다. 특히 최근 수 년 동안의 인공지능의 발전은 기계 학습 분야 중 심층 학습(deep learning)을 통한 성능 향상으로 특징지을 수 있다. 심층 학습 기법은 알파고의 딥 마인드에 적용되면서 국내에도 널리 알려지게 되었는데, 이를 활용한 얼굴 인식, 영상 판독이나 음성 인식, 자동 통번역 분야는 이미 일상생활에 널리 활용될 수 있는 수준에 이르렀다.

이러한 기계학습 기술(사례 기반 접근법)은 법률 서비스 분야 인공지능에도 널리 활용될 잠재력이 있다. 그 이유는 여러 법적 추상 개념들을 사례 기반 접근법을 통해 보다 손쉽게 구현할 수 있기 때문이다. 법을 공부해 본 학생들이라면 법조문의 내용을 알고 있는 것만으로는 법적 문제를 해결할 수 없다는 점을 잘 알고 있을 것이다. 즉, 다양한 사례 문제와 판례를 공부한 다음에야 비로소 "리걸 마인드"라는 것을 갖출 수 있게 되는 것이다. 달리 표현하자면, 사례 기반 접근법은 인공지능이 법적 문제를 해결할 수 있도록 사례 문제와 판례를 가르치는 것이다.

앞서 예로 든 보행자에 대한 교통사고 사건으로 돌아가 보자. 사례 기반 접근법에 기반을 둔 인공지능은 판결문이나 사건 기록으로부터 사건의 결론에 영향을 미치는 여러 변수와 그 변수들이 최종 판단에 미치는 영향에 관한 가중치를 스스로 찾아내고 이를 학습한다. 그 결과, 높은 정확도로 주어진 상황에서 인간이라면 어떠한 판단을 내렸을 것인지 예측해 낼 수 있게 될 것이다.

이제까지 법률 서비스 분야에 있어서 인공지능 기술을 활용하기 위한 기술적인 배경을 간략히 살펴보았다. 이제 본격적으로 법률 서비스 영역에서 인공지능을 어떻게 활용할 수 있을지 공부해 보자.

제3절 법률 서비스 분야 인공지능의 적용 현황과 전망

법률 서비스 분야에 인공지능이 어떻게 적용되고 있는지를 살펴보기에 앞서, 법률 서비스에는 어떠한 유형의 업무들이 있는지부터 살펴보자. 민간 영역에서 변호사 등의 법률 전문가가 제공하는 법률 서비스 분야는 크게 보아 ① 분쟁 해결 업무 ② 거래 자문 업무 및 ③ 규제 자문 업무로 구분할 수 있다. 실무상으로 위 업무들은 그 특징, 목적, 양태 등을 고려하면, 서로 전혀 다른 작업이라고 불러도 무방할 정도로 차이가 크다. 분쟁 해결 업무는 해당 소송 사건에서 승소하거나 최대한 유리한 합의 결과를 도출하는 것이 주된 목적으로 하는 것에 비해, 거래 자문 업무는 거래의 위험 파악, 협상과 계약서 작성이 주된 업무이다. 또한 규제 자문 업무는 복잡한 규제 내용을 파악하고, 특정한 사업이나 거래가 규제 대상에 해당하는지, 신고나 허가 등이 요구되는지 등을 자문하는 것이므로 앞선 두 업무와 근본적으로 차이가 있다.

다른 한편으로 공공 분야에서는 사적으로 법률 서비스를 받기 어려운 이들을 대상으로 한 법률 구조 활동이 이루어진다. 예를 들어 대한법률구조공단이나 각종 변호사 단체는 무료 법률 자문 활동을 수행하고 있고, 법제처에서는 생활법령 사이트를 구축하여 일반인들이 손쉽게 법령 정보에 접근할 수 있도록 하고 있다. 이는 민간 영역에서의 법률 서비스와 본질에 있어 차이가 있는 것은 아니지만, 예산상의 제약이 크고, 생활 법률문제를 중심으로 이루어진다는 점에서 차이가 있다.

이하에서는 위와 같은 구분에 따라 ① 분쟁 해결 분야, ② 거래 자문 분야, ③ 규제 자문 분야, ④ 법률 구조 분야 별로 차례대로 인공지능이 실무상 어떻게 활용될 수 있을지 살펴본다.

I. 소송 분야에서는 인공지능을 어떻게 활용할 수 있을까?

분쟁 해결 분야의 인공지능 적용은 방대한 증거 자료와 복잡한 법리 연구가 필요한 기업 소송을 중심으로 시도되고 있다. 특히 영미법계 소송에 있어서 인공지능의 활용 분야는 크게는 디스커버리(증거개시, discovery)와 판례 검색(legal research)으로 대별된다고 평가된다. 그 이외에도 판사나 상대방 변호사의 평판, 성향 조회(legal analytics)나 조기 사건 평가(early case assessment, ECA)에의 활용 등이 이루어지고 있다.

1. 디스커버리 제도

영미법계 소송에서 인공지능이 가장 널리 활용되는 분야로 디스커버리 절차를 손꼽을 수 있다. 디스커버리 절차는 소송이 개시된 후 변론이 진행되기 전 당사자들은 사건과 관련된 문서나 기타 증거들을 상대방에게 제공해 주는 제도이다. 한국이나 기타 대륙법계 소송 제도와는 달리 영미계 소송 제도에서는 제출해야 하는 문서나 증거의 범위가 매우 광범위하다. 그래서 소송 사건을 담당하는 변호사들은 의뢰인이 보유하고 있는 방대한 문서들을 일일이 검토하여 그 중 사건과 관련성이 있는 문서를 선별하여 상대방에게 제공해 주어야 한다. 문서 검토 과정에서 법적 제출 거부 사유(privilege)가 존재하는 것은 아닌지 판단이 이루어진다. 이러한 문서 검토 업무는 통상 저년차 변호사 혹은 계약직 변호사(contract attorney)에 의해 수행되어 왔고, 대규모 소송에서는 이러한 업무를 수행하기 위한 비용만 수십만 달러 내지 수백만 달러가 소요되기도 한다. 이러한 업무는 상대적으로 반복적이고 노동 집약적인 성격을 갖고 있으므로, 이를 인공지능이 수행하게 함으로써 소송비용을 절감하고자 하는 시도가 이어지고 있다.

구체적으로 보면, 우선 변호사들이 제출 대상 문서 중 일부(예컨대 5~10% 정도)만을 샘플링하여 사건의 관련성과 제출 거부 사유 존부에 관하여 검토한 다음, 해당 문서의 제출 여부에 대한 판단을 내린다. 그러면 인공지능은 변호사가 직접 검토한 문서의 패턴을 학습하여, 유사성을 기반으로 하여 검토하지 않은 나머지 문서에 대하여도 제출 여부를 판단한다. 이는 앞서 설명한 사례 기반 접근법을 활용한 예라고 할 수 있겠다. 이러한 인공지능을 활용하게 되면 변호사들은 전체 문서 중 일부만 검토하면 되므로, 업무 부담이 크게 줄어들게 된다.

향후 디스커버리 절차에 있어 인공지능 기술이 더욱 활발히 활용될 잠재력은 매우 크다. 현재 미국에서는 디스커버리 관련 서비스 시장 규모가 한화 약 8조 원, 관련 소프트웨어 시장 규모가 한화 약 3조 원 이상으로 추산될 정도로 거대한 규모의 시장이 형성되어 있다.[6] 또한 디스커버리용 소프트웨어 비교 사이트에는 75건의 소프트웨어가 등록되어 있을 정도로 관련 기술 개발이 활발하게 이루어지고 있다.[7] 미국 법원도 이러한 기술을 도입하는데 호의적인 편이다. 최근 미국 뉴욕 주 법원은 이러한 인공지능을 이용한 샘플링 방식에 따라 문서를 제출하는 것을 허용하는 취지의 명령을 내린 바 있다.[8] 이러한 법원의 결정에 따라 디스커버리 절차에서 인공지능을 보다 적극적으로 활용할 수 있게 되고 있다.

2. 판례 검색

영미법계 제도 하에서는 선례를 법원(法源)으로 인정하고 있으므로, 해당 사건과 유사한 유리한 판례를 발견하는 것이 사건의 성패를 좌우할 정도로 중요하게 된다. 그런데 기존의 방대한 판례 데이터베이스에서 유사한 사건을 발견하는 것은 쉽지 않은 작업이므로, 우수한 검색 서비스가 필요하게 된다. 그 결과 판례 검색 서비스가 이미 거대한 산업으로 성장하였다. 종래 이 서비스 시장은 WestLaw와 LexisNexis가 양분하다시피 하고 있었으며, 각 기업의 매출은 수조 원에 이를 정도이다. 해당 검색 서비스들은 수십 년에 걸쳐 발전하면서 정교하고 복잡해져 왔는데, 로스쿨 학생들이 해당 검색 서비스 활용 방법에 관하여 별도로 강의를 듣는 것이 필수적일 정도로 사용법이 쉽지 않다. 이러한 배경 하에서, 인공지능을 활용하여 기존 서비스 제공자들보다 저렴하게 더 나은 검색 결과를 제공하고자 하는 스타트업이 도전을 하고 있고, 이에 대응하여 기존 서비스 제공자들도 인공지능을 적극 활용하고자 하고 있다.

3. 소송 정보 서비스

인공지능은 소송 진행 과정뿐만 아니라, 소송 제기 이전 단계에서도 승소

가능성 평가 등에 활용되고 있다. 가령 변호사들은 소송을 제기하기에 앞서 조기 사건 평가를 통하여 증거 자료의 유불리와 법적 청구권의 존부 등에 관한 판단을 내리고 이를 기반으로 하여 소제기의 타당성 여부, 합의 시도의 필요성 및 제시할 적정한 합의금의 범위를 확인할 수 있다.

또한 인공지능은 기존 판례 데이터를 학습하여 유사 선례에 비추어 유사 사건의 승소율, 해당 법원이나 판사의 성향 등을 통계적으로 파악함으로써 더 정확히 사건 평가를 수행할 수 있도록 돕고 있다. 이러한 소송 정보 서비스로는 렉스 마키나(Lex Machina)가 대표적이다. 위 업체는 판사나 법원의 성향, 상대방 변호사 정보 등을 분석하여 제공하는 서비스를 제공하고 있는데, 이러한 서비스를 활용하면 불필요한 소송을 예방하고 더 많은 사건이 합의를 통해 조기에 종결되도록 하는 사회적 효과도 기대할 수 있다.

4. 국내 도입 전망

이처럼 영미법계 소송에서 인공지능이 널리 활용되고 있는 것은 영미법계 소송에 특유한 제도(디스커버리 제도, 선례 검색의 중요성과 복잡성)에서 기인한 바가 크다. 이에 비해 한국 소송에서는 영미법계 소송과 달리 광범위한 디스커버리 제도가 존재하지도 않고, 제한적 범위의 문서제출명령 정도만이 존재한다. 따라서 국내에서는 미국에서와 같은 대규모 디스커버리 관련 서비스 시장이나 소프트웨어 시장이 활성화되어 있지 않다. 다른 한편, 국내 판례 검색 서비스 시장 역시 오직 한두 곳의 상용 업체만이 존재할 정도로 시장 규모가 미미한 상황으로 보인다.

이에 비해 변호사나 법무법인이 사건, 고객, 청구 등을 관리하고, 각종 문서를 효율적으로 작성, 저장, 검색하도록 돕는 소프트웨어는 시장 성장 가능성이 클 것으로 보인다. 변호사 수가 증가하면서 법률 서비스 시장 내 경쟁이 심화되고 있는 만큼, 변호사들의 업무 생산성을 높일 수 있는 기술에 대한 수요가 늘어날 것으로 전망되기 때문이다. 예를 들어 필자들의 실무 경험에 따르면, 국내 대형 법무법인들은 고객 관리이나 청구서 관리 소프트웨어를 자체적으로 개발하여 사용하고 있고, 문서 저장·검색 소프트웨어는 해외 소프트웨어를 도입하여 활용하는 경우가 많은데, 국내 실무에 맞지 않는 측면이 있어 향후 개선될 여지가 적지 않다고 생각된다. 이상과 같은 소프트웨어들이 더욱 발전하여 변호사의 업무 생산성이 개선될 경우, 서비스 단가가 낮아지게 되므로 변호사들이 소액 사건들에 대해서도 합리적 비용으로 서비스를 제공할 수 있게 될 것이다. 그 결과 법률 서비스 시장이 더욱 성장할 수 있고, 이제까지 비용 문제로 적정한 법률 서비스를 제공받지 못하였던 수요자들도 혜택을 얻을 수 있게 될 것으로 보인다.

　　장기적으로는 분쟁해결 분야에 있어서 인공지능을 도입함으로써 얻을 수 있는 효율성 향상 효과는 클 것으로 전망된다. 예를 들어 분쟁 해결의 각 단계에 있어서 다양한 자동화 및 생산성 증대를 기대할 수 있다. 우선, 대안적 분쟁해결 방식(Alternative Dispute Resolution, ADR)에서의 활용 가능성이 높을 것으로 보인다. 중재 절차는 당사자들이 미리 서면으로 합의한 절차에 따라 분쟁을 해결하는 일종의 사적 재판으로, 통상적으로 당사자들이 변호사나 법학 교수, 기타 전문가를 중재인으로 선임하여 1인 또는 3인의 중재인으로부터 심리 및 판정을 받고, 그 판정문에 대해 법적 구속력을 부여하는 형태로 분쟁이 해결된다. 이러한 중재 제도는 건설 분야 등과 같이 정형화된 분쟁이 다수 발생하는 사업 영역이나 국제 거래에 있어서 널리 활용되고 있다. 또 다른 방식의 대안적 분쟁해결 방식으로는 조정 절차가 있다. 조정 절차는 당사자들 합의 하에 정해진 자료와 정해진 쟁점(분쟁 쟁점 전체 또는 일부)에 대한 객관적인 제3자의 심리 및 판정을 받는 제도이다. 그 판정에 대하여 법적인 구속력을 부여할 것인지 여부는 당사자들의 의사에 따르므로, 조정 절차가 완료된다고 하여 반드시 분쟁이 해결된다고는 볼 수 없으나, 양 당사자의 견해가 팽팽하게 맞설 때 보다 신속하게 합의점에 이르도록 하는 데 도움이 될 수 있다.

　　이와 같은 중재/조정 절차의 본질은 당사자들이 분쟁 해결 방식을 자치적으로 합의하는 데 있으므로, 분쟁 해결 비용 절감과 신속화를 위하여 당사자들이 합의하여 인공지능을 활용할 인센티브가 크다. 예컨대 대규모 공사 프로젝트에 있어서는 공기 지연에 대한 책임 소재, 증가한 공사비용의 부담 주체 등을 둘러싼 분쟁이 다수 발생하는 것이 일반적이다. 그런데, 인공지능을 이용하면 공사 분쟁에 있어 주로 다루어지는 쟁점들인 당초 설계 도면과 실제 공사 결과와의 차이 여부 판단, 공사 지연에 대한 귀책 당사자 분석, 기성고 평가에 대한 이견의 처리 등을 자동화할 여지가 크다.

궁극적으로는 법관에 의한 판단 과정을 인공지능이 자동화할 수 있을 것이라는 전망도 제기된다. 하지만, 이는 헌법상 보장된 재판 받을 권리를 침해할 수 있으므로, 조심스럽게 접근해야 할 것이다. 그럼에도 불구하고 인공지능이 빅 데이터를 이용하여 도출해 낸 일응의 판단을 일종의 참고자료로 활용할 가능성은 있다. 가령 양육권 분쟁에 있어서 부모의 재정 상황, 직업, 교육 수준, 다른 친족과의 관계 등을 변수로 하여 부모 중 누가 양육권을 가질 경우 해당 자녀의 복지 수준이 더 높은지에 관한 인공지능의 판단을 참고자료로 삼는 것이다. 이러한 인공지능의 증거능력 인정 여부 및 인공지능의 소송 조력 목적 활용 가능성에 대해서는 더 많은 연구와 사회적 논의가 필요하다. 나아가 위와 같은 인공지능에 의한 판단은, 그와 같은 결론에 이르게 된 변수, 주된 고려 요소 등에 대한 설명이 뒷받침 되어야, 관련 당사자들이 납득할 수 있고 실효성 있게 사용될 수 있을 것으로 보인다. 이와 같은 점에서 최근 제기되고 있는 '설명 가능한 인공지능(Explainable AI)'이 법률 분야에서 필요할 것이다.

II. 거래 자문 분야에서는 인공지능을 어떻게 활용할 수 있을까?

거래 자문 분야에 있어서도 인공지능을 도입하고자 하는 다양한 시도가 활발하게 이루어지고 있다. 특히 국제적 기업과 대형 법무법인, 회계법인은 인공지능을 활용하여 ① 실사(due diligence) 자동화, ② 계약서 검토 자동화 등을 시도하고 있다. 또한 이러한 기술들을 활용한 자동화를 통해 비용을 절감함으로써 기존 대비 낮은 가격으로 법률 자문 서비스를 제공하는 스타트업 법무법인들도 등장하고 있다.

1. 실사 자동화

실사란 M&A 혹은 여타의 거래에 있어 거래 상대방, 인수 대상 회사 또는 인수 대상 자산의 위험성을 파악하는 과정이다. 예컨대 M&A 거래를 위한 법률 실사에 있어서는 법인의 설립, 인허가 및 규제, 재무 상태, 유형 자산, 지적 재산권, 주요 계약, 인사 및 노무, 소송 및 분쟁, 보험, 환경, 조세 등의 광범위한 영역에 걸쳐 기업의 기존 영업 활동을 세밀하게 검토하여 법률 위험이 존재하는지 여부를 확인하게 된다. 실무상 사업 범위가 넓거나 오랜 기간 동안 사업을 수행해 온 기업의 경우 법률 실사를 위해서만 수십 만 달러 이상의 비용을 지출하는 경우도 적지 않다(더욱이 회계 실사나 조세 실사를 위해서도 비슷한 수준의 비용이 발생하게 된다).

그런데 실사 과정은 본질적으로 대상 사업의 비정상성(anomaly)을 검출(detection)하고자 하는 것인데, 이는 인공지능을 통한 자동화가 상대적으로 용이한 영역 중 하나이다. 즉, 사례 기반 접근법을 따르는 인공지능은 정상적인 조건 하에서의 데이터를 다수 학습한 다음, 만약 주어진 변수가 기존의 정상 데이터와 통계적으로 유의하게 차이가 있을 경우 이를 지적해 낼 수 있다. 이러한 기술은 공장 내의 기계에 부착된 센서 데이터를 실시간으로 확인하여 기계가 정상적으로 작동하는지를 감독하는 등의 목적에 널리 활용되어 왔다. 따라서 위 인공지능 기술을 실사에 활용하여 그 과정을 자동화하고자 하는 것은 당연한 시도라고 할 수 있다.

현재 미국이나 유럽에서는 다수의 업체가 실사 과정의 자동화를 위한 인공지능 소프트웨어를 개발하였고, 적지 않은 법무법인과 회계법인이 이를 실무에 도입하고 있는 상황으로 파악된다. 이러한 소프트웨어는 기업의 데이터베이스에서 실사에 필요한 데이터를 추출하는 데이터 마이닝(data mining) 단계와, 추출된 데이터 중에서 위험 요소를 파악하는 비정상성 검출(anomaly detection) 단계로 구성된다. 위 각 단계를 인공지능으로 구현하는데 있어 근간이 되는 핵심 기술은, 인공지능이 인간의 언어를 분석하고 이해하도록 하는 것이다. 그런데 최근 들어 이러한 인간 언어의 처리 기술이 크게 발달하면서, 데이터 마이닝, 기계 번역, 문서 요약, 질의·응답 등의 다양한 영역에서 적극적으로 활용되고 있으며, 그 결과 법률 실사 등의 대규모 문서 검토가 필요한 영역에도 활용되기 시작하고 있다.

예를 들어 미국에서 상용 서비스로 제공되고 있는 Kira Systems의 소프트웨어는 법률 실사 단계에서 가장 시간이 많이 소요되는 계약서 검토 업무를 부분적으로 자동화한다. 위 소프트웨어는 기계 학습 과정을 통하여 미리 450 여개의 표준적인 계약 문구 모델을 저장한 다음, 실사 대상 계약서에 포함된 조항이 표준 문구와 차이가 있는지 여부를 강조하여 보여줌으로써 변호사가 신속하게 계약서 검토를 할 수 있도록 돕는다. Kira Systems의 설명에 따르면, 해당 소프트웨어는 2017년까지 누적 1,000억 달러 규모 거래에 있어 활용되었고, 과거 2명의 변호사가 6.5시간 동안 처리해야 할 일을 1명의 변호사가 2.5시간 내에 처리할 수 있었다고 한다.9

이처럼 실사 과정의 자동화는 거래 자문 분야 법률 서비스에 있어 앞으로 더욱 활발하게 이루어질 것으로 전망된다. 참고로, 필자들도 국내 대형 법무법인에서 법률 실사를 수행하면서 수십 내지 수백 건에 걸친 계약서를 수십 시간 동안 검토한 경험이 있는데, 상당히 단순 반복적인 업무이지만 자칫 검토를 누락하여 중대한 법적 위험 요소를 놓치지 않도록 상당한 주의를 지속적으로 기울여야 하는 쉽지 않은 업무였다. 만약 인공지능 소프트웨어가 다수의 계약서 데이터를 학습한 다음, 검토 대상 계약서에서 통상적이지 않은 조항을 발견하여 표시해 줄 수 있다면 실사를 더욱 효율적으로 수행할 수 있을 것으로 기대된다.

다만 실사에 있어서 중요한 부분은 특정한 위험 요소가 발견되면 그 위험도를 상, 중, 하 등으로 평가하고 그에 대한 대응 방안(거래 대금을 감액하거나, 시정을 요구하거나, 그에 대한 진술 및 보증을 요구하는 등)을 자문하는 것인데, 이러한 고도의 판단 업무는 여전히 인공지능을 통하여 구현되기는 쉽지 않을 것이다. 이는 인공지능을 활용하여 단순 반복 업무를 자동화하고, 인간은 고도의 복잡성을 갖는 의사 결정 과정을 담당하는 분업의 가능성을 예시적으로 보여준다고 하겠다.

2. 계약서 검토 업무 자동화

사내 변호사의 주된 업무 중 하나는 계약서를 작성하고 이를 검토하는 것인데, 미국에서는 이러한 과정을 자동화하려는 시도도 다수 이뤄지고 있다. 그 작동 원리는 앞서 언급한 실사 자동화 소프트웨어와 유사하다. 국제적인 대기업의 경우 사업을 영위하면서 다수의 정형화된 계약을 체결하여 왔고, 그 결과 이미 수천에서 수만에 이르는 기존 계약서 데이터베이스를 보유하고 있다. 그런데 이러한 기존 계약서들은 이미 변호사의 검토를 거친 것들이므로 새로 체결하고자 하는 계약서 문구가 기존 계약서와 차이가 난다면 특히 주의를 기울여서 검토를 해야 할 것이라고 생각할 수 있다. 이러한 점에 착안하여 인공지능이 다수의 기존 계약서를 학습한 다음, 검토 대상 계약서에서 기존 내용과 차이가 나는 부분을 강조하여 보여 줌으로써 변호사들이 계약서 검토에 사용하는 시간을 줄일 수 있다는 것이 기본적인 아이디어이다.

최근에는 정형화된 계약서의 경우 인공지능이 변호사보다 더 나은 검토 능력을 보여 준다는 사례도 제시되고 있다.[10] 미국의 법률 분야 스타트업인 LawGeex은 심층 학습 인공 지능에 수천 건의 비밀유지계약서(Non – Disclosure Agreement) 중 문제가 있는 조항을 학습시킨 다음, 5건의 새로운 비밀유지계약서 중 문제점이 있는 조항이 있는지 찾아내도록 하였다. 그 결과 변호사들이 직접 검토하였을 때에는 평균적으로 83 – 86%의 문제점을 지적할 수 있었음에 비하여, 인공지능은 91% – 100%의 문제점을 지적해내었다고 보고되었다. 비밀유지계약서는 다른 계약서에 비해 비교적 구조가 단순하고, 상당 부분 대동소이한 내용으로 작성되는 경우가 많다는 점을 감안하더라도 놀라운 성과라고 할 수 있다. 이처럼 정형화된 양식을 기반으로 작성되는 계약서에 있어서는 인공지능을 활용한 검토가 앞으로 더욱 널리 활용될 수 있을 것으로 기대된다.[11]

3. 국내 도입 전망

국내에서는 아직 거래 자문 업무에 인공지능을 활용하고자 하는 시도가 활발하게 이루어지고는 못한 상황으로 보인다. 이는 부분적으로는 영미법계과 대륙법계에 있어 계약서에 대한 접근법에 있어 차이가 있다는 점에서 기인한 것일 수 있다. 전통적으로 대륙법계에서는 계약서에 합의된 내용의 중요한 사항만을 간결하게 문서화하고 계약서에 기재되지 않은 사항은 성문법에 따라 처리해 왔던 반면, 영미법계에서는 당사자들이 합의된 내용을 모두 계약서에 기재함으로써 수십 페이지에 달하는 계약서를 작성하는 관행이 자리 잡았다. 그 결과 국내에서는 대규모 기업 거래나 국제 거래를 제외하고는 상대적으로 간소화된 계약서를 작성하는 것이 여전히 일반적인 것으로 보인다. 십억 원이 넘은 고가의 부동산을 거래하는 경우에도 여전히 단 2페이지로 구성된 표준 부동산 매매계약서를 사용하고 있는 것이 대표적인 예이다. 이러한 점에 비추어 볼 때 단기적으로는 사회 전반에 걸쳐 각종 계약서 작성 및 검토에 인공지능이 적극적으로 도입될 가능성이 높아 보이지 않는다.

하지만 기업 간 거래에 있어서 영미법계 전통에 따른 장문의 계약서를 작성하는 사례가 늘어나고 있으므로, 장기적으로는 미국 등지에서 개발된 실사 또는 계약서 검토 자동화 기술이 국내에도 도입될 가능성이 있다. 다만 영미법계 국가들에서 활용되는 인공지능은 대부분 영어를 기반으로 한 언어 처리 기술을 활용하는 것이므로, 이를 한국어 기반 문서에 그대로 적용하는 데에는 적지 않은 어려움이 따르거나 적지 않는 추가적인 노력이 필요할 수 있다.

오히려 실사나 계약서 검토에 자연어 처리 인공지능을 활용하는 시도보다는, 오히려 컴퓨터 프로그램 형식으로 작성된 스마트 계약을 체결하여 거래를 자동화하는 시도가 더욱 활발하게 이루어질 가능성도 있다.[12] 예를 들어 2005년 시행된 전자어음의 발행 및 유통에 관한 법률에 따라 전자적 방식으로 약속어음을 발행·유통이 가능하게 되었고, 또한 어음상의 권리 행사가 가능하게 되었다. 다른 예로 국토교통부는 2016년 부동산 거래 전자계약 시스템(irts.molit.go.kr)을 도입하였는데, 이 시스템을 이용하여 계약을 체결하면 확정일자 부여나 거래 신고가 자동으로 처리될 수 있게 된다. 또한 2016년 주식·사채 등의 전자등록에 관한 법률이 제정되어 2019년 9월 시행을 앞두고 있는바, 이를 통하여 주식 및 사채의 유통이 전자적으로 이루어질 것으로 예상된다. 이러한 시도들은 세계적으로도 매우 선진적인 시도라고 평가할 수 있다. 따라서 장기적인 관점에서 본다면, 만약 이러한 시도들이 사회 전반으로 보다 활발히 확대될 경우, 인공지능이 문서로 작성된 계약서를 검토할 필요 없이, 곧바로 스마트 계약을 통한 계약 이행 자동화가 보편적으로 활용될 수도 있어 보인다.

III. 규제 분야에서는 인공지능을 어떻게 활용할 수 있을까?

소송이나 M&A 등 전통적인 법률 서비스 영역에 해당하는 것은 아니지만, 기업 사내 변호사나 법무법인의 주요한 업무 영역 중 하나는 각종 규제를 검토하고 자문하는 것이다. 대표적인 규제 산업인 금융 분야에 있어서는 금융기관의 건전성 규제, 자금 세탁 방지 규제, 투자자 보호를 위한 규제 등이 존재한다. 또한 화학, 제약, 통신, 환경 산업도 전통적인 규제 산업에서도 다수의 규제 자문이 이루어지고 있다. 뿐만 아니라 공정거래 규제, 노동법 규제, 반부패 규제 및 개인정보 보호 규제 등과 같이 모든 산업 영역에 걸쳐 공통적으로 적용되는 규제들도 적지 않다. 이러한 규제들은 그 체계가 복잡하고 그 내용을 이해하기 쉽지 않아, 기업들은 그 준수(compliance)를 위하여 별도의 전문 인력을 두거나 해당 분야 전문 변호사의 자문을 얻어 업무를 처리하는 것이 일반적이다. 실례로 대형 법무법인들은 이미 수십 명에 이르는 전문 변호사로 구성된 금융규제팀, 공정거래팀, 노동팀 등을 두고 있고, 최근 들어 반부패 규제나 개인정보 규제의 중요성이 부각되면서 해당 전담 팀도 신설하는 추세이다.

법률 서비스에 대한 인공지능의 활용 분야에 대한 논의에서 규제 자문 분야는 상대적으로 주목받지 못하고 있는 것으로 보이지만, 오히려 소송이나 거래 자문 분야보다 인공지능의 도입으로 인해 더 큰 편익을 얻을 수 있는 영역에 해당한다고 볼 수 있다.

1. 규제의 두 가지 존재 형태-룰과 스탠다드

규제 분야 인공지능 도입 현황 및 가능성을 논하기 위해서는 '룰(rule)'과 '스탠다드(standard)'라는 규제의 두 가지 존재 형태를 구분하는 것이 필요하므로, 이에 관하여 우선 설명한다. '룰'은 수범자의 입장에서 오해의 소지가 없도록 법이 허용되는 행위와 허용되지 않는 행위의 경계를 구체적으로 정하는 것이다(즉, '명확성의 원칙'을 엄격히 적용한 것이다). 고속도로에서 최고 속도를 시속 100km로 정하거나, 최저 임금을 일정한 금액으로 정하는 것은 행위의 한계를 명시적으로 정하는 것이므로 룰이라고 할 수 있다. 이에 비해서 '스탠다드'는 법이 행동의 한계를 구체적으로 정하지 않고 기본적이고 다소 추상적인 원칙만 규정하는 경우이다. 가령 회사의 이사는 회사를 위하여 그 직무를 충실하게 수행할 임무가 있고, 이러한 임무를 위반할 경우 손해배상 책임을 지거나 업무상 배임죄로 형사처벌을 받을 수도 있는데, 어떠한 경우가 회사를 위한 행위이고, 어떠한 경우가 개인의 이익을 위한 행위인지를 세세히 규정하는 것은 불가능하므로 룰의 형태로 규정하는 것이 불가능하다. 따라서 법은 이사가 "회사를 위하여 그 직무를 충실하게 수행하여야 한다"(상법 §382의3)와 같이 일반 원칙의 형태로 규율하게 되는데 이를 '스탠다드'라고 한다. 다른 예로 도로교통법 제48조 제1항이 운전자는 "도로의 교통상황과 차의 구조 및 성능에 따라 다른 사람에게 위험과 장해를 주는 속도나 방법으로 운전하여서는 아니 된다"라고 규정하고 있는 것도 세부적인 룰을 통해서는 규율할 수 없는 상황에 대비하여 일반적으로 적용되는 스탠다드를 규정하고 있는 것이다. 이처럼 상당수의 규제는 룰이나 스탠다드, 혹은 이를 결합한 방식으로 이루어지게 된다.

룰은 구체적이기 때문에 수범자들의 입장에서 준수하기에 편리하지만, 입법자가 상황에 맞는 최적의 규제 수준을 사전에(ex ante) 정해야 한다는 어려움이 있다. 만약 룰이 정한 규제 수준이 적정하지 못할 경우 과잉 규제 또는 과소 규제의 사회적 비용이 초래될 수 있다{이를 오류 비용(error cost)이라고 한다}. 또한 사전에 적정한 규제 수준을 정하기 위해서는 상당한 연구와 사회적 논쟁을 거치는 과정에서 발생하는 비용이 적지 않다{이를 결정 비용(decision cost)이라고 한다}. 이에 비해 스탠다드는 사후적으로(ex post) 법원에 의한 사법 판단에 의해 구체적 상황에 따라 유연하게 해석될 수 있으므로 오류 비용이나 결정 비용을 낮출 수 있다는 장점이 있지만, 수범자들이 그 규제 내용을 미리 정확하게 파악하기 위해 비용을 지출해야 한다는 단점이 있다. 가령 회사의 이사들은 어떤 의사 결정을 내리기에 앞서 그 결정이 배임에 해당하는 것인지 여부를 변호사에게 자문을 구하는 것이 일반적인데, 이는 스탠다드형 규제에 있어 수범자가 규제 내용을 파악하기 위한 비용을 지출하는 대표적인 예이다.

룰과 스탠다드는 그 동작 방식에 있어 큰 차이가 있다. 룰의 경우 특정 행위가 허용되지는 여부를 사전에 법령의 문언에 따라 비교적 용이하게 판단할 수 있지만, 스탠다드의 경우 사후적으로 법원의 사법 판단에 따라 그 행위가 허용되는지 여부가 명확해 진다. 이러한 점에서 룰은 일반적인 컴퓨터 프로그램의 형태로 구현하는 것이 상대적으로 용이한데 비해서, 스탠다드는 이러한 구현이 쉽지 않다. 따라서 규제 분야에 있어 인공지능을 도입하기 위해서는 대상 규제가 룰인지 스탠다드인지를 명확히 파악하고 이를 구분하여 접근할 필요가 있다. 이하에서는 양자를 구분하여 인공지능의 도입 현황 및 가능성을 살펴보겠다.

2. 룰 방식 규제에 있어 인공지능의 도입

법률 분야 인공지능의 도입에 있어 초기 단계부터 주로 시도된 것이 룰 방식 규제에 인공지능을 적용하는 것이었다. 그 중 첫 번째 시도는 규제 데이터베이스를 만들고 이를 쉽게 검색할 수 있도록 하는 서비스이다. "미국에서 양배추를 파는 데 있어 적용되는 규제는 무려 2만 6,911단어로 구성되어 있다"는 문구는 규제의 방대함, 복잡성과 다양성을 상징적으로 보여 준다.13 이러한 문제를 해결하기 위하여 규제 데이터베이스를 구축하고, 인공지능을 통하여 규제를 쉽게 찾아낼 수 있도록 하자는 것이다.

이러한 규제 데이터베이스 서비스에 있어 가장 성공적이고 잘 알려진 업체가 2013년에 설립된 피스컬노트(FiscalNote)이다. 위 회사는 수천 건의 미국 연방 정부, 지방 정부 기타 규제 당국의 법령과 법안 내용을 저장한 다음, 특정 사업에 적용될 수 있는 규제를 찾아내어 알려주는 서비스를 제공한다. 현재는 미국뿐만 아니라 전 세계 40여개의 규제를 망라하는 데이터베이스를 구축하고 있는 것으로 알려져 있다. 이러한 서비스는 다국적 기업과 같이 세계적으로 사업을 수행하는 사업자, 혹은 미국이나 EU와 같이 여러 층위에 걸친 다수의 규제가 존재하는 환경 하에서 사업을 수행하는 기업의 경우에는 매우 유용한 서비스라고 평가할 수 있겠다. 다만 이러한 서비스는 법령 혹은 법안의 내용을 알려주는 것에 그치는 것이지, 사용자가 특정 문제 상황에 대한 데이터를 입력하면 법령에 따른 판단 결과까지 알려주는 것은 아닌 것으로 보인다.

이처럼 특정 사업에 적용되는 규정이 무엇인지 검색하여 알려주는 초기 단계의 시도를 넘어서, 해당 룰을 자동적으로 이행할 수 있도록 하는 시스템을 구

축하고자 하는 시도도 이어지고 있다. 가령 금융 기관들은 매우 다양한 보고서를
정해진 주기마다 규제 당국에 제출해야 하는데, 금융기관이 이미 보유하고 있는
고객과 거래 정보 데이터베이스에서 보고 사항을 추출하여 금융 당국에 자동적
으로 보고가 이루어지도록 하는 시스템을 예로 들 수 있다. 이러한 시도는 최근
들어 금융 분야를 중심으로 논의되고 있는데, 이를 흔히 '레그 테크(Reg-Tech)'
라고 부른다.[14] 특히 최근에 등장한 레그 테크 스타트업들은 인공지능과 빅 데이
터 분석 기술을 활용함으로써 보다 낮은 비용으로 더 효과적인 서비스를 제공하
고자 시도하고 있다. 이와 같은 시도의 결과 최근 자금세탁방지 규제 준수 및 사
기 예방을 위한 고객 신원 확인, 공시 보고서 작성, 고객 신용 평가 등 몇몇 분야
에 관한 자동화 스타트업이 생겨나고 있다.

3. 스탠다드 방식 규제에 있어 인공지능의 도입

스탠다드 방식의 규제는 구체적 사실 관계를 추상적인 법 개념으로 포섭하
는 단계가 포함되어야 하므로, 기존의 규칙 기반 접근법 인공지능을 통해 구현하
기 매우 어렵다. 따라서 아직까지 스탠다드 방식 규제를 자동화하고자 하는 시도
가 널리 이루어지고 있지는 못한 상황으로 보인다. 하지만 이론적 차원에서 스탠
다드 방식 규제를 자동화하는 방안에 대한 다양한 아이디어가 논의되고 있는데,
이러한 아이디어는 크게 두 가지로 구분될 수 있다. 첫 번째 방법은 규제 당국이
스탠다드 방식 규제 자체를 컴퓨터 프로그램 형태로 작성하여 배포함으로써, 수
범자들이 손쉽게 규제 준수 자동화를 할 수 있도록 하는 것이다(이른바 '알고리즘
법'). 두 번째 방법은 반대로 규제 당국이 개별 수범자의 구체적인 상황에 맞추어
각 수범자들마다 각기 다른 세부적인 지침을 내리는 것이다(이른바 '맞춤형 규제').

우선 '알고리즘 법'의 목적은 스탠다드형 규제에 있어서도 수범자들이 어떠
한 행위가 허용되는지 여부를 사전에 쉽게 파악할 수 있도록 한다는 것이다.[15]
이는 규제 당국이 어떤 스탠다드가 특정 상황에서 어떻게 적용될 수 있는지에
관한 컴퓨터 프로그램의 형태로 미리 만들어 수범자들에게 배포하는 방식으로
구현될 수 있다. 즉, 이제까지 관할 행정기관에 의한 '유권 해석'이라는 방식으로
이루어지던 사전적 법령 해석 작업을 컴퓨터 프로그램을 통하여 구현하는 것이

다. 예를 들어 어떤 양상으로 병이 진행된 환자에 대하여 수술을 집행해도 좋은
지 여부를 판단함에 있어, 의료 감독 당국이 그 수술 여부 판단에 필요한 법령
해석을 컴퓨터 프로그램 형태(즉 주요하여 고려되어야 할 변수, 각 변수의 판단 방법,
그 판단의 순서 및 가중치)로 제공하는 것이다. 이러한 시도에서 한 걸음 더 나아가
복잡한 규제를 빅 데이터를 이용한 컴퓨터 프로그램의 형태로 구현하여 배포한
다면 수범자들은 손쉽게 규제의 내용을 파악할 수 있게 되고, 규제 당국은 그 집
행 비용을 낮출 수 있게 될 것이다.

　규제 자동화의 다른 형태는 이른바 '맞춤형 규제'이다. 이에 대해서는 용어
가 통일되어 있지 않은데, 개인화된 법(personalized law), 맥락-맞춤형 지침
(context-specific directive), 동태적 룰(dynamic rule) 등 다양한 명칭으로 불리고
있다. 이러한 견해들의 공통적인 사상은 모든 사람들에게 같은 법을 적용할 필요
가 없다는 문제 인식에서 비롯된다. 즉, 규제 당국이 개별 수범자의 상황에 맞추
어 차등화된 규제를 적용하도록 한다는 것이다. 간단한 예로 고속도로 운전 최고
속도를 일률적으로 규제하는 것이 아니라, 도로 상황, 날씨, 운전자의 경력 및 사
고 이력 등을 종합적으로 고려하여 각 운전자들마다 각기 다른 최고 속도를 설
정하고, 무선 통신 기술을 이용하여 해당 규제를 운전자에게 전달하여 그 준수를
강제할 수 있다는 아이디어이다. 이는 '안전운전의무'라는 스탠다드 방식 규제를
빅 데이터를 활용하여 수범자의 특정 상황에 맞추어 해석한 다음, 맞춤화된 룰
방식 규제로 변경해서 지시를 내리는 형태로 이해될 수 있다.

　맞춤형 규제는 다양한 분야에 응용될 수 있을 것인데, 가령 소비자의 구매
경험 등에 비추어 계약 철회권 행사 기간을 차등화하면 거래 경험이 부족한 소
비자는 더 두텁게 보호하고, 이른바 블랙 컨슈머(black consumer)에 대해서는 철
회권을 부여하지 않거나 매우 짧은 기간만 부여하여 철회권을 악용할 여지를 없
앨 수 있을 것이다. 이처럼 맞춤화된 규제는 수범자 별로 차등화된 법규를 적용
함으로써 더 높은 사회적 효율성을 달성할 수 있다는 것이 이러한 주장의 요체
이다.16

4. 국내 도입 전망

이제까지 국내에서 규제 분야에 인공지능을 도입하고자 하는 시도는 키워드 또는 문장형 질의를 입력 받아 관련 법령을 검색하여 주는 서비스로 이해되었다. 미국의 피스컬노트 사례와 같이 규제가 복잡하여 수범자들이 이를 찾기 곤란한 경우에는 이러한 서비스의 유용성이 높을 수 있다. 하지만 우리나라의 경우 관련 법령을 검색하는 서비스만으로는 그 활용도가 높아 보이지는 않는 실정이다. 현재 공공 서비스로는 법제처의 국가법령정보센터, 대법원 종합법률정보 사이트가 있고, 민간 서비스로는 로앤비 서비스가 있어 관련 법령을 검색하는 데 있어서는 상대적으로 어려움이 크지는 않은 것으로 보인다.

오히려 더 큰 문제는 규제의 수범자 입장에서는 관련 법령을 찾았다고 하여도, 법령 자체만을 읽어 보아서는 그 규제들에 대한 내용을 정확하게 이해하기가 쉽지 않다는 데 있다. 예를 들어 「부정청탁 및 금품등 수수의 금지에 관한 법률」(이른바 "김영란 법")이 2016년 시행되었을 때 그 구체적인 적용 기준을 알기 어려워 법무법인들에서는 다수의 세미나를 개최하였고, 그 내용을 설명하는 스마트폰 앱이 개발되기도 하였다. 김영란 법 사례에서 보듯 기업들의 준법 업무를 자동화하는 기술은 그 활용 범위가 넓을 것으로 보인다. 예를 들면 금융, 화학, 제약, 통신, 환경 등 여러 산업 분야에서는 각종 보고, 신고 기타 인허가 관련 업무를 자동화할 수 있을 것이다. 또한 공정거래, 노동, 반부패 및 개인정보보호 등과 같이 산업 분야와 무관하게 적용되는 공통된 규제에 있어서도 각 기업의 준법 업무 담당자들이 손쉽게 규제 내용을 파악하고 그 준수 여부를 감독할 수 있는 기술이 개발될 필요가 있다.

이러한 점에서 금융 규제 분야에 있어 정부가 선진적으로 규제 업무 자동화에 나서고 있는 점은 주목할 만하다. 금융감독원은 금융 규제 중 보고 의무 이행을 컴퓨터 프로그램을 통하여 자동화하는 기계인식가능형 규제(Machine Readable Regulation, MRR) 시범 사업을 시작하였고, 인공지능이 보이스피싱을 대응할 수 있도록 알고리즘도 개발하고 있다. 이는 룰 방식 규제를 자동화하는 시도들로 이해될 수 있다. 이러한 시도들이 더욱 확산될 경우 장기적으로는 스탠다드 방식 규제를 자동화하기 위한 알고리즘 법이나 맞춤형 규제와 같은 형태로 발전할 수 있을 것이다.

이처럼 법적 규칙을 컴퓨터 프로그램의 형태로 구현하여 준법의 자동화를 실현한다는 아이디어는 "자동차 뒷좌석에 타고 있는 경찰관(cop in the backseat)"으로 묘사되곤 한다. 자동차 뒷좌석에 경찰관이 타고 있으면 운전자가 규칙을 위반할 수가 없게 되듯이, 컴퓨터로 구현된 인공지능이 수범자의 준법을 강제하도록 하는 것이다. 이와 같이 규제에 위반하여 사업을 수행하는 것이 기술적으로 불가능해짐에 따라, 감독 당국에 의한 규제 집행 비용 또는 기업의 규제 위반에 따른 사회적 비용 등을 획기적으로 줄일 수 있는 시대가 도래할 수 있다.

Ⅳ. 비영리 법률 구조 분야에서는 인공지능을 어떻게 활용할 수 있을까?

마지막으로, 비영리 법률 구조 분야에 있어서 인공지능을 활용하여 저소득 계층의 법률 서비스에 대한 접근권을 높일 수 있을 것이라는 기대도 적지 않다.17 그러나 이러한 기대와는 달리 아직까지 법률 구조 분야에 있어서 현실적으로 적용되고 있는 서비스를 찾기는 쉽지 않다. 이는 비영리 분야에 있어 예산상의 제약에 기인한 것일 수도 있지만, 법률 서비스의 본질에 대해 이해의 부족에서 기인한 측면도 없지 않다. 변호사가 의뢰인과 법률 상담을 하게 되면, 아무리 간단한 사건이라도 의뢰인이 처한 상황을 이해하기 위해서는 적어도 10분 이상, 길게는 1시간 이상도 소요된다. 이는 의뢰인들이 자신의 권리 의무 관계를 정확하게 이해하고 있는 경우는 극히 드물고, 변호사가 여러 질문을 통하여 그 내용을 추출해 내야 하기 때문이다. 현실의 복잡한 내러티브(narrative) 속에서 법적으로 유의미한 정보를 이끌어 내는 능력이야 말로 우수한 법조인의 자질이라는 것은 실무가라면 누구라도 공감할 것이다. 인공지능 기술이 매우 급속도로 발전하고는 있지만, 아직 수십 개 이상의 문장으로 구성된 복잡한 사실관계를 이해하고, 그 사실관계를 기초로 각 당사자들 사이의 법률관계를 파악하며, 그 법률관계에 따라 각 당사자의 권리와 의무를 추론하기에는 아직 부족하다. 나아가 인공지능이 이러한 단계에 이르기까지 얼마나 긴 시간이 걸릴 것인지를 예측하기조차 쉽지 않다.

이제까지 비영리 법률 구조 부문에서의 인공지능은 사용자가 간단한 질문을 제기하면 그에 대해 답변을 해 주는 인공지능을 개발하겠다는 목표를 설정하여 두고 있는 것으로 보인다. 하지만 이러한 전략은 재고가 필요하다. 이른바 '생활 법률'과 관련된 문제라고 하여, 간단한 사실관계로 축약될 수 있는 것이 아니고, 오히려 사실은 그 반대인 경우가 더 많다. 일상생활에서의 법률관계는 상호 신뢰와 구두 약정에 따라 이루어지는 경우가 많아서 실제로는 그 실체를 파악하기에 더 어려울 수 있다. 이러한 점에서 M&A나 금융 거래 등 외견상 복잡한 기업 간 거래가 인공지능으로 자동화하기에 상대적으로 더 용이하고, 이에 비해 임대차, 소비대차, 용역계약 등 이른바 '생활 법률' 문제가 인공지능이 처리하기에 더 복잡한 문제가 될 수도 있는 것이다.

이러한 이유에서 비영리 법률 구조 분야에 있어서 성급하게 인공지능을 적용하려고 하는 시도에는 주의를 기울일 필요가 있어 보인다. '법적 보호의 사각지대'에 있는 취약 계층에 대한 법률 서비스의 확대는, 소위 '인공지능 변호사'에 의하여 이루어지기보다는, '인간 변호사'에 의한 법률 서비스 제공 범위가 확장되면서 이루어질 수 있을 것으로 생각한다. 아직까지는 '인간 변호사'의 개입이 취약 계층이 겪는 법률문제를 해결하는데 필수적인 것으로 보이기 때문이다. 다만 이와 같은 '인간 변호사'에 의한 법률 서비스 제공 범위 확대에 인공지능이 필요할 수 있을 것으로 보인다. 즉, '인간 변호사'가 인공지능의 조력으로 생산성을 높임으로써 법률 서비스 단가를 크게 낮출 수 있는 경우, 서비스의 제공 범위가 더욱 확대될 수 있을 것이기 때문이다. 따라서 변호사의 업무 자동화에 관한 투자와 생산성 향상 시도들이 더욱 많아지고 관련 기술이 더욱 발전할 수 있도록 돕는 정책이 더욱 긴요할 것이라고 생각한다.

제4절 국내 법률 서비스 분야 인공지능 발전을 위한 과제

이상에서 본 바와 같이 특히 영미법계를 중심으로 법률 서비스에 인공지능을 도입하여 변호사 업무 자동화나 생산성 증대를 꾀하는 다수의 시도들이 이루어지고 있음에 비하여, 우리나라는 아직 그 발전이 상대적으로 더딘 것으로 보인다. 국내 법률 서비스 분야 인공지능 기술 발전을 위해 필요한 것은 무엇일까?

무엇보다도 판결문과 계약서 등 법률 관련 빅 데이터 확보 방안을 마련해야 한다. 사례 기반 인공지능 기술은 빅 데이터를 이용하여 인공 신경망에 가중치를 학습시키는 방식으로 구현된다. 따라서 연구자들이 훈련용 데이터(training data)를 손쉽게 구할 수 있는 방법이 마련되는 것은 해당 기술 발전의 필수불가결한 선결조건이다. 그럼에도 불구하고 국내에서는 판결문을 확보하기조차 쉽지 않은 실정이다. 헌법 제109조는 "재판의 심리와 판결은 공개한다."고 규정하고 있으나, 실무상으로 판결문의 공개는 제한적으로 이루어지고 있고, 판결문을 제공받기 위한 절차는 복잡하고 까다롭다. 현재 대법원 종합법률정보 시스템 등을 통하여 판결문을 공개하고 있으나 이는 연간 수천 건에 그치고 있는 실정이다.18 이는 인공지능을 적절하게 학습시키기에는 많이 부족하다. 숫자 필기 인식을 위한 인공지능의 경우 숫자 하나당 필기 샘플 6,000건 정도를 훈련시키고 있고, 이미지 인식의 경우 대상 객체 하나당 대략 1,000건 수준의 훈련 데이터를 사용하고 있다. 이로부터 판결문의 학습을 위해서는 인공지능에 훈련시키고자 하는 쟁점 하나당 1,000건 이상 수준의 하급심 판결이 필요할 것이라고 예상해 볼 수 있다. 하지만, 현재와 같은 극히 제한된 판결문 공개 시스템 하에서는 그러한 분량의 판결문을 확보하는 것이 현실적으로 불가능하다.

판결문 공개에 있어 소송 당사자의 명예나 사생활 침해를 막고 개인정보를 보호할 수 있는 수준의 비식별화 조치의 필요성은 누구나 인정하겠으나, 적정한 수준의 비식별화가 이루어진 판결문에 대해서는 연구자들이 손쉽게 접근할 수 있는 데이터베이스 구축이 필요하다. 의료 분야의 예를 들자면, 미국의 한 단체는 인공지능 기술 개발을 위하여 약 4만 명의 중증 환자에 대한 각종 의료 정보를 비식별화하여 제공하고 있고, 위 데이터는 실제로 많은 연구에 활용되어 많은 성과를 낳고 있다. 이와 마찬가지로 법률 분야 인공지능 연구자들이 사용할 수 있는 비식별화된 판결문 데이터베이스를 구축하여 제공할 필요가 있다.

계약서의 경우 판결문보다 데이터 확보가 더욱 어렵다. 미국의 경우 공개회사들이 계약서 공시 의무를 부담하고 있어서, 공시된 계약서들을 통한 연구를 수행하기가 상대적으로 용이하다. 이러한 자료를 바탕으로 각종 계약서 양식이나 계약 조항을 비교하여 보여주는 서비스도 제공되고 있다. 그러나 국내에서는 기업이 계약서 자체를 공시할 의무를 부담하지는 않고 있어, 대량의 계약서를 확보하기가 불가능하다. 따라서 해당 분야 연구는 이미 상당한 분량의 계약서를 보유하고 있는 대기업이나 대형 법무법인과의 협업을 통해서만 수행될 수 있는 실정이다. 그러나 이러한 연구 결과는 해당 대기업이나 대형 법무법인에만 귀속될 것이므로 사회 전반적인 인공지능 기술 발전 전체에 기여하기는 쉽지 않을 것이다. 이러한 점에서 개인 연구자나 개별 인공지능 스타트업이 계약서 데이터를 용이하게 확보할 수 있도록 하는 정책이 필요하다. 특히 정부 당국이나 관련 산업 분야의 협회가 계약서 데이터 수집하여, 비식별화 조치를 취하고, 이를 연구 목적의 데이터베이스로 구축하는 작업이 선행될 필요가 있다.

제5절   좀 더 생각해 볼 문제들

이제까지 인공지능이 법률 분야에 적용되고 있는 실제 사례를 검토함으로써 단기적으로 도입 가능성이 높은 분야와 장기적으로 활용 가능한 응용 분야를 구분하여 개괄적으로 전망을 제시하여 보았다. 앞으로 우리나라 법률 분야 인공지능 연구가 더욱 활발하게 이루어지고, 다양한 스타트 업이 법률 서비스 시장으로 진출하여 기존 법무법인들과 경쟁하며, 변호사들은 인공지능 기술을 받아들여 자신의 생산성과 법률 서비스의 질을 향상시킬 수 있는 방안을 찾고자 노력할 수 있기를 바란다.

 생각해 볼 점

1. 우리나라에도 미국의 "렉스 마키나(Lex Machina)"와 같이 소송 정보 서비스가 도입될 필요가 있을까? (소송 정보 서비스는 사건 유형별 승소율 및 평균 소송 기간, 법원이나 판사의 사건 유형별 성향 분석, 변호사별 승소율 및 합의 가능성 여부 등의 정보를 유상으로 제공해 주는 서비스를 말한다) 이러한 서비스가 도입되면 어떠한 부작용이 있을 수 있을까? 혹은 어떠한 정보를 추가적으로 제공할 수 있으면 변호사의 업무에 도움이 될까?

2. 당신이 국제 무역을 담당하는 기업의 사내 변호사라고 생각해 보자. 이 기업은 한 달에 수십 건 이상의 국제 물품 매매계약을 체결하고 있는데, 당신의 주된 업무는 회사가 체결하는 수많은 계약서들을 검토해서 법적 문제가 없는지 확인하는 것이다. 인공지능을 이용해서 당신의 업무를 보다 손쉽고 정확하게 처리할 수 있는 방법은 없을까?

3. 당신이 대기업의 준법 감시 업무를 담당하고 있는 변호사라고 생각해 보자. 개인정보 보호의 중요성이 날로 높아지면서, 당신은 어떻게 하면 모든 기업 경영활동에 있어 「개인정보 보호법」을 잘 준수 지키도록 수 있도록 할까 고민 중이다. 어떻게 하면 인공지능 기술을 이용하여 「개인정보 보호법」 준수 여부를 점검·감독하고, 위반 소지를 발견한 경우 적절한 대응 조치를 추천하는 시스템을 만들어 낼 수 있을까?

인공지능과 자율주행차

자율주행차는 인공지능이 장착된 차량이다. 인간이 운전하던 차량에서 인간의 운전 또는 관여 없이 운행되는 차량이다. 세계 각국은 자율주행차의 개발에 열중하고 있으며, 법제도도 개편하고 있다. 우리나라도 「자동차관리법」이 자율주행차의 개념을 정의하고, 시험운행을 위한 제도도 마련하고 있다. 자율주행차의 상용화에 따라 생활상의 변화와 법제도의 변화를 공부해 보자. 특히 자율주행차의 운행에 있어서도 인간운전자의 개념이 필요한지, 사고 발생시 책임주체는 누구인지, 자동차보험은 어떻게 변화될 것인지 알아보자.

제1절 인공지능, 정보통신 기술의 발달과 자율주행차의 등장

자율주행차는 전통적인 자동차 기술에 인공지능, 정보통신의 기술 발달을 융합한 새로운 융합기술서비스의 대표적인 성과의 하나에 해당된다. 세계 각국은 물론 우리나라에서도 자율주행자동차를 미래의 대표적인 먹거리로 인식하고 범정부적인 대응책을 내세우고 있다. 세계적으로 자율주행자동차는 완전한 상용화의 단계라고는 볼 수 없지만 기술적으로 상당한 정도 달성된 상태이고 상용화의 최대 걸림돌은 기술문제라기 보다는 법적 규제 문제로 보고 있다.

자율주행자동차의 운행을 위한 법제로는, 첫째 자동차 운행의 3요소인 자동차, 운전자, 도로에 관한 행정법제, 둘째 자동차 운행 시 발생하는 사고에 대한 민형사상 책임을 다루는 책임법제로 크게 구분할 수 있다. 이러한 법제를 자율주행자동차의 운행에 적합하게 개선할 과제가 있다.

그 밖에도 자율주행자동차의 운행이 가지고 오는 사회적 변화에 맞추어 법적인 대응이 필요하다. 자율주행차의 운행은 단순히 자동차의 혁신이 아니라 자동차를 소유에서 사용으로 하는 차량이용관계의 근본적인 변화를 촉발하게 된다. 이에 따라 자동차의 소유를 전제로 하여 도로의 확충이 이루어지고 있는 상황의 변화가 필요해진다. 차량 운행대수의 증가 폭이 크지 않을 것이므로 대폭적인 도로의 증가 필요도 줄어들게 될 것이다. 같은 이유로 차량이 거의 항상 도로를 주행하게 될 것이므로 소유차량의 주차를 전제로 하는 주차장의 건설도 불필요하게 된다. 현재 건축법제나 도시계획법제에서 주차장의 확보는 중요한 사항이었는데 그 중요성이 반감될 것이다. 또한 차량의 소유 변동에 따른 등록세, 자동차세의 수입이 줄어들 것으로 보인다. 다만 이와 같이 자율주행차의 운행이 가지고 오는 생활의 변화는 다양하지만 이는 자율주행차의 운행과 직접 관련이 있는 문제가 아니라 상용화 이후에 등장하는 문제이니만큼 여기서는 문제의 제기만으로 그치고자 한다.

아래에서는 전통적인 자동차 운행법제와 책임법제를 설명하고, 자율주행자동차의 운행을 위하여 위와 같은 법제가 어떻게 변화될 것인지 바람직한 방향을 제시하고자 한다.

제2절 전통적인 자동차 운행법제로는 어떤 것이 있는가[1]

I. 현행 자동차 운행 규제법제의 3요소 - '자동차', '운전자', '도로'

자동차운행을 위하여는 자동차, 운전자, 도로라는 3가지의 요소가 필요하고, 현행법은 이러한 3요소에 대한 법을 마련하고 있다.

자동차에 대한 법으로 「자동차관리법」이 있는데 이 법은 자동차가 무엇인지, 자동차의 운행을 위한 안전기준 등의 조건은 무엇인지 등 자동차안전을 위한 제반 내용을 규정하고 있으며, 운전자에 대한 법으로는 「도로교통법」에서 운전의 의미, 운전면허제도, 운전자의 각종 의무 등이 규정되어 있고, 도로에 대한 법으로는 「도로법」에서 도로의 종류, 설치 및 관리, 도로시설 등에 대하여 규정하고 있다.

현행법상 자율주행차와 관련한 규정으로는 「자동차관리법」에 자율주행차의 개념(§2), 시험·연구 목적의 임시운행 근거(§27① 단서)를 2015. 8. 11. 신설하였는데, 이는 시험·연구 목적의 임시운행을 위한 법적 근거를 위한 것일 뿐이다. 그 외 「도로교통법」이나 「도로법」에서는 자율주행차와 관련된 아무런 규정을 두고 있지 않다.

자동차 운행을 위한 법은 자동차산업의 진흥이나 도로의 확충 등 진흥적 성격도 있지만 근본적으로는 자동차 운행으로 인한 안전성의 위해를 감소시키고 안전을 확보하기 위한 안전법으로서의 성격을 가진다. 그런 점에서 보면 현행 법제는 자동차의 안전은 어떻게 확보하여야 하고, 도로는 어떻게 설치·관리되어야 하며, 운전자는 어떤 능력과 자격을 보유하여야 한다는 점에서 규제법의 성격을 가지게 된다. 따라서 장차 자율주행차 운행을 위한 법제 개선도 어떻게 국민의 생명과 신체, 재산의 안전성을 보장할 것인가의 관점에서 접근하는 것이 중요하다는 의미이다.

특히, 자율주행자동차는 기존의 자동차산업에 ICT가 융합된 서비스라고 할 것인데, 기존의 운전자 중심의 규제체계 내에서는 운행을 허용하기 어려운 만큼 이는 융합서비스의 사업화 문제와도 연결된다. 새로운 서비스의 사업화를 위하여는 기존의 기술과는 다른 새로운 융합기술의 도입이라는 목적을 달성하기 위해 규제개혁의 관점이 적용될 필요가 있다. 오늘날 정부의 규제를 완화하는 문제는 행정의 가장 중요한 관심사항이고, 최근에는 규제완화보다 규제개혁이라는 용어가 사용될 정도로 일상적인 행정분야로 자리잡고 있다. 특히 새로운 기술이 기존의 분야에 융합될 때 미처 규제체계가 마련되지 못하여 이를 적용하지 못하는 문제로 나타나는데 새로운 융합서비스의 상용화의 어려움을 보여준다.

II. 자율주행차의 등장으로 인한 '자동차', '운전자', '도로' 개념의 변화

자율주행자동차를 운행하기 위하여도 전통적인 자동차 운행의 3요소와 그 개념이 그대로 유지되어도 무방한 것인지, 변화가 필요하다면 어떻게 변화되어야 하는가? 자율주행차의 등장은 전통적인 자동차, 운전자, 도로의 3요소에 있어서 개념의 변화를 필요로 한다.

먼저 자동차에 대하여 보면, 「자동차관리법」상 자동차의 개념은 "원동기에 의하여 육상에서 이동할 목적으로 제작한 용구 또는 이에 견인되어 육상을 이동할 목적으로 제작한 용구(이하 "피견인자동차"라 한다)를 말한다. 다만, 대통령령으로 정하는 것은 제외한다."라고 규정하고 있는데(§2), 이를 자율주행차의 자동차 개념으로 사용하더라도 문제가 있는 것은 아니다. 그러나 자동차의 개념을 위와 같이 정의하고 있지만 세부적인 자동차의 안전기준을 보면 현재의 자동차를 기준으로 정의된 것인 만큼, 인간운전자의 운전 등이 배제되는 자율주행차의 개념과는 거리가 멀게 된다. 더욱이 자동차의 운전은 도로교통법상의 운행이나 운전과 밀접한 관련이 있기 때문에 자동차법에서도 인간운전자라는 운행요소에 대한 정리가 필요한 것이다. 이에 따라 자율주행차의 개념 정의, 안전기준의 재정립문제 등이 중요한 쟁점이 된다.

운전자에 대하여 보면, 현행 도로교통법이나 자동차관리법상 인간운전자의 운전을 전제로 법제가 구성되고 있는데, 자율주행자동차는 운전자의 조작 없이 자동차 스스로 운행이 가능한 자동차를 의미하는 것이므로 인간운전자의 역할을 어떻게 설정할 것인지, 운전과 운행의 개념을 어떻게 이해할 것인지 검토가 필요하다. 자동차 운행 3요소 중에서 가장 변화가 눈에 띄는 분야라고 하겠다.

도로의 경우도 많은 변화가 나타날 것으로 보인다. 자율주행차는 도로의 신호기, 교통표지 등 도로시설을 자동으로 인식하고 운행하게 됨에 따라 도로시설이 이와 같은 필요에 따라 변화될 것으로 보인다. 자칫 도로의 차선을 인식하지 못하거나 신호기를 잘못 이해한 경우에는 큰 사고로 발생될 수도 있는 것이므로, 자율주행차의 안전기준은 물론이고 도로 자체의 자율주행차 운행을 위한 설치기준의 재정립이 필요할 것으로 보이고, 또한 도로 통제를 위한 시스템이 자동화·고도화될 것으로 예상된다. 또한 현행법상 인간운전자의 인지를 염두해 둔 신호기 등의 도로시설 및 교통규칙이 자율주행차의 인지를 위한 것으로 근본적인 변화가 이루어지게 되었다.

III. 자동차 운행 규제의 법적 성격의 변화가능성

자동차 운전에서 자동차, 운전자, 도로는 필수불가결한 3요소로 존재하는데, 현행법은 이러한 요소의 안전을 확보하기 위하여 법제를 마련하고 있다. 자동차가 무엇인지, 운전자는 어떠한 운전의무를 지는지, 도로는 어떻게 설치·관리되어야 하는지 등에 관한 사항을 규율하고 있다. 그런 점에서 보면 현행 법제는 규제법의 성격을 내포하고 있으므로, 자율주행자동차의 운행에 대비한 법제 정비의 성격은 기존의 규제법제의 개혁 내지 개선의 관점으로 이해할 수 있다.

자율주행자동차는 운전자 또는 승객의 조작 없이 자동차 스스로 운행이 가능한 것을 말하는 것이기에 전통적인 인간운전자인 사람 중심의 규제방식에 대한 변화가 있을 것으로 보인다. 기존의 자동차 운행법제는 자동차, 운전자, 도로에 대한 제반 규제체계를 구성하고 있는데, 어느 경우나 모두 사람을 대상으로 하고 있는 점은 동일하다. 즉 자동차관리법상 자동차의 안전에 대한 규제방식으로서 자기인증은 자동차의 안전성을 따지는 것이긴 하지만 결국 해당 자동차의 등록자, 운행자에 대하여 하는 것이고, 도로교통법상 운전면허제도는 운전자의 운전능력에 따라 운전허가를 하여주는 행위이며, 도로의 시설이나 교통표지, 신호기 등에 대한 교통규칙의무의 부과는 운전자에게 주어지는 것인만큼 여전히 사람에 대한 행위로서 성격을 가지고 있다.

문제는 자율주행자동차 운행 시에도 이와 같은 전통적인 규제 방식의 성격이 그대로 유지되는가 하는 점이다. 즉 자율주행자동차의 운행에 있어서 각종 의무의 부과 등 규제방식은 기존의 사람 중심에서 자동차로 이동하고 있는 것이 아닌가 하는 생각을 들게 한다. 예컨대 자율주행자동차 운행에 대한 면허방식이 필요하다고 하면 더 이상 인간운전자에 의한 운전이 필요한 것이 아니므로 자율주행자동차라는 기계에 대한 운전으로 바뀌어야 하는 것은 아닌지 논의가 된다. 이는 자연인이 아닌 기계에 대하여 법상 행위의 상대방을 인정하여야 하는 이른바 주체성 논쟁으로 발전할 수 있다. 특히 도로의 표지판, 신호기를 센서로 감지하고 그에 따른 운행을 하는 경우 도로의 제공이나 신호기의 제공이라는 법상 공물(공공용에 제공하는 국유재산)의 제공행위의 대상이 인간에서 기계로 이동한 것인가 하는 의문이 제기될 수 있다. 물론 이러한 경우 그 의무의 주체가 자율주행자동차 그 자체가 아니라 운행자, 제작자, 알고리즘제작자 등 여러 사람을 가정할 수 있다고 할 것이지만, 어찌됐든 도로의 신호등을 인식하고 교통규칙을 준수하는 것은 기계인 자율주행자동차라는 점에서 기존의 법이론의 수정이 필요할 수밖에 없다.

전통적인 법이론에 의한다면 법상 의무의 부과가 있고 그 의무를 준수하여야 하는 의무의 주체를 정하여야 하는데, 자율주행자동차의 경우 누구를 의무의 주체로 할 수 있을지 분명하지 않는 것이다. 나아가 기계인 자율주행자동차를 의무의 주체로 하지 못할 이유가 없다고 하면 이는 인공지능 로봇의 주체성 논쟁과 같은 맥락의 논의로 발전하게 될 것이다.

기존의 사람에 대한 규제를 통하여 형성된 공법상 법률관계가 사람에 대체된 기계에 대한 행정행위 내지 공법행위의 설정으로 변화되고 있는 것이다. 이는 자율주행자동차의 발전단계상 최종 레벨에 해당되는 것이긴 하지만 이를 공상적인(?) 법적 사고로 치부할 수 없는 문제가 있다.[2] 완전 자율주행단계에서 자동차는 사람의 조작 이후에는 자율적으로 운행되기 때문에, 도로교통규칙을 준수해야 하는 것은 자동차이지 처음 목적지를 조작한 사람이 아니다. 사람이 아니기 때문에 공법적 규율을 할 수 없다는 것은 자동차가 이동수단으로서 많은 위험을 발생시키는 기계라는 점에서 규제의 공백 가능성이 있다.

그러면 자율주행자동차라는 기계에 대하여 권리를 부여하고 의무를 부여할 수 있다는 것인가. 그렇게 되면 법률관계의 당사자가 사람을 전제로 하여야 한다는 행정행위체계의 근본적인 재검토가 필요할 지도 모른다. 장차 운행의 직접적인 권리의무관계는 자율주행자동차에게 부여하고 간접적으로 그 자동차를 소유하는 등의 이해관계 있는 자에게 그 법적 효과를 미치게 하는 것도 가능한 논리라고 생각한다. 어찌됐든 과학기술의 발달로 인하여 사람만이 주체 또는 객체가 되는 법적 규율의 변화가능성이 나타나고 있다.

제3절 자율주행차의 운행을 위한 법제의 개선방향은 어떠한가

Ⅰ. 자율주행차의 운행요소로서의 "자동차": 자동차관리법상의 검토[3]

1. 개 설

현행 자동차관리법상 자율주행차의 개념(§2), 시험·연구 목적의 임시운행(§27①단서)은 시험·연구목적의 임시운행을 위한 법적 근거라는 한계를 가지고 있어서 상용화를 위한 입법의 필요성이 제기되고 있다. 외국에서도 독일이나 미국 등 이미 상용화에 대비한 입법이 완성된 나라도 있고 준비 중에 있는 나라도 많다. 자동차관리법상 개정 쟁점으로는 자율주행차의 개념, 안전기준의 재정립, 산업진흥정책의 도입 여부 등이 포함된다.

2. 자율주행차의 개념

자율주행차를 어떻게 정의할 것인지는 기술발전단계에 따라 다르다. 국제적으로 통용되는 단계별 정의는 아래 [표 13-1]과 같다. 레벨3이 부분 자율기능, 레벨4가 고도 자율주행, 레벨5가 완전 자율주행단계를 말한다.

[표 13-1] 자율주행 단계별 구분[4]

단계	레벨0	레벨1	레벨2	레벨3	레벨4	레벨5
개념		특정지원기능	복합지원기능	부분 자율기능	고도 자율주행	완전 자율주행
자동차기술협회(SAE)	지원기능 없음	Driver Assistance	Partial Automation	Conditional Automation	High Automation	Full Automation
도로교통연구소(BASt)		Assisted	Partially Automated	Highly Automated	Fully Automated	
일상 주행	운전자	운전자	시스템	시스템	시스템	시스템
주행 중 상황인식	운전자	운전자	운전자	시스템	시스템	시스템
비상 제어	운전자	운전자	운전자	운전자	운전자/시스템	시스템

우리나라에서는 자동차관리법이 위와 같은 기술발전단계를 고려하지 아니하고 일반적인 정의규정을 두고 있는데, 즉 자율주행차는 '운전자 또는 승객의 조작 없이 자동차 스스로 운행이 가능한 자동차'(§ 2i의3)라고 정의하고, 시험·연구 목적의 자율주행차량의 허가대상, 고장감지 및 경고장치, 기능해제장치, 운행구역, 운전자 준수 사항 등과 관련한 안전운행요건을 규정하면서 국토교통부령으로 위임하고 있으며(§ 27① 단서), 이에 따라 시행규칙에서 자율주행차의 안전운행요건을 ① 자율주행기능(운전자 또는 승객의 조작 없이 자동차 스스로 운행하는 기능을 말한다. 이하 이 조에서 같다)을 수행하는 장치에 고장이 발생한 경우 이를 감지하여 운전자에게 경고하는 장치를 갖출 것(1호), ② 운행 중 언제든지 운전자가 자율주행기능을 해제할 수 있는 장치를 갖출 것(2호), ③ 어린이, 노인 및 장애인 등 교통약자의 보행 안전성 확보를 위하여 자율주행자동차의 운행을 제한할 필요가 있다고 국토교통부장관이 인정하여 고시한 구역에서는 자율주행기능을 사용하여 운행하지 아니할 것(3호), ④ 운행정보를 저장하고 저장된 정보를 확인할 수 있는 장치를 갖출 것(4호), ⑤ 자율주행자동차임을 확인할 수 있는 표지(標識)를 자동차 외부에 부착할 것(5호), ⑥ 자율주행기능을 수행하는 장치에 원격으로 접근·침입하는 행위를 방지하거나 대응하기 위한 기술이 적용되어 있을 것(6호), ⑦ 그 밖에 자율주행자동차의 안전운행을 위하여 필요한 사항으로서 국토교통부장관이 정하여 고시하는 사항(7호)를 규정하고 있다(§ 26의2①). 이에 따라 국토부 고시에서는 자율주행차의 구조 및 기능을 상세하게 규정하고 있는데, 사실 동 내용이 자율주행차의 개념을 보충하는 의미를 가진다. 동 고시에 의하면 조종장치(§ 10), 시동 시 조종장치의 선택(§ 11), 표시장치(§ 12), 기능고장 자동감지(§ 13), 경고장치(§ 14), 운전자우선모드 자동전환(§ 15), 최고속도제한 및 전방충돌방지 기능(§ 16), 운행기록장치 등(§ 17), 영상기록장치(§ 18)가 규정되어 있다.

이러한 개념 정의는 지나치게 추상적이고 모호하며 포괄적라는 문제점이 지적되고 있다. 즉 첫째, '운전자 또는 승객의 조작 없이'라는 표현에서 운전자와 승객의 개념이 무엇인지도 분명하지 아니한 문제점이 있다. 법률상의 개념만으로 보면 운전자를 인정하지 않겠다는 취지가 드러나지만, 시행규칙 제26조의2 제1항 제2호에서는 '운행 중 언제든지 운전자가 자율주행기능을 해제할 수 있는 장치를 갖출 것'이라고 하여 '운전자'를 전제로 하고 있으면서, 한편 승객의 부존재를 개념으로 설정하고 있으나 승객이 운전자와 동렬에서 논의될 개념도 아니라는 점에서 문제가 많다.[5] 둘째, '자동차 스스로 운행이 가능하다'라는 의미가 무엇인지도 분명하지 않다. 이는 운행의 전부를 대상으로 하는 것인지 일부를 대상으로 하는 것인지의 문제이기도 하다.[6] 예컨대 첨단운전자지원시스템(ADAS, Advanced Driver Assistance Systems)[7]을 갖춘 자동차는 현재도 운행중에 있는데 그런 자동차는 운전자나 승객의 조작없이 운행되는 상태라고 하지 아니할 수 없다는 것이다.[8] 대개 '자동차 스스로 운행이 가능하다'는 것은 자율주행시스템(ADS, Autonomous Drive Systems) 또는 자율주행기능으로 설명되는데 그 자율주행시스템의 내용이 무엇인지, 어떻게 구성할 것인지가 중요한 문제가 된다. 셋째, 현재 통용되는 자율주행차의 발전단계에 따르면 단계에 따라 사고 시 책임구성이 달라지게 되는데, 형사책임에서 완전자율주행차와 부분완전자율주행차의 사이에는 책임의 유무가 갈라지게 되고, 운전자 없는 자율차와 자율주행기능 또는 자율주행시스템에 의한 자율차의 경우는 구분되는 것이 그런 예이다.[9]

이에 따라 자율주행차의 운전자의 개념을 재정립하기 위하여는 첫째 자율주행차의 발전단계를 고려하여 목표로 하는 발전단계에 맞춘 개념 정립이 필요하며, 둘째 자율주행차의 '운전'의 개념을 인정할 것인지, 인정한다면 운전자를 기존의 인간 운전자(human operator) 또는 운전자에 대체되는 자율주행시스템(ASD) 중 어느 것으로 결정할 것인지 정해야 하는 점을 고려하여야 한다. 한편 자율주행시스템 또는 자율주행기능을 자율주행차의 필수적 개념요소로 받아들이고 있는 점은 미국법이나 독일법이 공통적이나, 처음에 개념 요소로 자율주행시스템의 기술적 요건을 세세하게 규정할 것인지 포괄적으로 규정할 것인지 입법방식이 나뉘고 있다. 독일법이 전자의 방식이고 미국법이 후자의 방식이다.

이에 따라 운전자의 개념은 3·4단계를 고려하여 그대로 유지하고, 자율주행기능(자율주행시스템)을 개념으로 명시하며, 그 기술적 장치는 필요한 부분만 규정하되 구체적으로 규정하지 않고 각 기술적 장치 또는 안전기준에서 규정하는 것이 보다 타당하다고 본다.[10]

3. 자율주행차의 안전기준

자동차 안전기준은 자동차 운행의 물적 조건이라고 할 것이므로 자율주행자동차라고 하여 변화되기 어려우며, 자율주행차 개발 시 안전가이드의 역할을 하게 된다.

자율주행차가 사이버보안이나 개인정보의 보호 문제 등 기존의 차량에서 제기되지 않은 안전기준에 대한 이슈가 나타나고, 자동차의 운행이 운전자인 사람보다는 자율주행시스템 등 차량에 의존하게 되는 상황이 반영됨에 따라 자율주행차의 운행프로그램 등을 포함한 새로운 안전기준의 설정이 필요하다. 특히 하드웨어와 소프트웨어의 결합의 기술적 특징을 가지는 자율주행기능 또는 자율주행시스템을 현행 자동차 안전기준 즉 자동차의 구조, 장치 및 부품에 대한 안전기준에 어떻게 포함할지가 문제된다. 법령상의 재설정도 가능하지만, 아직 미완성인 자율주행차의 안전기준의 발전속도를 감안하여 행정규칙 정도로 정립하는 것도 타당하다고 할 것이다.

최근 자율주행차에 대하여는 자기인증제도를 형식승인 등으로 전환하여야 하는지에 대한 논의가 활발하게 이루어지고 있다. 자동차안전기준에 대한 인증제도로 형식승인제도(Type−Approval)와 자기인증제도(Self−Certification)가 있는데, 우리나라는 2003. 1. 1.부터 기존의 형식승인제도를 폐지하고 자기인증제도로 변경 시행하고 있다(자동차관리법 §30). 국제적으로는 자기인증제도를 채택하고 있는 나라는 미국, 캐나다, 우리나라 정도이고, 대부분의 국가는 형식승인제도를 채택하고 있다. 이러한 논의는 자율주행차가 일반 자동차에 비하여 네트워크 오류, 해킹 등의 위험에 노출될 수 있기 때문에 자기인증만으로는 안전성을 충분히 확보할 수 없다는 점에서 나온 것으로 보인다. 그러나, 자기인증제도도 법상 자율규제로서 충분히 자동차의 안전성을 확보할 수 있는 제도라는 점에서 형식승인이 자기인증 보다 자동차의 안전 확보에 훨씬 유리하다고 단정하기 어렵고, 한미자동차 협정 등 최초 형식승인에서 자기인증으로 전환된 당시의 입법목적이 충족되고 더 이상 불필요하게 된 것인지도 분명하지 않다.[11] 결국 자동차 안전기준에 대한 승인제도 중 어느 것을 채택할 것인지는 미국등의 국제적인 흐름을 고려하고 자율주행차의 경우 일반차량보다 형식승인 등이 보다 필요한 기술적인 이유가 있는지 등에 대한 정책적 고려가 필요하다고 할 것이다.

또한 자율주행차는 자율주행기능을 적용한 자동차이고, 자율주행기능으로 필수적인 기술을 법령에 규정하여야 하는지 문제가 된다. 중요한 기술로서 자율주행차의 구조 및 장치에 해당된다면 이에 대한 안전기준을 정하여야 하는 것이고, 그리 되면 자율주행기능을 위한 기술적 장치에 대한 안전기준 설정이 필요하게 된다. 자율주행기능 수행을 위한 중요한 장치 중에서 법률단계에서 반드시 규정하여야 할 것을 중심으로 살펴보면 운행기록장치, 사고기록장치, 영상기록장치 등을 들 수 있는데, 이는 사고 시 책임주체를 판단하기 위한 것으로서 의미가 있다.

그 외에도 자율주행차의 운행프로그램에 대한 안전성 확보 조치로서, 1) 자율주행차는 기존의 자동차와 달리 제작과 최초 등록 후에도 소프트웨어의 업데이트를 통하여 차량의 성능이 빠르게 실질적으로 변경될 수 있는데,[12] 그 프로그램의 안전성 확보를 위한 제반 조치가 필요하고, 2) 자율주행차의 운행프로그램의 오류 등 결함으로 인하여 동일한 유형의 사고가 계속적으로 발생되고 리콜이나 교환환불을 기다릴 시간적 여유가 없는 경우에 안전을 위한 예외적인 조치로서 운행제한조치 등이 필요한지 등이 논의될 수 있다.

4. 입법방식에 대한 논의

자율주행차 운행을 위한 입법 방법론으로 자동차법제를 중심으로 할 것인지, 아니면 도로교통법제로 할 것인지 정하여야 한다. 우리나라는 자동차의 안전기준, 자기인증, 등록 등에 대하여 「자동차관리법」이, 운전자 및 도로교통 등에 대하여는 「도로교통법」이 각각 별개로 규정되어 있다. 외국의 입법례는 나라마다 다르다. 독일은 별도의 도로교통법」(StVG: Straßenverkehrsgesetz) 중심으로 자동차의 안전기준을 포함한 자동차의 교통까지 포괄적으로 다루고 있는 반면, 미국은 연방법(49 U.S. Code Subtitle VI — MOTOR VEHICLE AND DRIVER PROGRAMS)에서 자동차안전기준 등 우리나라의 자동차관리법과 유사한 체계를 가지고 있고, 주법은 자동차의 등록, 운행 승인, 운전면허 등 도로교통법을 규정하고 있다. 어느 법을 중심으로 자율주행차 운행법제를 만들 것인지는 이와 같은 각국의 사정을 고려하여야 하는 문제인 만큼, 무엇이 보다 바람직하다고는 단언하기 어렵다. 현재의 각국 입법 단계는 완전한 자율주행단계가 아니라 SAE 3단계 정도에 맞추어 진행되고 있으며, 전통적인 운전자 개념의 전제 하에 차량과 운전자가 혼재하는 시스템을 염두에 두고 있는 입법(독일 도로교통법)도 있지만 자율주행시스템을 운전자에 대체되는 개념으로 정하고 있는 입법(미국 미시간주 입법)도 나타나고 있다.

또한 자동차법제를 중심으로 자율주행차 운행법제를 입법하는 경우에도, 현행 자동차관리법의 편제 내에서 개정을 할 것인지, 아니면 특례법으로 제정할 것인지도 입법방식으로 논의가 된다.

Ⅱ. 자율주행차의 운행요소로서의 "운전자": 도로교통법상 검토

1. 운전자규제체계의 개편

「도로교통법」은 운전의 개념을 "차마를 그 본래의 사용방법에 따라 사용하는 것(조정 포함)"이라고 정의하여(§2), 운전의 주체인 '운전자'를 전제로 교통규제를 하고 있다. 이는 1949년 제네바의 도로교통에 관한 조약(Convention on Road Traffic) 제8조 내지 제10조 및 1968년 비엔나 도로교통 협약(Vienna Convention on Road traffic, 1968)의 자동차의 운전개념을 도입한 것에서 유래한다.

이러한 운전자를 중심으로 한 규제체계가 자율주행자동차 시대에도 그대로 유효할 것인지의 문제는 첫째 현행법의 해석상 자율주행자동차에도 적용할 수 있는지, 둘째 사람을 행위의 상대방으로 하여 권리의무관계를 형성하는 전통적인 법이론을 자율주행자동차의 운행 및 운전관계에도 적용하는 것이 가능한지의 이슈로 나타난다.

2. 운전면허제도의 개편

자동차 운전면허제도의 변화가능성은 두 가지 관점에서 가능하다. 자율주행자동차의 조작을 포함한 운전형태는 현행법으로 비교하면 운전 개념 보다는 운행 개념에 보다 가깝다고 할 것이지만, 운전자면허제도의 취지가 사람의 생명과 재산의 안전성을 보호하기 위한 것이라는 점에서 방식 여하를 떠나 그 규제 자체를 부인하기는 어렵다.

다음으로 자율주행자동차의 운행(또는 운전) 면허는 누구에 대하여, 무슨 행위를 대상으로 할 것인지 논의가 필요하다. 우선 면허의 상대방을 누구로 할 것인가의 문제에 대하여 보면, 차량의 소유자와 실제 차량의 운행자(운전자)로 나눌 수 있는데, 전자의 경우에는 「자동차관리법」상 차량등록의 의미가 있을 뿐이고, 후자의 경우에는 현행 운전면허제도와 크게 다르지 않게 될 것이다.

그리고, 무슨 행위를 규제할 것인가에 대하여 보면, 차량의 조작행위가 규제의 대상이 될 것으로 보인다. 차량을 목적지까지 조작하는 행위 및 비상시의 차량 통제 등이 포함될 것인데, 현재의 차량운전행위 보다는 조작 능력이 훨씬 단순한 점에서 그 규율수준이 낮더라도 무방할 것이다. 이런 경우 특별한 결격이 있지 않는 한 대부분의 사람이라면 자율주행자동차의 운전면허를 쉽게 취득하는 방향으로 개편될 것으로 예상된다. 예컨대 목적지의 조작 즉 입력행위는 현재와 같은 운전대 조작행위 보다는 훨씬 쉬울 것으로 예상되는 만큼 신체적 장애가 그리 주요한 요소가 되지 못할 것이다.

3. 교통규칙의 개편

교통규칙은 자동차의 운행 시 도로상에 일어나는 교통상의 위험과 장해를 방지하고 안전하고 원활한 교통을 확보하기 위한 운전자 및 보행자의 행위규범을 말한다. 그 중 운전자의 교통규칙은 차마의 교통과 운전자의 운전에 있어서의 행위규범을 의미하고 우리나라에서는 「도로교통법」에 규정되어 있다.

자율주행자동차의 경우에는 차량의 운행이 '운전자 조작없이' 이루어진다는 것을 제외하고는 도로상의 교통으로 인한 위험의 발생이 예견되고, 안전하고 원활한 교통을 확보하기 위한 필요성은 변함이 없다. 그런 점에서 「도로교통법」의 입법목적인 교통안전을 보장하기 위하여 자율주행자동차가 운행을 위한 교통규칙의 신속한 개편이 필요하다.

다만 자율주행자동차의 운행에 있어서는 운전자를 중심으로 형성된 교통규칙을 그대로 적용하기는 곤란하므로 다음과 같은 검토가 필요하다. 쟁점은 1) 자동차 운행에 있어서 교통규칙이 필요한지, 2) 필요하다면 그 규칙 준수의무를 운전자에게 부과할 것인지 아니면 차량 자체에 부과할 것인지, 3) 교통규칙 위반에 대한 제재방법이 타당한지, 4) 현행 교통규칙 중 자율주행자동차 운행 시에 적용될 것은 무엇인지 등이라고 할 것이다.

현행법상 교통규칙 준수 의무자는 당연 운전자이다. 「도로교통법」상 차마의 통행방법을 정한 조문에 있어서도 그 의무의 준수자는 당연 운전자라고 할 것이다. 그런데 자율주행자동차는 자동차 제작 시에 이미 어떤 교통규칙을 준수할 것인지, 윤리적 딜레마 발생 시 어떤 선택을 할 것인지를 알고리즘으로 설계하여 적용하는 것이므로 그 준수의 의무자가 운전자가 아니라 자동차제작자이고 따라서 의무를 제작자에게 부여하면 충분한 것이 아닌가 의문이 들 수 있다. 따라서 「도로교통법」에서 '차량 제작자의 의무'에서 자율주행자동차에 교통규칙을 알고리즘으로 반영할 의무를 규정하고, 그 의무의 내용을 법률로 상세하게 규정하면 충분한 것으로 보인다.[13]

현행 「도로교통법」상 운전자 등이 교통규칙을 위반한 경우에는 그 위반행위에 대하여 과태료의 행정제재, 형벌의 형사제재를 가미하고 있는데, 두 가지 점에서 그 제재구조를 변경할 필요가 있다. 첫째, 과태료 또는 형벌 규정의 타당성에 관한 문제인데 자율주행자동차의 경우에는 운전자에 대한 규제의 필요성이 덜할 것이므로 운전자 중심 제재체계의 실효성이 저하될 것이기 때문이다. 둘째, 앞에서 보았듯이 교통규칙의 수범의무자가 차량제조자가 될 가능성이 높다고 할 것이므로 제재규정에 대한 대폭적인 손질이 필요하다.

교통규칙의 내용을 어떻게 개편할 것인가 보면, 운전자를 전제로 하는 제반 교통규칙의 위반(이를테면 음주운전 등), 운전을 전제로 한 운전석의 개념, 운전석 이탈 시 시동정지의무(도로교통법 §49①vi) 등에 대한 재검토가 필요하고, 그 밖에 자연인인 운전자를 중심으로 규정된 차간거리 유지나 신호준수의무 등도 불필요할 수 있다. 기존의 운전자 중심의 교통규칙은 자율주행자동차에 대한 안전기준 사항 즉 인증요건으로 전환될 것으로 예상된다.[14] 반면에 차선이나 신호체계는 사람이 운전할 때보다 보다 엄격하게 규정할 필요가 있다.

Ⅲ. 자율주행차의 운행요소로서의 "도로": 도로법상 검토

자율주행차의 운행에도 현재와 같은 도로를 이용하여야 하는 것이므로 도로
자체의 개념 변경 보다는 도로와 어떻게 연결하는가 하는 운행시스템의 중요성
이 더해지게 된다. 즉 도로와 차량, 운행시스템이 결합된 지능형교통시스템(ITS)
가 중요한 도로 관련시설로 등장하게 될 것이다. 특히 협력형 ITS는 차량의 주행
과 도로, 교통시설(V2I) 및 다른 차량(V2V)과 상호 연계하면서 다양한 협업 서비
스를 통하게 되는 시스템인데, 자율주행차의 운행에 필수적인 시스템으로 인식
되고 있다.[15] 따라서 이 때에는 ITS를 포함한 도로시설의 설치 및 안전기준을 어
떻게 구성할 것인가가 중요한 과제가 될 것이다.

제4절   자율주행자동차 운행 요소로서 정보, 개인정보의 중요성[16]

Ⅰ. 자율주행차의 제4의 운행요소

한편, 자율주행자동차는 자동차와 자동차간, 자동차와 도로 사이의 계속적
인 정보 교환을 통하여 운행됨에 따라 개인정보나 위치정보 등 정보의 보호 내
지 보안 이슈가 중요한 문제로 대두되고 있다. 이와 같이 차량, 도로, 운행조건
등의 정보의 제공과 이용은 자율주행자동차 운행에 있어서 새로운 요소라고 할
것인데, 그런 점에서 이와 같은 자동차 운행을 위한 정보 또는 정보통신을 자율
주행자동차의 제4의 요소로 적용하여도 무방하다고 할 것이다.

Ⅱ. 자율주행차 운행과 개인정보의 보호 문제

자율주행차는 운행 시 자동차에 설치된 카메라, 레이더, 라이더 등 자동주행
기록장치기술을 통하여 타차량, 보행자, 도로상의 데이터를 수집하고, GPS, INS,
encoder 이용 고정밀 지도 기술을 통하여 자차의 개인위치정보를 수집하며,

V2V통신기술을 통하여 자차 및 타차의 개인정보, 도로 및 보행자정보 등을 수집하게 된다.17 이 데이터 중에는 도로정보와 같은 비개인정보도 있지만, 자차나 타차 또는 보행자의 개인정보 및 개인위치정보가 상당부분 포함되어 있다. 또한 수집되는 정보가 독자적으로 개인을 식별할 수 있는 정보에 해당되는 경우가 아니라도 하더라도 다른 정보와 쉽게 결합하면 개인정보가 되는 것이므로(개인정보보호법§2) 과학기술이 고도화된 자율주행차에 있어서 개인정보의 수집 등 침해 가능성은 매우 높다고 할 것이다. 이를테면 자율주행차량의 운행 중 타차량의 번호를 수집한 경우 다른 정보와 결합하여 재식별화할 가능성은 상존한다고 할 것이다. 그런데, 정보의 비식별화가 이루어진다면 당연히 개인정보보호법제의 적용이 배제되겠지만 과학기술의 발달로 다른 정보와 결합을 통한 재식별화 가능성도 높게 나타나는 문제가 있고, 또한 정보의 가공 과정에서 기업의 정보 수집과 별도의 추가적인 기술적 비용의 증가가 초래된다는 점에서 정보가공을 엄격하게 제한하여야 한다는 비판도 제기되고 있다.18

그런데 현행 개인정보보호법제에 의하면 개인정보의 수집, 이용 등의 처리의 경우에는 정보주체의 개인정보자기결정권에 따라 사전동의를 요구하고 있는데 자율주행차량이 도로 운행 시 매번 타차량의 운전자나 승객, 보행자에게 그와 같은 사전동의를 요구하는 것은 사실상 불가능하다고 할 것이다. 또한 이러한 사전동의규정은 개인정보의 제3자 제공의 경우에도 요청되는데(개인정보보호법§18②), 자율주행차량의 운행과 관련하여 다양한 관계자가 관여할 가능성이 높게 되므로 이러한 제3자 제공의 필요성도 높다고 할 것이다. 결국 현행 개인정보보호법제에 의하면 자율주행차의 운행은 개인정보보호법제를 엄격하게 적용하게 되면 합법적인 운행이 불가능한 것으로 이해할 수밖에 없다. 자율주행차의 운행에 있어서 개인정보보호법제가 적용된다면 원칙적으로 개인정보보호법이 적용되고, 자율주행차 중 통신을 이용한 경우에는 「정보통신망 이용촉진 및 정보보호 등에 관한 법률」이 적용되게 된다. 개인정보처리자(또는 정보통신망법상 정보통신서비스제공자)는 자동차제작자 또는 자율주행자동차 관련 서비스 제공자를 예상할 수 있고, 정보주체(또는 정보통신망법상 이용자)는 자차 사용자, 타차 사용자 및 보행자가 이에 해당될 것이다.19

이러한 문제를 해결하기 위한 입법방식으로는 개인정보보호법제를 개정하는 방식과 자율주행차의 관계법률에서 개정하는 방식이 있으며, 후자의 경우에는 다시 자동차관리법과 도로교통법의 개정으로 구분할 수 있다. 전자는 향후 IOT 기반 또는 4차산업혁명 시대에 일반적으로 적용되는 개인정보보호법제의 일반적인 적용이라는 관점에서의 대응이라고 할 것이고, 후자는 개인정보보호법은 개인정보의 보호 및 활용에 관한 일반적인 법제임에 반해 자율주행차의 운행 문제는 개별적인 예외상황이라고 할 것인데 이를 개인정보보호법제로 규정하는 것이 적절하지 않다는 것을 논거로 들 수 있다. 특히 후자의 입장에서 개인정보의 수집등의 문제를 도로교통의 측면에서 접근할 것인지 아니면 자동차의 장치나 알고리즘의 측면에서 접근할 것인지 문제로 구분할 수 있다. 생각건대 자율주행차의 도로교통의 측면보다는 차량의 장치 또는 안전조건, 알고리즘의 적용의 문제로 접근하는 것이 보다 타당하다고 보므로 자동차관리법의 개정이 필요하다고 생각한다.[20] 다만 개인정보의 처리를 수반하는 정책이나 제도의 도입에는 개인정보보호위원회의 개인정보 침해요인 평가를 거치도록 하고 있는 등 관련 소관부처의 적극적인 협조가 필요하므로(개인정보 보호법 §8의2) 관련 중앙행정기관의 협조가 필요함은 물론이다. 자율주행차 운행의 경우에는 개인정보보호법제의 적용을 완전히 배제하는 방식으로 입법하거나, 아니면 필요한 경우 적용의 예외가 되는 것을 추출하여 별도의 개인정보보호법제를 신설하는 방식이 논의될 수 있다.

Ⅲ. 정보 보안 문제

자율주행차는 전자·통신시스템이 차를 제어하는 구조이므로 외부에서 원격제어나 해킹 등의 침해가 가능하고 그로 인한 피해는 자동차, 승객 및 보행자의 안전과 직결되는 문제이고 정보통신과 관련된 사이버보안의 문제로 나타난다. 이러한 사이버보안의 문제는 차량제작과정에서 장치나 프로그램의 안전성 확보라는 관점에서는 새롭게 대두되는 자동차의 안전기준의 정립문제라고 할 것이고, 제작 이후 운행과정에서는 데이터의 저장 및 전송시의 침해를 방지하기 위한 관리체계의 정립의 문제이기도 하다.

사이버 보안에 대하여는 국내외적으로 대응을 하고 있는데, 우리나라에서는 자동차관리법 시행규칙에서 '자율주행기능을 수행하는 장치에 원격으로 접근·침입하는 행위를 방지하거나 대응하기 위한 기술이 적용되어 있을 것'으로 규정하여(§26의2①vi) 사이버보안에 대한 대책을 수립하고 있다.

국제적으로는 자율주행차의 사이버보안문제에 대하여는 자동차의 국제안전기준을 논의하는 UN기구(UN/ECE/WP.29)가 2016년말부터 미국, 독일, 영국, 프랑스, 일본, 한국 국가와 관련단체가 참여하는 '사이버보안 특별전문가그룹(TFCS, Task Force on Cyber Security and Over the Air issue)'을 결성하여 논의하고 있다. 2018. 4. 17.부터 21.까지 서울에서 제12차 회의가 개최되었는데 동회의에서는 TFCS 활동을 마무리하여 사이버보안 국제안전기준의 기초자료가 되는 가이드라인을 확정할 계획이며, 자동차 국제안전기준 UN 기구(UN/ECE/WP.29)는 이 가이드라인을 검토한 후, 사이버보안 안전기준의 방향을 제시할 예정인 것으로 알려지고 있다.[21]

제5절　자율주행차의 사고와 책임법, 보험법의 변화

Ⅰ. 자동차사고에 대한 현행 책임법의 구조

1. 자배법상의 사고책임의 구조

(1) 운행자 책임과 그 구조

현재 자동차의 운행으로 인한 사고의 민사책임 구조는 특별법인 자동차손해배상보장법(이하 "자배법")에 의해 설정되고 있다. 즉 자동차의 "운행"[22]과 관련해 "자기를 위하여 자동차를 운행하는 자", 즉 '운행지배'와 '운행이익'을 갖는 "운행자"의 개념을 설정하고, 운행자에 대해서는 '타인의 사상'에 대해 사실상 무과실책임인 '운행자책임'을 부과하고 있다(자배법 §3 본문).[23] 다시 말해, 운행자는 운행으로 인한 '타인의 사상'의 경우 원칙적으로 책임을 지고, 다음의 예외적인 경우에만 면책될 수 있는 가능성을 열어두고 있다.

> (i) 승객이 아닌 자가 사망하거나 부상한 경우: 운행자와 운전자가 자동차의 운행에 주의를 게을리 하지 아니하였고, 피해자 또는 운행자 및 운전자 외의 제3자에게 고의 또는 과실이 있으며, 자동차의 구조상의 결함이나 기능상의 장해가 없었다는 것을 증명한 경우(제3조 단서 제1호).
> (ii) 승객의 사상의 경우: 승객이 고의나 자살행위로 사망하거나 부상했다는 것을 증명한 경우 (제3조 단서 제2호).

그런데, 운행자가 위의 예외적인 상황을 입증하는 것은 사실상 불가능하기 때문에 운행자책임은 실제로는 무과실책임의 형태로 운영되고 있다. 운행자책임을 지는 '운행자'에는 차량의 보유자뿐만 아니라 차량의 운행지배와 운행이익을 갖는 한 임차인, 대리운전업체 등도 포함되고, 일정한 경우 보유자 등과 공동운행자가 될 수도 있다.[24] 따라서, 개인이 승용차를 소유 혹은 임차하면서 운행하는 경우 차량의 소유자 혹은 임차인은 운전자이면서 운행자가 된다. 한편, 운송회사가 운전사를 고용하여 회사차량을 운행하게 하는 경우, 차량의 보유자인 운수회사가 운행자가 되고, 운송회사를 위해 운전하는 개인은 운전자가 된다.

(2) 운전자 책임과 그 구조

자동차 사고와 관련해 실제로 운전을 담당한 "운전자"에게 고의가 있거나 혹은 운전과 관련해 주의를 게을리한 경우, 운전자에 대해 불법행위에 기한 손해배상책임이 발생할 수 있다. 운수회사가 운전자를 고용한 경우 운수회사는 운행자책임을 지게 되지만, 실제 운전을 담당하는 운전자는 이러한 운전자책임을 지게 된다. 운전자책임에 대해서는 민법의 불법행위법 일반 및 도로교통법상의 안전운전의무 등이 적용된다.[25]

2. 현행 제조물책임법상의 제조물책임의 구조

자동차의 사고는 드물기는 하지만 자동차의 "운행"이 아니라 자동차의 "결

함"이 그 원인인 경우도 있다. 이 경우 제조물책임법이 적용될 수 있다. 제조물
책임법 제3조는 "제조물의 결함"으로 다른 사람의 생명 신체 또는 재산에 손해
가 발생한 경우 "제조자"로 하여금 피해자에 대해 손해를 배상하도록 한다. 여기
서 "제조물의 결함"은 다음과 같다(제조물책임법 §3②ii):

    "결함"이란 해당 제조물에 다음 각 목의 어느 하나에 해당하는 제조상·설계
상 또는 표시상의 결함이 있거나 그 밖에 통상적으로 기대할 수 있는 안전성이
결여되어 있는 것을 말한다.

- (i) "제조상의 결함"이란 제조업자가 제조물에 대하여 제조상·가공상의 주의의무를 이행하였는
지에 관계없이 제조물이 원래 의도한 설계와 다르게 제조·가공됨으로써 안전하지 못하게
된 경우를 말한다.
- (ii) "설계상의 결함"이란 제조업자가 합리적인 대체설계(代替設計)를 채용하였더라면 피해나
위험을 줄이거나 피할 수 있었음에도 대체설계를 채용하지 아니하여 해당 제조물이 안전하
지 못하게 된 경우를 말한다.
- (iii) "표시상의 결함"이란 제조업자가 합리적인 설명·지시·경고 또는 그 밖의 표시를 하였더라
면 해당 제조물에 의하여 발생할 수 있는 피해나 위험을 줄이거나 피할 수 있었음에도 이
를 하지 아니한 경우를 말한다.

    따라서 자동차에 이상의 "결함"으로 다른 사람에게 손해가 발생하면 자동차
제조업자가 피해자에게 제조물책임을 질 가능성이 생긴다.[26]

Ⅱ. 자동차사고에 대한 현행 책임보험법의 구조

1. 운행자책임보험: 강제보험

    "운행자"의 운행자책임에 대해서는 자배법에 의한 "운행자책임보험" 제도가
작동한다. 자배법 제5조 제1항과 제2항은 타인의 사망 상해에 대한 손해배상책
임의 이행 및 타인의 재물의 멸실 훼손에 대한 손해배상책임의 이행을 실효성
있게 확보하기 위해 "자동차보유자"에게 일정한 보험금액을 한도로 대인배상책임
과 대물배상책임을 커버하기 위한 책임보험을 의무적으로 들게 하고(§5, §6),[27]

동시에 이러한 의무책임보험에 가입하지 않는 자동차는 도로에서의 운행을 금지
하고 있다(§8).

2. 제조물책임보험: 임의보험

마찬가지로 "자동차제조자"의 제조물책임에 대해서는 "제조물책임보험"28이
도입되어 있다. 그런데, 운행자책임보험이 의무보험인 것과 달리 자동차제조자의
제조물책임보험은 강제되는 것이 아닌 임의보험이고 또한 아직 활성화되어 있지
않다. 왜냐하면 지금까지 자동차의 결함에 의한 사고의 비율은 운행자에 의한 사
고 비율에 비해 현격히 낮았기 때문이다.29

Ⅲ. 자율주행차의 발전 단계와 인간운전자의 주의의무의 변화가능성

1. 3단계 자율주행자동차와 운전자의 주의의무

SAE International(Society of Automotive Engineers)가 정의한 자동차의 자동화
단계는 앞의 [표 13-1]에서 보는 바와 같이 6단계로 나뉘는데, SAE 기준 3단계부
터 자율주행차라고 부른다. 3단계 자동화단계부터 주행환경(driving environment)
의 감시역할을 인간 운전자 대신 자율주행시스템이 담당할 수 있기 때문이다. 하지
만, 3단계 자동화단계에서는 비상상황이 발생한 경우 그 대응(fallback performance)
을 주행시스템이 하는 것이 아니라 인간 운전자가 수행할 것을 전제한다. 따라
서, 3단계 자율주행차에서 인간 운전자는 '운전'을 위한 주의의무로부터는 완전
히 해방되지만, 시스템의 제어권회복 경고에 대해 반응할 수 있는 정도의 준비는
하고 있어야 한다.30

2. 4단계 자율주행차와 운전자의 주의의무

인간운전자가 운전에 관한 준비의무로부터 완전히 해방되는 단계는 SAE 기
준 4단계로부터 시작한다. 즉 3단계 자동화시스템에서 인간 운전자는 시스템의
제어권회복 경고에 준비해야 할 주의의무를 지므로 제어권회복 경고시 그에 대

해 대응할 준비를 해야한다. 하지만, 4단계 자동화단계에서는 '일정한 주어진 운행상황'에서 인간 운전자가 경고에 대해 반응하지 않더라도 자율주행시스템이 스스로 위기대응을 할 수 있어야 하므로, 4단계 자율주행차에서 인간은 주어진 일정한 운행 상황에서 경고에 관한 준비의무로부터도 완전히 해방된다.31

3. 5단계 자율주행차와 운전자의 주의의무

SAE는 '일정한 주어진 상황'에서 뿐만 아니라 '모든 상황'에서 자율주행시스템이 긴급상황발생에 대해 주행시스템이 스스로 대응할 수 있는 자동화 단계를 5단계라고 정의한다. 5단계 자동화는 완전한 자동화 단계이고 SAE 5단계 자율주행차에서는 자율주행시스템이 모든 상황에서 비상상황발생에 대한 대응까지도 담당하게 된다.32

Ⅳ. 자율주행자동차의 등장으로 인한 책임법 및 책임보험법 구조의 변화가능성

1. "운행자책임" 및 "제조물책임" 구조의 변화가능성

자율주행자동차의 등장은 자동차 사고의 원인 및 그로 인한 민사책임의 구조를 단계적으로 완전히 바꿀 것으로 예상된다. 자율주행차가 운행되면, 운전자의 역할 축소 및 자동화로 인하여 그 사고가 "운행자" 과실에 기인한 경우는 획기적으로 낮아질 것으로 예상되는 반면, 운행작업을 담당하는 자율주행시스템의 역할증대로 인해 주행시스템의 결함으로 인한 사고가능성은 상대적으로 높아질 것으로 예상되기 때문이다. 따라서, 자동차의 결함에 기한 "제조물책임"이 더 중요한 쟁점이 될 것으로 예상된다.33 예를 들어, 자율주행기술이 발전하여 "4단계" 혹은 "5단계" 자율주행자동차34가 상용화되는 상황을 상정해 보자. 이 단계에서 개인이 자율주행차를 소유하는 경우, 운행자책임의 주체인 "보유자"는 동시에 운행자책임의 보호객체인 "탑승자, 즉 타인"의 지위를 겸할 수 있기 때문에35 자율주행차보유자에 대한 운행자책임의 부과가 정당화되는지가 논란이 될 수 있고, 운행자책임보다 제조자의 제조물책임이 우선되어야 한다고 주장할 수 있다.36

동시에 자율주행시스템의 작동 중에 발생한 사고인지 여부에 대해서는 정책적으로 입증곤란 문제를 해결하기 위해 영상기록장치 등의 설치를 의무화하여 시스템 사용 중임을 입증해 사고가 시스템의 결함으로 인한 것임을 추정할 필요가 있다.37 이와 같이 자동차소유자 지위의 변화가능성 및 자율주행시스템 사용 중의 사고에 대한 자동차 제조자의 책임의 추정필요성은 점차적으로 "운행자책임" 및 "제조물책임"이 기반하고 있는 자동차 민사책임 법제에 큰 변화를 줄 것으로 예상된다.

2. "운행자책임보험" 및 "제조물책임보험"의 변화가능성

이러한 민사책임법제의 변화로 인해 현행 운행자책임보험과 제조물책임보험의 활용도도 완전히 바뀔 것으로 예상된다. 앞서 본 것처럼, 지금은 높은 운행자과실을 커버하기 위한 운행자책임보험제도가 주된 제도로서 활용되고 있고, 높은 사고 비율을 반영해 의무보험으로 강제되고 있다. 하지만, 자율주행기술의 발전으로 인해 자율주행의 단계가 4단계나 5단계로 이행되는 경우 운행자과실의 확률은 낮아질 것으로 예상되기 때문에 운행자책임보험의 역할은 점차 줄어들 것으로 예상된다.38

반면에 현재 자동차의 결함으로 인한 사고는 적기 때문에 제조물책임보험이 별로 활용되고 있지 않지만, 자동화된 자율주행자동차의 도입에 따라 자동차의 결함에 기인한 사고는 상대적으로 증가할 것으로 예상된다. 따라서, 잠재적으로 증가된 제조자의 책임을 커버하기 위한 "제조물책임보험"의 역할은 더욱 증대할 것으로 예상된다.39

3. 자율주행자동차의 발전단계에 따른 책임법과 책임보험법의 조화로운 개정 방안

(1) 책임법의 조화로운 개정방안: 자배법과 제조물책임법의 조화로운 개정 방안

자배법상 운행자책임의 역할 혹은 위상과 관련해, 자율주행자동차의 운행에 따른 배상책임은 완전자동화단계인 SAE 5단계 자율주행자동차가 상용화되는 시점에는 "운행자"의 책임 보다 "제조자"의 책임을 강화하는 방향으로 그 역할을 전환하는 것이 바람직하다. 5단계에서는 자동차보유자가 운행자책임의 보호객체

인 타인의 지위를 가질 수 있기 때문이다.[40] 하지만, 인간 운전자의 개입이 강제되는 3단계 혹은 개입이 허용되는 4단계 자율주행차에 대해서는 위험책임인 "운행자" 책임의 정책적 부과가능성은 여전히 존재한다.[41] 특히 자율주행시스템이 제어권회복의 경고를 하는 경우 운전자가 제어권을 회복하여야 하는 3단계 자율주행차에서 보유자는 이러한 운전자 혹은 자율주행시스템을 통해 여전히 '운행지배'와 '운행이익'을 누리고 있다고 볼 수 있고, 따라서 운행자책임의 부과가 정당화될 수 있기 때문이다.

한편, 현행 제조물책임법의 해석상 자율주행자동차 사고가 소프트웨어의 오작동으로 인한 경우 소프트웨어가 "제조물"인가가 문제된다. 임베디드 소프트웨어의 경우 제조물로 인정하는 경우가 다수의견[42]이지만, 법원이 그렇게 인정하지 않을 가능성도 있기 때문에 자율주행차제조자의 제조물책임을 확실히 하기 위해서는 소프트웨어를 제조물로 보는 명시적 조치가 필요하게 된다.[43]

이러한 입법환경을 고려하면 SAE 3단계 자동화 부터 운행자책임과 제조물책임의 내용과 상호영향을 검토해 조화롭게 하는 작업을 시작해야 한다. 즉 자율주행차의 각 발전단계별로 "운행자책임" 개념이 계속 필요한지 여부 및 "제조자의 제조물책임"을 새롭게 개정할 필요성이 있는지 여부를 개별적으로 계속 검토할 필요가 있다. 이 경우, 자율주행차의 각 발전단계별로 자배법과 제조물책임법의 상호영향을 고려한 모순없는 동시 개정의 필요성이 발생하기 때문이다.[44]

(2) 책임법의 개정내용을 반영한 책임보험법의 대응필요성

자율주행차의 발전단계별로 사고에 대한 자배법상 운행자책임 혹은 제조물책임법상의 제조물책임의 조화로운 책임법 구조가 확정되면, 동시에 이러한 발전단계별로 확정된 민사책임 구조를 반영하는 책임보험법의 개정이 이루어져야 한다.

즉 운전자가 제어권을 회복하여야 하는 3단계 자율주행차에 대해서는 보유자가 여전히 운전자 혹은 자율주행시스템을 통해 '운행지배'와 '운행이익'을 누리고 있다고 볼 수 있기 때문에, 자배법상 운행자책임의 부과가 정당화될 수 있고 따라서 3단계 자율주행차에 대해서는 보유자에 대해 의무책임보험의 부과가 정당화될 수 있다.

하지만, 4단계 혹은 5단계 자율주행차에 대해서는 보유자에 대해 위험책임을 부과하는 운행자책임의 부과가 가능하기는 하지만, 보유자는 보호객체인 타인의 지위를 가지기 때문에, "제조자"의 책임을 강조하는 방향으로 제조물책임법의 역할을 증대시키는 것이 바람직하다.[45] 따라서 이러한 단계에서는 자동차사고에 대한 제조물책임보험 수요가 높아질 수 있고, 정책적으로 제조자의 제조물책임보험을 의무보험으로서 논의할 필요성이 생긴다.[46]

 생각해 볼 점

1. 자동차 및 자율주행차의 운행과 운전의 개념에 대하여 알아보자.
2. 자율주행과 운행시 윤리적 이슈에 대하여 알아보자.

인공지능과 의료

의료 분야에서 인공지능의 활용은 급격하게 증대되고 있으며 이로 인해 기존의 의료현장은 물론 이를 규율하는 의료법에 있어서도 큰 변화가 예상된다. 예컨대 인공지능 시스템이 암환자의 증상을 검토하고 최적의 치료법을 제안한 경우, 이를 의료행위라고 볼 수 있을까? 의료 인공지능의 보조를 받아 진단을 한 의사는 추후 발생한 의료사고에 대해 법적 책임을 져야할 것인가? 또한 의료 인공지능의 도입이 의사-환자의 관계를 어떻게 변화시킬 것이며, 사회윤리적 차원에서 제기되는 문제점으로는 어떠한 것들이 있을까?

I. 의료 인공지능은 어떠한 분야에서 활용되고 있으며, 이로 인해 의료 패러다임은 어떻게 변화할 것인가?

의료는 4차 산업혁명 시대의 핵심기술들이 결합되는 대표적인 분야로 이해된다. 최근 의료분야에서는 인공지능은 물론 사물인터넷(Internet on Things; IoT), 빅데이터(Big Data), 클라우드(Cloud) 등 지능정보기술의 활용이 급속히 증대되고 있다.

먼저 의료 인공지능이 주목받는 분야는 암환자의 진단 보조 시스템이라고 할 수 있다. 대표적으로 IBM의 왓슨 포 온콜로지(Watson for Oncology)는 암 환자에게 최적의 치료 방법을 제시하는 의료 인공지능 시스템으로서, 자연어 처리 기술을 바탕으로 60만 건 이상의 의학적 근거, 42개 의학저널의 2백만 장 이상의 문헌자료, 6만 개 이상의 임상시험 자료, 1,500건 이상의 폐암 실제 사례 등 방대한 학습을 완료한 바 있다.[1] IBM의 왓슨은 특정 암을 진단하는 데 있어서 인간보다도 상당히 높은 정확도를 보여주고 있다고 평가되며, 2016년 12월 국내 최초로 길병원에서 왓슨의 첫 암진료가 이루어진 바 있다. 왓슨은 환자의 신체적 특징, 복용 약물, 알레르기 반응 등 개별 정보를 바탕으로 수 초 내에 최적의 치료법을 제시할 수 있으며,[2] 향후 암진료뿐만 아니라 고혈압 및 당뇨와 같은 난치성 질환에도 활용될 것으로 전망되고 있다.[3]

또한 의료영상 분석 및 판독 역시 인공지능 기술이 본격적으로 활용되고 있는 분야라고 할 수 있다. 의료영상에 있어서 국내의 대표적인 스타트업으로는 골연령 및 폐질환 진단 보조프로그램을 제공하는 뷰노(VUNO)와 폐암 및 폐렴 등 폐질환 감별 보조프로그램을 제공하는 루닛(Lunit)이 대표적이다.

다음으로 사물인터넷 기술을 기반으로 한 웨어러블 디바이스(wearable device) 및 스마트 기기를 통해 다양한 생체정보가 수집되고 있으며, 향후 헬스케어 산업의 중요한 부문을 차지하게 될 것으로 보인다. 웨어러블 디바이스 등을 통해 수집되는 정보에는 심박동, 혈압, 혈당, 운동량, 수면시간 등이 포함된다. 특히 사물인터넷이 결합된 의료 디바이스는 만성질환을 지속적으로 모니터링하고 관리하는 데 있어서 중요한 역할을 담당할 것으로 전망된다.

의료 분야에서 지능정보기술의 활용이 본격화되면서 의료 생태계는 패러다임 변화를 경험하게 될 것으로 예측된다. 곧, 의료서비스의 공급자인 의료진 및 의료기관 중심의 진단 – 치료 패러다임에서 환자 및 소비자 중심의 예방 – 관리 중심으로 의료 패러다임이 변화될 것이며,[4] 근거중심의학(evidence – based medicine)에서 데이터중심의학(data – based medicine),[5] (환자 개인별로 특화된) 정밀의료(precision medicine) 및 맞춤형 의료(personalized medicine)로 전환될 것이라고 한다.

이러한 의료 인공지능의 상용화를 정당화하는 다양한 근거들이 제시되고 있다. 의료 인공지능을 통해 진단 및 치료의 정확성과 일관성을 확보함으로써 오진률을 감소시키고, 의료서비스의 질을 제고할 수 있으며, 인적·물적 의료자원을 보다 효율적으로 사용함으로써 의료비를 절감시킬 것이라고 한다. 특히 방어적 진료(defensive medicine)의 맥락에서 환자의 증상을 판단하기 위해 때로 과잉진료를 초래할 수도 있는 실무를 지양하고, 불필요한 검사들을 현저히 감소시킬 수 있으리라는 점이 도입의 정당성으로 제시되기도 한다.[6] 이와 더불어 의료 인공지능의 활용은 사회적 약자를 대상으로 하는 사회복지의 차원에서 정당화되기도 한다. 특히 고령화사회 및 초고령사회로의 진입에 대비하면서 노인의료복지 분야에서 인공지능의 활용이 강조되고 있다.7

II. 의료 빅데이터의 활성화를 위해 현행 개인정보보호법제에서 고려되어야 할 법정책적 쟁점은 무엇인가?

현대사회에서 수집되는 의료 데이터는 그 어느 때보다 기하급수적으로 증대되고 있다. IBM에 따르면 한 사람이 자신의 일생동안 만들어내는 정보의 총량은 (행위적·사회경제적·환경적으로 발생하는) 외생적 데이터, 유전체 데이터, 임상 데이터를 포함하여 대략 1,100 테라바이트(terabyte)를 넘어설 것이라고 한다.8 이 중 외생적(exogenous) 데이터가 압도적인 양을 차지하고 있다. 이때 주목해볼 쟁점은 비정형적이고 비구조적인 의료 데이터가 차지하는 비중이 점점 더 커지고 그 중요성 역시 높아진다는 점에 있다. 이와 더불어 유전체 정보 역시 중요한 의료 데이터로 다루어지고 있다. IBM 역시 개인의 유전자정보를 분석해 질병을 진단하는 왓슨 포 지노믹스(Watson for genomics)를 개발한 바 있으며 2017년 부산대학교병원 등 우리나라에서도 도입된 바 있다. 이렇듯 의료 데이터는 의료기관 뿐만 아니라 일상적인 생활세계를 포함하여 다양한 공간과 출처에서 수집·이용되고 있으며, 이를 통해 치료 중심에서 예방 및 관리의 중요성이 강조되는 종합적인 보건의료체계로 나아가는 현상이 보다 심화될 것이다.

의료의 지능정보화에 있어서 가장 중요한 과제는 바로 의료 빅데이터의 활성화라고 할 수 있다. 우리나라는 전국민을 대상으로 한 국민건강보험제도를 채택하고 있고, 전국민을 대상으로 실시하는 건강검진서비스제도를 운영하고 있기에, 전세계적으로 대단히 드물게 (병·의원 이용내역, 건강검진결과, 가입자의 희귀난치성 및 암 등록정보, 의료급여자료, 노인장기 요양자료 등) 대량의 다양한 의료 데이터가 확보되는 데 있어서 이례적인 강점이 있다고 할 수 있다.9 이뿐만 아니라 1980년대에서 1990년대까지 보건의료정보의 디지털화가 빠른 속도로 전개되었으며, 2000년대부터 이미 주요 대학병원들을 중심으로 전자의무기록(Electronic Medical Record; EMR) 시스템의 도입이 본격화되었다.10 그러나 이렇듯 유리한 환경에도 불구하고 의료 빅데이터의 수집과 분석 및 활용이 활성화되기 어려운 구조적 한계가 지적된다. 대표적으로 지적되는 한계는 의료 데이터의 분산화 및 비표준화라고 할 수 있다. 의료 데이터뿐만 아니라 일반적인 빅데이터 연구 및 개발에 있어서 가장 중요한 것은 양적·질적으로 의미 있는 데이터의 수집이라고 할 것이다. 먼저 우리나라의 경우 의료기관별로 의료 데이터가 산발적으로 분산되어 있기에 서로 다른 의료기관들 간에 의료정보를 통합하는 데 있어 어려움이 따르며, 의료 데이터의 전산화 수준에 비해 의료기관들 간의 데이터 교류가 1퍼센트 미만에 불과한 현실이 지적된다.11 이러한 문제의식을 바탕으로 보건복지부, 국민건강보험공단, 건강보험심사평가원은 보건의료 빅데이터를 민간에게 개방하여 국민에게 개별 맞춤형 보건의료정보를 제공하고자 하는 노력을 지속적으로 기울여 왔다.12 2015년 12월부터 국민 개인의 진료내역, 약품처방, 건강검진 내역을 활용할 수 있도록 의료 데이터의 공개가 이루어지기 시작했으며, 2016년 9월부터는 보건복지부, 국민건강보험공단, 건강보험심사평가원이 협력하여 건강보험 빅데이터 활용 협의체가 발족되기에 이르렀다.13 또한 의료 빅데이터와 관련해 중요한 정책과제로 제시되는 것은 의료 데이터의 표준화 작업이라 할 것이다. 빅데이터 활성화에 있어서는 대량의 데이터를 수집하는 것뿐만 아니라 데이터의 질적 측면이 중요하다. 정확하고 일관적이며 신뢰 가능한 의학적 판단이 이루어지기 위해서는 양질의 데이터를 확보하는 것이 전제되어야 하며,14 이를 위해서는 국내외에서 상호 통합적으로 운용할 수 있는 용어 및 코드 등 의료 데이터의 표준화 작업이 이루어져야 할 것이다.

하지만 보다 근본적으로 의료 데이터의 활용과 관련하여 개인정보보호법제가 문제된다. 이때 기본적으로 상충되는 목적들은 의료 데이터의 활용과 개인정보의 보호라고 할 수 있다. 의료 데이터의 생성 및 수집에 있어서 의료정보의 활용에 따른 보안 문제가 항상 수반되며, 의료 데이터의 부정열람 및 복제, 그리고 불법유출의 위험성 등 개인정보보호법 위반과 프라이버시권 침해 문제가 제기될 수 있다.15 개인정보보호법에 따르면 개인정보란 "살아 있는 개인에 관한 정보로서 성명, 주민등록번호 및 영상 등을 통하여 개인을 알아볼 수 있는 정보"이며, 이때 해당 정보만으로는 특정 개인을 알아볼 수 없더라도 다른 정보와 쉽게 결합하여 알아볼 수 있는 정보를 포함하게 된다(§ 2i). 또한 동법 제23조는 사상·신념, 노동조합·정당의 가입·탈퇴, 정치적 견해, '건강', 성생활 등에 관한 정보 등 정보주체의 사생활을 현저히 침해할 우려가 있는 개인정보를 민감정보로 분류하여 규율하고 있다. 곧, 개인정보이자 민감정보로서 의료 데이터는 개인정보보호 법제에 의해 강력하게 보호되고 있다. 의료 데이터의 활용이 활성화되기 위해서는 건강정보에 대한 보호법제의 재해석이 선행되어야 한다고 주장된다. 먼저 건강정보가 방대한 양과 광범위한 출처를 갖고 있음을 고려해 볼 때, 개인정보보호 법상 개인정보와 민감정보의 개념 정의 및 구분은 건강정보를 아우르기에는 한계가 있음이 지적된다. 또한 건강정보의 보호 및 활용에 대한 입법과제가 아직 해결되지 않아 여전히 관련 법률들 간의 충돌가능성이 남겨져 있다. 예컨대 정부는 2016년 2월 의료법 시행규칙 제16조를 개정하고 전자의무기록의 관리·보존에 필요한 시설과 장비에 관한 기준 고시를 제정하여, 당해 8월부터 기존에 의료 기관 내부에서만 보관이 가능했던 전자의무기록이 의료기관 외부에서도 클라우드 형태로 보관될 수 있게 되었다.[16] 이는 의료 데이터의 공유에 있어서 획기적인 전환점을 마련한 것으로 평가되지만, 환자가 아닌 다른 사람에게 환자에 관한 기록을 열람하게 하거나 그 사본을 내주는 등, 내용을 확인할 수 없도록 한 의료 법 제21조 제2항과 여전히 충돌하고 있는 것으로 해석된다. 나아가 완고한 개인 정보보호법제의 근본적인 한계를 넘어설 수 없다는 점을 고려할 때, 건강정보의 프라이버시에 대한 미국의 규율방식이 검토될 수 있다. 포괄적인 일반법으로 규율하는 우리나라의 개인정보보호법제와 달리, 보건의료 등 분야들에 대한 개별 법으로 규율하고 있는 미국은 HIPAA 프라이버시 규칙을 통해 개인정보로서 건강정보를 보호하고 있으며 두 가지의 비식별화 방식을 규율하고 있다.[17] 먼저 전문가 결정(expert determination) 방식은 의료정보관리기관이 전문가를 선임하여 대상 데이터가 해당 기준에 따라 식별가능한 정보인지 여부를 판단하는 방식을 의미하며, 세이프 하버(safe harbor) 방식은 18가지 특정 유형의 개인 식별자가 제거된 후, 잔여 데이터들이 다른 정보와 결합해 개인을 특정할 수 없다면 수집 및 이용이 가능하도록 하는 방식이다.[18]

　나아가 의료 분야를 넘어서 일반적인 빅데이터의 활성화가 이루어지기 위해

서는 기존의 개인정보보호법제에 대한 재해석이 불가피할 것으로 보인다. 우리
나라의 개인정보보호법은 개인정보를 지나치게 보호의 관점에서만 바라보고 빅
데이터 시대에서 활용 가능한 재화로서의 가치를 반영하지 못하고 있다는 점이
지적된다.[19] 이에 대해 국민의 보건의료 빅데이터의 수집, 이용 및 활용단계에서,
현행 개인정보보호법의 사전동의 방식에 덧붙여 (다른 법령에서 근거규정이 마련된
경우) 정보의 수집·이용·제공·관리·폐기 등 전(全) 과정에 걸쳐서 정보주체의
(열람청구권, 정정/삭제청구권 등) 개인정보자기결정권을 강화하는 옵트아웃(opt-
out) 방식을 도입할 것이 제안되기도 한다.[20] 또한 의료 데이터의 프라이버시 및
보안 문제를 해결하고 정보 관리의 투명성을 극대화하기 위해 환자 자신에게 데
이터의 소유권을 부여하도록 하여 환자 개인이 자신의 데이터에 접근하고 활용
여부를 결정할 수 있도록 하는 방안이 제시된다.[21] 이는 모든 데이터를 해당 개
인에게 귀속시킨다는 점에서 'My data' 접근법이라 불리기도 한다.[22] 이렇듯 건
강정보의 공유 필요성 및 보안 문제가 제기되고 있는 가운데 기술적으로는 블록
체인(blockchain) 기술을 활용하여 의료 데이터에 대한 보안 시스템을 구축할 것
이 제안되고 있다.

Ⅲ. 의료 인공지능 시스템의 진단은 의료행위에 해당할까?

의료법은 "의료인이 하는 의료·조산·간호 등 의료기술의 시행"(§12①)이라
고 추상적·형식적으로 규정하고 있어 의료행위가 무엇인지 구체적으로 제시하
고 있지 않다.[23] 이렇듯 현행 의료법상 의료 개념은 적극적으로 정의되고 있지
않고, 무면허의료행위죄(§27①)에 대한 법원의 판례 및 행정부의 유권해석을 통
해 구체화되고 있으며, 이는 주체로서 의료인, 행위로서 의료행위, 수단으로서
의료기기의 차원에서 분석될 수 있다.[24] 법원은 의료행위를 "의학적 전문지식을
기초로 하는 경험과 기능으로 진찰, 검안, 처방, 투약 또는 외과적 시술을 시행하
여 하는 질병의 예방 또는 치료행위 및 그밖에 의료인이 행하지 아니하면 보건
위생상 위해가 생길 우려가 있는 행위"[25]로 이해하고 있어, 의료행위를 판단하는
데 있어서 사람의 생명이나 신체 또는 공중위생에 위해를 발생케 할 수 있는지[26]

와 같은 '위험성 요소'를 주된 판단기준으로 삼고 있으며,27 수단으로서 의료기기의 위험성 역시 의료행위성을 판단하는 기준이 된다.28 그리고 이러한 의료행위를 할 수 있는 자와 의료기기를 사용할 수 있는 자는 의학적 전문지식을 갖춘 의료인에 한정된다. 곧, 의료인은 의료기기를 사용해 의료행위를 할 수 있는 사람이라고 할 수 있다.29

　　의료 인공지능이 상용화되면서 의료인, 의료행위, 의료기기에 대한 기존의 이해에 있어서도 변화가 예상된다. 가장 중요한 쟁점 중 하나는 의료 인공지능 시스템이 의료기기로 인정될 수 있을지 여부라고 할 수 있다. 의료기기의 사용주체는 의료행위자인 의료인에 한정되므로, 의료 인공지능이 의료기기에 해당하는지 여부는 무면허의료행위 여부를 판단하는 데 있어서 중요한 쟁점이 된다.30 의료기기법에 따르면 의료기기란 "사람이나 동물에게 단독 또는 조합하여 사용되는 기구·기계·장치·재료·소프트웨어 또는 이와 유사한 제품"(§2①)으로 정의된다. 의료 인공지능이 의료기기로 인정된다면 그 안전성과 유효성을 확보하기 위한 적절한 기준이 마련되어야 할 것이다.31 이에 식품의약품안전처는 2016년 12월 〈빅데이터 및 인공지능(AI) 기술이 적용된 의료기기의 허가·심사 가이드라인(안)〉을 발표하면서 의료 인공지능의 의료기기 여부에 대한 판단 기준을 제시한 바 있다. 해당 가이드라인에 따르면 빅데이터와 인공지능이 적용된 의료기기는 의료정보검색, 분석, 진단 및 예측으로 사용 목적에 따라 유형화되며, 단순한 의료정보검색용으로 활용되는 경우 비의료기기로 분류되게 된다. 따라서 환자의 질병 진단 및 예방을 목적으로 의료정보를 분석, 진단 또는 예측하기 위해 제조된 소프트웨어는 의료기기에 해당되지만, 예컨대 IBM의 왓슨은 단순한 의료정보검색용으로서 비의료기기가 된다.32 다만 현행 의료기기법은 여전히 하드웨어를 중심으로 의료기기를 이해하고 있으며, 지능형 의료기기의 소프트웨어적 속성을 적절히 반영하고 있지 못하다는 지적이 있기도 하다.33 의료기기로서 의료 인공지능의 허가 및 인증 기준이 마련된다고 하여도 기계학습에 기반한 소프트웨어는 지속적으로 변경될 수밖에 없으며, 이는 이에 대한 검증이 일회적으로 완료될 수 있는 성질의 것이 아니고, 추후 임상결과에 대한 분석이 지속적으로 인허가 절차에서 반영되어야 함을 의미한다.34

IV. 의료 인공지능이 활용된 경우 의료사고에 대한 법적 책임은 누구에게 귀속되는가?

의료사고에 대하여 의료인의 손해배상책임 등 법적 책임을 묻기 위해서는 환자의 손해에 대한 의료인의 과실, 즉 주의의무 위반이 인정될 수 있어야 한다.[35] 의료인은 "사람의 생명·신체·건강을 관리하는 업무의 성질에 비추어 환자의 구체적인 증상이나 상황에 따라 위험을 방지하기 위하여 요구되는 최선의 조치를 행하여야 할 주의의무"[36]를 가진다. 이러한 의사의 주의의무는 "의료행위를 할 당시 의료기관 등 임상의학 분야에서 실천되고 있는 의료행위의 수준을 기준으로 삼되 그 의료수준은 통상의 의사에게 의료행위 당시 일반적으로 알려져 있고 또 시인되고 있는 이른바 의학상식을 뜻하므로 진료환경 및 조건, 의료행위의 특수성 등을 고려하여 규범적인 수준으로 파악되어야 한다."[37] 이러한 규범적 수준의 주의의무 판단은 의료인의 의학지식과 경험에 기초하여 신중히 의료행위를 함으로써 해당 의료행위가 불러일으킬 수 있는 위험한 결과의 발생을 예견할 수 있었고 회피할 수 있었는지를 기준으로 삼게 된다.[38] 특히 의료행위 중에서도 진단의 경우, 각종 임상검사 등의 결과에 터 잡아 질병 여부를 감별하고 그 종류, 성질 및 진행 정도 등을 밝혀내는 임상의학의 출발점으로서 이에 따라 치료법이 선택되는 중요한 의료행위이므로, 임상의학 분야에서 실천되고 있는 진단 수준의 범위 내에서 해당 의사가 전문 직업인으로서 요구되는 의료상의 윤리와 의학지식 및 경험에 터 잡아 신중히 환자를 진찰하고 정확히 진단함으로써 위험한 결과 발생을 예견하고 그 결과 발생을 회피하는 데에 필요한 최선의 주의의무를 다하였는지 여부를 따져 보아야 한다.[39] 이때에도 의료인은 해당 시점의 의료적 법칙 및 수준에 부합하는 다양한 합리적인 조치들 중에 적합한 것을 선택할 수 있는 재량을 가진다.[40]

현재 수준의 인공지능에 대하여 독립적인 법인격을 부여할 수 없기에 인공지능 자체의 민·형사책임을 인정할 수는 없으며, 그에 따라 주로 의사의 책임 범위를 어떻게 설정할 것인지에 대한 논의가 이루어지고 있다. 이른바 자율형 의료 인공지능 시스템의 의료 판단의 결과에 대한 책임은 의료 인공지능의 발전

수준에 따라 차등적으로 접근해볼 수도 있겠다. 의료 인공지능을 활용했을 때 의사의 주의의무 정도와 관련하여, 현재 법적 책임 논의가 가장 활발하게 전개되고 있는 자율주행자동차와 운행자의 관계를 동시적으로 고려해볼 수 있다. 자율주행자동차의 경우 자동화의 발전 단계에 따라 운행자의 개입 여부가 상이하며, 그에 따라 운행자의 주의의무 정도가 달라진다. 자율주행자동차의 자동화 수준과 운행자의 개입 정도 간의 길항관계와 유사한 맥락에서, 의료 인공지능의 판단 수준에 따라 의사의 개입 정도가 상이할 것이며, 이에 따라 법적 책임의 다양한 스펙트럼 양상이 나타날 수 있을 것이다.[41] 물론 현재 단계에서 의료 인공지능은 의료진의 의사결정을 보조하는 정도에 그치며, 의료사고의 피해자는 (특별 관계가 없는 제3자가 아니라) 계약을 통해 법적 관계를 맺고 있는 의사와 환자 간의 관계라는 점에서, 자율주행자동차와 자율형 의료 인공지능 시스템은 분명한 차이가 있다는 점이 전제되어야 할 것이다.[42]

　　의료사고에 대한 의사의 법적 책임만이 문제된다고 할 때에도 의료 인공지능의 활용은 의사의 주의의무 위반 여부를 판단하는 데 있어서 변화를 가져올 수 있다. IBM의 왓슨과 같이 인공지능이 진료 및 진단과정에서 보조적으로 사용된 경우, 의사는 개별구체적 사안에 대해 최종적으로 판단하므로 의료사고와 같은 부정적인 결과에 대한 예견가능성 및 회피가능성 역시 의사의 평가에 맡겨져 있다고 할 수 있다.[43] 다만 의료 인공지능의 결정을 의사의 주의의무 위반 여부를 판단하는 기준으로 삼게 되는 경향이 발생할 수 있다. 예컨대 의사의 판단이 의료 인공지능과 동일할 경우, 의사는 자신의 주의의무 준수를 입증하기 위한 기초로서 의료 인공지능의 판단을 근거로 제시하게 될 것이다. 이러한 경향성은 의료 인공지능의 판단 역량이 발전하면서 더욱 강화될 것이며, 해당 의사는 점차 자신의 주의의무 준수를 입증할 수 있는 방어수단으로 이를 삼게 될 수 있다.[44] 그러나 이는 사실상 의사의 주의의무 및 책임귀속 여부에 대한 판단을 (궁극적인 판단에 이르게 된 정확한 근거지음을 확인할 수 없는) 머신러닝 인공지능에게 위임하는 셈이라는 문제가 있다.[45] 반대로 의료 인공지능과 의사의 판단이 상이할 경우, 의사는 자신이 의료 인공지능의 판단을 따르지 않은 이유와 자신의 판단이 나름의 의학적 합리성이 있음을 입증해야 할 것이다. 이때에도 의료 인공지능의 판단 수준이 의사의 주의의무 정도를 지나치게 상향화하여 과도한 책임을 지울 수 있음을 인식하고 적정한 경계를 설정하는 것이 새로운 과제가 될 것이다. 특히 인공지능 기반 의료 시스템의 진단 및 치료방법을 신뢰하여 판단한 의사에게 책임을 지우기 위해서는 해당 의료 시스템의 판단 오류가 없음이 전제되어야 할 것이다. 여타 의료기기의 오작동에 대한 판단은 비교적 명확하다고 볼 수 있으나, 의료 인공지능의 진단 및 판단은 데이터 자체의 문제인지 분석 과정에서의 오류인지를 평가하는 것이 쉽지 않아 향후 의료과실에 대한 논쟁이 확대될 것으로 보인다.[46]

또 다른 의료실무에서의 변화로 인공지능 시스템의 활용에 따른 설명의무의 변화가 논의될 수 있다. 의사의 설명의무는 질병의 증상과 치료방법의 내용 및 필요성, 예상되는 위험 등에 대해 당시의 의료수준에 비추어 상당하다고 생각되는 사항을 설명하여 이를 바탕으로 환자가 의료행위를 받을지 여부를 선택하도록 함으로써 환자의 자기결정권을 보장할 수 있도록 충실하게 이행되어야 한다.[47] 설명의무는 의사와 환자 사이에 존재하는 정보의 비대칭성을 고려한 것으로, 이때 의사의 설명은 "상호신뢰를 바탕으로 하는 최선의 치료에 도달하기 위한 의사소통적 행위"로 이해될 수 있다.[48] 의료 인공지능이 도입되면서 의사와 환자 간에 정보의 비대칭성이 경감되기도 하지만 오히려 강화된다는 지적이 가능할 수도 있으며, 이에 따른 새로운 내재적 위험성이 발생할 수 있으므로 설명의무가 특히 강조된다고 할 수 있다. 현재와 같이 의료 인공지능이 보편화되기 전단계에서는 사실상 의사 및 의료기관에 의해 추가적으로 이루어지는 과정이라 할 것이므로 필수적인 의료행위보다 설명의무가 더 강조되며, 이에 따라 별도로 해당 기술 사용 여부와 내용 및 방식에 대한 정보를 제공하고 이에 대한 동의가 확보되어야 할 것이다.[49] 그러나 의사가 의료 인공지능의 알고리즘 등에 대해서까지 전문가로서 설명할 수는 없으므로 설명 내용에 있어서 한계가 있을 수 있음은 물론이다.[50]

V. 의료 인공지능이 활용됨에 따라 의사와 환자의 관계는 어떻게 변모하게 될까?

의료 인공지능이 실제 의료현장에서 활용됨에 따라 기존의 의사와 환자의 관계 및 상호 신뢰는 일련의 변화를 겪게 될 것으로 보인다. 의료 전문가와 환자의 전통적인 관계는 의료인이 환자의 최대 이익을 고려하여 전적인 의사결정권을 갖는 호혜적 온정주의 내지 후견주의(paternalism)로 이해되어 왔다.[51] 이는 의료 영역의 전문성에 기초하며 의료 전문가와 비전문가 간의 지식 및 정보 수준의 차이를 전제로 하고 있다.[52] 그러나 의료 전문지식의 정보화가 이루어지면서 양자 간 정보의 비대칭성이 많이 완화되었고, 환자의 실질적인 참여가 강조되기 시작했으며, 특히 인공지능 기술을 기반으로 하는 지능정보화는 환자중심적 의료환경으로의 전환을 보다 가속화시킬 것으로 보인다. 곧, 의료 영역의 지능정보화가 이루어짐에 따라 전문가와 비전문가의 간극이 좁혀질 것이며, 이에 따라 기존의 의료 권위가 변화하고[53] 환자의 의료주권이 강화될 것으로 예측되기도 한다.[54]

또한 의료 인공지능의 도입이 의료 인력의 대체를 가져올지에 대해서도 논의해볼 수 있겠다. 인공지능 시대에서 의사직, 간호직, 의료기술직, 행정직 등 보건의료계열 종사자의 고용대체가능성이 위험 수준으로 분류된다는 보고가 발표되기도 하였다.[55] 의료 인공지능이 인간에 비해 높은 역량을 가지고 있다고 평가할 수 있는 영역도 분명 있을 것이다. 예컨대 IBM 왓슨이 학습할 수 있는 의료 지식의 양과 다빈치와 같은 수술로봇의 정교한 작업을 인간 의사가 넘어서기는 어렵다. 특히 영상의학 및 정밀의학에서의 진단 능력에 있어서는 의료 인공지능이 인간보다 분명한 강점을 가지며 대체가능성이 가장 높은 영역으로 논의되고 있다.[56] 그러나 의료 인력의 대체가능성을 섣부르게 판단하기는 어렵다. 오히려 의료 인공지능에 의해 대체될 수 없는 인간 의사의 고유한 영역이 강조되는 계기가 마련될 수도 있는 것이다. 예컨대 의료 빅데이터의 경우 인종적·민족적·지역적·문화적 차이를 담아내지 못할 수도 있다는 한계가 지적된다. IBM의 왓슨이 주로 학습한 데이터의 출처는 미국 등 서양사회를 배경으로 하기에, 동양인에

게는 부작용이 발견되기도 하여 의사가 부적합하다 판단하는 항암치료방법을 제
시하는 경우도 있다.57 이러한 맥락에서 의료 인공지능이 활용될 경우에도 개별
특수한 상황에서 적합한 판단을 도출해내는 의사의 중요한 역할은 분명 남아있
다고 하겠다. 또한 의사는 해당 환자의 질병 및 치료와 관련하여 환원주의적이고
생의학적인 판단을 넘어서는 전인적이고 총체적인 해석을 제공할 수 있으며, 이
는 의료 인공지능으로 인해 대체될 수 없는 고유의 영역이라고 할 수 있다. 다시
말해, 의료 인공지능은 물리적 접촉을 통해 확보되는 정보의 부족과 더불어, 환
자와의 상호작용 및 공감형성의 능력에 있어서 인간 의료진을 대체할 수는 없을
것이다.58

　　의료 인공지능의 도입을 비롯한 의료의 지능정보화를 통해 의사와 환자 간
의 상호적 관계성이 강화되는 긍정적인 변화가 강조되고 있다. 예컨대 의사들은
의료 인공지능의 활용을 통해 관련 정보를 검색하는 데 소요되는 시간을 현저하
게 줄일 수 있을 것이며, 이로 인해 의사−환자 간의 실질적인 관계를 구축하는
데 보다 많은 역량을 투여할 수 있을 것이다.59 예컨대 의료 인공지능이 활용되
면서 의사의 단순 반복적인 업무가 줄어들게 되고, 이러한 의사의 업무 부담 경
감은 환자와의 직접적인 대면시간을 확보하는 등 환자의 진료 및 치료에 집중할
수 있는 환경을 갖출 수 있도록 한다.60 이는 치료적 대화(therapeutic dialogue)의
증대와 신뢰 회복 등 의사와 환자 간의 관계에 있어서 질적 제고를 꾀할 수 있는
가능성을 열게 될 수 있다. 이와 유사한 맥락에서 간호 인력에 있어서도 환자와
의 상호작용과 돌봄(caring)이라는 간호의 본질적 지향점이 보다 강조될 것이라
고 분석되고 있다.61 이와 같이 인공지능 시대에서 의사로서의 공감 능력이 그
어느 때보다 요청될 것으로 전망되며, 의학교육 커리큘럼에서 인문예술교육의
의의 및 필요성이 강조되기도 한다.62

　　나아가 의료 인공지능의 도입으로 인해 나타날 수 있는 의료 현장에서의 변
화로 학제 간 협진을 들 수 있다. 곧, 의료 인공지능이 활용된 진료의 현장에서
다양한 전공의 의료진들이 함께 참여하는 다학제적 진료가 이루어지고 있다.63
실제 IBM의 왓슨을 도입한 길병원에서도 분야가 다른 전문의들이 환자 한 명의
진료에 참여하는 다학제 진료가 이루어진다고 한다.64 이렇듯 의료 인공지능의

활용은 다양한 전문가들과의 협진의 형태로 이루어지는 진료를 확대시킬 것이고, 인공지능으로부터 임상의사결정과정에서 지원을 받는 것 역시 일종의 협진이라고 볼 수 있으며, 이를 통해 수평적·수직적 의료분업이 확대·심화될 것이다.[65] 향후 의료 인공지능은 의사를 보조하는 수동적인 역할에서 나아가 적극적으로 진단 및 치료에 개입할 가능성 역시 열려있으며, 이러한 협업체계는 보다 확장될 것으로 전망된다.

VI. 의료 인공지능의 활용에 따라 제기되는 윤리적 문제는 무엇일까?

먼저 인공지능 기술에 기반한 의료서비스가 사회적 평등에 기여할지 오히려 사회적 약자의 차별을 공고히 할지에 대해 상반된 의견이 제시되고 있다. 곧, 모든 사회구성원들에게 공평하게 분배되어야 하는 의료서비스의 공공성을 고려할 때, 의료 인공지능 산업의 촉진이 의료 불평등을 심화시킬지도 모른다는 우려가 사회윤리적 차원에서 제기되고 있다.[66] 의료 인공지능을 활용한 의료서비스가 모든 사회구성원들에게 적절하게 제공되지 않는다면 의료 격차(medical divide)를 심화시킬 가능성 역시 배제할 수 없는 것이다. 특히 의료 인공지능이 활용되어 의료비용이 절감됨으로 인해 발생하는 잉여 의료자원을 어떻게 재분배할 것인지가 논의의 대상이 된다.[67]

또한 인공지능 기술의 도입이 환자의 존엄성을 손상시키고 의료의 기계화 (비인간화) 및 객체화로 나아갈 수 있다는 우려 역시 제기된다.[68] 이때 (웨어러블 디바이스 등을 통해 개인의 방대한 사적 정보가 수집되고 평가됨에 따른) 몸의 정량화와 사회적 차별의 문제가 고려되어야 할 것이다. 몸에 대한 정량적·계량적 데이터가 부정한 목적으로 사용되어 유출될 경우, 고용차별 등 사회적 차별을 낳는 기제로 작용할 수도 있다고 비판받는다. 특히 유전체 정보 역시 중요한 의료 데이터로서 활용되고 있다는 점을 고려했을 때 이에 대한 섬세한 접근이 요청된다 할 것이다.

이와 더불어 4차 산업혁명 시대에서 헬스케어 산업의 성장이 의료의 공공성이라는 가치에 변화를 가져올지에 대해서도 관심을 기울여볼 필요가 있다. 지능정보기술을 활용한 헬스케어의 상용화가 본격적으로 이루어지기 위해서는 스타트업 등 민간기업에 대한 법정책적 지원이 필수적이라 할 것이다. 예컨대 의료 빅데이터의 활성화를 위해, 보건복지부, 국민건강보험공단, 건강보험심사평가원은 건강보험 가입자의 보건의료정보를 공공데이터의 활용이라는 맥락에서 비식별조치를 거쳐 관련 민간산업계에 제공하고 있다.[69] 이에 대해 (개인정보보호법상의 법리적 문제와 더불어) 공적 속성을 강하게 갖는 의료 관련 데이터를 산업계에서 영리목적으로 활용하는 것에 대해 특별한 주의가 필요할 것으로 보인다.

 생각해 볼 점

1. 의료데이터의 이용 활성화와 개인정보의 보호 필요성이 충돌할 경우 이를 어떻게 조화시킬 것인가?
2. 의료 인공지능의 자율적 의사결정 수준이 발전할 경우, 의사의 의료과실 유무 및 주의의무 위반 여부를 판단하는 기준이 어떻게 설정되어야 할 것인가?
3. 의료 인공지능의 활용이 의사와 환자 간의 정보 비대칭을 경감시킬 것인가, 오히려 강화시킬 것인가?

인공지능과 킬러로봇

인공지능의 '자율성'을 활용한 '킬러로봇'이 미래 전쟁의 성격을 지배할 것으로 예측된다. 과연 인공지능을 탑재한 킬러로봇이 인간의 생명과 존엄성에 실제적으로 위협적인지, 그 윤리적·법적 의미는 무엇인지 생각해 보자. 다음으로 킬러로봇의 등장이 인간 중심의 전쟁주체 관념이나 전쟁수행 방식에 어떠한 영향을 미칠 것인지, 그리고 이를 규제하기 위한 세계 각국의 정책적 대응 양상은 어떻게 전개되고 있는지도 생각해 보자. 마지막으로 국가안보나 국익의 관점이 강하게 작용한 한국적 맥락에서 킬러로봇을 어떻게 평가할 것인지에 대해서도 생각해 보자.

제1절   킬러로봇이 무엇이고 왜 문제가 되는가?

Ⅰ. 킬러로봇이란 무엇인가?

킬러로봇(killer robot)은 전장에서 적군을 살상하는 역할을 담당하는 인공지능 로봇인데, 핵심적 특징은 사람의 의지가 개입되지 않고 기계적 판단에 의해 스스로 목표물을 선택하고 공격하도록 설계된 살상무기라고 할 수 있다. 따라서 인간의 원격제어에 의해 단순히 작동하는 '군사형 로봇(millitary robot)'과 달리, 킬러로봇은 인간의 직접적 개입 없이도 프로그램화된 규칙에 스스로 살상 행위를 수행할 수 있는 '인공지능의 자율성'이 매우 중요한 요소로 작용한다. 즉 킬러로봇은 인공지능 알고리즘에 기반한 자율성의 기능을 무기체계에 본격적으로 적용한 무기라고 할 수 있다. 그래서 적의 인명을 살상하거나 적의 군사 시설을 파괴하기 위해 센서, 인지, 행동의 장치들을 조합해 개발된 기기라는 점에서, 킬러로봇은 '치명적 자율무기체계(LAWS: lethal autonomous weapons system)', 또는 '완전자율무기(FAW: fully autonomous weapons)'라고 불리기도 한다.[1] 한마디로 킬러로봇은 공격한 대상의 선택과 효과에 대한 인간의 직접적인 통제, 즉 '의미있는 인간 통제(meaningful human control)'로부터 자유로운 무기체계라고 볼 수 있다(한희원, 2018).

앞으로 과학기술과 전쟁의 관계에서 '자율성'이 강화되면서 킬러로봇, 전투로봇, 군사로봇 등과 같은 자율무기체계가 각국에서 도입, 확산될 것이다. 자율성의 기준에서 보면 킬러로봇으로 일컬어지는 무인무기 또는 자율무기들이 인간이 원격 조종하거나 인간의 감독을 받는 반(半)자율무기가 여전히 많지만, 향후 인공지능의 자율성을 적극 활용한 무기의 발전 및 군사전략의 변화에 따라 킬러로봇과 같은 자율무기체계 또는 치명적 자율무기체계가 미래 전쟁의 성격을 지배할 것으로 예측된다.

II. 킬러로봇이 왜 문제인가?

그런데 킬러로봇은 인간으로부터 자율성을 부여받고 위임받은 직권 하에서 스스로 살상을 수행하기 때문에 그 윤리적, 법적 책임을 물어야 하는 문제를 발생시킬 수 있다. 기존의 전시국제법(jus in bello)이나 전쟁에서의 인도적 대우에 관한 국제협정인 제네바 협약에 의하면, 군인이 민간인을 죽이면 처벌받게 되지만, 인공지능 자율성을 장착한 킬러로봇이 사람을 해치면 이에 대한 법적 처벌의 근거가 없다는 것이다. 더욱 큰 문제는 치명적 자율무기체계로서의 킬러로봇에 대한 국제적 규제 논의의 공백이 계속 되는 가운데에서도 미국, 중국 등 주요 강대국들뿐만 아니라 일부 독재국가들조차도 원격살상 드론, 전투차량 등을 이미 개발, 운용하고 있다는 것이다.

이미 킬러로봇은 세계 각국들 사이의 새로운 군비경쟁의 원천이 되고 있다고 해도 과언이 아니다. 점차 현대 전쟁의 양상이 드론과 같은 무인기(UAV) 활용이 보편화되고 실제 전장에서 무인화된 자율무기 활용이 높아지면서, 이제 킬러로봇은 국제사회의 현실적인 문제로 대두되기 시작하였다. 더구나 최근 들어 과학기술의 고도화에 따라 인공지능, 로봇기술이 군사용, 해킹 등 이른바 '치명적 자율무기 시스템'에 폭넓게 활용되면서, 인간의 생명·신체에 해를 가하거나 인간 고유의 기본권 침해 가능성에 대한 우려가 더욱 커지고 있다. 특히 인간의 통제를 벗어날 경우 킬러로봇이 지니는 가공할만한 살상 위력이 기술적으로 입증됨에 따라 단순히 윤리적 차원의 논의를 넘어 법·제도적 대응의 필요성도 점차 높아지고 있다. 법적, 윤리적 논의의 부재가 계속된다면, 인공지능 자율무기의 탈통제화가 더욱 심화될 것이고 이에 따라 킬러로봇의 개발과 운용은 국제질서를 또 한번 전쟁의 공포로 몰아넣을 수 있다.

제2절 정말 킬러로봇이 사람을 해칠 가능성이 있는가?

Ⅰ. 킬러로봇은 얼마나 위험한가?

킬러로봇이 실제 사람을 해친 사건이나 사례가 직접적으로 보고된 일은 그리 많지 않다. 2015년 7월 1일 독일 프랑크푸르트 폭스바겐 자동차 생산공장에서 제조로봇에 의해 노동자가 압사당한 사건이 발생했을 때 이를 최초의 로봇에 의한 살인사건으로 보도된 바 있었지만, 킬러로봇 자체의 문제라기보다는 공장시스템으로서의 산업용 로봇의 오작동과 인간의 실수가 빚어낸 사고였다. 그리고 2016년 7월 8일 미국 텍사스주 댈러스 경찰이 경찰관 5명을 살해한 저격범과 밤샘 대치극을 벌이다가 범인과의 협상이 실패하자 폭탄을 장착한 로봇을 투입해 폭사시킨 것이 비군사 현장에서의 킬러로봇의 첫 활용사례라는 점에서 주목받은 바 있었으나, 이 또한 인간의 원격조종에 의한 살상이라는 점에서 인간 개입없는 자율무기체계에 의한 살상 행위와는 거리가 먼 사건이었다. 지금까지 언론 상에서 소개된 사례들은 대체로 인공지능을 탑재한 킬러로봇의 등장에 대한 막연한 우려에서 보도된 것들이 많다.

그러나 킬러로봇의 기술적 수준이 점차 고도화되고 그 현실성을 구체적으로 입증하는 기술개발 사례 및 사건들이 증가하면서, 킬러로봇의 위험성은 막연한

두려움이 아니라 실제적인 것으로 나타나기 시작하였다. 지난 2017년말 킬러로
봇반대단체가 유투브를 통해 공개한 '킬러 드론' 동영상은 언제 어디서든지, 대규
모적으로 인명살상이 가능하다는 것을 시뮬레이션으로 입증해 전세계적인 충격
을 던진 바 있다. 이는 2018년 8월 4일 1kg의 폭발물을 장착한 킬러 드론으로
니콜라스 마두로 베네수엘라 대통령을 암살하려는 시도에서도 여실히 나타났다.
결과적으로 암살은 미수에 그쳤지만 이 사건을 계기로 킬러로봇의 위협은 더욱
현실화되기 시작했다.

킬러로봇의 기술적 발전은 계속 진행 중이므로, 그 위험성은 쉽게 예측하기
어려우며, 그 위험성을 통제할 국제적 규범도 갖추기도 전에 새로운 킬러로봇이
계속 개발, 사용될 가능성도 높아지고 있다. 킬러로봇의 가장 중요한 취약점은
해킹에 의한 제어권 상실이라고 할 수 있다. 즉 테러, 범죄, 반국가조직이 자율무
기를 가로채서 악용할 수도 있다는 것이다.[2]

또한, 킬러로봇의 가장 큰 군사적 장점은 아군의 희생을 현격히 줄이면서
전쟁을 수행할 수 있다는 데 있기 때문에, 전쟁이나 무력충돌에 대한 지도자의
결심이 한층 쉬워진다는 문제점을 야기한다. 일반적으로 전쟁이나 무력충돌이란
많은 인적, 물적 피해가 수반되므로 쉽게 결정하기 어렵게 만드는데, 킬러로봇이
'내 손에 피를 덜 묻히는' 전쟁의 가능성을 높일 수 있다는 것이다. 즉 외교적 해
결보다 효율적 선제 공격의 유혹이 더 커져 무력충돌의 가능성을 더 키울 수 있
는 것이야말로 킬러로봇의 가장 위험한 측면이 아닐까 한다.

II. 킬러로봇, 어디까지 개발되고 있는가?

재래식 무기체계에서도 부분적인 자율 기능이나 무인 기능이 활용되어 왔지
만, 지난 2001년 9.11 테러 사태와 2003년 이라크 전쟁을 계기로 로봇 무기와
군사 드론의 개발 및 사용이 획기적으로 증가하였다. 그래서 지난 2010년경 미
군에는 무인기 7,000대, 무인 차량 12,000대가 배치되었다는 보고가 있었다. 특
히 무인항공기는 킬러로봇의 전형이자 미래 로봇 무기의 전조라고 할 수 있다.
현대 전쟁에서 무인항공기(UAV)는 감시용에서 점차 전투용으로 전환된지 오래이

며, 미국과 이스라엘은 '목표살인' 임무를 위한 무인전투기(UCV)로 실전 사용하고 있다. 그러나 '정밀타격'의 수사에도 불구하고 지난 이라크, 파키스탄, 아프가니스탄 등지의 전쟁터에서 무인전투기의 공중포격으로 많은 시민들의 희생이 있었다.3

사람의 통제를 받지 않고 스스로 움직이며 전투를 벌일 수 있는 킬러로봇의 개발 범위는 드론을 넘어 전투기, 함정, 탱크 등으로 확산되고 있다. 영국의 '타라니스 드론(Taranis Drone)', 미국 해군의 자율운항 무인함정 '시 헌터(Sea Hunter)', 보잉의 무인잠수정 '에코 보이저(Echo Voyager)', 러시아의 무인 탱크 'MK-25' 등은 대표적인 사례이다. 특히 미국의 'LAMs(loitering autonomous munitions, 공중산개폭탄)', 이스라엘의 '하피(Harphy)'는 센서와 표적 인지 소프트웨어를 내장하면서 미리 프로그램된 대로 목표를 식별하고 타격하는 자율폭탄으로 완전 자율에 가까운 무인무기체계로 평가받기도 한다(조현석, 2018).

특히 미국 방위고등연구계획국이 개발한 자율주행 전함 '시 헌터'는 승무원이 탑승하지 않고 원격조정도 없이 바다 위에서 2~3개월간 단독 작전이 가능한데, 서태평양 지역에서 세력을 확장하고 있는 중국과 러시아에 대응하기 위해 개발되었다고 한다. 러시아 국방부도 무인지상차량(UGV: Unmanned Ground Vehicle) 등을 포함해 광범위한 무인 플랫폼 체계를 개발하는 등 킬러로봇 개발에 박차를 가하고 있는데, 지난 2017년초 푸틴 대통령은 군사용 자율로봇체계 개발을 러시아 국방부에 요청한 바 있다(박상현 외, 2017).

최근 들어서는 킬러로봇의 성격이 점차 개인화, 사이보그화되는 흐름으로 가고 있다. 예컨대, AK-47 소총을 만드는 것으로 유명한 러시아 무기업체 칼라시니코프는 '총쏘는 인공지능'을 개발하였는데, 이 시스템은 인공지능으로 목표를 정하고 발사까지 스스로 결정해 진행하는 것으로 알려져 있다. 즉 '총쏘는 인공지능'은 신경망 네트워크 기술에 기반한 전자동 전투 모듈로서 자동으로 목표를 식별하고 의사결정까지 할 수 있는데, 적과 환경 변화에 따라 발사 상황을 스스로 조절할 수 있다고 한다.

뿐만 아니라 미국의 보스턴 다이나믹스는 4족 보행 군사로봇 '빅독'에 이어 인간형 2복보행 킬러로봇 '아틀라스'를 개발하고 있고, 미국 DARPA도 랜드워리

[표 15-1] 자율성의 범주에 따른 자율무기의 구분

구분/무기체계	내 역
부분 자율성	• 가드보트, 타라니스(영국), C-RAM, 에코 보이저, 블랙윙, MK-60 캡터, PK-2(중국), 시 어진(영국) • MARRS(무인지상무기차량) • (정찰) RQ-4A 글로벌 호크, RQ-7A 섀도200 • (정찰, 동굴수색) 마틸다, 팩봇, 탈론, 레무스
감독 하의 자율성	• X-47B, MQ-1B 프레데터, 하피(이스라엘), MQ 4C트리톤 • (방어체계) 골기퍼(네덜란드 개발, 영국, 벨기에, 한국 해군 도입), 아이언돔(이스라엘), 카슈탄(러시아), 팔랑스, 패트리어트, 지상로봇보호체계(독일, 프랑스, 스웨덴, 러시아 도입), SWORDS, 트로피(이스라엘), AMAP-ADS(독일), 가디움(무인순찰차, 이스라엘)
완전 자율성	• LAMs, LOCCAS, 태시트 레인보우, 하피(이스라엘), TARES(독일) • 155mm포로 발사하는 자율폭탄(프랑스, 스웨덴, 독일), 브림스톤(영국), 브라모스(러시아, 인도/크루스미사일) • 몬스터마인드(사이버무기)

* 국가명이 명기되지 않은 것은 미국의 무기체계임.
  자료: 조현석, 2018.

어(land-warrior) 개발에 열중하고 있으며, 러시아도 첨단연구재단에서 휴머노이드 군사로봇 '이반 터미네이터'를 개발, 고도화 작업 중이라고 한다. 이러한 '인간 군인의 사이보그화(The Cyborgization of Human Soldiers)' 또는 '슈퍼군인(super-soldier)'의 개발 경쟁은 더욱 치열해질 전망이다.

제3절 킬러로봇은 어떠한 규범적 문제를 제기하고 있는가?

Ⅰ. 킬러로봇의 윤리적 쟁점

킬러로봇의 규범적 문제는 윤리적 차원과 법적인 차원으로 구분해서 논의할 수 있다. 먼저 킬러로봇의 가장 큰 윤리적 이슈는 기계에게 인명 살상의 판단을 완전히 맡기고 실행하는 것이 인류문명의 근본인 인간적 가치와 인간 존엄성의

포기를 의미한다는 데 있다. 달리 말하면, 인간의 삶과 죽음에 관한 결정을 기계에게 맡길 수 있는가 하는 점이다. 킬러로봇이라는 기계에 인명 살상의 판단을 위임하고 실행하게 만든다는 것 자체가 인간 존엄성의 포기라고 볼 수 있기 때문이다. 전쟁의 명분이 어떠하든 전쟁에서의 병사의 죽음은 애국심과 충성심으로 존중받아 왔지만, 로봇에 의한 인간 살상은 이같은 인간 중심의 전쟁 규범과 관념을 근본적으로 붕괴시킬 수 있다는 것이다.

킬러로봇이 설령 국가안보와 같은 합법적 목표 하에 활용된다고 할지라도 생명권 침해라는 본질적 문제로부터 자유로울 수 없다. 전쟁법에 의해 전쟁 상의 살인 행위가 정당화된다고 할지라도 인간 본연의 생명 존중권이 크게 위협받는 상황에 놓일 수밖에 없는 것이다. 킬러로봇이 사람을 사람으로 인식하지 않고 적으로서 죽여야 할 공격 대상으로 프로그래밍한다면 인간에 대한 도덕적 배려는 물론 존엄성 자체가 붕괴될 수밖에 없는 것이다.

그래서 인공지능과 로봇의 윤리적 개발 가능성과 마찬가지로 킬러로봇도 윤리적으로 설계, 개발해 인간의 의미있는 통제가 가능하도록 규범을 만들어야 한다는 주장이 제기된다. 치명적 자율무기체계가 윤리적으로 설계되고 작동될 수 있는가는 오랫동안 중요한 윤리적 이슈로 논의되어 왔다. 예컨대, '전쟁법'이라는 윤리성을 갖춘 군사로봇의 개발 및 활용 가능성에 대한 논쟁인 셈이다. 실제 미국방성은 군사로봇의 윤리적 소프트웨어화를 적극 지원하고 있으며, 특히 미국 조지아테크의 로봇공학자 아킨(Ronald C. Arkin) 교수는 로봇이 인간보다 더 나은 임무를 수행할 수 있다는 소위 '윤리적 로봇' 또는 '자동 윤리(automatic ethics)'의 대표적 주창자이기도 하다. 그러나 이러한 주장에 대해 로봇시스템 또는 자율무기시스템의 능력(비윤리적 행위 수행에 저항하는 능력, 군인, 투항하는 군인, 시민을 구별하는 능력 등)을 지나치게 과장하는 환원주의적 신기술 우위론에 불과하다는 비판을 받기도 한다. 즉 로봇시스템의 윤리적 소프트웨어 개발은 인도주의적 문제 해결 의도보다는 새로운 기술 채택을 강요하는 논리에 불과하다는 것이다.

II. 킬러로봇의 법적 쟁점

현재 킬러로봇의 위험성을 근본적으로 통제하거나 그 적법 여부를 규정하는 조약, 즉 국제성문법은 존재하지 않는다. 그러나, 1899년과 1907년 1차, 2차 헤이그 평화회의에서 채택된 '육지전쟁의 법과 관습에 관한 협약'의 전문이 규정하지 않은 경우라도 모든 국가들은 인도주의와 국제관습법에 의해 구속된다는 이른바 '마르텐스 조항(Martens' Clause)'의 존재로 인해 킬러로봇과 같은 새로운 무기체계에 대한 국제법적 규제 가능성을 열어놓고 있다. 즉 마르텐스 조항은 조약에 명시적으로 금지되어 있는 않은 무기에 대해 적법성 판단 등 법적 해석이 가능하도록 만들었다는 것이다(류병운, 2016).

그럼에도 불구하고, 치명적 자율무기체계의 도입과 활용은 지금까지 전쟁 등 국제적 무력충돌에 대한 규칙을 정한 국제인도법에 대한 도전을 의미한다. 즉 인간의 감독이나 인간의 의미있는 통제 없이 자율무기에 치명적 공격력을 허용하는 것이 국제인도법의 기본 원칙들을 크게 위협할 수 있다는 것이다. 특히 킬러로봇의 활용이 탈국가화, 탈영토화 및 더 나아가 비정규전 형태로 확대될 경우 전투원과 비전투원을 구분하는 '구별(distinction)의 원칙', 군사적 이득을 취하더라도 시민의 삶을 해칠 수 없도록 한 '비례성(proportionality)의 원칙'이 잘 지켜지지 않을 수 있다. 이처럼 사람의 개입 없이 이루어진 살상 행위에 대한 윤리적 문제제기를 넘어 군사적 살상행위의 적정성이나 제한 범위에 대한 법적 책임 여부가 여전히 불분명하기 때문에 이에 대한 국제규범의 틀을 어떻게 정립할 것인가를 놓고 논의가 끊이지 않고 있다.

그래서 지난 2013년 출범한 킬러로봇금지 국제캠페인(Campaign to Stop Killer Robots)은 '자율무기 개발·생산·사용에 대한 포괄적이고 선제적 금지'를 구호로 내세우면서 국제법의 제정과 각국의 국내법 제정을 포함한 관련 조치를 국제사회에 지속적으로 호소하고 있다. 달리 말하면, 킬러로봇의 개발과 활용이 향후 무력 충돌에서의 '구별의 원칙'과 '비례의 원칙' 그리고 '군사적 필요성의 원칙'을 포함한 국제인도주의법의 요구조건을 충족시키기 어렵다는 문제 제기인 것이다.

제4절 킬러로봇의 위험성을 통제 또는 규제하기 위한 법적, 정책적 대응 노력들이 있었는가?

킬러로봇 등 자율살상무기에 대한 규제 논의는 로봇 및 인공지능 전문가들의 반대 캠페인에 이은 국제시민사회, 국제기구 차원의 협의체 형성으로부터 발전해 왔다고 할 수 있다. 예컨대, 2009년 로봇군비통제 국제위원회(ICRAC)가 출범하면서 군사로봇에 대한 윤리적 논의를 촉진하고 자율무기 개발과 배치의 규제를 제도화하려는 국제적 거버넌스가 형성되었고, 그 이후 자율살상무기의 금지를 주장하면서 2013년 4월 국제 NGO인 '킬러로봇반대 캠페인(CSRK)'이 발족, 2015년 7월에는 약 1000여 명의 로봇 및 인공지능 전문가들의 공개서한을 통해 자율무기 개발금지 캠페인을 지속하고 있다. 이때 공개서한 형태로 서명한 결의안은 부에노스 아이레스에서 개최된 제24회 인공지능 국제합동회의(IJCAI-15)에 제출되어 스티븐 호킹(Stephen Hawking), 엘론 머스크(Elon Musk), 스티브 워즈니악(Steve Wozniak), 노암 촘스키(Noam Chomsky), 구글 딥마인드(Google DeepMind)의 데미스 허사비스(Demis Hassabis) 등 서명한 바 있다. 이 서한은 "치명적인 자동화 무기는 일단 개발되면 더 큰 규모로 무장충돌을 일으킬 것으로 전쟁의 3차 혁명이 될 수 있다며 인류의 피해가 엄청난 수준에 이를 것이고 킬러로봇이 전투의 문턱을 낮춰 인간의 삶을 크게 훼손할 것"이라고 주장했다(한희원, 2018).[4]

2013년 23차 UN 총회 인권이사회에서는 자율무기의 개발과 배치에 관한 보고서가 발표, 논의되었는데, 여기서 23개 참여 국가들이 자율무기체계의 이용에 대한 우려를 표명하였다. 여기서는 치명적 자율무기체계(LAWs)를 '특정재래식무기금지협약(convention on certain conventional weapons: CCW)'과 관련해서 집중적으로 논의했는데,[5] 2013년 11월부터 2016년 12월까지 여러 차례 전문가 회합을 갖고 완전자율무기체계에 대한 정부 전문가 그룹(GGE)을 출범시켰으며, 지난 2017년 12월에도 이에 대한 논의를 계속 진행한 바 있다. 지난 2018년 8월 27일~31일 UN 회의장에서도 자율살상무기에 관한 정부전문가그룹(GGE, group of governmental experts) 회의가 개최되어 인공지능 등 자율무기를 활용한 살상무기의 특성, 인간통제, 정책방안, 군사적 적용 등에 대한 논의를 전개했고, 아래와 같은 10가지의 지도 원칙(possible guiding principles)을 포함한 보고서가 채택되었다.

- 모든 무기 체계에 대한 국제인도법의 적용
- 무기 체계 사용 관련 인간의 책임 유지
- 신종 무기 개발, 배치 및 사용 관련 국제법에 따른 책임성 확보
- 신무기 도입시 국제법상 금지 여부 결정
- LAWS 분야 신기술에 기반한 새로운 무기의 개발 및 획득 시 적절한 안전조치 및 비확산조치 고려
- 모든 무기체계에 있어 위험감소조치 확보
- 국제인도법 준수에 있어 LAWS 분야 신기술 기술의 사용 고려
- LAWS 분야 신기술의 인격화(anthropomorphize) 금지
- 자율기술의 평화적 사용 방해 금지
- 군사적 필요성과 인도적 고려간 균형을 추구하는 특정무기금지협약(CCW)이 동 문제 논의 틀로서 적절

킬러로봇에 대한 전세계 전문가들의 광범위한 반대 여론이 결집되는 중요한 전환점은 2017년 1월 초 미래의 삶 연구소(FLI)가 개최한 '선한 인공지능 콘퍼런스(Beneficial AI Conference)'였는데, 인공지능 개발의 23개 윤리 원칙들에 대한 전문가들 사이의 합의가 이루어졌으며, 미국 캘리포니아주 아실로마에서 합의되었다는 점에서 '아실로마 인공지능 원칙(Asilomar AI Principles)'라고 불린다. 아실로마 인공지능 윤리 원칙은 전세계 IT 기업들이나 국제기구 등이 유사한 인공지능 윤리 원칙을 고찰하도록 유도하는 기폭제의 역할을 하였다. 아실로마 인공지능 23가지 원칙 가운데에는 인공지능에 대한 인간의 통제는 물론 인공지능 무기경쟁에 대한 반대 원칙도 명시되어 있다.

2012년에 설립된 영국 캠브리지대의 실존적 위기센터(The Centre for the Study of Existential Risk, CSER)도 지난 2018년 2월 미래의 삶 연구소(FLI), Open AI, 뉴아메리카 안보센터, 전자 프런티어 재단(EFF)과 공동으로 '해악적 인공지능

보고서(Malicious AI Report)'를 공개하면서, 고의적으로 인공지능을 악용하는 데서 발생하는 보안 위협에 주목하고 이에 대한 대응방안을 제시한 바 있다. 이들은 인공지능의 악용을 차단하고 대응하려면 다양한 이해관계자 간의 논의(multi-stakeholder dialogues)를 통한 공개 토론을 활성화할 필요가 있다고 강조하였다.[6]

지난 2018년 4월 5일 우리나라에서도 인공지능 무기개발에 대한 반대 논란이 제기 되었다. 즉 해외의 로봇 및 인공지능 전문가 50여 명이 카이스트와 한화시스템의 인공지능 무기개발에 보이콧 서한을 보냈던 것이다. 토비 월시 등 세계 30개 국가의 인공지능 및 로봇 공학 연구자들은 "카이스트처럼 명망이 있는 기관이 인공지능 무기개발을 통해 군비경쟁을 가속하는 것처럼 보이는 것은 유감이라면서 카이스트의 어떤 부분과도 협력을 보이콧하겠다"는 내용의 공개편지를 발표했던 것이다.

비슷한 시기에 구글 직원 3,000여 명도 '프로젝트 메이븐(Project Maven)'이라고 불리는 미국 펜타콘과의 인공지능 무기 개발에 반대하는 청원 운동을 전개하기도 했다. 이 때문에 구글은 군사무기개발은 금지하는 인공지능의 윤리적 개발 기준을 제시하는 등의 처방을 내놓기도 했다. 구글 CEO 순다 피차이(Sundar Pichai)는 '국제적으로 받아들여지는 규범'이나 '국제법과 인권의 널리 받아들여지는 원칙'을 위반하는 감시에 사용될 수 있는 무기를 개발하지 않을 것이라면서, ▲ 사회적으로 유익하고 ▲ 편견을 강화하거나 만들어내는 것을 피하고 ▲ 안전을 기반으로 테스트·제작하며 ▲ 사람들에게 책임을 질 수 있고 ▲ 프라이버시 디자인 원칙을 포함하며 ▲ 과학적 우수성을 높은 기준으로 유지하고 ▲ 이같은 원칙에 부합하는 용도로만 사용하는 등의 7가지 원칙을 제시하였다.

제5절 좀 더 생각해 볼 문제들

지금까지 치명적 자율무기체계로서의 킬러로봇이 지니는 윤리적, 법적인 쟁점 및 관련 사례들에 대해 알아보았다. 그러나 킬러로봇 개념이나 용어가 인간의 생명과 안전을 직접 위협하는 뉘앙스를 주기 때문에 윤리적 이슈로만 한정해서 논의될 경우 자국의 영토를 지키는 군인의 보호, 국방 및 군수산업의 이익 등 국가안보나 국익의 관점과도 일정하게 충돌할 수도 있기 때문에 이와 관련된 반대 논의들에 대해서도 살펴볼 필요가 있다. 즉 자국의 국익이나 국가안보를 강조하는 킬러로봇 옹호 논리가 군산복합체의 기득 집단에 의해 강력하게 제기되는 것도 현실이라는 것이다. 문제는 국익 및 안보 논리의 우위에서 킬러로봇을 개발한다고 할지라도 그것에 대한 의사결정과정이 과연 투명하고 공정한가의 논란이 수반될 수밖에 없다는 것이다. 그것은 '알고리즘 투명성'이라는 인공지능 규제 이슈만큼이나 국제사회적 합의 형성이 쉽지 않은 문제가 아닐 수 없다.

또한 킬러로봇의 개발 옹호 논리를 그 자체의 가공할만한 위력에서 찾는 이른바 자유방임적 접근(laissez-faire approach)도 가능하다. 즉 과거 냉전체제 하에서 핵무기의 억지력(deterrence)처럼 역설적으로 치명적 자율무기체계로서의 킬러로봇이 인간에 의한 충동적 무력 충돌을 오히려 자제시켜 전쟁 가능성을 최소화할 수 있기 때문에 인공지능 기반의 자율무기를 갖는 것을 경쟁적으로 허용하자고 제안할 수 있다는 것이다(한희원, 2018). 킬러로봇의 가공할만한 위험 또는 위협을 매개로 전쟁당사자 간의 상호 억지력을 기대할 수 있다는 낙관론인 셈이다. 그러나 이 또한 인간의 의미 있는 통제로부터 벗어난 킬러로봇의 오작동이나 위험성에 대한 근본적 통제를 전제하지 않기 때문에 여전히 '공포의 균형'이라는 두려움 속에서 인류를 가두는 결과를 초래할 것이다.

또한, '킬 스위치', '레드 버튼' 등과 같이 인공지능의 오류나 오작동에 대한 궁극적 책임을 사람에게 지우는 논의와 마찬가지로, 킬러로봇에 대한 인간의 궁극적 통제력을 전제로 한 개발윤리 또는 국제규범을 강조하는 논의도 가능할 것이다. 그래서 최근 미국 국방부는 치명적 자율무기체계에 대한 인간 통제력을 결코 포기하지 않고 국방용 로봇을 100% 인공지능 자율형 로봇이 아니라 '지능 확장(IA: Intelligence Augmentation)형 로봇' 개념으로 개발하겠다고 주장한 바 있다. 즉 마지막 공격 스위치는 인간의 몫으로 남겨두어야 한다는 태도인 셈이다. 그러나 그러한 태도가 국제 여론을 의식한 윤리적, 정치적 수사에 그칠지, 킬러로봇에 대한 '의미있는 인간통제'를 위한 국제 규범 형성의 의지를 반영한 것인지는 좀 더 두고볼 일이다. 정책결정자의 정치적 맥락이나 권력의지에 따라서는 언제든지 킬러로봇의 운용 방식이 변화할 수 있기 때문이다.

끝으로, 킬러로봇의 활용 범위가 기술적, 제도적으로 제한받는다고 할지라도 공식적인 전쟁의 영역이 아닌, 민간 차원의 범죄, 테러, 분노표출 등으로 악용되는 상황을 늘 고려하지 않으면 안될 것이다. 왜냐하면 시민과 군인의 경계를 모호하게 인식하는 킬러로봇의 사용이 오히려 '비대칭 전투'의 확대와 수많은 시민들의 살상을 증가시킬 수 있기 때문이다. 즉 시민사회 내의 킬러로봇 확산으로 인해 전체 사회의 군국화, 즉 정치적 상호작용과 민주주의적 절차보다는 감시와 모니터링을 더 우선시하는 사회를 초래할 수도 있다. 따라서 우리는 인공지능 로봇무기의 한계점을 제대로 인식하고 윤리적 소프트웨어 또는 윤리적 기계의 수사학에 현혹되지 않고 보다 분명한 법적 규범 체계를 준비하지 않으면 안 될 것이다.

인공지능과 로보어드바이저

　투자자 甲은 A증권회사 소속인 乙 투자매니저의 조언에 따라 주식투자를 해왔으나 낮은 수익률에 고민하던 중 A가 의뢰하여 핀테크업체인 B회사가 개발한 투자프로그램 '하이로보어드바이저' 금융상품에 대한 안내를 받고 모바일을 이용하여 5백만 원을 투자하였다. 상품가입 설정기간이 종료된 시점에 수익을 확인하였더니, 3백만 원의 원금손실이 발생하였다. 손실이 발생한 이유를 확인해 본 결과, 甲은 A에게 자신의 투자성향을 '안정적 노후자금'으로 고지했는데, A는 B에게 甲의 투자성향에 대한 정보를 고위험 고수익의 '공격투자형'으로 제공하였고, B는 이에 기해 고위험 금융상품인 선물거래상품으로 포트폴리오를 구성한 후 상당한 기간을 포트폴리오 리밸런싱을 하지 않은 채 운용한 것으로 드러났다. 이때 甲은 누구에게 손해배상을 청구할 수 있는가?

제1절　로보어드바이저의 개념과 규제 필요성

　　핀테크(FinTech)의 발전이 모바일뱅킹에 이어 모바일트레이딩 등 금융거래 전분야에 걸쳐 큰 영향을 미치고 있다. 그동안 일반 투자자들은 전통적으로 증권시장에서 투자가치가 있는 주식을 취득하여 투자수익을 추구해 왔는데, 어떤 주식이 투자가치가 높은 주식인지 정확히 예측할 수 없으므로 투자전문가의 조언을 받아 투자하는 성향이 있었다. 그런데 최근 투자전문가의 자문내용에 관한 불완전성과 투자조언에 따른 수수료 부담 등의 이유로 인공지능(AI) 기술에 기반한 맞춤형 투자자문 서비스인 '로보어드바이저'에 의한 거래가 주목을 받고 있다. 그러나 로보어드바이저를 이용한 주식거래는 종래의 투자방식에 비해 복잡다기한 법률적인 문제가 생길 수 있다.

Ⅰ. 로보어드바이저의 의미

1. 로보어드바이저란?

최근 증권거래 분야에서 인공지능기술과 데이터분석을 활용하여 투자자산에 대한 맞춤형 자산관리서비스를 제공하는 로보어드바이저의 이용이 급증하고 있다.[1] 전통적으로 일반 투자자는 증권회사의 직원 등 투자전문가의 투자상담을 거쳐 주식거래를 해왔다. 그러나 이제는 인공지능기술의 발달로 투자전문가의 도움 없이 로보어드바이저에 의하여 일반 투자자도 웹 또는 모바일 플랫폼을 활용하여 거래할 수 있게 되었다.[2] 특히 경제활동을 하는 대다수 투자자는 핀테크(Fintech) 발달에 따른 온라인이나 모바일을 이용한 거래에 익숙해졌고, 2008년 글로벌 금융위기 이후 리스크를 회피하고자 하는 위험헷지형 단기투자 방식으로 바뀌고 있는 상황에서 로보어드바이저 방식의 거래를 선호하고 있다.

로보어드바이저(Robo–Advisor)란 로봇(Robot)과 투자전문가(Advisor)의 합성어로, 인공지능(AI) 기술에 기초한 자동화된 알고리즘(algorithm)으로 구동되는 컴퓨터 프로그램을 활용하여 투자자의 포트폴리오를 구성하고 매매의 실행과 조정(rebalancing) 등을 자동으로 구현하는 온라인상의 자산관리 서비스를 말한다.[3] 즉 로보어드바이저는 금융소비자를 대상으로 온라인상 투자자산을 자동으로 관리하는 금융서비스의 한 종류로, 투자자가 입력한 정보를 바탕으로 투자자문과 자산운영의 모든 과정을 사람의 개입 없이 인공지능에 의해 맞춤형으로 관리하는 시스템이다.[4]

2. 로보어드바이저는 투자자에게 어떠한 영향을 주는가?

로보어드바이저에 의한 거래는 전통적인 거래 형태인 투자전문가의 자산관리 서비스 방식과 비교하면 훨씬 저렴한 비용으로 거래할 수 있고, 인공지능을 활용한 맞춤형 투자자산 관리서비스를 받을 수 있는 장점이 있다. 그리고 빅데이터에 기반하여 투자성향과 투자목적을 구분하여 투자자문과 운용이 원스톱으로 진행될 수 있기 때문에 투자자의 특성에 맞는 자산관리가 이루어질 수 있다. 특히 전문투자자의 투자경험을 알고리즘으로 구현한 머신러닝의 학습효과가 최적의 투자전략에 의해 운용되므로 투자자 맞춤형 포트폴리오 구성과 조정을 통해 전문성의 확보와 행동편향적 요소를 제거할 수 있다는 장점이 있다.[5]

그러나 고객이 온라인이나 모바일을 통해 로보어드바이저를 이용할 때 제공되는 정보에 대해 의문이 있어도 오프라인 거래보다 질문에 제약이 따르기 때문에[6] 고객이 오판하여 부적합한 투자결정을 내릴 수 있고, 로보어드바이저가 포트폴리오의 내재 위험에 대한 정확하고도 충분한 설명 없이 높은 수익의 실현만을 추구함으로써 불완전판매가 이루어질 가능성과 함께, 고객의 이익보다 운용사의 이익을 우선하는 이해상충의 우려도 있다. 그리고 로보어드바이저는 알고리즘 오작동과 오류 및 외부의 해킹 등으로 인하여 투자자와 이해상충이 생길 수 있고, 기술발달에 따른 상용속도가 가속화됨에 따라 금융거래 절차상의 투자자 보호 문제도 있다.[7]

이에 따라 정부는 온라인기반 자문업의 도입과 투자자문 활성화를 위한 정책적 방안을 제시하고 금융규제 테스트베드를 마련[8]하는 등 기술 혁신을 촉진하고 신기술 상용화를 위한 규제완화를 추진하고 있다. 로보어드바이저가 대중적인 맞춤형 투자자문 서비스로 성장하기 위해서는 업체와 금융소비자의 다각적인 영향평가와 이해상충에 대한 관계를 충분히 파악하여야 하는 이유가 여기에 있다.[9] 그리고 비대면거래를 통한 계좌개설 및 계약이 이루어지는 로보어드바이저 문제점과 함께 규제완화에 따른 부작용으로서 금융소비자의 피해가 커질 수 있다는 점에서 로보어드바이저에 대한 규제가 필요한 것이다.

3. 로보어드바이저에 대한 규제 근거는?

「자본시장 및 육성에 관한 법률」(이하 '자본시장법'이라 한다)에서는 투자자문업자 또는 투자일임업자가 투자권유자문인력 또는 투자운용인력이 아닌 자에게 투자자문업 또는 투자일임업을 수행하게 하는 행위를 원칙적으로 금지하면서, 예외적으로 허용되는 경우를 시행령 및 금융투자업규정(금융위원회 고시)에 위임하고 있다(자본시장법 §98①iii). 따라서 자본시장법상 로보어드바이저가 창구에서 고객을 직접 상대하는 것이 불가능하였다.

이에 정부는 2016년 3월 로보어드바이저를 활용한 투자일임 서비스를 도입하고 활성화를 위한 목적으로 자본시장법 시행령 제99조에 이에 관한 조항을 신설하였다.[10] 즉, 로보어드바이저를 사람의 개입이 없는 자동화된 전산정보처리장치(전자적 투자조언장치)라고 정의하면서, 일반투자자를 대상으로 투자자문·투자일임이 가능한 투자자산 관리서비스를 수행하기 위해서는 투자자 보호를 위한 일정한 요건을 충족하면 투자자문에 응하거나 투자일임 재산을 운용할 수 있도록 허용한 것이다. 로보어드바이저 서비스를 제공하기 위해 갖추어야 할 요건으로 전자적 투자조언장치를 통한 분석으로 투자자의 성향을 파악할 것, 침해사고[11] 및 재해 등의 예방 및 사고 발생 시 피해 확산·재발 방지와 신속한 복구를 위한 체계를 갖출 것, 투자자 보호와 건전한 거래질서 유지를 위한 금융위원회의 고시요건[12]을 갖출 것을 규정하고 있다(자본시장법 시행령 §99①i의2).

로보어드바이저 테스트베드 제도는 그동안 핀테크의 신기술 상용화에 따른 적합한 규제 체제가 갖추어지지 않아 로보어드바이저의 신뢰성 및 안정성 등에 대한 우려가 커지자 정부가 2016년 9월 도입한 제도로서 현재 세 차례에 걸친 시범운영을 마치고 네 번째 테스트가 진행 중이다. 테스트베드는 로보어드바이저 업체가 테스트베드에 참가하여 테스트 기간 투자자금을 실제 운용하는 것으로 로보어드바이저를 작동하는 알고리즘의 유효성과 시스템의 안정성 및 보안성을 기술적으로 검증하기 위한 목적으로 시행되고 있다. 테스트베드는 로보어드바이저의 투자자 성향분석, 분산투자, 해킹방지 체계 등 투자자문 및 일임 업무를 수행하기 위한 로보어드바이저의 시스템과 알고리즘이 제대로 작동하는지를 확인하고 검증하는 제도이다.[13]

테스트베드 심사는 테스트가 진행되는 동안 투자자문·일임업의 업무 수행 과정에서 사람의 개입 없이 전산시스템만으로 서비스가 제공되는 로보어드바이저 알고리즘의 정상작동 여부를 확인하는 포트폴리오 운용심사와 상용화에 따른 시스템의 안정성 및 보안성을 확인하는 시스템 심사로 구분하여 진행되고 있으며, 테스트에 통과하게 되면 비로소 본격적인 대고객 상용화 서비스가 가능하게 된다. 만약 테스트 참여업체가 심사 기간에 로보어드바이저 알고리즘 오류나 결함·수정 등의 사유가 발생하여 시스템운영을 중단하는 상황이 발생하면 심사해지사유에 해당하여 테스트 심사를 중단하게 된다.[14]

이외에도 테스트베드 센터는 로보어드바이저 운용의 판단기준이 되는 알고리즘의 적용기술과 포트폴리오 편입과 운용현황, 계좌의 수익률, 변동성(위험지표), 리밸런싱 주기 등을 비교할 수 있도록 관련 정보를 사이트 내에 공개 운영하고 있다.[15] 또한, 테스트베드의 운영결과가 로보어드바이저 품질보증이나 수익률을 보장하는 목적이 아님을 알리고 투자자의 주의를 촉구하는 투자자 유의사항[16]을 게재하고 있다. 2018년 12월 기준 테스트베드 센터에 공시된 로보어드바이저 활용 현황을 보면, 테스트베드를 통과하여 상용화가 가능한 32개의 포트폴리오를 포함하여 총 62개의 포트폴리오가 공시되어 운영되고 있다.[17]

이와는 별도로 최근 미국 SEC가 로보어드바이저 기업의 허위 정보공시와 과장광고를 이유로 해당 기업에 벌금을 부과한 제재 조치는 국내 로보어드바이저의 규제 방향을 수립하는데 시사하는 바가 크다.[18]

제2절 로보어드바이저 거래와 법적 쟁점

Ⅰ. 로보어드바이저는 어떠한 법적 지위를 갖는가?

투자자문업자란 금융투자업자 중 투자자문업을 영위하는 자를 말하는데(자본시장법 §8⑤), 여기서 투자자문업이란 금융투자상품 등의 가치 또는 금융투자상품 등에 대한 투자판단(종류, 종목, 취득·처분, 취득·처분의 방법·수량·가격 및 시기 등에 관한 판단)에 관한 자문에 응하는 것을 영업으로 하는 것을 말한다(자본시장법 §6⑦). 투자자문업자는 원칙적으로 불건전 영업행위를 할 수 없는데(자본시장법 §98),[19] 이를 위반한 투자자문업자에 대해서는 일정한 제재가 따른다.

이처럼 로보어드바이저는 자본시장법상 투자자문업자의 지위를 갖기 때문에 전형적인 투자자문업의 경우와 같이 고객에 대해 인수한 증권을 매수하도록 조언하거나, 자기 또는 이해관계인의 고유재산 또는 운용재산과 거래할 것을 조언하거나, 자기 또는 이해관계인이 발행한 증권에 투자하도록 조언하는 행위 등 다양하다(자본시장법 §98①② 참조).

그런데 현행법상 로보어드바이저에 대해 법인격이 부여되지 않으므로 투자자문의 주체가 될 수 없는 한계가 있으므로,[20] 현재 상용화 서비스가 진행 중인 로보어드바이저는 전문인력의 개입에 의한 주문체결로 작동되는 하이브리드 방식만 가능하다. 즉 투자 전문인력이 로보어드바이저에 의해 구현되는 투자성향분석, 자산배분과 포트폴리오분석 등의 결과물을 바탕으로 직접 고객자산을 운용하는 Back-office 영역에서만 활용하고 있는 수준이다.[21] 따라서 통상적으로 계약이 성립하기 위해서는 당사자 간 의사 합치의 성립요건이 요구되기 때문에,[22] 로보어드바이저의 계약 체결내용에 대한 의사 합치 요건의 충족 여부에 있어서 투자자문업자의 지위를 인정하기에는 한계가 있다.[23]

따라서 현단계에서 로보어드바이저에 대한 법인격은 인정할 수 없고, 로보어드바이저에 의해 체결된 계약에 대한 이용자의 구속 근거는 도구적 접근에 의해 설명되어야 할 것이다. 이렇게 본다면 알고리즘의 학습능력이 강화되어 이용자 의사를 구체화하더라도 이는 이용자의 포괄적인 의사를 구체화하는 보조적인 수단으로 볼 수 밖에 없을 것이다.[24]

그러나 향후 로보어드바이저의 자문·일임업무 수행 및 인력대체를 단계적으로 확대함으로써, 맞춤형포트폴리오 구성에 대해 일정요건을 갖추면 Front-office 영역에서도 직접 고객에게 금융서비스를 제공할 수 있을 것으로 예상된다. 이러한 단계에 이르게 된다면 로보어드바이저는 자본시장법상의 투자자문업자의 지위에 기초한 법률관계를 인정할 수 있게 될 것이다.

Ⅱ. 로보어드바이저도 주의의무를 부담할까?

자본시장법은 투자자산운용과 관련하여 금융투자업자에 대해 선관주의의무와 충실의무를 인정하고 있다. 따라서 투자자문업자는 투자자에 대하여 선량한 관리자의 주의로써 투자자문에 응하여야 할 뿐만 아니라(자본시장법 §96①), 투자자의 이익을 보호하기 위하여 해당 업무를 충실히 수행하여야 한다(자본시장법 §96②). 선관주의의무는 수임인은 어떠한 상황에서 합리적인 자가 취할 수 있는 주의의무를 가지고 선의(good faith)로써 그 업무를 수행해야 한다는 원칙이고, 충실의무는 수임인이 그 업무를 수행함에 있어서 위임인에게 최선의 이익이 되도록 충실히 수행하여야 한다는 원칙을 말한다. 자본시장법이 투자자문업자에 대해서도 이러한 의무를 지우는 이유는 전문가인 투자자문업자의 자문을 신뢰하고 투자에 참여하는 일반 투자자를 보호하기 위함이다.

로보어드바이저는 자본시장법상 투자자문업자의 지위에서 업무를 수행하는 기능을 하고 있다. 따라서 로보어드바이저도 종래의 투자자문업자와 마찬가지로 자본시장법상의 선관주의의무 및 충실의무를 부담한다고 보아야 할 것이다. 그러므로 로보어드바이저가 주의의무 또는 충실의무를 위반하여 투자자에 대해 손해를 입힌 경우에는 그와 관련하여 귀책사유가 있는 이해관계자는 손해배상책임을 지게 된다. 물론 로보어드바이저는 알고리즘에 입력된 대로 실행하는데 불과한 소프트웨어이고,[25] 인공지능 초기 단계인 현시점에서 로보어드바이저를 전자인간(electronic person)으로 의제할 수 있는 단계도 아니므로,[26] 로보어드바이저 자체에 대해 책임을 묻는 데에는 한계가 있을 수밖에 없다.

종래 투자관계에서 주의의무 위반이 문제되는 경우 우리 법원은 고객의 위험감수 의도와 투자상품의 위험 정도 등을 기준으로 판단하고 있다.[27] 일반적으로 금융투자업자에 대해 이러한 주의의무 위반을 판단하는 기준으로 신중투자가 원칙(prudent investor rule)을 적용하는데,[28] 로보어드바이저를 신뢰하여 그에 따라 거래하는 일반 투자자를 보호하기 위해서는 로보어드바이저 운용사 등에 대해 주의의무 위반에 따른 책임을 인정하여야 할 것이다. 이와 같이 로보어드바이저가 주의의무를 위반하여 손해를 야기한 경우 알고리즘을 개발한 핀테크기업과 이에 대해 정보를 제공한 금융회사 등 누가 책임을 져야 하는가에 있어서는 위험분배의 원리가 적용될 것이다.

사례에서 투자자 甲이 자신의 투자성향을 '안정적 노후자금'으로 A 증권회사에 고지했음에도 A가 이를 태만하게 핀테크업자 B에게 '고위험 고수익' 타입으로 제공하였고, B가 이에 기해 알고리즘을 만들었다면 이는 전적으로 A 증권회사의 주의의무 위반이 인정된다 할 것이다. 그리고 핀테크업체 B가 주기적인 리밸런싱을 하지 않은 채 프로그램이 운용되도록 한 결과 손실이 생겼다면 B의 주의의무 위반도 인정될 수 있다.[29] 따라서 甲은 자신이 입은 손해액에 대해 A

와 B에게 연대책임을 주장할 수 있을 것이다.

유의할 것은, 현재와 같은 로보어드바이저의 활용 초기 단계에서는 로보어드바이저가 수익률을 보장해주는 것도 아니고, 그 법적 지위도 불명확하기 때문에 금융소비자는 어디까지나 로보어드바이저에 의한 투자자문을 참고하여 투자에 임해야 할 것이고, 금융소비자 스스로 투자에 대한 지식을 높이기 위한 노력을 병행해야 할 것이다.

Ⅲ. 로보어드바이저도 적합성원칙과 설명의무를 적용받게 될까?

자본시장법상 금융투자업자는 투자권유 시에 적합성의 원칙과 설명의무를 부담한다. 적합성 원칙은 금융투자업자가 일반투자자를 상대로 투자권유를 할 때 면담·질문 등을 통하여 투자자의 투자목적, 재산상태, 투자성향, 투자위험 감수능력 등을 고려하여 합당한 투자대상을 선정하여 권유하여야 한다는 원칙을 말한다(자본시장법 §46). 또한 설명의무는 일반투자자를 상대로 투자권유를 하는 경우에는 금융투자상품의 내용, 투자에 따르는 위험, 그 밖에 중요사항을 일반투자자가 이해할 수 있도록 설명하여야 하고, 투자자의 합리적인 투자판단 또는 해당 금융투자상품의 가치에 중대한 영향을 미칠 수 있는 사항을 거짓 또는 왜곡하여 설명하거나 중요사항을 누락하여서는 안 된다는 원칙을 말한다(자본시장법 §47). 특히 이러한 의무를 위반한 금융투자업자는 이로 인하여 발생한 일반투자자의 손해를 배상할 책임이 있는데, 금융투자상품의 취득으로 인하여 일반투자자가 지급하였거나 지급하여야 할 금전 등의 총액에서 그 금융투자상품의 처분, 그 밖의 방법으로 그 일반투자자가 회수하였거나 회수할 수 있는 금전 등의 총액을 뺀 금액은 손해액으로 추정되어 금융투자자가 배상해야 한다(자본시장법 §48).

그렇다면 로보어드바이저에 대해서도 이러한 의무를 인정할 수 있는가? 로보어드바이저에 의한 서비스에서도 일반투자자의 보호 필요성은 마찬가지이므로, 적합성원칙과 설명의무는 로보어드바이저에 의한 투자자문 및 투자일임에 대한 자산관리 서비스에도 동등하게 적용되어야 할 것이다.[30] 다만, 현재 증권거래에 있어서 로보어드바이저에 의한 서비스는 로보어드바이저가 고객의 투자목적 등과 같은 정보를 정확히 파악하는 과정에서 종래의 대면을 통한 의사소통 방식의 경우에 비하여 적합성원칙에 따른 투자성향파악과 설명의무를 완벽히 이행하기에는 한계가 있다. 따라서 현재와 같은 수준의 인공지능이 이용되고 있는 단계에서는 로보어드바이저를 이용하여 서비스를 제공하는 금융투자업자가 이러한 원칙과 의무의 귀속 주체가 된다고 보아야 할 것이다.

그러나 향후 인공지능 기술이 고도로 발전한 시점에서는 로보어드바이저에 대해 이러한 원칙과 의무를 지울 수 있을 것이다. 결국 사례에서 A증권회사는 투자자 甲에 대해 투자상품 판매에 앞서 甲의 투자목적과 투자성향 등을 사전에 파악하여 그에 맞는 투자대상을 판매하여야 할 것이고, 이 경우에도 A증권회사는 甲에 대해 원본손실 등의 위험에 대해 甲이 이해할 수 있도록 설명하여야 할 의무를 부담한다.

IV. 해킹사고가 발생한 경우 누가 책임을 부담할까?

핀테크를 이용하는 과정에서 알고리즘 오류나 해킹에 의한 대규모 금융사고의 발생 위험이 높아지고 있다. 알고리즘 설계 과정에서 개발자가 미처 인지하지 못한 오류가 발생하거나 설계 이후 인공지능에 의한 자율적인 학습 과정에서 오류가 발생할 가능성이 있고, 외부의 악의적인 해킹에 의해서도 당초의 설계 의도와 달리 작동할 가능성도 있다.[31] 고의든 과실이든 로보어드바이저가 오작동에 이르게 되면 동시에 다수의 투자자들을 대상으로 서비스가 제공되는 로보어드바이저의 특성으로 인해 대형 금융사고의 발생으로 연결될 가능성이 매우 높다.

인위적으로 시세를 조종하는 행위는 자본시장법 제176조에 위반될 뿐만 아니라,[32] 로보어드바이저를 해킹하는 행위 역시 전자금융거래법 제21조의4 및 정보통신망법 제48조 등에 위반되는 불법행위에 해당한다. 따라서 알고리즘의 작동을 통한 시세조종 또는 로보어드바이저를 해킹한 자는 손해배상책임(민법 §750)을 지게 된다. 이 경우 손해의 발생 및 손해액, 시세조종 행위와 손해 발생과의 인과관계 등에 대한 입증책임은 피해자인 일반 투자자가 부담한다.[33] 다만, 해킹에 의한 피해자는 일반 손해배상청구에 비해 입증책임이 다소 완화되어 있는 자본시장법 제177조에 기하여 그 배상을 청구할 수 있다.

사례에서 만일 로보어드바이저 운용사인 A 증권회사가 해커와 함께 공모나 방조 등의 불법행위를 한 경우에는 공동불법행위자의 책임(민법 §760)을 부담하게 될 것이고,[34] A 증권회사가 시스템을 제대로 관리하지 못함으로써 결과적으로 해킹사고가 생겼다면 정보통신망법 제45조 및 전자금융거래법 제21조에 따라 로보어드바이저 운용사인 A 증권회사가 손해배상책임(민법 §750)을 지게 된다.[35]

V. 로보어드바이저 위탁 테스트를 이용한 경우 누가 손해배상책임을 지는가?

위탁 테스트는 허가받지 않은 핀테크 개발업체가 기존 금융회사에 자신이 개발한 금융서비스의 사용권을 위탁하여 시범적으로 영업을 할 수 있도록 「금융기관의 업무위탁 등에 관한 규정」에서 허용하는 제도이다. 위탁 테스트는 기존 은행 등 금융회사와 핀테크산업협회 간에 위탁테스트 활성화 실무협의체를 구성하여 상시협의 체제를 구축하고 테스트 시행성과를 바탕으로 신규 금융서비스를 출시할 수 있도록 규제 조치를 완화하고자 도입한 방안이다.

이는 신생 핀테크 기업이 개발한 사기금융거래 탐지시스템(Fraud Detection System)의 활용이 금융거래 자료를 타인에게 제공할 수 없다는 금융실명거래 및 비밀보장에 관한 법률 제4조에 따라 프로그램을 직접 구동할 수 없게 된 경우와 같이,[36] 규제로 인해 금융산업 분야에서 신기술의 개발과 활용이 지체되는 문제를 해결하기 위해 각국이 규제샌드박스(regulatory sandbox)를 시행하고 있는 것에 연유한다.[37] 이처럼 위탁 테스트는 혁신적인 금융서비스 제공을 위하여 금융위원회가 지정하는 제3자(지정대리인)에게 본질적 업무의 위탁을 허용하는 제도로, 금융회사의 업무 효율화와 신기술을 갖춘 핀테크 기업의 시범적인 운영이 가능하도록 한 제도이다.

위탁 테스트를 이용하는 경우에도 로보어드바이저의 투자일임 과정은 자동적으로 리밸런싱되기 때문에 정보의 분석과 투자대상 종목의 선정 등 운용 과정에서 사용되는 알고리즘이 시장 예측에 실패하여 금융소비자가 피해를 입을 수 있다.[38] 이 때 위탁 테스트가 진행되는 동안 프로그램 오류 등으로 소비자 피해가 발생하는 때에는 위탁 사용자인 금융회사가 손해배상책임을 부담하여야 하는지, 아니면 알고리즘 개발업자가 손해배상책임을 부담하여야 하는지에 관한 문제가 발생하게 된다.[39]

사례에서 재위탁을 포함하여 업무 위수탁 기준상의 의무를 위반하여 발생하는 손해에 대해서는 금융회사인 A 증권회사와 프로그램 개발회사인 B가 연대하여 배상책임을 진다 할 것이고, 투자자 甲은 A와 B 누구에 대해서든 손해배상을 청구할 수 있다고 본다.[40]

 생각해 볼 점

1. 최근 주식거래에 있어서 로보어드바이저 거래 규모가 왜 급증하고 있는가?
2. 로보어드바이저 거래에 따른 금융투자자(소비자) 피해를 예방하기 위해 정부는 어떠한 규제를 취할 수 있는가?
3. 로보어드바이저 거래 과정에서 알고리즘 프로그램개발회사와 로보어드바이저 운용자인 금융회사의 주의의무 위반으로 투자자에게 피해가 발생하였지만, 이 두 회사가 모두 파산한 경우 투자자(피해자)가 구제받을 수 있는 방법으로 어떤 제도가 있을까?

미 주

제1편 인공지능과 기초이론

제1장 인공지능과 딥러닝

1 허버트 사이먼(Herbert Simon)은 독일계 미국인으로 제한된 상황에서의 의사 결정 모델에 관한 이론으로 1978년 노벨 경제학상을 수상한 미국의 심리학자이자 경제학자이며 인지과학자다.

2 마빈 민스키는 인공지능의 아버지라는 별명을 얻었듯이 초기 인공지능을 집대성한 인물이다.

3 1959년에 아서 사무엘(Arthur Samuel)은 머신러닝을 "기계가 일일이 코드로 명시하지 않은 동작을 데이터로부터 학습하여 실행할 수 있도록 하는 알고리즘을 개발하는 연구 분야"라고 정의하였다.

4 McCulloch, W. S., & Pitts, W. (1943). "A logical calculus of the ideas immanent in nervous activity", *The bulletin of mathematical biophysics*, 5(4), pp. 115-133.

5 따라서 딥러닝을 '심층신경망(Deep Neural Net, DNN)'이라고 부르기도 한다.

6 http://aigolab.tistory.com/5

7 라벨은 선회귀 분야에서는 Y의 변수이며 예측하고자 하는 항목으로 보면 된다.

8 이런 모델링 기법을 선형회귀(Linear Regression)라고 한다.

9 Representation Learning.

제2장 인공지능과 법패러다임 변화: 인간, 인격, 권리에 대한 기초법적 접근

1 슈테판 클라인, 『우연의 법칙』, 웅진지식하우스, 초판, 2007, 89면(Stefan Klein, Alles Zufall, Stefan Klein c/o Eggers & Landwehr KG, Berlin, Germany)

2 Siri Leknes/Irene Tracey, "A common neurobiology for pain and pleasure", *Neuroscience*, vol. 9, April 2008, p. 314.

3 Harry G. Frankfurt, "Alternate Possibilities and Moral Responsibility", *The Journal of Philosophy*, Vol. 66, No. 23. (Dec. 4, 1969), pp. 7~8.

4 최현석, 『인간의 모든 감정』, 서해문집, 2016, 76면.

5 Jennifer S. Lerner, Ye Li, Piercard Valdesolo, and Karim S. Kassam, "Emotion and Decision Making", *The Annual Review of Psycology*, 2015, 66:33-10.

6 최현석, 앞의 책, 74면.

7 에드워드 윌슨(최재천/장대익 역), 『통섭』, 사이언스북스, 2005, 210면.

8 안토니오 다마지오(김린 역), 『데카르트의 오류』, 중앙문화사, 1999, 174~176면.

9 위의 책, 178~179면.

10 위의 책, 123면.

11 조너선 하이트(왕수민 역), 바른마음, 웅진지식하우스, 2014, 69면.

12 Lerner/Li/Valdesolo, 66:33-10.

13 최현석, 앞의 책, 61면.

14 위의 책, 61면.

15 Lisa Feldman Barrett, "Constructing Emotion", *Psychological Topics* 20(2011), 3, p. 370.

16 Barrett, "Constructing Emotion", p. 362.

17 제3절은 다음의 학술논문들을 총서에 적합한 형태로 재구성·재편집한 것임을 밝힌다: 정채연, "법패러다임 변화의 관점에서 인공지능과 법담론: 법에서 탈근대성의 수용과 발전", 「법과사회」 제53호, 2016. 12., 109-136면; 정채연, "포스트휴먼 법담론: 탈근대적 인간의 법적 수용을 위한 시론적 연구", 「안암법학」 제54호, 2017. 9., 1-36면; 정채연, "지능정보사회에서 지능로봇의 윤리화 과제와 전망: 근대적 윤리담론에 대한 대안적 접근을 중심으로", 「동북아법연구」 제12권 제1호, 2018. 5., 87-121면.

18 백종현, "인간 개념의 혼란과 포스트휴머니즘 문제", 「철학사상」 제58권, 2015. 11., 127-128, 135면.

19 고인석, "아시모프의 로봇 3법칙 다시 보기: 윤리적인 로봇 만들기", 「철학연구」 제93집, 2011. 6., 114면.

20 이원태, 『인공지능의 규범이슈와 정책적 시사점』, KISDI Premium Report 15-7, 정보통신정책연구원, 2015. 12., 17면.

21 이중기, "인공지능을 가진 로봇의 법적 취급: 자율주행자동차 사고의 법적 인식과 책임을 중심으로", 「홍익법학」 제17권 제3호, 2016. 9., 4면.

22 신상규, "자율기술과 플로리디의 정보 윤리", 「철학논집」 제45권, 2016. 5., 284면.

23 고인석, "로봇이 책임과 권한의 주체일 수 있는가", 「철학논총」 제67권, 2012, 18면.

24 변순용, 송선영, "로봇윤리의 이론적 기초를 위한 근본 과제 연구", 「윤리연구」 제88권, 2013. 3., 19면.

25 고인석, "체계적인 로봇윤리의 정립을 위한 로봇 존재론, 특히 로봇의 분류에 관하여", 「철학논총」 제70집, 2012, 171면.

26 이원봉, "생명윤리와 포스트휴머니즘: 포스트휴먼의 존엄성에 관한 논쟁을 중심으로", 「환경철학」 제16집, 2013. 12., 241, 245면.

27 최진석, "휴머니즘의 경계를 넘어서: 근대 인간학의 종언과 인간의 새로운 변형", 「비교문화연구」 제41집, 2015, 381-413면.

28 고인석, "로봇이 책임과 권한의 주체일 수 있는가", 앞의 논문, 9면.

29 양천수, "탈인간중심적 법학의 가능성: 과학기술의 도전에 대한 행정법학의 대응", 「행정법연구」 제46호, 2016, 9면.

30 신상규, "우리만 과연 인간일까?: 정신, 로봇, 그리고 인간", 『인간 본성에 관한 철학 이야기』, 아카넷, 2007, 329-330면.

31 신상규, "우리만 과연 인간일까?", 위의 책, 350면.

32 백종현, 앞의 논문, 143면.

33 김동현, "인지과학적 관점에서 바라본 자유의지와 형사책임론의 문제", 서울대학교 「법학」 제51권 제4호, 2010, 269면.

34 이에 대해 자세히는, 신상규, "우리만 과연 인간일까?", 앞의 책, 337면 이하.

35 백종현, 앞의 논문, 127-153면.

36 양천수, 앞의 논문, 14면.

37 K. Darling, "Extending Legal Rights to Social Robots", We Robot Conference, University of Miami, April 2012.

38 이상돈, 정채연, "자율주행자동차의 윤리화의 과제와 전망", 「IT와 법연구」 제15집, 2017. 8., 285-289면.

39 이상형, "윤리적 인공지능은 가능한가?: 인공지능의 도덕적, 법적 책임 문제", 「법과정책연구」 제16권 제4호, 2016. 12., 293면.

40 임종수 외, "AI 로봇 의인화 연구: '알파고' 보도의 의미네트워크분석", 「한국언론학보」 제61권 제4호, 2017. 8., 115면.

41 임종수 외, 위의 논문, 115면.

42 Y. H. Weng & C. H. Chen & C. T. Sun, "Toward the Human-Robot Co-Existence Society: On Safety Intelligence for Next Generation Robots", *International Journal of Social Robotics*, Vol. 1, No. 4, 2009. 11., p. 268.

43 이현경, 서현, "R-러닝에 있어 로봇과 함께하는 유아의 사회적 상호작용에 관한 연구", 한국유아교육학회 사단법인 창립총회 및 2013년 추계정기학술대회, 2013, 361면.

44 T. Fong & I. Nourbakhsh & K. Dautenhahn, "A Survey of Socially Interactive Robots", *Robotics and Autonomous Systems*, Vol. 42, No. 3-4, 2003, pp. 143-166.

45 K. J. Kim & E. Park & S. S. Sundar, "Caregiving Role in Human-Robot Interaction: A Study of the Mediating Effects of Perceived Benefit and Social Presence", *Computers in Human Behavior*, Vol. 29, 2013, p. 1799.

46 이상형, 앞의 논문, 294면.

47 P. Singer, *Animal Liberation: A New Ethics for Our Treatment of Animals*, Random House, 1975 참고.

48 M. C. Nussbaum(한상연 역), 『역량의 창조: 인간다운 삶에는 무엇이 필요한가?』, 돌베개, 2015, 48-50면.

제3장 인공지능과 윤리

1 Turing, A. M., "On Computable Numbers, with an Application to the Entscheidungs-problem". *Proceedings of the London Mathematical Society*, 42(1), 1937, pp. 230-265.

2 Veruggio, Gianmarco(ed.), "EURON roboethics roadmap", EURON roboethics Atelier, Genova: roboethics, 2006: http://www.roboethics.org/atelier2006/docs/ROBOETHICS%20ROADMAP%20Rel2.1.1.pdf

3 RoboLaw, "Guidelines on Regulating Robotics", 2014: http://www.robolaw.eu/RoboLaw_files/documents/robolaw_d6.2_guidelinesregulatingrobotics_20140922.pdf

4 O'Neil, C., *Weapons of math destruction: How big data increases inequality and threatens democracy,* Broadway Books, 2017. 번역본 『대량살상수학무기』 김정혜 역, 2017, 흐름출판.

5 Snow, J., "New research aims to solve the problem of AI bias in "black box" algorithms," *MIT Technology Review*, November 7, 2017.

6 Sample, Ian., Computer says no: why making AIs fair, accountable and transparent is crucial. *The Guardian*, 2017. 11. 5: https://www.theguardian.com/science/2017/nov/05/computer-says-no-why-making-ais-fair-accountable-and-transparent-is-crucial

7 Tan, S., Caruana, R., Hooker, G., & Lou, Y., Detecting bias in black-box models using transparent model distillation. *arXiv preprint* arXiv: 1710.0616, 2017.

8 위와 같은 문헌.

9 Skeem, J. L., & Lowenkamp, C. T., "Risk, race, and recidivism: predictive bias and disparate impact," *Criminology*, 54(4), 2016, 680-712.

10 Ananny, M., & Crawford, K., Seeing without knowing: Limitations of the transparency ideal and its application to algorithmic accountability. *New Media & Society*, 20(3), 2018, 973-989.

11 Gunning, D., Explainable Artificial Intelligence (XAI), https://www.darpa.mil/program/explainable-artificial-intelligence.

12 Reese, H., Transparent machine learning: How to create 'clear-box' AI. *Tech-republic,* 2016. 11. 15: https://www.techrepublic.com/article/transparent-machine-learning-how-to-create-clear-box-ai/

13 USACM, Statement on Algorithmic Transparency and Accountability, 2017: https://www.acm.org/binaries/content/assets/public-policy/2017_usacm_statement_algorithms.pdf

14 Asimov, I., Runaround. *Astounding Science Fiction*, 29(1), 1942, 94-103.

15 Asimov, I., & Conway, M., *Robots and empire*. New York: Doubleday, 1985.

16 Wallach, W., & Allen, C., Moral machines: *Teaching robots right from wrong*. Oxford University Press, 2008.

17 Mill, J. S., Utilitarianism, *Liberty, Representative Government*, 1859, 7-9.

18 Holland, J. H., Genetic algorithms, *Scientific American*, 267(1), 1992, 66-72.

19 Anderson, M., Anderson, S. L., & Armen, C., MedEthEx: a prototype medical ethics advisor. In *Proceedings Of The National Conference On Artificial Intelligence,* 21(2), 2006, August, 1759.

20 Bringsjord, S., Arkoudas, K., & Bello, P., Toward a general logicist methodology for engineering ethically correct robots. *IEEE Intelligent Systems*, 21(4), 2006, 38-44.

21 Wiegel, V. SophoLab; *experimental computational philosophy* (Vol. 3). 3TU Ethics, 2007.

제4장   인공지능 시대의 자유와 민주주의, 그리고 입법

1 아키텍처 기반 규제에 대한 좀 더 세부적인 내용들에 대해서는 심우민, "정보통신법제의 최근 입법동향 – 정부의 규제 개선방안과 제19대 국회 발의 법률안들을 중심으로", 「언론과 법」 제13권 제1호, 2014의 전반부를 참조할 것.

2 물론 이 밖에도 우리나라의 경우 국가를 통한 아키텍처 변경의 시도가 다른 국가들에 비하여 매우 빈번하게 시도된다는 점은 매우 특징적이라고 할 수 있다. 이러한 본인확인제의 아키텍처 기반 규제로서의 성격과 그 구조에 대해서는 심우민, "인터넷 본인확인의 쟁점과 대응방향: 본인확인 방식과 수단에 대한 아키텍처 규제론적 분석", 「법과 사회」 제47호, 2014를 참조할 것.

3 이에 대한 세부적인 설명은 심우민, 『정보사회 법적규제의 진화』(한국학술정보, 2008), 29-34면 참조.

4 Mark Warschauer, *Technology and Social Inclusion: Rethinking the Digital Divide* (MIT, 2003) 및 김상욱·김숙희, "정보기술과 사회 공진화의 동태적 메커니즘과 정책적 함의", 「한국 시스템다이내믹스 연구」 제7권 제2호, 2006 참조.

5 이러한 내용은 Lawrence Lessig, *Code: And Other Laws of Cyberspace, Version 2.0* (Basic Books, 2006); 김정오(역), 『코드 2.0』(나남, 2009) 제5장 참조. 특히 레식 교수는 이를 '동부연안 코드(기술적 코드)'와 '서부연안 코드(규범적 코드)'라는 비유를 통해 설명한다.

6 심우민(2014), 앞의 논문, 86-88면.

7 Richard Bellamy, *Political Constitutionalism: A Republican Defence of the Constitutionality of Democracy* (Cambridge University Press, 2007), 3면.

8 Richard Bellamy, 위의 책, 3면.

9 Richard Bellamy, 위의 책, 4면.

10 Richard Bellamy, 위의 책, 5면.

11 Richard Bellamy, 위의 책, 4-5면.

12 Richard Bellamy, 앞의 책, 5면.

13 심우민, 『입법절차와 절차주의: 순수절차주의에 대한 비판적 고찰과 그 대안』, 연세대학교 대학원 박사학위 청구논문, 2011, 191-197면.

14 이러한 측면에서 화이트(James Boyde White)의 구성적 수사학(constitutive rhetoric)은 상당한 설득력을 가진다. 이와 관련해서는 James Boyde White, "수사학과 법: 문화적이고 공동체적인 삶의 기술들", John S. Nelson, Allan Megil & Donald N. McCloskey, 『인문과학의 수사학: 학문과 공공부문에 있어서의 언어와 논증』(고려대학교출판부, 2003) 참조.

15 실제 이와 유사한 관점은 최근 EU의회가 EU집행위원회에 대한 권고로서 의결한 European Parliament, *European Parliament resolution of 16 February 2017 with recommendations to the Commission on Civil Law Rules on Robotics*(2015/2103(INL)), 2017. 2. 16. (이하 "Civil Law Rules on Robotics")에서도 발견할 수 있다. 동 권고는 일반원칙 부분에서 다음과 같이 서술하고 있다. "T. 아시모프의 법칙은 자율성과 자체학습 기능이 내장된 로봇을 포함한 로봇의 설계자와 생산자, 운영자에게 적용되는 것으로 간주되어야 한다. 이러한 법칙은 기계 코드로 변환될 수 없기 때문이다." 즉 인공지능 개체 자체가 규범적 판단의 기초라고 할 수 있는 마음이나 감성까지 가지기 힘들다는 인식에 기반하고 있다.

16 이와 관련한 대표적인 문헌으로는 Ray Kurzweil, 『마음의 탄생』(크레센도, 2016)을 참조. 이 문헌의 내용도 기본적으로는 다양한 과학적 분석 논거들을 제시하고는 있지만, 이는 일종의 가설을 뒷받침하기 위한 것일 뿐이다.

17 이러한 상황에서 최근 알고크러시(algocracy)라는 용어가 재차 주목받고 있다. A. Aneesh, *Virtual Migration: The Programming of Globalization*(Duke University Press, 2006).

18 Joel Reidenberg, "Lex Informatics: The Formulation of Information Policy Rules through Technology", *Texas Law Review* 76, 1998; Lawrence Lessig, Code and Other Laws of Cyberspace (Basic Books, 1999) 등.

19 이하 법적 규제와 구조 규제의 차이점에 대한 설명은 Lee Tein, "Architectural Regulation and the Evolution of Social Norms", *Yale Journal of Law and Technology* 7(1), 2005를 참조 및 변형하였다.

20 심우민, "사업장 전자감시 규제입법의 성격", 「인권법평론」 제12호, 2014, 164-167면.

21 과학성과 객관성의 추구는 이제까지 입법학의 주류적인 태도였다. 이에 대한 비판에 대해서는 심우민, 『입법학의 기본관점: 입법논증론의 함의와 응용』(서강대학교출판부, 2014), 25-70면.

22 이와 관련하여 최근 주목받고 있는 것이 바로 리걸테크(legal tech.)이다. 관련 산업은 사실상 미국이 주도하고 있다고 볼 수 있는데, 그 현황은 '스탠포드 법정보학연구센터' 웹사이트(http://techindex.law.stanford.edu/)에 목록화 되어 있으며, 2018년 5월 현재 약 800여 개의 기업들 여기에 포함되어 있다.

23 이러한 인공지능 기술 발전에 관한 기초적 개관으로는 심우민, "인공지능 알고리즘의 규제적 속성", 「법과사회」 제53호, 2016, 44-46면.

24 Federal Trade Commission, *Big Data: A Tool for Inclusion or Exclusion?*, January, 2016; Executive Office of the President, B*ig Data: A Report on Algorithmic Systems, Opportunity, and Civil Rights*, May, 2016.

25 물론 다소 차이점이 존재하지만, 이러한 설명은 알렉시(Robert Alexy)의 '특수경우테제 (Sondefallthese)'와 닮아 있다. 이러한 특수경우테제란 법적담론의 경우 일반적인 담론과는 달리 현행법 질서의 범위 내에서 이루어지는 제도적 제한이 존재한다는 것으로 이해될 수 있다. Robert Alexy, 변종필·최희수·박달현(역), 『법적논증이론』(고려대학교출판부, 2007), 297면 이하 참조.

26 이에 대한 간략한 설명은 심우민(2016), 앞의 논문, 59면.

27 Wendell Wallach & Colin Allen, 노태복(역), 『왜 로봇의 도덕인가』(메디치, 2014).

28 심우민, "인공지능 시대의 입법학", (충남대)「법학연구」제29권 제2호, 2018, 21-25면.

29 심우민 외, 『국정과제 이행을 위한 과학기술 법체계 중장기 발전방향 연구』(국가과학기술자문회의, 2018), 62면 이하.

30 심우민, "인공지능과 법패러다임 변화 가능성: 입법 실무 거버넌스에 대한 영향과 대응 과제를 중심으로", 「법과사회」제56호, 2017, 359-367면.

31 종래 영향평가는 입법자를 위한 정보 제공을 목적으로 하며, 또한 방법론적인 측면에서 사회과학적인 정량적 방법론(예. 비용-편익 분석 등)을 중심으로 한다고 소개되어 왔으나, 실제 해외 주요 국가들의 영향평가 지침 및 가이드라인 등을 확인해 보면, 영향평가는 입법자뿐만 아니라 일반 국민(이해관계자)들에게 정보를 제공하기 위한 목적을 가지며, 상당수의 영향평가는 의견수렴 절차와 같은 정성적 또는 질정 연구방법론도 광범위하게 활용되고 있음을 알 수 있다. European Commission, *Impact Assessment Guidelines, 2009, 18면 이하; Treasury Board of Canada Secretariat, RIAS Writer's Guide*, 2009, 19면 및 24면; Australian Government, The Australian Government Guide to Regulation, 2014, 39면 이하 등. 또한 2017년 7월 7일 새롭게 개정된 EU의 규제개선 가이드라인(Better regulation Guidelines)상의 영향평가 절차는 기본적으로 1) 영향평가의 계획, 2) 영향평가, 3) 집행, 4) 모니터링, 5) 평가 및 적절성 검토, 6) 이해관계자 의견수렴으로 구성되어 있다. European Commission, B*etter Regulation Guidelines*, 2017. 또한 우리나라에서 포괄적인 입법영향평가 제도화 방안에 대해서는 김종철·심우민 외, 『입법과정의 현대적 재구성(혁신) 방안 연구』(한국법제연구원, 2017), 165면 이하 참조.

제5장 인공지능 경제정책

1 이경진, 인공지능, 경영최적화의 한 방법. DBR(2017. 1).

제2편 인공지능과 개별법

제6장 인공지능과 민사법

1 David C. Vladeck, "Machines Without Principals: Liability rules and Artificial Intelligence", *Washington Law Review*, vol. 89:117, 2014, p. 124.

2 Tom Allen/Robin Widdison, "Can Computer Make Contract", *Harvard Journal of Law & Technology Volume 9*, Number 1 winter 1996, p. 52.

3 Allen/Widdison, p. 41.

4 Allen/Widdison, p. 42.

5 Vladeck, p. 150; Peter M Asaro, 'A Body to Kick, but Still No Soul to Damn: Legal Perspective on Robotics', 「Robot Ethics: The Ethical and Social Implication of Robotics(Patrick Lin, Keith Abney and George A. Bekey(edit))」, The MIT Press, p. 180.

6 우리 대법원은 원인과 결과 사이에 '상당한 인과관계'가 있어야 한다고 한다. 예를 들어, 대법원 2010. 11. 25. 선고 2010다51406 판결.

7 민법에서 인정되는 법정책임으로는 그밖에도 '사무관리(민법 § 734)'와 '부당이득(민법 § 741)'이라는 제도가 있다.

8 역사적으로 본다면, 한국 민법 제750조는 프랑스 민법의 영향을 받았다. 특징은 요건을 열어두어서, 사회변화에 탄력적으로 대응할 수 있다는 장점이 있다. 이런 프랑스 민법의 태도와 견주어서 독일 민법은 불법행위에 제한 요건을 두어서 될 수 있는 한 판사가 판단해야 하는 부분을 좁혀 두었다. 이런 독일 민법의 태도는 사람의 재량을 줄였다는 점에서 장점이 있지만, 사회변화 대응에 때로는 부응하기 어렵다는 어려움이 있다.

9 권영준, 이소은, "자율주행자동차 사고와 민사책임", 「민사법학」 제75호, 2016, 한국민사법학회, 467-477면과 김진우, "지능형 로봇과 민사책임", 「저스티스」 통권 제164호, 한국법학원, 2018, 56-60면.

10 자세한 논의에 대해서는 고세일, "인공지능과 불법행위책임 법리", 「법학연구」 제29권 제2호, 충남대학교 법학연구소, 2018, 85-117면, 오병철, "인공지능 로봇에 의한 손해의 불법행위책임", 「법학연구」 제29권 제4호, 연세대학교 법학연구원, 2017, 157-230면과 정진명, "인공지능에 대한 민사책임 법리", 「재산법연구」 제34권 제4호, 한국재산법학회, 2018, 137-168면.

11 Report recommendations to the Commission on Civil Law Rules on Robotics (2015/2103(INL). 또한 김진우, "지능형 로봇에 대한 사법적 규율-유럽연합의 입법 권고를 계기로 하여", 「법조」 제66권 제3호, 법조협회, 2017, 5-58면.

12 예를 들어, 이중기, "인공지능을 가진 로봇의 법적 취급 – 자율주행자동차 사고의 법적 인식과 책임을 중심으로", 「홍익법학」 제17권 제3호, 홍익대학교 법학연구소, 2016, 1-27면과 이중기, "자율주행차의 발전단계로 본 운전자와 인공지능의 주의의무의 변화와 규범적 판단능력의 사전 프로그래밍 필요성", 「홍익법학」 제17권 제4호, 홍익대학교 법학연구소, 2016, 443-472면.

13 이런 논의를 소개하는 문헌으로, 신유철, "사회변화와 민법학", 「민사법학」 제80호, 한국민사법학회, 2017, 3-23면.

14 이러한 논의는 깊은 법학 이론에 대한 논의이다. 이런 자세한 논의는 Visa A.J. Kurki & Tomasz Pietrzykowski, Legal Personhood: Aminals, Artificial Intelligence and the Unborn, Springer, 2017; Charles Floster & Jonathan Herring, Identity, Personhood and the Law, Springer, 2017; Tomasz Pietrzykowski, Personhood Beyond

Humanism-Animals, Chimeras, Autonomous Agents and the Law, Springer, 2018과 Meir Dan-Cohen, Rights, Persons and Organizations-A Legal Theory for Bureaucratic Society, Quid Pro Books, 2016 참조.

15 불법행위에 대한 구제 수단은 주로 '손해배상'이지만, 명예훼손의 경우에는 피해를 입은 사람이 법원에 손해배상에 갈음하거나 손해배상과 함께 자신의 명예를 회복시키는 방안(예를 들어, 신문에 사과 광고 게재)을 요청할 수도 있다(민법 §764).

16 이는 법인의 본질이 무엇인가에 따른 논의와 깊은 상관관계가 있다. 이에 대해서는 송호영, 「법인론(제2판)」, 신론사, 2015 참조.

17 윤철홍, "동물의 법적 지위에 관한 입법론적 고찰", 「민사법학」 제56호, 한국민사법학회, 2011, 400면.

18 따라서 일정한 경우에는 법인의 법인격을 인정하지 않는다. 김재형, "법인격, 그 인정과 부정-법인격 부인 또는 남용에 관한 판례의 전개를 중심으로-", 「민사법학」 제44호, 한국민사법학회, 2009, 31-65면.

19 그런 점에서 뇌만이 사람이 아니고(뇌≠사람), 사람에 대한 여러 정보가 사람의 인격성을 대체할 수도 없다.

20 신동현, 『민법상 손해의 개념-불법행위를 중심으로-』, 경인문화사, 2014, 24-29면. 손해의 본질을 무엇으로 보는지에 따라서 손해를 다르게 규정한다. 그런데 19세기에 독일의 몸젠이라는 학자가 만든 차액설에 따라서 손해를 개념 정의한 것이다.

21 이는 결국 민사소송에서 손해를 입었다는 환자 E나 환자의 E의 소송대리인(변호사)이 이런 손해에 대해서 증거로 증명해야 한다. 이렇게 민사재판의 기초가 되는 사실과 증거를 수집하고 제출하는 것을 소송의 당사자가 권리의 내용으로 책임지게 하는 주의를 '변론주의'라고 한다. 정동윤·유병현·김경욱, 『민사소송법』, 법문사, 2016, 348면.

22 독일 민법을 만드는 과정에서는 피해자에게 돈을 주어서 정신적 손해를 회복하게 하는 것은 건전한 도덕관념(불법행위에 따른 옳지 않은 상태를 바람직하지 않은 돈으로 회복하기 때문에 피해를 입은 사람의 명예 감정을 손상시킨다)에 어긋난다고 해서 반대하는 의견도 컸었다. 고세일, 「정신적 손해에 대한 배상청구권의 법적 기초와 인정영역」, 고려대학교 석사학위논문, 1995, 1면.

23 레이 커즈와일, 『특이점이 온다』, 김영사, 42-59면.

24 미국 불법행위의 전체적인 모습에 대해서는 고세일, "미국 불법행위법의 구조와 내용에 대한 연구-보통법전집의 '과실'을 중심으로-," 「민사법학」 제59호, 2012, 한국민사법학회, 87-132면 참조.

25 우리나라 민법 제750조(불법행위의 내용)는 "고의 또는 과실로 인한 위법행위로 타인에게 손해를 가한 자는 그 손해를 배상할 책임이 있다."고 규정한다. 우리나라 민법 제750조에 영향을 준 프랑스 민법 제1382조는 "타인에게 손해를 야기하는 인간의 모든 행위는 자신의 과책으로 그 손해가 발생한 자로 하여금 이를 배상하도록 의무를 지운다."고 규정한다. 프랑스 민법 규정은 명순구 옮김, 『프랑스민법전』, 법문사, 2004, 585면 참조.

26 카를나우 판사는 현재의 미국 불법행위법(과실 불법행위와 무과실책임)이 인공지능 로봇에 적용되는 경우에는 한계가 있어서, 이를 보완하는 법이론이 필요하다고 주장한다. Curtis E.A.

Karnow, The application of traditional tort theory to embodied machine intellignece, in Ryan Calo, A. Michael Froomkin and Ian Kerr edited, Robot Law, Edward Elgar Publishing, 2016, 51~77쪽 참조.

27 권영준, 이소은, "자율주행자동차 사고와 민사책임", 「민사법학」 제75호, 2016, 한국민사법학회, 485~488면.

28 뉴질랜드는 1972년 사고보상법(Accident Compensation Act 1972)을 기초로 1974년 사고보상기구(Accident Compensation Corporation)를 설립했다. 자동차 사고를 포함한 인신사고 전반에서 과실이 있는지를 묻지 않고 국가가 피해보상을 책임지는 제도를 만들었다. 이러한 제도는 인신사고에 대해서는 전통적인 불법행위책임을 포기하고 국가보험을 과감하게 도입하여 개인이 각자 사고원인을 증명하면서 소송을 제기해야 하는 어려움을 없애고 신속하고 확실하게 보상을 보장하는 혁신적인 제도를 마련했다고 평가한다. 권영준·이소은, "자율주행자동차 사고와 민사책임", 「민사법학」 제75호, 2016, 한국민사법학회, 487면.

제7장 인공지능과 지식재산권법

1 Mark Rose, *Authors and Owners: The Invention of Copyright*, Harvard Univ. Press, 1993, pp. 32~34.

2 텔레그래프는 Emily Howell이라는 클래식 뮤직을 작곡할 수 있는 컴퓨터 프로그램을 소개한 바 있다. 이 프로그램은 캘리포니아 음악 교수인 David Cope에 의해 만들어졌고, 단순히 기존의 음악을 모방하는 것뿐만 아니라, 그 스스로의 스타일대로 창작할 수 있도록 구성되었다.

3 아시아경제, "경기필하모닉, AI 작곡가 곡으로 공연…알고리즘 작곡가 김택수도 참여", 2016. 7. 31(http://view.asiae.co.kr/news/view.htm?idxno=2016073115331132658), 2016년 10월 23일 확인.

4 버즈피드, "Google Is Feeding Romance Novels To Its Artificial Intelligence Engine To Make Its Products More Conversational", 2016. 5. 4.

5 https://en.wikipedia.org/wiki/DeepDream(2018. 4. 17 확인).

6 이승선, "인공지능 저작권 문제와 각국의 대응", 관훈저널 통권 제139호(2016), 52면.

7 지디넷(Zdnet), "이젠 작곡까지 … 인공지능, 팝송도 만들었다", 2016. 9. 29.자 기사.

8 中山信弘(윤선희 편역), 『著作權法』, 법문사, 2008, 30~31면.

9 오승종, 『저작권법』, 박영사, 2016, 69면.

10 업무상저작물, 영상제작자의 권리 등 예외적 경우는 별론으로 한다.

11 현행 저작권법의 해석상 AI 창작물에 저작권이 인정된다라고 확언하는 견해는 없는 듯하다. 다만 향후 입법적 과제로서 AI창작물에 저작권 또는 그와 유사한 권리를 부여하자는 논의는 여전히 진행 중이며, 이러한 경우 누구에게 그러한 권리를 부여할 것인가 하는 것에 대하여는 김현경, "저작권 귀속법리와 인공지능 창작물에 대한 고찰", 「성균관법학」 제29권 제1호, 2017, 331~374면, 이해원, "테크노 크레아투라(Techno Creatura) 시대의 저작권법", 「저스티스」 제158-1호, 132~159면, 손승우, "인공지능 창작물의 저작권 보호", 「정보법학」 제20권 제3호,

한국정보법학회(2017), 83-110, 김윤명, "인공지능(로봇)의 법적 쟁점에 대한 시론적 고찰", 「정보법학」 제20권 제2호(2016) 등을 통해 이미 연구된 바 있다.

12 김현경, 앞의 논문, 331-374면,

13 Pamela Samuelson, "Allocating Ownership Right in Computer-Generated Works", 47 *U.Pitt.L.Rev.* 1985, p. 1199.

14 Emily Dorotheou, "Reap the benefits and avoid the legal uncertainty: who owns the creations of artificial intelligence?", *Computer ad Telecommunications Law Review* 21(4) 2015. at 85-93.

15 Pamela Samuelson, "Allocating Ownership Right in Computer-Generated Works", 47 *U.Pitt.L.Rev.* 1985 p. 1207.

16 Id at 1204.

17 이러한 경우 데이터베이스제작자의 권리와 같은 권리를 통하여 투자 보호 내지 투자 유인의 역할이 가능하다는 견해도 제기될 수 있다. 그러나 이러한 논의는 데이터베이스제작자의 권리가 투자나 노력을 보호하는 부정경쟁방지적 성격의 제도인지, 저작인접권의 일환인지, 혹은 저작인접권이라면 이를 저작권제도내에서 보호하는 것이 타당한지, 부정경쟁방지법제에서 다루어지는 것이 타당하지에 대한 별도의 논의를 통한 논증이 필요한 부분이다. 본 고에서는 저작권의 귀속법리에 한정하여 논의의 초점을 맞추고자 하므로 이 부분에 대하여는 후일 별도의 연구를 통해 다루는 것이 바람직하다고 사료된다.

18 손승우, "인공지능 창작물의 저작권 보호", 「정보법학」 제20권 제3호, 97면

19 손승우, 위의 논문, 101-106면 참조.

20 차상육, "인공지능(AI)과 지적재산권의 새로운 쟁점-저작권법을 중심으로-", 「법조」 통권 제723호, 법조협회(2017. 6.) 222면.

21 윤선희·이승훈, "4차 산업혁명에 대응한 지적재산권 제도의 활용-인공지능 창작물 보호제도를 중심으로-", 「산업재산권」 제52호, 한국지식재산학회(2017. 4.), 186-189면.

22 内閣府知的財産戦略推進事務局, 次世代知財システム検討委員会 報告書, 平成28年(2016) 4月. 〈http://www.kantei.go.jp/jp/singi/titeki2/tyousakai/kensho_hyoka_kikaku/2016/jisedai_tizai/hokokusho.pdf〉

23 김윤명, "인공지능과 지식재산권 문제: 인공지능이 만들어낸 현상에 대한 우답(愚答)", 「경계와 와해: 사회, 산업, 미디어의 새로운 지평」, 한국정보사회학회·한국미디어경영학회 2016년 하계 학술대회, 코엑스 컨퍼런스룸, 2016. 6. 3, 348면.

24 저작권법 제93조 제1항 및 제95조 제1항.

25 저작권제도는 1차적으로 인간의 사상 또는 감정을 표현한 창작물(copyright work)을 보호하는 제도이나 문화 및 관련산업 발전의 취지상 저작물은 아니지만 그와 인접한 객체를 보호하는 저작인접권(copyright-related rights)이라는 제도를 두고 있다. 저작권법이 인정하고 있는 저작인접권자로는 가수, 무용수, 성우 등 실연자(performer), 음반의 제작에 투자하고 책임을 부담하는 음반제작자(phonogram producer), 방송을 공중에 전달하고 프로그램 편성과 관련된 책임을 부담하는 방송사업자(broadcasting organization) 등이 해당된다. 실연자는 그 예술성에

근거하여 보호를 받지만, 음반제작자와 방송사업자는 다분히 투자에 대한 대가로서 일종의 재산
권을 부여 받는 것이라고 평가되고 있다.

26 이일호, 김기홍, "빅데이터는 누구의 소유인가?", 「한국지역정보화학회지」 19(4), 2016, 43면.

27 소결의 내용은, 김현경, 인공지능 창작물에 대한 법적취급 차별화 방안 검토-'방식주의'의 도입
을 중심으로-, 충남대학교 「법학연구」 제29권 제2호, 2018, 140-141면 참조.

28 저작권법 제137조(벌칙) ① 다음 각 호의 어느 하나에 해당하는 자는 1년 이하의 징역 또는 1천
만원 이하의 벌금에 처한다.
  1. 저작자 아닌 자를 저작자로 하여 실명·이명을 표시하여 저작물을 공표한 자
  제136조(벌칙) ② 다음 각 호의 어느 하나에 해당하는 자는 3년 이하의 징역 또는 3천만원 이
  하의 벌금에 처하거나 이를 병과할 수 있다.
  2. 제53조 및 제54조(제90조 및 제98조에 따라 준용되는 경우를 포함한다)에 따른 등록을 거
    짓으로 한 자

29 무방식주의는 베른협약에서 채택하였으며 대부분의 국가에서 채택하였다.

30 최근 문제된 조영남 대작 사건 역시 창작과정에서 대작자라고 주장하는 자가 작품의 완성에 이
르는 과정에서 본인이 어느 정도 관여하였는지를 입증하였다. 이 과정에서 논란이 되었던 '미술
계의 관행'이라는 것도 결국 어느 정도 정형화된 창작과정이 존재한다는 것을 보여준다.

31 특허청, 『통계로 보는 특허동향』(2017).

32 윤길준, 『인공지능이 한 발명에 대한 특허』(2018) 277, 279면.

33 강명수, 계승균, 김현호, 『인공지능(AI) 분야 산업재산권 이슈 발굴 및 연구』(2016).

제8장 인공지능과 형사법

1 "판례분석에서 법률상담까지 … AI 변호사시대 열리나" http://www.hani.co.kr/arti/society/
society_general/871629.html#csidx67b23519e9a983ba9421545d47666d8(최종접속일:
2018. 12. 27.)

2 Ⅲ, Ⅳ 단원의 서술 내용은 필자의 글인 구길모, "인공지능과 법조계변혁", 「계룡법조」 제9호,
대전지방변호사협회, 2016, 236-257면의 내용을 재구성, 보완한 것임.

3 "인공지능(AI), 법률서비스에 이미 등장"
https://www.lawtimes.co.kr/Legal-News/Legal-News-View?serial=99241(최종접속
일: 2018. 12. 27.).

4 김종대 외 14인, "진화하는 인공지능 또 한번의 산업 혁명", 「LG Business Insight」 2015.
12. 30, http://www.lgeri.com/report/view.do?idx=19227(최종접속일: 2018. 12. 27.).

5 양종모, "형사사법절차 전자화와 빅 데이터를 이용한 양형합리화 방안 모색", 「홍익법학」 제17
권 제1호, 홍익대학교 법학연구소, 2016, 419-448면 참조.

6 약식절차란 지방법원의 관할사건에 대하여 검사의 청구가 있을 때 공판절차에 의하지 않고 검사
가 제출한 자료만을 조사하여 약식명령으로 피고인에게 벌금·과료 또는 몰수의 형을 과하는 간
이한 재판절차를 의미한다(형사소송법 §448①).

7 즉결심판이란 20만원 이하의 벌금, 구류 또는 과료에 처할 경미한 범죄에 대하여 지방법원, 지원 또는 시·군법원의 판사가 공판절차에 의하지 아니하고, 신속하게 처리하는 심판절차를 의미한다(즉결심판에 관한 절차법 §1, §2).

8 이에 관한 자세한 내용은 주현경, "지능형 로봇으로서의 교정로봇과 법적 쟁점", 「법학연구」 제29권 제2호, 충남대학교 법학연구, 2018, 58면 이하 참조.

9 이원태, '인공지능의 규범이슈와 정책적 시사점', KISDI Premium Report 15-07, 정보통신정책연구원, 2015, 19면.

10 아래 글 중 Ⅱ, Ⅲ의 내용은 기존에 발표된 필자의 글 주현경, "인공지능과 형사법의 쟁점-책임귀속을 중심으로", 「형사정책」 제29권 제2호, 한국형사정책학회, 2017, 17-23면과 주현경, "지능형 로봇으로서의 교정로봇과 법적 쟁점", 「법학연구」 제29권 제2호, 충남대학교 법학연구소, 2018, 69-71면의 주된 서술내용을 재구성, 보완한 것이다.

11 ""결국 보행자 사망" 충격 … 자율차 교통사고 무엇이 다른가" http://www.hani.co.kr/arti/economy/it/838665.html#csidx23d6fadb79af9b296356409bc58b3d6(최종접속일: 2018. 12. 18.).

12 따라서 사형제도 존치여부는 여전히 우리 사회에서 뜨거운 토론대상이 되고 있다.

13 죄형법정주의란 "법률 없이는 범죄도 없고, 형벌도 없다"는 말로 설명될 수 있다. 어떤 행동이 범죄로 규정되고 형벌로 처벌되기 위해서는 사전에 미리 법률에 그 내용이 정해져 있어야 한다는 원리이다. 대한민국 헌법 제12조 1항, 제13조 제1항, 그리고 형법 제1조가 이 내용을 밝히고 있다.

14 ""결국 보행자 사망" 충격 … 자율차 교통사고 무엇이 다른가" http://www.hani.co.kr/arti/economy/it/838665.html#csidx23d6fadb79af9b296356409bc58b3d6(최종접속일: 2018. 12. 18.).

15 형법에는 과실범 규정이 많지는 않지만 우리 사회에서 과실범이 차지하는 비중은 결코 낮지 않음을 지적하는 배종대, 『형법총론(제12판)』, 홍문사, 2016, 653-654면; 신동일, "과실범 이론의 역사와 발전에 대하여-형법 제14조의 구조적 해석", 「강원법학」 제44호, 강원대학교 비교법학연구소, 2015, 310면.

16 대검찰청이 발간한 「2017 범죄분석」에 따르면, 2016년 범죄발생수는 총 2,008,290건이다. 이 중 교통범죄가 약 30%인 600,970건이며, 그 중에서도 교통사고범죄는 교통범죄의 51.1%인 307,104건에 이른다. 통계 및 교통사고범죄 등의 정의에 대해서는 대검찰청, 「2017 범죄분석」 참조.

17 주현경, "인공지능과 형사법의 쟁점-책임귀속을 중심으로", 「형사정책」 제29권 제2호, 한국형사정책학회, 2017, 18면.

18 현대 뇌과학과 관련된 자유의지에 대한 다양한 접근 방식에 대하여 탁희성, 「뇌과학의 발전과 형법적 패러다임 전환에 관한 연구(Ⅰ)-뇌과학과 형법의 접점에 관한 예비적 고찰-」, 한국형사정책연구원, 2012, 348면 이하 및 438면 이하 참조.

19 Hilgendorf, Eric, "Können Roboter schuldhaft handeln?", in: Beck, Susanne(Hrsg.), Jenseits von Mensch und Maschine. Ethische und rechtliche Fragen zum Umgang

mit Robotern, Künstlicher Intelligenz und Cyborgs, Baden-Baden, 2012, 129면 이하.

20 책임 개념을 뇌과학에 대하여 열린 개념인 규범적 '귀책' 개념으로 보아야 한다는 주장으로 김성
돈, "뇌과학과 형사책임의 새로운 지평", 「형사법연구」 제22권 제4호, 한국형사법학회, 2010,
143-144면.

21 법이 다루는 인격 개념에 대하여는 제2장 제3절 참조.

22 대법원 1984. 10. 10. 선고 82도2595 전원합의체 판결에 따르면 법인이 스스로 범죄를 저지
를 수 없고, "법인을 대표하는 사람이 범죄행위를 하는 것"이라고 한다. 하지만 판례와 달리 법
인의 범죄능력을 인정하는 형법적 견해도 있다.

23 배종대, 『형법총론(제12판)』, 홍문사, 2016, 295면 이하.

24 주현경, "지능형 로봇으로서의 교정로봇과 법적 쟁점", 「법학연구」 제29권 제2호, 충남대학교
법학연구소, 2018, 69-70면.

25 주현경, "지능형 로봇으로서의 교정로봇과 법적 쟁점", 「법학연구」 제29권 제2호, 충남대학교
법학연구소, 2018, 70면.

26 로봇에 대한 새로운 규제는 형법전에 정해져 있지 않음을 지적하는 김영환, "지능형 로봇과 법철
학적·형사법적 쟁점", 윤지영 외, 「법과학을 적용한 형사사법의 선진화 방안(Ⅵ)」, 한국형사정책
연구원, 2015, 328면. 또한 이 글, 같은 면에서는 이러한 규제를 형벌로 보게 될 경우 현대 사
회의 형법에서 받아들일 수 없는 신체형 등의 모습을 띠게 된다는 점도 형사제재로 적합하지 않
은 근거로 제시되고 있다.

27 인공지능의 개념 분류에 대하여는 제3장 제1절 참조.

28 강인공지능의 이러한 특징 등을 통해 강인공지능을 형법상 범죄주체로 바라볼 수 있다는 송승현,
"트랜스휴먼 및 포스트휴먼 그리고 안드로이드(로봇)에 대한 형법상 범죄주체의 인정여부", 「홍
익법학」 제17권 제3호, 홍익대학교 법학연구소, 2016, 511면 이하, 521면 참조.

29 사회적 로봇(social robots)의 정의에 대하여 정채연, "지능정보사회에서 지능로봇의 윤리화 과
제와 전망-근대적 윤리담론에 대한 대안적 접근을 중심으로-", 「동북아법연구」 제12권 제1호,
전북대학교 동북아법연구소, 2018, 94면 이하.

30 동물은 인공지능 로봇에 대한 형사처벌에 관련해서도 비교가 되며, 나아가 인간 이외의 새로운
법적 주체성을 요구하는 존재로서도 비교가 되곤 한다(김영환, "지능형 로봇과 법철학적·형사법
적 쟁점", 윤지영 외, 「법과학을 적용한 형사법의 선진화 방안(Ⅵ)」, 한국형사정책연구원, 2015,
315면 이하).

31 함태성, "우리나라 동물보호법제의 문제점과 개선방안에 관한 고찰", 「법학논집」 제19권 4호,
이화여자대학교 법학연구소, 2015, 410면

32 인간과 로봇의 상호작용에 대한 내용으로 정채연, "지능정보사회에서 지능로봇의 윤리화 과제와
전망-근대적 윤리담론에 대한 대안적 접근을 중심으로-", 「동북아법연구」 제12권 제1호, 전북
대학교 동북아법연구소, 2018, 104면 이하.

33 법적 주체의 권리와 의무를 이와 같이 단계화한 김성돈, "인공지능 기술과 형법적 쟁점", 윤지영
외, 「법과학을 적용한 형사사법의 선진화 방안(Ⅷ): 인공지능기술」, 한국형사정책연구원, 2017,
234면 이하.

34 EU 결의안의 자세한 내용은 김자회·주성구·장신, "지능형 자율로봇에 대한 전자적 인격 부여–EU 결의안을 중심으로–", 「법조」 제66권 제4호, 2017, 122면 이하; 이경규, "인(人) 이외의 존재에 대한 법인격 인정과 인공지능의 법적 지위에 관한 소고", 「법학연구」 제21권, 인하대학교 법학연구소, 2018, 335면 이하.

35 주현경, "인공지능과 형사법의 쟁점–책임귀속을 중심으로", 「형사정책」 제29권 제2호, 한국형사정책학회, 2017, 23면.

제9장 인공지능과 정보보호법

1 대한민국헌법 제17조.

2 미국의 프라이버시법(Privacy Act of 1974)도 공공분야를 원칙적인 적용대상으로 하지만, 같은 맥락으로 볼 수 있다.

3 「정보통신망 이용촉진 및 정보보호 등에 관한 법률」 제2조 제1항 제6호도 동일한 방식으로 규정한다.

4 이러한 점을 고려하여 2020. 1. 9. 국회를 통과한 소위 '데이터 3법'은 해당 정보만으로는 특정 개인을 알아볼 수 없더라도 다른 정보와 쉽게 결합하여 알아볼 수 있는 정보의 경우에 쉽게 결합할 수 있는지 여부는 다른 정보의 입수 가능성 등 개인을 알아보는 데 소요되는 시간, 비용, 기술 등을 합리적으로 고려하도록 규정하고 있다.

5 서울중앙지방법원 2011. 2. 23. 선고 2010고단5343 판결.

6 김진환, "개인정보 보호법의 해석 원칙을 위한 제언(提言)과 시론(試論)–개인정보에 대한 정의 규정의 해석을 중심으로", 「법학평론」 제3권(2012. 12.), 29면; 이인호, "「개인정보 보호법」상의 '개인정보' 개념에 대한 해석론–익명화한 처방전 정보를 중심으로–", 「정보법학」 제19권 제1호(2015), 83면.

7 최경진, "개인정보보호 관련법의 해석에 있어서 이익형량론과 일반적 이익형량 규정의 필요성에 관한 고찰", 「사법」 40호(2017), 77–125면.

8 헌법재판소는 개인정보자기결정권이라는 용어를 명시적으로 사용하면서 다음과 같이 설시하였다. 헌재 2005. 5. 26. 99헌마513, 2004헌마190(병합).
"개인정보자기결정권은 자신에 관한 정보가 언제 누구에게 어느 범위까지 알려지고 또 이용되도록 할 것인지를 그 정보주체가 스스로 결정할 수 있는 권리, 즉 정보주체가 개인정보의 공개와 이용에 관하여 스스로 결정할 권리"이며, "개인정보자기결정권을 헌법상 기본권으로 승인하는 것은 현대의 정보통신기술의 발달에 내재된 위험성으로부터 개인정보를 보호함으로써 궁극적으로는 개인의 결정의 자유를 보호하고, 나아가 자유민주체제의 근간이 총체적으로 훼손될 가능성을 차단하기 위하여 필요한 최소한의 헌법적 보장장치라고 할 수 있다. 개인정보자기결정권의 헌법상 근거로는 헌법 제17조의 사생활의 비밀과 자유, 헌법 제10조 제1문의 인간의 존엄과 가치 및 행복추구권에 근거를 둔 일반적 인격권 또는 위 조문들과 동시에 우리 헌법의 자유민주적 기본질서 규정 또는 국민주권원리와 민주주의원리 등을 고려할 수 있으나, 개인정보자기결정권으로 보호하려는 내용을 위 각 기본권들 및 헌법원리들 중 일부에 완전히 포섭시키는 것은 불가능하다고 할 것이므로, 그 헌법적 근거를 굳이 어느 한 두개에 국한시키는 것은 바람직하지 않은 것으로 보이고, 오히려 개인정보자기결정권은 이들을 이념적 기초로 하는 독자적 기본권으로서 헌법에 명시되지 아니한 기본권이라고 보아야 할 것이다."

9 대법원 2014. 7. 24. 선고 2012다49933 판결은 개인정보자기결정권의 구체적인 내용에 대하여 다음과 같이 판시하였다.

"인간의 존엄과 가치, 행복추구권을 규정한 헌법 제10조 제1문에서 도출되는 일반적 인격권 및 헌법 제17조의 사생활의 비밀과 자유에 의하여 보장되는 개인정보자기결정권은 자신에 관한 정보가 언제 누구에게 어느 범위까지 알려지고 또 이용되도록 할 것인지를 정보주체가 스스로 결정할 수 있는 권리이다. 개인정보자기결정권의 보호대상이 되는 개인정보는 개인의 신체, 신념, 사회적 지위, 신분 등과 같이 개인의 인격주체성을 특징짓는 사항으로서 개인의 동일성을 식별할 수 있게 하는 일체의 정보라고 할 수 있고, 반드시 개인의 내밀한 영역에 속하는 정보에 국한되지 않고 공적 생활에서 형성되었거나 이미 공개된 개인정보까지 포함한다. 또한 그러한 개인정보를 대상으로 한 조사·수집·보관·처리·이용 등의 행위는 모두 원칙적으로 개인정보자기결정권에 대한 제한에 해당한다."

10 정상조·권영준, "개인정보의 보호와 민사적 구제수단", 「법조」 58권 3호(2009. 3.), 13면.

11 퍼블리시티권에 대하여 아직 대법원 판결은 찾아볼 수 없지만, 하급심 판결에서는 퍼블리시티권을 인정하는 판결과 부정하는 판결이 엇갈리고 있다. 서울고등법원 2002. 4. 16. 선고 2000나42061 판결은 "우리나라에서도 근래에 이르러 연예, 스포츠 산업 및 광고산업의 급격한 발달로 유명인의 성명이나 초상 등을 광고에 이용하게 됨으로써 그에 따른 분쟁이 적지 않게 일어나고 있으므로 이를 규율하기 위하여 이른바 퍼블리시티권(Right of Publicity)이라는 새로운 권리 개념을 인정할 필요성은 수긍할 수 있으나, 성문법주의를 취하고 있는 우리 나라에서 법률, 조약 등 실정법이나 확립된 관습법 등의 근거 없이 필요성이 있다는 사정만으로 물권과 유사한 독점·배타적 재산권인 퍼블리시티권을 인정하기는 어렵다고 할 것이며, 퍼블리시티권의 성립요건, 양도·상속성, 보호대상과 존속기간, 침해가 있는 경우의 구제수단 등을 구체적으로 규정하는 법률적인 근거가 마련되어야만 비로소 퍼블리시티권을 인정할 수 있을 것"이라고 한 반면, 서울중앙지방법원 2006. 4. 19. 선고 2005가합80450 판결은 "헌법상의 행복추구권과 인격권의 한 내용을 이루는 성명권은 사회통념상 특정인임을 알 수 있는 방법으로 성명이 함부로 사용, 공표되지 않을 권리, 성명이 함부로 영리에 이용되지 않을 권리를 포함한다고 할 것이고, 유명인의 성명이나 초상을 사용하여 선전하거나 성명이나 초상을 상품에 부착하는 경우 유명인의 성명이 상품의 판매촉진에 기여하는 효과가 발생할 것인데 이러한 효과는 유명인이 스스로의 노력에 의하여 획득한 명성, 사회적인 평가, 지명도 등으로부터 생기는 독립한 경제적 이익 또는 가치로서 파악할 수 있는바, 유명인의 허락을 받지 아니하고 그의 성명을 상업적으로 이용하는 행위는 성명권 중 성명이 함부로 영리에 이용되지 않을 권리를 침해한 민법상의 불법행위를 구성한다고 볼 것이고, 이와 같이 보호되는 한도 내에서 자신의 성명 등의 상업적 이용에 대하여 배타적으로 지배할 수 있는 권리를 퍼블리시티권으로 파악하기에 충분하다고 할 것이며, 이는 인격으로부터 파생된 것이기는 하나 독립한 경제적 이익 또는 가치에 관한 것인 이상 인격권과는 독립된 별개의 재산권으로 보아야 할 것"이라고 하여 퍼블리시티권을 인정하였다.

12 인공지능은 정보처리장치와 네트워크와 같은 정보통신망을 통하여 사업자에 의하여 활용되는 경

우를 보통 이야기하고 있어서, 이를 전제로 한다면 주로 「정보통신망 이용촉진 및 정보보호 등에 관한 법률」('데이터 3법'의 시행 이후에는 「개인정보 보호법」으로 이관되어 규정된 '제6장 정보통신서비스 제공자 등의 개인정보 처리 등 특례')이 우선적으로 적용될 것이다. 그런데 정보통신서비스 제공자 등에 의한 개인정보의 수집과 제공에 관한 기준은 일반법인 「개인정보 보호법」과는 완전히 동일하지는 않다. 이는 '데이터 3법'의 시행 후에도 여전히 남는 문제이다. 민간부문의 인공지능에 대한 현행 개인정보보호법제의 적용을 논의할 때 구체적·개별적 사례의 해결을 위해서는 정보통신서비스 제공자 등에 관한 규정을 중심으로 검토하여야 하겠지만, 실제 인공지능은 공공부문에서도 많이 활용될 수 있고 이 글의 목적이 인공지능에 대한 전반적인 개인정보보호법제의 규율에 대한 논의를 하는 것이고, 향후 개인정보 보호법제의 일원화가 지속적으로 추진될 것이기 때문에 일반법인 「개인정보 보호법」의 원칙적인 규정들을 기본으로 하여 논의를 진행하고자 한다. 때문에 인공지능을 활용하여 개인정보를 처리하는 구체적인 맥락과 환경에 따라서 적용되는 법 규정이 다를 수 있다는 점을 주의하여야 한다.

13 EU GDPR의 정식명칭은 "REGULATION (EU) 2016/679 OF THE EUROPEAN PARLIAMENT AND OF THE COUNCIL of 27 April 2016 on the protection of natural persons with regard to the processing of personal data and on the free movement of such data, and repealing Directive 95/46/EC (General Data Protection Regulation)"이다.

14 EU GDPR의 입법과정과 법안 및 최종 규정에 대한 상세에 대하여는 최경진, "EU와 미국의 개인정보 규율체계 개선 동향", 『개인정보 보호의 법과 정책(개정판)』(고학수 편, 서울대학교 법과경제연구센터 연구총서), 박영사, 2016, 588면 이하 참조.

15 EU GDPR은 컨트롤러(controller)와 프로세서(processor)라는 용어를 사용하여 GDPR의 수범주체를 정의한다. 컨트롤러란 "단독으로 또는 제3자와 공동으로 개인정보 처리의 목적 및 수단을 결정하는 자연인 또는 법인, 공공기관, 기관, 기타 조직(the natural or legal person, public authority, agency or other body which, alone or jointly with others, determines the purposes and means of the processing of personal data)"(GDPR 제4조 제7호)을 말하며, 프로세서란 "컨트롤러를 대신하여 개인정보를 처리하는 자연인 또는 법인, 공공기관, 기관 또는 기타 조직(a natural or legal person, public authority, agency or other body which processes personal data on behalf of the controller)"(GDPR 제4조 제8호)을 말한다. 컨트롤러라는 개념은 우리 법상으로는 개인정보처리자에 대응되는 개념으로 이해할 수 있고, 프로세서라는 개념은 개인정보처리업무 수탁자 또는 개인정보처리업무의 수임인 등으로 파악할 수 있다. 그러나 원문의 의미를 최대한 살리기 위하여 부득이 컨트롤러나 프로세서라는 외국어의 한글 표기를 그대로 사용한다.

16 최경진, 전게 "개인정보보호 관련법의 해석에 있어서 이익형량론과 일반적 이익형량 규정의 필요성에 관한 고찰" 참조.

17 2018. 11. 15. 발의된 "개인정보 보호법 일부개정법률안(인재근의원 대표발의안)"은 "4차 산업혁명 시대를 맞아 핵심 자원인 데이터의 이용 활성화를 통한 신산업 육성이 범국가적 과제로 대두되고 있으며, 특히, 신산업 육성을 위해서는 인공지능(AI), 클라우드, 사물인터넷(IoT) 등 신기술을 활용한 데이터 이용이 필요한 바, 안전한 데이터 이용을 위한 사회적 규범 정립이 시급한

상황"으로 전제하면서, "현행법은 개인정보의 개념 모호성 등으로 수범자 혼란이 발생하는 등 일
정한 한계가 노출되어 왔고, 개인정보 보호 감독기능은 행정안전부·방송통신위원회·개인정보보
호위원회 등으로, 개인정보 보호 관련 법령은 현행법과 「정보통신망 이용촉진 및 정보보호 등에
관한 법률」 등으로 각각 분산되어 있어 감독기구와 개인정보 보호 법령의 체계적 정비 필요성이
각계로부터 제기되어" 왔다는 점을 지적하였다. 이러한 배경에 따라 "개인정보의 개념을 명확히
하여 수범자의 혼란을 줄이고, 안전하게 데이터를 활용하기 위한 방법과 기준 등을 새롭게 마련
하여 데이터를 기반으로 하는 새로운 기술·제품·서비스의 개발 등 산업적 목적을 포함하는 과
학적 연구, 시장조사 등 상업적 목적의 통계작성, 공익적 기록보존 등의 목적으로도 가명정보를
이용할 수 있도록 하는 한편, 개인정보처리자의 책임성을 강화하기 위한 각종 의무 부과 및 위반
시 과징금 도입 등 처벌도 강화해서 개인정보를 안전하게 보호할 수 있도록 제도적인 장치를 마
련함과 동시에 개인정보의 오·남용 및 유출 등을 감독할 감독기구는 개인정보보호위원회로, 관
련 법률의 유사·중복 규정은 「개인정보 보호법」으로 일원화하여, 개인정보의 보호를 강화하면서
도 관련 산업의 경쟁력 발전을 조화롭게 모색할 수 있도록 현행법을 보완"하는 내용을 규정하고
있다.

18 개인정보보호법제의 합리적인 개선방안에 대하여는 최경진, "데이터 혁신의 시대에 맞는 바람직
한 개인정보보호법제 개편방안", 「데이터 혁신 시대, 효과적인 개인정보 보호를 위한 법제개선방
안 토론회 자료집」(2018. 11. 14.), 17-54면 참조.

19 Kurzweil은 그의 저서에서 이른바 GNR 기술, 즉 유전공학(genetics), 나노 기술(nano-
technology), 로봇 및 인공지능 기술(robotics) 등을 새로운 시대의 핵심 기술로 제시한 바 있
다[Kurzweil, R., *The Singularity Is Near: When Humans Transcend Biology*, Viking,
(2005)]. Kurzweil의 견해는 생명, 사물, 그리고 인간의 정신을 모두 '정보'의 측면에서 근본적
으로 다룰 수 있게 된다는 점을 강조함으로써 정보화의 심화라는 새로운 시대의 기술적 기반을
보다 정확하게 짚어낸 것으로 생각된다.

20 European Commission, *Communication: Building a European Data Economy* [COM
(2017) 9], 2.

21 Cooter/Ulen, 한순구(역), 『법경제학(제5판)』, 경문사(2009), 52-52, 89-111면.

22 통상적으로 거래비용은 탐색비용, 교섭비용, 집행비용 등으로 나뉘어 분석된다. 탐색비용은 제품
이나 서비스가 표준적일수록 낮고, 특수할수록 높다. 교섭비용은 협상이 실패할 경우의 가치, 즉
유보가치에 대한 정보가 비공개적일수록 높고, 당사자들이 다수이거나 적대적이거나 비합리적일
수록 높다. 집행비용은 위반사항을 쉽게 발견하고 쉽게 처벌할 수 있는 경우에 더 낮다[Cooter/
Ulen, 한순구(역), 앞의 책, 111면].

23 홉즈는 개인의 합리성을 불신하여 협상 성공 가능성을 낮게 보았다는 점에서 이런 명칭이 붙
었다.

24 로크에 따르면 인간은 자신의 육체를 소유하고 따라서 그의 노동에 의하여 산출한 재산 역시 소
유하므로 재산권은 국가 성립 이전의 자연 상태부터 이미 존재하는 것이며, 국가는 사회계약에
의하여 재산권을 보호할 임무를 지게 된다[Hamilton. W., "Property-According to Locke",
41 *Yale L.J.* 864 (1932)].

25 이상용, "데이터 거래의 법적 기초", 「법조」, vol.67 no.2, 5-70, 법조협회, 2018 참조.

26 OECD는 데이터의 소유와 지배(ownership and control of data)가 데이터 주도 경제를 위한 효과적인 데이터 자원 공급을 보장하기 위한 근간이 된다고 강조한 바 있다. [OECD, *Data-Driven Innovation: Big Data for Growth and Well-Being*, OECD Publishing, (2015)]

27 민법 § 98은 물건을 "유체물 및 전기 기타 관리할 수 있는 자연력"으로 정의하는데, 문언상 '자연력'에 데이터가 포함된다고 보기는 쉽지 않다. 그러나 이에 대하여는 입법 경위 등을 논거로 하여 '자연력' 요건을 후퇴시키고 '관리가능성' 요건을 중심으로 물건 개념을 파악함으로써 경제적·기술적·사회적 변화에 유연하게 대처할 필요가 있다는 반론이 제기된다. 이에 따르면 데이터 역시 비인격성, 경제적 가치성, 관리가능성 등의 일반요건을 갖추면 민법총칙상 '물건'의 범주에 들어갈 수 있고, 나아가 배타적 지배가능성, 특정성 및 독립성 등의 특별요건을 갖추면 물권법상 소유권의 객체로서의 '물건'에 해당할 수 있다(최경진, "물건요건론 소고", 「비교사법」 제11권 제2호, 한국비교사법학회, 66, 67-68, 72-76면 (2004).

28 헌재 2005. 5. 26. 99헌마513, 2004헌마190 결정; 헌재 2005. 7. 21. 2003헌마282 결정.

29 임건면, "개인정보의 의의와 귀속관계", 「중앙법학」 제7집 제4호, 중앙법학회(2005), 239면; 송오식, "개인정보침해에 대한 합리적 구제방안", 「법학논총」 제36권 제1호, 전남대학교 법학연구소(2016), 750-751면.

30 개인정보에 대한 권리의 재산권적 성격에 주목한다면 이를 사회적 기속성의 발현으로 이해할 수도 있다.

31 이재정 의원 등 10인, 개인정보 보호법 일부개정법률안, 의안번호 16668(2018. 11. 26.) 참조.

32 자연법칙을 이용한 기술적 사상의 창작으로서 고도한 것

33 최근 EU에서는 데이터 생산자(data producer)에게 물권적 권리를 부여하는 방안의 검토에 나서고 있다. European Commission, *Communication: Building a European Data Economy* [COM(2017) 9], p. 13.

34 2차적 데이터에 관한 제도에는 데이터베이스제작자의 권리만 있는 것은 아니다. 예컨대 원 데이터가 저작물인 경우에는 2차적 저작물(제5조)이나 편집저작물(제6조)에 관한 법리의 적용을 받을 수 있다.

35 헌법 제10조의 행복추구권과 이에 함축된 일반적 행동자유권으로부터 계약자유의 원칙이 파생되어 나온다(헌재 1991. 6. 3. 89헌마204).

36 서희석, "소비자법 민법전 편입의 이론적 근거와 방향성-실질적 사적자치론·소비자계약론의 관점에서", 「재산법연구」 통권 제27호, 한국재산법학회(2010), 264-268면.

37 인간은 확증 편향(confimation bias)이나 가용성 편향(availability bias) 등 각종 편향에 노출되어 환경을 정확히 인지하지 못하고, 위험과 확률의 평가에 취약하며, 이익보다는 손실에 민감한 행태를 보이는 등 판단과 의사결정에 있어서 제한된 합리성을 지니고 있을 따름이다.[Sunstein, C.(ed), *Behavioral Law & Economics*, Cambridge University Press (2000), pp. 2-10.]

38 Calabresi/Melamed, "Property rules, liability rules, and inalienability: one view of

the cathedral", *Harvard law review* (1972), pp. 1089-1128.

39 김진우, 앞의 논문, 1528-1529면.

40 윤주희, "개인정보 취급방침의 변경에 따른 문제점과 관련법의 적용에 관한 연구", 「법학논고」 통권 제41권, 경북대학교 법학연구원(2013), 403-404면.

41 민법상 전형계약으로서의 매매계약은 '권리', 즉 재산권의 이전을 요소로 하므로(민법 § 568) 배타적 지배권의 대상이 되지 않는 데이터에 대한 사실상의 지배를 목적으로 하는 계약은 매매계약이 아니다.

제10장 인공지능과 경쟁법

1 김재인, 『인공지능의 시대, 인간을 다시 묻다』, 동아시아, 2017, 73면.

2 Nicolai Van Gorp and Olga Batura, Challenges for Competition Policy in a Digitalised Economy, Study for the ECON Committee, European Parliament (2015), p. 50.

3 Van Gorp and Batura, p. 17.

4 최정표, 『[제3판] 산업조직경제학』, 형설출판사, 2004, 31-33면.

5 Ohio v. American Express Co., 585 U.S. ⋯ (2018).

6 마셜 밴 앨스타인 외 2, 이현경 역, 플랫폼 레볼루션, 부키, 2017, 266-268면.

7 OECD, Algorithms and Collusion: Competition Policy in the Digital Age (2017), pp. 18-19; 최난설헌, "AI 등을 활용한 사업자간 담합과 경쟁법의 대응", 「경쟁법연구」 제38권 (2018), 89-92면.

8 Nestor Duch-Brown, Bertin Martens and Frank Mueller-Langer, The economics of ownership, access and trade in digital data, Digital Economy Working Paper 2017-01, JRC Technical Reports (2017), p. 29.

9 Bundeskartellamt, Bundeskartellamt prohibits Facebook from combining user data from different sources, Press Release, 2019. 2. 7., https://www. bundeskartellamt.de/ SharedDocs/Meldung/EN/Pressemitteilungen/2019/07_02_2019_Faceb

10 Ariel Ezrachi and Maurice E. Stucke, Virtual Competition, Harvard University Press (2016)ook.html?nn=3591568

11 Autorité de la Concurrence and Bundeskartellamt, Competition Law and Big Data (2016).

12 공정위 2014. 5. 8.자 제2014-103호 의결(2014서감0595, 2014서감0596(병합)).

13 Case AT.39740 Google Search (Shopping) (27 June 2017).

14 OECD, Algorithms and Collusion: Competition Policy in the Digital Age (2017).

제11장 인공지능과 노동법 및 사회보장법

* 용인송담대학교 법무경찰과 교수
** 이 글은 2017년 한국정보화진흥원에서 수행한 「2017년 지능정보사회 법제도 포럼 보고서」의 "전자인간의 인정 및 로봇세 도입에 관한 법적 문제의 검토"를 수정·보완한 것입니다.
1 International Federation of Robotics(IFR), 「Executive Summary World Robotics 2018 Industrial Robots」, pp. 16-17. https://ifr.org/downloads/press2018/Executive_Summary_WR_2018_Industrial_Robots.pdf.
2 IFR Press Release, 「Why service robots are booming worldwide-IFR forecasts sales up 12%」, 2017. https://ifr.org/downloads/press/2017-10-11_PR_IFR_World_Robotics_Report_2017_Service_Robots_ENG_FINAL_1.pdf.
3 미래창조과학부 미래준비위원회, KISTEP, KAIST, 『10년 후 대한민국 미래 일자리의 길을 찾다』, 도서출판 지식공감, 2017, 83-85면, 89-91면.
4 "임금"이란 사용자가 근로의 대가로 근로자에게 임금, 봉급, 그 밖에 어떠한 명칭으로든지 지급하는 일체의 금품을 말한다(근로기준법 §2v).
5 헌법에 따라 보호받는 직업이 되기 위해서는 사회질서나 공공의 이익에 반하지 않아야 하고(공공무해성), 삶의 기본적 수요를 충족할 수 있어야 하며(생활수단성), 주관적으로 어느 정도 계속할 의사(계속성)가 있어야 한다.
6 대법원 2015. 3. 12. 선고 2012두5176 판결.
7 "[근로자가] 종속적인 관계가 있는지 여부는 업무 내용을 사용자가 정하고 취업규칙 또는 복무규정 등의 적용을 받으며 업무수행과정에서 사용자가 상당한 지휘·감독을 하는지, 사용자가 근무시간과 근무장소를 지정하고 근로제공자가 이에 구속을 받는지, 근로제공자가 스스로 비품·원자재나 작업도구 등을 소유하거나 제3자를 고용하여 업무를 대행하게 하는 등 독립하여 자신의 계산으로 사업을 영위할 수 있는지, 근로제공을 통한 이윤의 창출과 손실의 초래 등 위험을 스스로 안고 있는지, 보수의 성격이 근로 자체의 대상적 성격인지, 기본급이나 고정급이 정하여졌고 근로소득세를 원천징수하였는지, 그리고 근로제공 관계의 계속성과 사용자에 대한 전속성의 유무와 그 정도, 사회보장제도에 관한 법령에서 근로자로서 지위를 인정받는지 등의 경제적·사회적 여러 조건을 종합하여 판단하여야 한다(대법원 2006. 12. 7. 선고 2004다29736 판결; 대법원 2017. 1. 25. 선고, 2015다5914 판결).
8 다만, 사용자와 근로자가 합의하는 경우에는 1주간에 12시간까지 연장근로가 가능하다(근로기준법 §53①)
9 헌재 2008. 9. 25. 2005헌마586; 헌재 2015. 5. 28. 2013헌마619.
10 헌재 2002. 11. 28. 2001헌바50.
11 헌재 1996. 4. 25. 92헌바47; 헌재 1998. 5. 28. 96헌가4등.
12 헌재 1993. 3. 11. 92헌바33.
13 헌재 2002. 11. 28. 2001헌바50; 헌재 2011. 7. 28. 2009헌마408.
14 헌재 2002. 11. 28. 2001헌바50.

15 dongA.com, "AI 일반화된 2025년엔 무슨 일이 ···", 2017. 2. 25, http://news.donga.com/3/all/20170225/83056189/1.

16 IFR, 「Executive Summary World Robotics 2017 Industrial Robots」, 2017, pp. 15-16. https://ifr.org/downloads/press/Executive_Summary_WR_2017_Industrial_Robots.pdf.

17 Weekly News, "일자리 없애는 로봇에게 세금을 부과할 수 있을까?", 2017. 4. 28, http://m.hyundaenews.com/27715.

18 미래창조과학부 미래준비위원회 외, 「10년 후 대한민국 미래 일자리의 길을 찾다」, 83-85면,

19 서울행정법원 2015. 9. 17. 선고 2014구합75629 판결.

20 헌재 2012. 2. 23. 2009헌바47; 헌재 2000. 6. 1. 98헌마216; 헌재 2003. 5. 15. 2002헌마90.

21 헌재 2004. 10. 28. 2002헌마328.

22 헌재 1995. 7. 21. 93헌가14.

23 헌재 2012. 2. 23. 2009헌바47; 헌재 2004. 10. 28. 2002헌마328 참조.

24 기본소득(Basic Income)은 보편적 기본소득(Universal Basic Income; UBI), 기본소득보장(Basic Income Guarantee), 시민소득(Citizen's Income) 등으로 다양하게 불리우고 있다.

25 김은표, "기본소득 도입 논의 및 시사점", 「이슈와 논점」(국회입법조사처) 제1148호, 2016. 4. 8.

26 성승제·김형준, "인공지능(AI)과 기본소득(BI) 논의의 법적 검토", 「정보화 법제연구」 제2016-01호, 한국정보화진흥원, 2016, 5면.

27 그 밖에도 미국, 인도, 나미비아, 네덜란드, 뉴질랜드 등에서 실험을 한 바 있다.

28 성승제·김형준, 앞의 논문, 21면.

29 자세한 것은 성승제·김형준, 앞의 논문, 62-64면.

30 "사회보험"이란 국민에게 발생하는 사회적 위험을 보험의 방식으로 대처함으로써 국민의 건강과 소득을 보장하는 제도를 말한다(사회보장기본법 §3ii).

31 이 밖에도 그 재원의 마련을 위한 다양한 방법이 존재하는데, ① 소득세, 법인세, 소비세 등에 관한 조세제도의 개선을 통한 조성, ② 투기소득 또는 불로소득 등에 대한 중과세를 통한 조성, ③ 기본소득을 통하여 절약되는 비용을 통한 조성, ④ 국공유 자연자원의 이용에 따른 수익을 통한 조성, ⑤ 금융환차익에 대한 일정 부분의 재원 전환 등의 방법이 있을 수 있다. 노호창. "기본소득에 관한 개관과 입법 사례의 검토". 「노동법연구」 36. 2014, 428-429면.

32 Quartz, "The robot that takes your job should pay taxes, says Bill Gates", https://qz.com/911968/bill-gates-the-robot-that-takes-your-job-should-pay-taxes/.

33 MarketWatch, "Why robots should pay taxes", 2017. 9. 28., https://www.marketwatch.com/story/why-robots-should-pay-taxes-2017-09-12.

34 미래창조과학부 미래준비위원회 외, 「10년 후 대한민국 미래 일자리의 길을 찾다」, 209-210면.

35 헌재 2001. 12. 20. 2000헌바54.

36 헌재 1995. 11. 30. 94헌바 40; 헌재 2002. 1. 31. 2001헌바13.

37 자세한 것은 성승제·김형준, 앞의 논문, 64-75면.

38 헌재 1999. 10. 21. 97헌바84.

39 헌재 2004. 7. 15. 2002헌바42.

제3편   인공지능과 전문분야

제12장   인공지능과 사법 및 법률서비스

1 본장의 글은 필자들이 작성한 "인공지능과 법률 서비스: 현황과 과제", 「저스티스」 제190호, 한 국법학원, 2019의 내용을 참고로 하였다.

2 https://law.stanford.edu/codex-the-stanford-center-for-legal-informatics/

3 Bruce G. Buchanan and Thomas E. Headrick. "Some Speculation About Artificial Intelligence and Legal Reasoning", *Stanford Law Review*, Vol. 23 Iss. 1, (1970).

4 아쉽게도 로앤비는 더 이상 해당 서비스를 제공하고 있지 않아 현재로서는 해당 시스템을 활용 할 방법이 없는 것으로 보인다.

5 김성식, "자동 통번역에 대한 국내외 기술 및 시장 동향", 「융합위클리팁」, vol 66, 2017. 4. 10. 융합연구정책센터.

6 https://complexdiscovery.com/2017/12/22/an-ediscovery-market-size-mashup-2017-2022-worldwide-software-and-services-overview/

7 https://www.capterra.com/electronic-discovery-software/

8 Winfield v. City of New York (15-CV-05236) 명령. 위 명령에 대한 설명은 Hal Marcus, "Court supports eDiscovery machine learning, addresses AI transparency", Opentext Blogs, 2017. 12. 12.자 참조

9 Troy Ungerman, "Artificial intelligence: real results", *Deal Law Wire*, 2017. 8. 9.자

10 https://www.lawgeex.com/resources/aivslawyer/

11 Beverly Rich, "How AI Is Changing Contracts", *Harvard Business Review*, 2018. 2. 12.자

12 스마트 계약은 1997년 닉 사보(Nick Szabo)에 의해 제안된 개념으로서, 계약의 이행을 컴퓨터 를 통하여 자동화함으로써 사기의 가능성, 분쟁 해결 기타 거래 비용을 낮출 수 있도록 한 계약 을 지칭한다.

13 Michael Genesereth, "The Cop in the Backseat: Embedding Law in Everyday Life", *CodeX: The Stanford Center for Legal Informatics*, Stanford University.

14 이는 규제(regulation)와 기술(technology)을 결합한 신조어이다.

15 John O. McGinnis and Steven Wasick, "Law's Algorithm", *Florida Law Review*, Vol. 66, (2014), p. 991.

16 Ariel Porat and Lior J. Strahilevitz, "Personalizing Default Rules and Disclosure with Big Data", *Michigan Law Review*, Vol 112, p. 1417, (2014).

17 F. Tim Knight, "Applying Artificial Intelligence in the 'Legal Aid Space'", Slaw (Canada's online legal magazine), 2017. 10. 2.

18 한상희, "합리적인 판결문 공개방안 마련을 위한 세미나 토론문", 대한변호사협회, 2017. 12.
    5.자.; 위 글에 의하면 현재 종합법률정보를 통해 공개되는 판결문은 전체 대법원 판결의 3.2%,
    각급 법원 판결의 0.003%에 불과하다.

제13장 인공지능과 자율주행차

1 제2절과 제3절 일부는 황창근·이중기, "자율주행자동차 운행을 위한 행정규제 개선의 시론적 고
    찰-자동차, 운전자, 도로를 중심으로", 「홍익법학」, 제17권 제2호, 2016. 6.을 재편집하였음.
2 법인이론에서 법인은 자연인이 아님에도 권리능력을 부여받고 있지만, 말 그대로 법이 인정한 사
    람으로서 권리의무의 주체성을 부여받은 것이다. 그렇다고 하여 법인이 자연인과 완전히 동일한
    권리의무의 주체가 된다고 보는 것은 불가능하다. 인격적 주체성이나 범죄능력 등 자연인만이 누
    릴 수 있는 주체성에 있어서는 당연 제한적일 수밖에 없는 것이다. 이런 법인의 발전 역사를 본
    다면 인공지능이 탑재된 로봇이나 자율주행자동차에 대한 주체성이 제한적으로 인정될 수 있는
    가능성은 열려 있다고 보아야 한다. 영화 바이센테니얼 맨(Bicentennial Man, 1999)에서 주인
    공인 로봇은 자신의 이름으로 회사와 재산을 소유하고, 반려동물을 키우고, 사람과 결혼생활을
    유지하는 것으로 묘사되는데, 영화 속의 스토리이긴 하지만 사람과 로봇의 주체성에 대한 생각을
    하게 한다.
3 이 부분은 황창근·이중기, "자율주행차 운행을 위한 자동차관리법의 개정 방향", 「중앙법학」, 제
    20집 제2호, 2018.을 재편집하였음
4 박준환, 「자율주행자동차 관련 국내외 입법·정책 동향과 과제」, 국회현안보고서 제314호(2017),
    국회입법조사처, 5면.
5 조용혁·장원규, 「자율주행차 상용화에 따른 자동차관리법 개선방안」, 2017. 11. 15. 한국법제연
    구원, 33면.
6 조용혁·장원규, 앞의 보고서, 37면.
7 ADAS는 충돌 위험시 운전자가 제동장치를 밟지 않아도 스스로 속도를 줄이거나 멈추는 '자동
    긴급제동 시스템(AEB: Autonomous Emergency Braking)', 차선 이탈 시 주행 방향을 조절
    해 차선을 유지하는 '주행 조향보조 시스템(LKAS: Lane Keep Assist System)', 사전에 정해
    놓은 속도로 달리면서도 앞차와 간격을 알아서 유지하는 '어드밴스트 스마트 크루즈 컨트롤
    (ASCC: Advanced Smart Cruise Control)', 사각지대 충돌 위험을 감지해 안전한 차로 변경
    을 돕는 '후측방 충돌 회피 지원 시스템(ABSD: Active Blind Spot Detection)', 차량 주변 상
    황을 시각적으로 보여주는 '어라운드 뷰 모니터링 시스템(AVM: Around View Monitor)' 등을
    포함한다[네이버 지식백과].
8 박준환, 앞의 보고서, 44면; 조용혁·장원규, 앞의 보고서, 70면.
9 황창근·이중기, 앞의 논문, 39면; 박준환, 앞의 보고서, 44면; 조용혁·장원규, 앞의 보고서, 76면.
10 제2조(정의)
    1의3. "자율주행시스템"이란 자동차 스스로 주변 상황과 도로정보를 인지하고 판단하여 자동차
    의 조향장치(操向裝置)와 제동장치, 고장감시 및 경고장치, 기능해제장치 그 밖의 대통령령이 정

하는 장치를 제어하는 기능을 말한다.

1의4. "자율주행자동차"란 운전자의 조작 없이 자동차 스스로 운행이 가능하도록 자율주행시스템을 적용한 자동차를 말한다.

11 조용혁·장원규, 앞의 보고서, 80면.

12 NHTSA, Federal Automated Vehicles Policy, p. 69.

13 이런 취지에서 자율주행자동차의 운행에 따른 손해배상은 운행자에 대한 책임에서 제조자의 책임으로 책임이 전가될 가능성이 생기는 것이다. 이중기·황창근, 앞의 논문, 95면.

14 이종영·김정임, "자율주행자동차 운행의 법적 문제", 「중앙법학」 제17집 제2호, 2015. 6. 179면.

15 강경표, "자율주행시스템과 스마트 도로인프라기술의 진화", 「한국도로학회지」 제18권 제3호, 2016. 9., 31면 이하 참조.

16 이 부분은 황창근·이중기, "자율주행차 운행을 위한 자동차관리법의 개정 방향", 「중앙법학」 제20집 제2호, 30-34면을 참조하였음.

17 홍익대 산학협력단, 「자율주행차의 개인정보 보호체계 및 규제방식에 관한 연구」, 연구보고서 (2017. 12). 개인정보보호위원회, 101면.

18 김상태, "자율주행자동차에 관한 법적 문제", 「경제규제와 법」 제9권 제2호, 2016. 11, 188면.

19 홍익대 산학협력단, 앞의 연구보고서, 101면.

20 홍익대 산학협력단, 앞의 연구보고서, 119면.

21 국토교통부 공식블로그, 통신으로 달리는 자율주행차, 가장 중요한 해킹 대응 위해 사이버보안 특별전문가 그룹 회의 개최(https://blog.naver.com/mltmkr/221253898534)

22 "운행"의 개념에 대해서는, 한기정, "자동차손해배상보장법상의 운행의 개념에 관한 연구", 「서울대학교 법학」 제49권 제3호 (2008), 222-223면.

23 "운행자책임"에 대해서는 권영준, 이소은, "자율주행자동차 사고와 민사책임", 「민사법학」 제75호 (2016) 449면(이하 "권영준, 이소은"), 477면 이하; 오지용, "무인자동차와 관련한 자동차손해배상보장법 제3조의 해석", 「법조」 제709호(2015) 94면, 96면 이하; 서겸손, 최경진, "자율주행자동차 사고 시 손해배상책임에 관한 민사법적 검토", 「가천법학」 제10권 제4호(2017) 333면, 352면 이하.

24 권영준, 이소은 478-479면.

25 운전자책임에 대해서는, 이중기, 황창근, "자율주행차 도입에 따른 '운전자' 지위의 확대와 '운전자'의 의무 및 책임의 변화", 「홍익법학」 제18권 제4호(2017) 349면(이하, "이중기, 황창근, 운전자의 의무와 책임") 참조.

26 제조물책임에 대해서는, 윤진수, "제조물책임의 주요 쟁점", 「법학연구」 제21권 제3호(2011) 1면; 박동진, "현행 제조물책임법의 문제점과 개선방향", 「선진상사법률연구」 제57권(2012) 121면 참조.

27 운행자책임보험에 관한 자세한 내용은 박세민, 자동차보험법의 이론과 실무(2007), 대인배상에 대해서는 제2장, 제3장, 대물배상에 대해서는 제4장 참조.

28 제조물책임보험에 대해서는, 황현영, "제조물책임법 개정 논의에 따른 제조물책임보험의 개선방안 연구", 「비교사법」 제20권 제2호(2013) 331면; 전영주, "제조물배상책임보험에 관한 연구",

「법학연구」 제39집(2010), 291면 참조.

29 이종영, 김정임, "자율주행차 운행의 법적 문제", 「중앙법학」 제17권 제2호(2015), 145면, 160면.

30 이중기, 황창근, "운전자의 의무와 책임", 377-338면.

31 이중기, 황창근, "운전자의 의무와 책임", 378면.

32 김진우 48면; 이중기, 황창근, "운전자의 의무와 책임", 378면.

33 이중기, 황창근, "자율주행자동차 운행에 대비한 책임법제와 책임보험법제의 정비 필요성", 금융법연구 제13권 제1호(2016) 93면(이하, "이중기, 황창근, 자율차 운행의 책임법제와 책임보험법제"), 101면.

34 SAE가 제시한 자율주행차의 자동화단계에 대해서는, 아래의 〈표 1: SAE Automation Level〉 참조.

35 권영준, 이소은, 482-483면; 김진우, "자동주행에서의 민사책임에 관한 연구", 「강원법학」 제51권 (2017) 33면, 48면.

36 이중기, 황창근, "운전자의 의무와 책임", 375-376면.

37 김진우, 58면.

38 이중기, 황창근, "자율차 운행의 책임법제와 책임보험법제", 116면.

39 권영준, 이소은 485면; 이중기, 황창근, "자율차 운행의 책임법제와 책임보험법제", 117면.

40 권영준, 이소은 483면; 오지용, 109면.

41 이중기, 황창근, "운전자의 의무와 책임", 374면.

42 자세히는 이상수, "임베디드 소프트웨어의 결함과 제조물책임 적용에 관할 고찰", 「중앙대 법학논문집」 제39집 제2호(2015), 71면, 92면; 최경진, "지능형 신기술에 관한 민사법적 검토", 「정보법학」 제19권 제3호(2015), 203면, 232면.

43 이상수 91면; 이중기, 황창근, "자율차 운행의 책임법제와 책임보험법제", 110면.

44 이중기, 황창근, "자율차 운행의 책임법제와 책임보험법제", 115면.

45 이중기, 황창근, "자율차 운행의 책임법제와 책임보험법제", 116-117면.

46 이중기, 황창근, "운전자의 의무와 책임", 375-376면.

제14장 인공지능과 의료

1 이다은, "인공지능의 의료혁신?: 길병원의 왓슨 도입을 중심으로", 「과학기술정책」 제27권 제6호, 2017. 6., 55면.

2 시우호 외, "인공지능 기반 국방 의료정보 빅데이터 분석체계 기술 개발", 「정보과학회지」 제36권 제8호, 2018. 8., 62면.

3 정동규, "인공지능 기술과 주요 적용 산업 동향", 「한국정보기술학회지」 제15권 제2호, 2017. 12., 25면.

4 최재혁, "4차 산업혁명 시대, 헬스케어 산업과 ICT기술", 「텔코 저널」 제5권, 2017. 9., 80면.

5 신수용, "비정형 헬스케어 데이터 표준화", 「정보와통신」 제35권 제2호, 2018. 1., 58면.

6 전대석, "4차 산업혁명과 기계 의료 윤리", 「인문과학」 제69집, 2018. 5., 25면.

7 조태현, 손용진, "노인의료복지 분야에서 인공지능 이용에 관한 논의", 「노인의료복지연구」 제
10권 제1호, 2018, 51–63면.

8 IBM, IBM Health and Social Programs Summit: IBM Commitment & Investment in
Health and Social Programs, 2014. 11. 6.

9 박종헌, "보건의료 Big Data 현황 및 활용도 전망", 「의료정책포럼」 제13권 제4호, 2015. 12.,
57–58면.

10 이다은, 김석관, "디지털 헬스케어 혁신 동향과 정책 시사점", 「동향과 이슈」 제48호, 과학기술
정책연구원, 2018. 6., 17면.

11 이다은, 김석관, 위의 논문, 24면.

12 윤석진, "개인정보 보호와 빅데이터 활용의 충돌, 그 문제와 입법정책 과제: 보건의료 빅데이터
를 중심으로", 「중앙법학」 제17집 제1호, 2015. 3., 9면.

13 보건복지부, "건강보험 빅데이터, 누구나 편리하게 이용할 수 있게 된다.", 2016. 8. 30. 보도자료.

14 최재혁, 앞의 논문, 85면.

15 차상육, "4차 산업혁명 시대에 있어 개인정보보호 관련 몇 가지 쟁점에 관한 고찰", 「IT와 법 연
구」 제15집, 2017. 8., 142면.

16 보건복지부, "의료법 시행규칙 개정 및 전자의무기록의 관리, 보존에 필요한 시설과 장비에 관한
기준 고시 제정", 보도자료, 2016(이희주, "4차 산업 혁명시대의 의료 환경 변화와 웰니스의 전
망", 「한국웰니스학회지」 제12권 제4호, 2017. 11., 218면에서 재인용).

17 임은정 외, "의료 빅데이터 활용의 각국 법안 비교 분석 연구", 한국기술혁신학회 학술대회,
2018. 5., 118면.

18 임은정 외, 위의 논문, 119면.

19 윤석진, 앞의 논문, 36면.

20 윤석진, 앞의 논문, 38–39면.

21 최재혁, 앞의 논문, 87면.

22 이다은, 김석관, 앞의 논문, 4면.

23 배현아, "보건의료법제 하에서 인공지능기술의 의료영역 도입의 의의와 법적 문제", 「법조」 제
724권, 2017. 8., 56–57면.

24 이상돈, 김나경, 『의료법강의』(제3판), 법문사, 2017, 3면.

25 대법원 1999. 3. 26. 선고 98도2481 판결.

26 대법원 1986. 10. 14. 선고 86도1678 판결.

27 이상돈, 김나경, 앞의 책, 4면.

28 이상돈, 김나경, 앞의 책, 6면.

29 이상돈, 김나경, 앞의 책, 24면.

30 배현아, 앞의 논문, 62–63면.

31 손승호 외, "빅데이터 및 인공지능 기술 적용 의료기기의 허가심사 방안", 대한전자공학회 학술
대회, 2018. 6., 1731면.

32 이다은, 김석관, 앞의 논문, 23면.

33 윤혜선, "인공지능의 의료적 활용과 법적·정책적 쟁점", 제1회 국가생명윤리포럼 〈인공지능(AI) 의 의료적 활용과 생명윤리〉, 2017. 4. 21.

34 손승호 외, 앞의 논문, 1732면.

35 이상돈, 김나경, 앞의 책, 125면.

36 대법원 2008. 4. 10. 선고 2007다75396 판결.

37 대법원 2005. 10. 28. 선고 2004다13045 판결.

38 이상돈, 김나경, 앞의 책, 140면.

39 대법원 1998. 2. 27. 선고 97다38442 판결.

40 이상돈, 김나경, 앞의 책, 128면.

41 자율주행자동차의 자동화 수준 5단계를 응용하여 인공지능 영상의료판독의 5단계를 i) 질병관 련신호표시; ii) 보조적 의료판독; iii) 통합 능동적 의료판독; iv) 제한적 자율의료판독; v) 완 전 자율의료판독으로 설정하고 단계별로 책임 분배 여부를 논의하는, 정창록 외, "4차 산업혁 명 시대의 기술 책임론에 대한 고찰: 자율주행자동차 기술 발전 5단계와 인공지능 영상의료판 독 기술 발전 5단계를 중심으로", 「한국의료법학회지」 제25권 제1호, 2017. 6., 155-172면 참고.

42 설민수, "머신러닝 인공지능과 인간전문직의 협업의 의미와 법적 쟁점: 의사의 의료과실 책임을 사례로", 「저스티스」 통권 제163호, 2017. 12., 268면.

43 배현아, 앞의 논문, 68면.

44 설민수, 앞의 논문, 275면.

45 설민수, 앞의 논문, 275면.

46 정영훈, "보건의료분야의 인공지능과 소비자이슈", 「소비자정책동향」 제78호, 2017. 3., 17면.

47 설민수, 앞의 논문, 271면.

48 이상돈, 김나경, 앞의 책, 134면.

49 배현아, 앞의 논문, 76면.

50 배현아, 앞의 논문, 77면.

51 전대석, 앞의 논문, 19면.

52 전대석, 앞의 논문, 19면.

53 김형수 외, "인공지능(AI: Artificial Intelligence)시대, 보건의료 미래 전망", 「의료정책포럼」 제15권 제1호, 2017. 4., 98면.

54 김기영, 김태경, "인공지능: 법과 의료", 「인문과학」 제69집, 2018. 5., 61면.

55 강한섬, 김영훈, "인공지능, 사물인터넷의 기술준비도가 의료인력 고용대체인지도에 미치는 영 향", 「병원경영학회지」 제23권 제2호, 2018. 6., 56면.

56 김형수 외, 앞의 논문, 87면.

57 이다은, 앞의 논문, 59면.

58 C. Kittanawong, "The Rise of Artificial Intelligence and the Uncertain Future for Physicians", *European Journal of Internal Medicine*, 48: e13-e14, 2018(김광점 외, "4 차 산업혁명과 간호 인적자원의 개발: 전망과 과제", 「인적자원개발연구」 제21권 제3호, 2018.

9., 143면에서 재인용).

59 배현아, 앞의 논문, 51-52면.

60 김재범, 황인준, "뷰노-인공지능 기반 의료 데이터 분석 기업", 「정보과학회지」 제35권 제5호, 2017. 5., 40면.

61 김광점 외, 앞의 논문, 137-159면.

62 김승현, 김명곤, "4차 산업혁명과 인문예술교육: 의료 분야를 중심으로", 「인문과학」 제69집, 2018. 5., 77-98면.

63 배현아, 앞의 논문, 47-48면.

64 이다은, 앞의 논문, 58면.

65 배현아, 앞의 논문, 47, 60면.

66 김승현, 김명곤, 앞의 논문, 85면.

67 이에 대해 롤즈(Rawls)의 정의론을 적용하여 의료에서 가장 적은 수혜를 받는 환자(시민)들에게 분배될 때 의료 인공지능의 도입정당성을 확보할 수 있다고 주장하는, 장운혁, 정창록, "인공지능과 의료자원분배", 「한국의료윤리학회지」 제20권 제4호(통권 제53호), 2017. 12., 386-405면.

68 김광점 외, 앞의 논문, 146면.

69 차상육, 앞의 논문, 142면.

제15장 인공지능과 킬러로봇

1 킬러로봇. 즉 '치명적 자율무기체계'에 대해 국제적으로 합의된 개념은 없으나, UN 특별보고관 크리스토프 헤인즈(Christof Heyns)가 정의한 '인간의 개입 없이 목표를 스스로 선택하고 완수하는 무기 시스템'(Heyns, 2014), 미국 국방부 지침(The US Department of Defense Directive)이 정의한 '인간의 개입 없이 스스로의 자율적인 판단으로 목표를 선택하고 수행할 수 있는 무기체계'(Department of Defense Directive, 2012), 그리고 국제적십자위원회(International Committee of the Red Cross: ICRC)가 정의한 '핵심기능(critical functions)에서 '자율권(autonomy)'을 갖는 무기로 인간의 개입 없이 기계 스스로가 목표물을 검색, 식별, 추적하여 목표에 대해 제압, 무력 사용, 무력화, 살상과 파괴 등 각종 공격을 할 수 있는 무기'가 그나마 가장 일반적으로 원용되는 개념 정의라고 할 수 있다. 킬러로봇에 대한 직접적 정의로는 박상현 외(2017)의 "인간의 위임에 따라, 자율화된 인공지능으로 인명을 살상할 수 있는 의사결정 능력과 수행 능력을 가진 무기체계"라는 정의가 적합한 것으로 보인다. 즉, 인간의 두뇌에 해당하는 인공지능의 기능을 갖추고 있고, 두뇌에 의해 지배되는 몸은 인명살상 가능한 무인체계(무인항공기, 무인지상체계, 무인해양체계 등 인간이 탑승하지 않으나 무장한)인 무기를 말한다는 것이다.

2 지난 2011년 미 군용 무인기 프레데터(RQ-4)를 운용하는 미국 크리치 공군기지의 원격조정실이 바이러스에 감염된 바 있고, 미국 국토안보부 소속 무인항공기가 대학생들의 해킹에 의해 통제권을 빼앗긴 사례도 있었다.

3 조사에 따르면, 2004-2007년 동안 이라크에서 미국 공중폭격 횟수가 285회에서 1,119회로

증가했고, 아프가니스탄에서는 6,495회에서 12,775회로 증가했다고 한다. BBC에 의하면, 2008년 정부승인에 따른 군사력에 의한 시민 사상자수가 577명이고 이중 2/3 이상이 공중공격에 의한 것으로 밝혀진 바 있다.

4 미래인류연구소(FLI)에서 마련한 이른바 '치명적 자율무기 반대 호소문(Lethal Autonomous Weapons Pledge)'이라는 웹사이트에는 2018년 12월초까지 244개의 단체와 3187명의 과학기술 및 AI 개발자들이 반대 서명한 것으로 나타나 있다. https://futureoflife.org/lethal-autonomous-weapons-pledge/

5 '특정재래식 무기금지협약(convention on certain conventional weapons: CCW)'은 "전투원에게 불필요하거나 부당한 고통을 초래하거나 민간인에게 영향을 미칠 수 있는 특정 유형의 무기의 사용을 금지 또는 제한"하는 국제조약으로 'UN 군축포럼(disarmament forums)'이 중요한 논의 채널이 되고 있다. UN 군축포럼에서의 집약된 논의는 UN 총회에서 무기통제나 군비경쟁제한 등에 대한 결의안이나 권고안으로 발전할 수 있기 때문이다. 그 일환으로 UN 인권이사회(Human Rights Council)는 크리스토프 헤인즈(Christof Heyns) UN 특별보고관(Special Rapporteur)으로 하여금 킬러로봇이 어떻게 국제전쟁규범의 요건을 충족시킬 수 있을 것인지에 대해서 조사할 것을 의뢰했고 제출받은 보고서를 2014년 4월 1일 UN 총회에 제출한 바 있다(한희원, 2018).

6 인공지능을 사용한 위협들에 대응하기 위하여 이들의 권고안은 다음과 같다.

- 사이버 보안 공동체에서 배우기: 인공지능을 이용한 공격과 사이버 보안의 교차점에 위치한 문제를 해결하려면 적색팀(red team)을 구성하여 실제 어떤 공격을 받을 수 있는지 검증을 진행하고, 인공지능의 취약점이 발견되면 책임감 있게 공개할 필요가 있다.

- 개방형 모델에 대한 조사: 인공지능과 머신러닝 기술의 이중적 용도가 분명해졌으므로 인공지능 알고리즘의 개방성(openness)이 과연 적합한지, 어떤 방법으로 공개하는 편이 적절한지에 대한 규범과 제도를 재고할 필요가 있다.

- 책임 문화의 제고: 인공지능 연구개발 담당자들에게 인공지능이 악용될 수 있는 위험을 주의시키고, 윤리적·사회적 책임감을 일깨우는 교육이 중요한 의미를 가지게 되었다.

- 기술적, 정책적 해결책의 모색: 인공지능 악용을 예방하고 완화하기 위한 제도적, 정책적 방안으로는 개인정보 보호를 위한 기술적 조치, 공공 안전을 위해 방어적 목적으로 인공지능 사용하기, 악의적 공격을 규제하는 법제도 마련 등을 고려해야 한다.

- 규제를 통한 대응: 인공지능에 의한 공격은 그 피해가 국경을 넘어 확산될 수 있으므로 국제적으로 통용되는 범국가적 법규정을 마련할 필요가 있다. 그러나 아직 국제적 기준이나 규범은 마련되지 않고 있다. 한편, 입안자가 기술적 이해가 부족하다면 인공지능의 악의적 사용을 규제하기 위한 입법이나 대응책이 잘못 설계될 수도 있다.

제16장 인공지능과 로보어드바이저

1 로보어드바이저 거래량은 2020년에는 전세계적으로 5.9조 달러에 달할 것으로 예상되는데 (TrendForce Forecasts Global Market for AI-Powered Financial Robo-Advisors to Expand by a CAGR of 75% From 2016 to 2020(https://press.trendforce.com/

node/create_pdf/2899), 이 가운데 미국은 2.5조 달러 정도가 될 것으로 예상하고 있다 (America Is The Realm Of The Robo-Advisor(https://www.statista.com/chart/8127/ america-is-the-realm-of-the-robo-advisor/)). 우리나라의 경우 2018년 1조원 규모에서 2025년에는 30조원 규모로 성장할 것으로 전망하고 있다(KEB하나은행, 「2018 대한민국 로보어드바이저 보고서」(하이로보센터, 2018), 6면).

2 양영식·맹수석, "로보어드바이저 거래와 금융소비자 보호 방안", 「금융소비자연구」 제7권 제1호(2017), 45면.

3 Barbara Novice et al, "Digital Investment Advice: Robo Advisors come of age," Blackrock viewpoint, 2016, p. 3(https://www.blackrock.com/corporate/en-at/literature/ whitepaper/viewpoint-digital-investment-advice-september-2016.pdf).

4 로보어드바이저와 유사한 시스템으로 시스템트레이딩(System Trading로)을 들 수 있는데, 이는 일명 알고리즘트레이딩(Algorithm Trading)으로 불리는 것으로, 컴퓨터 알고리즘을 이용하여 자동매매실행이 가능하다는 측면에서 로보어드바이저와 유사하지만, 기술적 분석기법을 활용하여 기초자산의 단기적인 매매 타이밍을 자동 결정하기 위한 수단으로 활용된다는 점에서 로보어드바이저와 기능적으로 차이가 있다(KRX, "알고리즘거래 위험관리 가이드라인", 한국증권거래소 시장감시위원회, 2014, 8면 이하).

5 안수현, "Automated Investment Tool(일명 '로보어드바이저')을 둘러싼 법적 쟁점과 과제", 「상사판례연구」 제29집 제2권(2016), 161면.

6 현재 상용화되어 있는 로보어드바이저의 투자자성향파악은 대부분 온라인상의 설문지 방식을 활용하고 있는데, 현실적으로 투자자의 성향을 충분히 파악하지 못하고 투자자가 직관적으로 이해하기 어렵다는 문제점이 제기되고 있다(양영식·맹수석, 앞의 논문(2017), 59면).

7 안수현, 앞의 논문, 172, 174면.

8 분산투자, 투자자성향 분석, 해킹방지체계 등 투자자문·일임을 수행하기 위한 최소한의 규율이 제대로 작동하는지 여부를 확인할 목적으로 운용되는데, 테스트베드를 통과하면 전문인력의 개입 없이 RA가 자문을 수행하거나 고객자산을 직접 운용할 수 있고, 테스트베드 통과 사실과 성과를 투자광고 등에 활용할 수 있으며, 투자일임보고서를 원칙적으로 온라인 매체를 통해 교부할 수 있는 등의 효과가 있다.

9 양영식·맹수석, 앞의 논문(2017), 46면.

10 정부는 전문적이고 신뢰할 수 있는 투자자문 서비스를 대중적으로 보급하고 효율적인 자산운용을 지원하기 위한 목적으로 투자자문업자가 투자일임재산을 운용할 때 로보어드바이저를 활용한 자문서비스 제공을 허용하도록 한 것이다(금융위원회, 「보도자료: 금융위원회, "투자자문업 제도 개편 설명회」(2017. 3. 3.) 참조).

11 침해사고란 해킹, 컴퓨터바이러스, 논리폭탄, 메일폭탄, 서비스 거부 또는 고출력 전자기파 등의 방법으로 정보통신망 또는 이와 관련된 정보시스템을 공격하는 행위를 하여 발생한 사태를 말한다(「정보통신망 이용촉진 및 정보보호 등에 관한 법률」 §2vii).

12 그리고 자본시장법 시행령 제99조 제1항 제1호의2 다목에서 규정한 투자자 보호와 건전한 거래질서를 유지하기 위한 금융위원회의 고시요건은 ① 분산된 자산배분 포트폴리오 구성요건, ②

분기별 리밸런싱 평가와 내용에 따른 운용방법 요건, ③ 정보보호 또는 정보기술(IT) 분야의 전문인력을 1인 이상 갖춰야 하는 인적요건, ④ 위에서 규정한 요건이 충족하는지에 대한 심사요건을 규정하고 있다(금융투자업규정 제4-73조의2 제1호~제4호).

13 테스트베드 참여업체는 테스트베드 센터에 대표 포트폴리오를 등록하고 실제 자금을 로보어드바이저가 자동으로 운용하는 방식(주문집행은 선택적 자동화)으로 진행된다.

14 전체 심사과정은 ⅰ) 사전심사(0.5개월, 포트폴리오 운용 전 참가자격 충족여부 등 확인(서면·구술·현장심사), ⅱ) 본심사(3~6개월, 포트폴리오 운용심사와 시스템 심사(서면·현장심사), ⅲ) 최종심의 위원회(0.5개월, 최종통과 심의)로 진행되며, 심사항목은 ① 테스트베드 참여요건, ② 알고리즘의 합리성, ③ 개인 맞춤성, ④ 분산투자, ⑤ 합리적인 리밸런싱, ⑥ 다계좌 동시 관리, ⑦ 법규 준수성, ⑧ 유지보수 전문인력, ⑨ 시스템 보안성, ⑩ 시스템 안전성 등이다(금융위원회, 「로보어드바이저 테스트베드 설명회 자료」, (2016) 참조).

15 현재 테스트베드 홈페이지의 로보어드바이저 운영 통계정보와 관련한 투자정보지표로 ① 위험 및 성과지표로는 샤프지수, 표준편차, 젠센알파, ② 매매회전율지표로는 상위, 하위, 일평균 회전율, ③ 일수익률지표로는 상위, 하위, 일평균 수익률 등을 제공하고 있다.

16 테스트베드 유의사항과 로보어드바이저 투자자 유의사항은 테스트베드 센터 홈페이지 참조(http://www.ratestbed.kr).

17 이에 대해서는 테스트베드 센터 홈페이지 참조(http://www.ratestbed.kr).

18 미국 SEC는 2018. 12. 21. 로보 어드바이저 기업인 웰스프론트(Wealthfront)와 헤지어블(Hedgeable)에 대해 허위 정보공시와 과장광고를 이유로 각각 25만 달러와 8만 달러의 벌금을 부과했다. 이는 미국 증권거래위원회(SEC)의 로보어드바이저에 대한 첫 번째 제재이다(SEC Charges Two Robo-Advisers With False Disclosures(2018. 12. 21)(https://www.sec.gov/news/press-release/2018-300)).

19 즉, 투자자문업자는 (1) 투자자로부터 금전·증권, 그 밖의 재산의 보관·예탁을 받는 행위, (2) 투자자에게 금전·증권, 그 밖의 재산을 대여하거나 투자자에 대한 제삼자의 금전·증권, 그 밖의 재산의 대여를 중개·주선 또는 대리하는 행위, (3) 투자권유자문인력 또는 투자운용인력이 아닌 자에게 투자자문업 또는 투자일임업을 수행하게 하는 행위, (4) 계약으로 정한 수수료 외의 대가를 추가로 받는 행위, (5) 투자자문에 응하거나 투자일임재산을 운용하는 경우 금융투자상품 등의 가격에 중대한 영향을 미칠 수 있는 투자판단에 관한 자문 또는 매매 의사를 결정한 후 이를 실행하기 전에 그 금융투자상품 등을 자기의 계산으로 매매하거나 제삼자에게 매매를 권유하는 행위를 할 수 없다(동조 제1항).

20 이중기, "인공지능을 가진 로봇의 법적 취급", 「홍익법학」 제17권 제3호(2016), 8면 참조.

21 양영식·맹수석, 앞의 논문(2017), 48면.

22 대법원 2001. 3. 23. 선고 2000다61650 판결.

23 로보어드바이저의 법적 지위는 인공지능에 의해 구현되는 전자적 장치의 거래 행위이므로 전자대리인(artificial agent)의 법적 지위로 규정하여, 현재 ① 단순한 도구로 보아 보조수단에 불과하므로 인공지능의 모든 행위는 이용자의 행위로 취급된다는 견해, ② 인공 에이전트는 법인격 없는 대리인의 지위를 갖는다는 견해, ③ 법인격 주체로서의 계약체결 능력을 지닌 대리인으로

보는 견해 등이 있다(이상용, "인공지능과 계약법-인공 에이전트에 의한 계약과 사적자치의 원칙-", 「비교사법」 제23권 제4호(2016), 1651~5면 참조).

24 양영식·맹수석, 앞의 논문(2017), 52면.

25 안수현, 앞의 논문, 201면.

26 이중기, 앞의 논문, 20면 참조

27 대법원 2008. 9. 11. 선고 2006다53856 판결.

28 맹수석, "투자신탁자산의 운용상 주의의무와 투자고객 보호방안", 「증권법연구」 제6권 제2호(2005), 198면.

29 현재 이용되고 있는 상품의 경우 일정 기간(3개월 등) 단위로 리밸런싱이 이루어지고 있다(KEB 하나은행, 앞의 자료, 14면 참조).

30 양영식·맹수석, 앞의 논문(2017), 58, 64면; 안수현, 앞의 논문, 203, 204면; 박철영, "투자자문업 및 투자일임업에 관한 법적 규제의 현황과 과제", 「증권법연구」 제10권 제1호(2009), 22, 23면 참조.

31 김동주·권헌영·임종인, "해킹에 따른 로보어드바이저의 시세조종 행위와 운용사의 법적 책임", 「한국융합학회논문지」 제8권 제9호(2017), 43면.

32 맹수석, "개정 자본시장법상 시장질서 교란행위에 대한 법적 쟁점의 검토", 「기업법연구」 제30권 제1호(2016), 158면.

33 해킹의 경우 해킹에 따른 로보어드바이저의 시세조종행위로 인하여 피해를 입은 일반 투자자들은 운용사가 해킹 방지를 위한 주의의무를 소홀히 하였다는 점에 대한 입증책임을 부담하기 때문에 결국 비전문가인 일반 투자자는 운용사에 비하여 상대적으로 불리하다는 문제가 있다(김동주·권헌영·임종인, 앞의 논문, 45면).

34 대법원 2014. 3. 27. 선고 2013다91597 판결.

35 이와 관련하여 로보어드바이저 서비스 운용자에 대해서는 무과실책임을 부담하도록 하는 방안이 검토될 필요가 있다는 견해가 있다. 즉, 로보어드바이저 서비스 운용자는 인공지능 시스템을 도입함으로써 인력 대체, 업무 효율 개선 등 경제적으로 큰 이익을 누리게 됨에도 불구하고, 운용사가 일정한 주의의무를 다하였다고 하여 면책시키는 것은 인공지능 활용에 따른 수익과 위험의 공정한 배분이라는 측면에서 형평에 맞지 아니하기 때문이다(최경진, "스마트사회와 민사책임", 「법학논집」 제23권 제2호(2016), 면). 그리고 위험의 공정한 배분에 있어서 최소 비용으로 위험을 회피할 수 있는 사람에게 위험을 배분하는 것이 효율적일 뿐 아니라 공정하다는 최소비용회피자의 원칙(the least-cost avoider principle)을 적용하여, 이용자의 의사에 반하는 위험을 최소비용으로 회피할 수 있는 자가 누구인가 판단함에 있어서 인공지능을 활용한 로보어드바이저 프로그램의 개발자 및 운영자 그리고 거래상대방인 투자자의 관계를 종합적으로 고려하여 판단하여야 한다는 견해도 있다(Giuseppe Dari-Mattiacci/Nuno Garoupa, "Least Cost Avoidance: The Tragedy of Common Safety,", George Mason University School of Law and economics research paper series 04-27, 2007. 4. 27. p. 4(https://ssrn.com/abstract_id= 560062)).

36 양영식·맹수석, "로보어드바이저 테스트베드의 유용성 강화를 위한 법적 연구", 「상사법연구」

제37권 제3호(2018), 355면.

37 Chamber of Digital Commers, Global Regluatory Sandbox Review-An Overview on the Impact, Challenges, and Benefits of Regulatory FinTech Sandboxes, November 21, 2017(https://digitalchamber.org/wp-content/uploads/2017/11/Regulatory-Sandbox-Review_Nov-21-2017_2.pdf#search=%27regulatory+sandbox %27).

38 김범준·엄윤경, "로보-어드바이저 알고리즘의 규제 개선을 통한 금융소비자 보호", 「법학연구」 제18권 제3호(2018), 224면.

39 금융소비자보호를 위해서는 테스트베드의 공정성이 매우 중요시되기 때문에, 정부는 공정성을 강화하기 위해 테스트베드 통과기업의 평가기준과 심사결과를 구체화하여 공시하도록 하고, 알고리즘 작동원리에 관한 설명서를 기재하도록 하는 등의 규제를 할 필요가 있다(양영식·맹수석, 앞의 논문(2018), 359면). 특히 자산배분 알고리즘에서는 설정된 가정과 절차가 임의적·자의적으로 설정되지 않고 일관되고 체계적인 시스템으로 효율적인 자산배분이 도출될 수 있도록 감독해야 할 것이다(김범준·엄윤경, 앞의 논문, 231면).

40 양영식·맹수석, 앞의 논문(2018), 356면.

참고문헌

고학수, "인공지능 알고리즘과 시장", 서울대 법과경제연구센터, 『데이터 이코노미』, 한스미디어, 2017.

고학수 편, 『개인정보 보호의 법과 정책(개정판)』, 박영사, 2016.

구길모, "인공지능과 법조계변혁", 「계룡법조」 제9호, 대전지방변호사협회, 2016, 236－257면.

김성돈, "뇌과학과 형사책임의 새로운 지평", 「형사법연구」 제22권 제4호, 한국형사법학회, 2010, 125－150면.

김자회·주성구·장신, "지능형 자율로봇에 대한 전자적 인격 부여－EU 결의안을 중심으로－", 「법조」 제66권 제4호, 2017, 122－157면.

김재인, 『인공지능의 시대, 인간을 다시 묻다』, 동아시아, 2017.

김종대 외 14인, "진화하는 인공지능 또 한번의 산업 혁명", 「LG Business Insight」 2015. 12. 30, http://www.lgeri.com/report/view.do?idx＝19227(최종접속일: 2018. 12. 27.).

김진환, "개인정보 보호법의 해석 원칙을 위한 제언(提言)과 시론(試論)－개인정보에 대한 정의 규정의 해석을 중심으로", 「법학평론」 제3권, 2012. 12.

内閣府7CSTI, 「基盤技術の推進の在り方に関する検討会資料ー第5期化学技術基本ヶ計画 答申 概要に骨子掲載」.

대검찰청, 『2017 범죄분석』.

腾讯大数据, 「2017第四季度移动行业数据报告」, 2018.

瞭望周刊社, 「奔跑吧, 中国AI」, 『财经国家周刊』, 2017年 第24期, 2017, p. 16.

류병운, "드론과 로봇 등 자율무기의 국제법적 적법성", 「홍익법학」 17(2), 2016, 61－80면.

마사카즈, 고바야시, 『인공지능이 인간을 죽이는 날』, 한진아 옮김, 서울: 새로운 제안, 2018.

마셜 밴 앨스타인 외 2, 이현경 역, 『플랫폼 레볼루션』, 부키, 2017.

미래부, 「제4차 산업혁명에 대응한 지능정보사회 중장기 종합대책」, 2016.

박상현·전경주·윤범식, "미래의 무인체계, 킬러로봇에 대한 비판적 고찰", 「주간국방논단」 제1681호, 한국국방연구원, 2017.

배종대, 『형법총론(제12판)』, 홍문사, 2016.

설민수, "머신러닝 인공지능의 법 분야 적용의 현재와 미래", 「저스티스」, 2016, 269－302면.

송승현, "트랜스휴먼 및 포스트휴먼 그리고 안드로이드(로봇)에 대한 형법상 범죄주체의 인정여부", 「홍익법학」 제17권 제3호, 홍익대학교 법학연구소, 2016, 475－527면.

신동일, "과실범 이론의 역사와 발전에 대하여－형법 제14조의 구조적 해석", 「강원법학」 제44호, 강원대학교 비교법학연구소, 2015, 309－346면.

양종모, "인공지능을 이용한 법률전문가 시스템의 동향 및 구상", 「법학연구」 19(2), 2016, 213－242면.

_____, "형사사법절차 전자화와 빅 데이터를 이용한 양형합리화 방안 모색", 「홍익법학」 제17권 제1호, 홍익대학교 법학연구소, 2016, 419－448면.

양천수, "인공지능과 법체계의 변화: 형사사법을 예로 하여", 「법철학연구」 제20권 제2호, 한국법철학회, 2017, 45－76면

오승한, "빅데이터 연관산업의 경쟁제한적 관행 개선을 위한 경쟁법 적용의 타당성 연구", 한국공정거래조정원 법·경제분석그룹(LEG) 최종발표회 발표자료, 2018.

오일석, 『패턴인식(개정판)』, 파주: 교보문고, 2008.

월시, 토비, 『AI의 미래, 생각하는 기계』, 이기동 옮김, 서울: 도서출판 프리뷰, 2018.

윤지영·김한균·감동근·김성돈, 「법과학을 적용한 형사사법의 선진화 방안(Ⅷ): 인공지능 기술」, 한국형사정책연구원, 2017.

윤지영·윤정숙·임석순·김대식·김영환·오영근, 「법과학을 적용한 형사사법의 선진화 방안(Ⅵ)」, 한국형사정책연구원, 2015.

이경규, "인(人) 이외의 존재에 대한 법인격 인정과 인공지능의 법적 지위에 관한 소고", 「법학연구」 제21권, 인하대학교 법학연구소, 2018, 323－356면.

이문지, "디지털 시대의 빅데이터와 경쟁법", 「경영법률」 제28집 제2호, 2018.

이원태, "인공지능의 규범이슈와 정책적 시사점", 「KISDI Premium Report」 15－07, 정보통신정책연구원, 2015, 1－30면.

이인호, "「개인정보 보호법」상의 '개인정보' 개념에 대한 해석론－익명화한 처방전 정보를 중심으로－", 「정보법학」 제19권 제1호, 2015.

人工知能-技術戦略会議, 「人工知能＾の研究開発目標と産業化のロードマbップ」, 2017.

임영익, 『프레디쿠스(Predicus)』, 서울: 클라우드나인, 2019(출간예정).

정상조·권영준, "개인정보의 보호와 민사적 구제수단", 「법조」 58권 3호, 2009. 3.

정채연, "지능정보사회에서 지능로봇의 윤리화 과제와 전망－근대적 윤리담론에 대한 대 안적 접근을 중심으로－", 「동북아법연구」 제12권 제1호, 전북대학교 동북아법연구 소, 2018, 87－121면.

조현석 외, 『인공지능, 권력변환과 세계정치』, 서울: 삼인, 2018.

주현경, "인공지능과 형사법의 쟁점－책임귀속을 중심으로", 「형사정책」 제29권 제2호, 한국형사정책학회, 2017, 7－31면.

_____, "지능형 로봇으로서의 교정로봇과 법적 쟁점", 「법학연구」 제29권 제2호, 충남대학 교 법학연구소, 2018, 51－84면.

최경진, "개인정보보호 관련법의 해석에 있어서 이익형량론과 일반적 이익형량 규정의 필 요성에 관한 고찰", 「사법」 40호, 2017.

_____, "데이터 혁신의 시대에 맞는 바람직한 개인정보보호법제 개편방안", 「데이터 혁 신 시대, 효과적인 개인정보 보호를 위한 법제개선방안 토론회 자료집」, 2018. 11. 14.

최난설헌, "AI 등을 활용한 사업자간 담합과 경쟁법의 대응", 「경쟁법연구」 제38권, 2018.

_____, "알고리즘을 통한 가격정보의 교환과 경쟁법적 평가", 「경쟁법연구」 제35권, 2017.

최정표, 『산업조직경제학(제3판)』, 형설출판사, 2004.

최지연, 「디지털사회 법제연구(V): 알고리즘 중립성 보장을 위한 법제연구」, 한국법제연 구원, 2017.

탁희성, 「뇌과학의 발전과 형법적 패러다임 전환에 관한 연구(Ⅰ)－뇌과학과 형법의 접점 에 관한 예비적 고찰－」, 한국형사정책연구원, 2012.

페드로 도밍고스, 강형진 역, 『마스터 알고리즘』, 비즈니스 북스, 2018.

한희원, "인공지능(AI) 치명적자율무기(LAWs)의 법적·윤리적 쟁점에 대한 기초연구", 「중앙법학」 제20집 제1호, 2018.

함태성, "우리나라 동물보호법제의 문제점과 개선방안에 관한 고찰", 「법학논집」 제19권 4호, 이화여자대학교 법학연구소, 2015, 403－431면.

홍대식, "빅데이터, 경쟁과 소비자 보호의 갈림길에서", 서울대 법과경제연구센터, 『데이 터 이코노미』, 한스미디어, 2017.

_____, "플랫폼 경제에 대한 경쟁법의 적용－온라인 플랫폼을 중심으로－", 「법경제학 연구」 제13권 제1호, 2017.

_____ · 최요섭, "온라인 플랫폼 관련 유럽연합 경쟁법과 경쟁정책 – 온라인 플랫폼에 대한 규제 현황을 중심으로 – ", 「연세대학교 법학연구」 제28권 제2호, 2018.

"" 결국 보행자 사망" 충격 … 자율차 교통사고 무엇이 다른가" http://www.hani.co.kr/arti/economy/it/838665.html#csidx23d6fadb79af9b296356409bc58b3d6(최종접속일: 2018. 12. 18.)

Ananny, M., and K. Crawford. (December 13, 2016). "Seeing without Knowing: Limitations of the Transparency Ideal and Its Application to Algorithmic Accountability." *New Media & Society.*

Anderson, M., Anderson, S. L., & Armen, C. (2006, August). MedEthEx: a prototype medical ethics advisor. In *Proceedings Of The National Conference On Artificial Intelligence* (Vol. 21, No. 2, p. 1759). Menlo Park, CA; Cambridge, MA; London; AAAI Press; MIT Press; 1999.

Ariel Ezrachi and Maurice E. Stucke. (2017). "Artificial Intelligence and Collusion: When Computers Inhibit Competition", *University of Illinois Law Review*, Vol. 2017, No. 5.

Ariel Ezrachi and Maurice E. Stucke. (2016). *Virtual Competition*, Harvard University Press.

Asimov, I. (1942). Runaround. *Astounding Science Fiction*, 29(1), 94 – 103.

Asimov, I., & Conway, M. (1985). *Robots and empire*. New York: Doubleday.

Autorité de la Concurrence and Bundeskartellamt. (2016). *Competition Law and Big Data.*

Bahdanau, D., Cho, K., & Bengio, Y. (2014). Neural machine translation by jointly learning to align and translate. *arXiv preprint arXiv:1409.0473.*

Bainbridge, W. S. (Ed.). (2013). *Converging technologies for improving human performance: Nanotechnology, biotechnology, information technology and cognitive science.* Springer Science & Business Media.

Bringsjord, S., Arkoudas, K., & Bello, P. (2006). Toward a general logicist methodology for engineering ethically correct robots. *IEEE Intelligent Systems*, 21(4), 38 – 44.

Bruce, G., Buchanan, B., & Shortliffe, E. (1984). *Rule – based expert systems: the MYCIN experiments of the Stanford Heuristic Programming Project.* In: Reading, Mass: Addison – Wesley.

Flach, P. (2016). 머신 러닝: 데이터를 이해하는 알고리즘의 예술과 과학(최재영, 옮김). 서울: 비제이퍼블릭. Cambridge University Press.

Gianmarco Veruggio, ed., "EURON roboethics roadmap", EURON roboethics Atelier, Genova 27 February to 3, March 2006, July 2006, *Roboethics.org*

Gunning, D., Explainable Artificial Intelligence (XAI), https://www.darpa.mil/program/explainable−artificial−intelligence

Hilgendorf, Eric, "Können Roboter schuldhaft handeln?", in: Beck, Susanne(Hrsg.), Jenseits von Mensch und Maschine. Ethische und rechtliche Fragen zum Umgang mit Robotern, Künstlicher Intelligenz und Cyborgs, Baden−Baden, 2012, S. 119−132

Hinton, G. E., Osindero, S., & Teh, Y. W. (2006). A fast learning algorithm for deep belief nets. *Neural Comput, 18*(7), 1527−1554. doi:10.1162/neco.2006.18.7.1527

Hochreiter, S., & Schmidhuber, J. (1997). Long short−term memory. *Neural computation,* 9(8), 1735−1780.

Holland, J. H. (1992). Genetic Algorithms, *Scientific American* 267(1), 66−72.

Krizhevsky, A., Sutskever, I., & Hinton, G. E. (2012). *Imagenet classification with deep convolutional neural networks.* Paper presented at the Advances in Neural Information Processing Systems.

LeCun, Y., Bengio, Y., & Hinton, G. (2015). Deep learning. *nature,* 521(7553), 436−444. doi:10.1038/nature14539

Lederberg, J. (1966). A general outline of the DENDRAL system. Systematics of organic molecules, graph topology and Hamilton circuits. NASA CR−68899. STAR(66), 1−075.

McCarty, L. T. (1977). Reflections on TAXMAN: An experiment in artificial intelligence and legal reasoning. *Harv. L. Rev.,* 90, 837.

McCulloch, W. S., & Pitts, W. (1943). A logical calculus of the ideas immanent in nervous activity. *The bulletin of mathematical biophysics,* 5(4), 115−133.

McKinsey(2017). 「中国人工智能的未来之路」

Mill, J. S. (1859). Utilitarianism (1863). *Utilitarianism, Liberty, Representative Government,* 7−9.

Nathalie Nevejans. (2016). "European civil law rules in robotics: study for the JURI committee"

Nestor Duch−Brown, Bertin Martens and Frank Mueller−Langer. (2017). "The economics of ownership, access and trade in digital data", *Digital Economy Working Paper* 2017－01, JRC Technical Reports (2017).

Nicolai Van Gorp and Olga Batura. (2015). Challenges for Competition Policy in a Digitalised Economy, Study for the ECON Committee, European Parliament.

OECD, Algorithms and Collusion: Competition Policy in the Digital Age" (2017).

Reese, H. (2016). "Transparent machine learning: How to create 'clear－box' AI" https://optimizingmind.com/transparent－machine－learning－how－to－create－clear－box－ai/

Russell, S., & Norvig, P. (2016). 인공지능. 2: 현대적 접근방식 (류광, 옮김), 서울: 제이펍. Essex, UK: Parentice Hall, 1152.

Schmidhuber, J. (2015). Deep learning in neural networks: An overview. *Neural networks*, 61, 85－117.

Skeem, J. L., & Lowenkamp, C. T. (2016). "Risk, race, and recidivism: predictive bias and disparate impact," *Criminology*, 54(4), 680－712.

Snow, J. (November 7, 2017). "New research aims to solve the problem of AI bias in "black box" algorithms," *MIT Technology Review*.

Tan, S., Caruana, R., Hooker, G., & Lou, Y. (2017). "Detecting bias in black－box models using transparent model distillation". *NIPS 2017 Symposium on Interpretable Machine Learning and AIES*.

Tan, S., Caruana, R., Hooker, G., & Lou, Y. (2017). Detecting Bias in Black－Box Models Using Transparent Model Distillation. *arXiv preprint* arXiv:1710.06169.

Turing, A. M. (1950). I.－COMPUTING MACHINERY AND INTELLIGENCE. Mind, LIX(236), 433－460. doi:10.1093/mind/LIX.236.433.

Turing, A. M. (2004). Computing machinery and intelligence. 1950. *The Essential Turing: The Ideas that Gave Birth to the Computer Age*. Ed. B. Jack Copeland. Oxford: Oxford UP, pp. 433－464.

Turing, A.M. (1936), "On computable numbers, with an application to the entscheidungsproblem", *Proceedings of the London Mathematical Society*, 2 (published 1937), 42 (1), pp. 230－265.

Wallach, W., & Allen, C. (2008). M*oral machines: Teaching robots right from wrong*. Oxford University Press.

Wiegel, V. (2007). *SophoLab; experimental computational philosophy* (Vol. 3). 3TU Ethics.

World Economic Forum, How to Prevent Discriminatory Outcomes in Machine Learning, Global Future Council on Human Rights 2016－2018 (2018).

"Computer says no: why making AIs fair, accountable and transparent is crucial", Guardian, 2017년 11월 5일자.

"Guidelines on Regulating Robotics", *RoboLaw* [online], 22 September 2014.

http://www.europarl.europa.eu/RegData/etudes/STUD/2016/571379/IPOL_STU(2016) 571379_EN.pdf

"Statement on Algorithmic Transparency and Accountability" January 12, 2017, Association for Computing Machinery, US Public Policy Council(USACM) https://www.acm.org/binaries/content/assets/public－policy/2017_usacm_statem ent_algorithms.pdf

찾아보기

집필진 약력

고세일

저자 고세일은 충남대학교 법학전문대학원 교수로 민법을 강의하고 있다. 미국 튤레인 대학교에서 인터넷 거래에 대한 모델법 연구로 박사학위를 받았고, 미국법을 중심으로 비교법과 법제사를 공부하고 있다. 인공지능과 법이론, 법실무, 법정책의 공동연구원으로 참여하고 있다. '사례 중심 법과 생활'과 '보통유럽매매법'을 함께 쓰고, 우리말로 옮겼다. 주된 논문으로 "인터넷 거래와 실체법 규범", "소프트웨어 라이선스 계약에 대한 민사법 접근", "미국 불법행위법의 구조와 내용에 관한 연구", "대륙법에서 징벌적 손해배상 논의", "불법행위의 예견가능성과 손해배상범위에 대한 연구"가 있다.
E-mail: seilko@cnu.ac.kr

구길모

저자 구길모는 충남대학교 법학전문대학원 교수로서 형법, 형사소송법을 연구하고 있다. 인공지능과 관련해서는 인공지능이 법조사회에 미치는 영향, 자율주행자동차의 형법적 문제 등에 주로 관심을 갖고 있다. 주요논문으로는 "인공지능과 법조계변혁", "보이스피싱 예방과 단속을 위한 한·중 공조방안" 등이 있다.
E-mail: gmkoo@cnu.ac.kr

김병필

저자 김병필은 KAIST 기술경영학부 교수로서 기업 경영과 관련된 법을 가르치고 있다. 사법연수원 수료 후 국내 로펌에 근무하면서 국제중재 및 해외투자 업무를 담당하였다. 인공지능 기술을 적용하여 법률 서비스 및 컴플라이언스 업무의 생산성과 효율성을 높이는 데 관심이 많고, 로펌 근무시 Knowledge Management 시스템을 개발하는 데 적극 참여하기도 하였다. 현재 한국인공지능법학회(www.kaail.or.kr) 기술이사로 활동하면서 인공지능 기술을 적용한 법률 서비스에 대해 연구하고 있다. 대통령 직속 4차산업혁명위원회 과학기술혁신위원회 위원(2019)이다.
E-mail: byoungpil.kim@gmail.com

김영두

저자 김영두는 충남대학교 법학전문대학원 교수로서 민법을 강의하고 있다. 법적인 관점에서 인공지능과 뇌과학을 연구하고 있으며, 부동산관리에 관한 법과 계약법을 주된 연구분야로 삼고 있다. 연구재단의 공동연구과제인 "인공지능과 법"의 책임연구자로 용역을 수행하고 있다. 현재 한국집합건물진흥원 이사장이며, 정부와 국회의 각종 법령개정작업에 참여하고 있다.
E-mail: kydoo07@cnu.ac.kr

김현경

저자 김현경은 서울과학기술대학교 IT정책전문대학원 교수이다. 주요 연구 분야는 지식재산권과 정보기술·인터넷법이며, '디자인과 지식재산', '저작권법', '방송통신융합법' 등을 강의하고 있다. 정보기술의 급속한 변화 속에서 인간에게 유익한 방향으로 규범이 설계, 작동되기 위한 법의 역할을 고민해 왔다. 이론과 현실의 균형적 연구를 위해 개인정보분쟁조정위원, 방송통신위원회 규제심사위원, 방송통신심의위원회 통신·권익보호특별위원 등 정부위원으로도 활동하고 있으며, 최근 주요 논문으로는 "저작권 귀속법리와 인공지능 창작물에 대한 고찰", "블록체인과 개인정보 규제 합리화 방안 검토" 등이 있다.

E-mail: hkyungkim@seoultech.ac.kr

김효은

저자 김효은은 한밭대학교 인문교양학부 교수이며, 과학철학자, 실험철학자다. 센루이스 소재 워싱턴대학교의 철학-신경과학-심리학 융합 프로그램(PNP, Philosophy-Neuroscience-Psychology program) 과정에서 인지과학 석사, 이화여자대학교에서 의식 연구로 박사학위를 취득했고 뉴욕대학교 철학과와 듀크대학교 윤리연구소에서 객원학자, 고등과학원 초학제연구단 주니어펠로를 지냈다. 도덕 판단, 의식, 신경상관자, 지각에 대한 저술들이 있으며 도덕 판단의 본성에 대해 실험철학 방법으로 연구하고 있다. 한국인지과학회 조직이사, 한국과학철학회 연구위원, 아시아 태평양 과학철학연합회(APPSA, Asia-Pacific Philosophy of Science Association) 운영위원을 지내고 있다.

E-mail: hyoekim26@hanbat.ac.kr

맹수석

저자 맹수석은 충남대학교 법학전문대학원 교수로서, 상법과 경제법 등을 강의하고 있고, 2016년부터 현재까지 동 대학교 법학연구소장으로 재임 중이다. 한국기업법학회 회장과 한국금융소비자학회 회장, 법무부 상법개정특별분과위원회 위원 등을 역임했으며, 현재 금융감독원 금융분쟁조정위원회 위원 등으로 활동하고 있다. 최근에는 핀테크 등에 대한 금융법적 문제에 관심을 갖고 연구하고 있으며, 관련 논문으로는 "로보어드바이저 테스트베드의 유용성 강화를 위한 법적 연구", "핀테크(FinTech) 진전과 금융소비자보호 방안", "블록체인방식의 가상화폐에 대한 합리적 규제 방안" 등이 있고, 『뉴스타일 상법』, 『상법판례백선』, 『주식회사법대계』, 『공정거래법』 등을 공동 저술했다.

E-mail: mssdream@cnu.ac.kr

박영철

저자 박영철은 용인송담대학교 법무경찰과 교수로서, 체계론적 관점에서 헌법 및 행정법의 일반이론을 연구하며 강의하고 있고, 정보국가에서 인간으로서의 존엄과 가치는 정보기본권을 보장을 통하여 실현할 수 있다는 입장에서 개인정보 보호, 사이버보안, 자율규제, 그리고 데이터 관련 법제를 연구하고 있다. 관련 논문으로는 "비식별정보 이용 관련 법적 쟁점", "무인항공기(드론)의 법적 현안과 해결과제", "사이버보안과 통신비밀보호법", "개인정보 보호기구 자율규제기구 지정제도" 등이 있다.

E-mail: ycpark@ysc.ac.kr

박정호

저자 박정호는 KDI 전문연구원으로 산업정책 및 인적자원 양성 관련 연구를 주로 수행하고 있다. 현재 한국인적자원개발학회 부회장, 혁신클러스터학회 학술위원장으로 활동하고 있으며, 이밖에 이야기경영연구소 기획위원, 세종시 지역산업발전자문위원, 한국디자인단체총연합회 사무총장 등을 역임한 바도 있다. 대표 저서로『경제학자의 인문학 서재』(1권, 2권),『경제학 입다/먹다/짓다』,『아주 경제적인 하루』,『한국사에 숨겨진 경제학자들』등이 있다. 한국경제신문, 네이버캐스트 등에도 글을 쓴다.
E-mail: aijen@kdi.re.kr

심우민

저자 심우민은 경인교육대학교 사회과교육과 교수로서 법(학)교육 관련 과목들을 중심으로 강의하며, 2019년 현재 동 대학의 기획부처장으로 재직 중이다. 연세대학교에서 법학박사 학위를 취득한 이후 국회입법조사처 입법조사관으로 정보통신법제 업무를 담당해온 바 있다. 이와 같은 경험을 바탕으로 현재는 IT법학, 입법학 및 기초법학적 논제들을 주요 연구대상으로 삼고 있다. 관련 저술로는 The Rationality and Justification of Legislation(공저, 2013), 입법학의 기본관점(2014), ICT 법체계 개선에 관한 입법학적 검토(2015), 인공지능의 발전과 알고리즘의 규제적 속성(2016), 인공지능과 법패러다임 변화 가능성(2017), 인공지능 시대의 입법학(2018) 등이 있다.
E-mail: legislation21@ginue.ac.kr

양천수

저자 양천수는 영남대학교 법학전문대학원 교수이다. 법철학, 법사회학, 법학방법론, 법이론, 법사상사, 법정책 등을 가르치고 있다. 영남대학교 인권교육연구센터의 센터장도 맡고 있다. 현대 과학기술이 법체계에 어떤 변화를 야기하는지에 관심이 많다. 이에 관한 저서로『빅데이터와 인권』(2016),『법과 진화론』(공저)(2016),『제4차 산업혁명과 법』(2017),『법학에서 위험한 생각들』(공저)(2018)을 집필하였다.
E-mail: yang1000soo@hanmail.net

이상용

저자 이상용은 건국대학교 법학전문대학원 교수로서 민법을 강의하고 있다. 10여 년간 판사로 재직하였고 현재 한국인공지능법학회 회장 및 대통령 직속 4차산업혁명위원회 위원으로 활동하고 있다. 민법 전반에 관한 연구 외에 인공지능 기술과 법, 정책의 문제를 주로 연구하고 있다. 주요 논문으로는 "인공지능과 계약법 — 인공 에이전트에 의한 계약과 사적 자치의 원칙," "데이터 거래의 법적 기초" 등이 있다.
E-mail: colinlee1973@gmail.com

이원태

저자 이원태는 정보통신정책연구원 연구위원이자 디지털사회정책그룹장이다. 정치커뮤니케이션을 전공했고 ICT와 인문사회 융합, 지능정보사회 이용자보호, 인공지능 윤리, 알고리즘 규제정책 비교, 디지털 사회정책 등 ICT 정책 분야의 다양한 문제를 연구하고 있다. 주요 저서 및 논문으로 "4차산업혁명시대 산업별 인공지능 윤리이슈 분석 및 정책적 대응방안 연구", "4차산업혁명 대응 법제정비 연구", "EU의 알고리즘 규제 이슈 및 정책 시사점", "지능정보사회에서의 이용자보호 이슈 및 정책방안 연구", "인공지능의 규범이슈와 정책적 시사점", "소셜네트워크와 정치변동" 등이 있다.
E-mail: wtlee@kisdi.re.kr

이중기

저자 이중기는 홍익대학교 법과대학 교수이다. 영국에서 신탁법, 회사법, 자본시장법을 공부했으며, 인적·물적 자원의 조직방법, 그 거버넌스, 신뢰보호를 위한 충실의무의 역할에 대해 연구하였다. 과학기술의 발전에 따라 등장한 신유형의 권리의무관계 및 재산권의 형태에 대해 관심이 많다. 인격을 이용한 전통적 출자조직에서 플랫폼을 이용한 계약적 공유경제조직으로의 전환에 따른 조직법적 과제와 도전에 대해 공부하고 있다. 자율주행차의 상용화와 관련한 법적 제 문제에 대해 국토교통부와 경찰청을 자문하고 있다.
E-mail: choongke@hongik.ac.kr

임상혁

저자 임상혁은 법무법인 세종의 파트너 변호사이며, 지적재산권과 저작권 그리고 IT관련 법률의 전문가이다. 2017년 서울대학교 법학전문대학원에서 "퍼블리시티권의 한계에 관한 연구"로 법학전문박사(J.S.D.)를 취득했다. CJ ENM, 네이버, 라인, 지상파3사 등 국내외 콘텐츠기업의 고문변호사로, 콘텐츠 비즈니스와 관련된 법률이슈들과 최근 4차산업혁명 및 기술과관련된 각종 법률이슈들에 정통한 법률가이다. 현재 한국인공지능법학회 이사, 한국저작권위원회 위원, 방송통신위원회 행정심판위원회 위원, 서울예술대학교 법인이사, 한국게임법과정책학회 회장 등의 직책을 가지고 있으며, 연세대학교 법학전문대학원 겸임교수, 사법시험과 변호사시험 출제위원(지적재산권법) 등을 역임했다.
E-mail: shim@shinkim.com

임영익

저자 임영익은 인텔리콘 메타연구소의 창업자이며 대표이사로 컴퓨테이션 법률학(Computational Law) 및 법률인공지능(Legal AI) 시스템연구를 진행하고 있다. 2015년 국내 최초로 인공지능 법률정보 시스템과 법률 챗봇을 개발하였다. 또한, '세계 법률인공지능 경진대회'에서 2016년(일본, 동경), 2017년(영국, 런던) 2년 연속 우승하였다. 주요 논문으로는 "An Ensemble Based Legal Information Retrieval and Entailment System" 외 다수가 있고, 주요저서로는 『메타생각』(2013), 『프레디쿠스』(2019) 등이 있다.
E-mail: ceo@intellicon.co.kr

전정현

저자 전정현은 법무법인(유한) 광장 지식재산권팀 파트너 변호사로서 다양한 산업 분야에서의 특허 및 프로그램 저작권 분쟁 및 자문 업무를 해 왔다. 주요 업무 사례로 삼성전자와 애플 간의 이동 통신 단말기 관련 특허 소송에서 삼성전자 대리, Qualcomm의 특허권을 이용한 시장경쟁 제한 행위에 대한 공정거래 조사 사안에서 신고인 대리 등이 있다. 세계변호사협회(IBA) IP 위원회 산하 특허위원회 부위원장, 법무부 위촉 해외진출기업 자문위원이다. 서울대 전기공학부 졸업 논문 프로젝트로 인공지능을 이용한 얼굴 인식 프로젝트를 수행하는 등 일찍부터 인공지능에 관심이 많았고, 최근에는 IBA IP 위원회에서 주최한 인공지능에 관한 토론회에서 moderator로 활동하는 등 인공지능과 지식재산권의 접점에 대하여 고민하고 있다.
E-mail: junghyon.jun@gmail.com

정채연

저자 정채연은 포항공과대학교(POSTECH) 인문사회학부에서 대우조교수로 재직하면서 기초법을 비롯한 법학 분야 과목들을 담당하고 있다. 고려대학교에서 법학사, 법학석사 및 법학박사 학위를 취득했고, 미국 뉴욕대학교(NYU) 로스쿨에서 LL.M. 학위를 취득했으며, 현재 뉴욕주 변호사이다. 대법원 사법정책연구원의 연구위원과 한국과학기술원(KAIST) 미래전략대학원의 연구조교수를 거쳤다. 법인류학적 다원주의의 관점에서 현대사회의 관용론을 재구성하고, 다문화사회의 사회통합 및 탈민족시대의 세계주의를 구상하는 법철학적 연구를 지속해왔다. 최근에는 지능정보사회에서 새로이 제기되는 법적 쟁점들과 그에 따른 탈근대적 담론의 성장에 주목하고 있으며, 인공지능 및 포스트휴먼과 법담론, 자율주행자동차의 윤리화 과제, 사회적 로봇 등 지능로봇과 윤리담론, 블록체인 기술과 탈중심적 거버넌스를 다루는 저서와 논문을 발표한 바 있다.
E-mail: cyjung17@postech.ac.kr

주현경

저자 주현경은 충남대학교 법학전문대학원 교수이다. 형법, 형사소송법, 형사정책 등을 연구하고 있으며, 형사법 관련 정책에 도입되는 과학기술의 활용 문제에 관심을 가지고 있다. 관련 논문으로 "기술적 범죄예방: 의의와 한계", "인공지능과 형사법의 쟁점 — 책임귀속을 중심으로 —", "지능형 로봇으로서의 교정로봇과 법적 쟁점"이 있으며, 연구과제 "인공지능과 법이론, 법실무, 법정책"의 공동연구원으로 연구과제를 수행하고 있다.
E-mail: hkjoo@cnu.ac.kr

최경진

저자 최경진은 가천대학교 법과대학 교수로서 민법을 강의하며, 동 대학교 인공지능·빅데이터 정책연구센터장으로 재임 중이다. 민법을 기초로 하면서도, 개인정보보호법, 인공지능과 법, 방송통신법, ICT와 법, 소비자법, 전자상거래법 등 다양한 첨단 분야에서의 법적 문제를 주된 연구대상으로 삼고 있다. 저술로는 "개인정보보호 관련법의 해석에 있어서 이익형량론과 일반적 이익형량 규정의 필요성에 관한 고찰"(2017) 등 개인정보보호나 IT 영역의 논문 다수와 "전자상거래와 법"(1998), "개인정보 보호의 법과 정책"(공저, 2014), "데이터 이코노미"(공저, 2017), "핀테크 시대"(공저, 2015) 등 다수의 저서가 있다. 국회 4차 산업혁명 특별위원회 자문위원, 개인정보보호위원회 법령평가전문위원, 금융위원회 혁신금융심사위원회 위원, 행정안전부·방송통신위원회 개인정보법령해석자문위원회 위원, UNCITRAL 정부대표, APEC ECBA 전문가위원회 위원 및 국제프라이버시전문가협회(IAPP)와 한국정보법학회, 개인정보보호법학회, 한국인공지능법학회 등에서 활발하게 활동하고 있다.
E-mail: kjchoi@gachon.ac.kr

홍대식

저자 홍대식은 서강대학교 법학전문대학원 교수로서, ICT법경제연구소장을 겸하고 있다. 학계에 오기 전에 10년간 서울지방법원 등 각급 법원에서 판사로 재직하였고, 약 5년간 법무법인 율촌에서 구성원변호사로 일한 경험을 갖고 있다. 학문적인 관심 분야는 경쟁법, 소비자법, 방송통신규제법, 개인정보보호법 그리고 법경제학 분야에 이른다. 국내외 여러 저널과 학술대회에서 "온라인 플랫폼 시장과 경쟁법적 쟁점"을 비롯한 다양한 논문을 발표하였다. 2019년 현재 개인정보보호위원회 비상임위원을 맡고 있으며, 그 밖에도 공정거래위원회, 방송통신위원회, 과학기술정보통신부, 산업통상자원부 등 중앙행정기관과 국회, 사법부 그리고 정부 산하 연구기관, 시민단체와 경제단체에 전문적인 자문가로서 자문을 제공하거나 연구용역을 수행하고 있다.

E-mail: dshong@sogang.ac.kr

황창근

저자 황창근은 홍익대학교 법과대학 교수이다. 행정구제법 등 행정법 분야에서의 개인과 국가의 관계, 인터넷·통신·방송 등 정보법 분야의 규제문제를 주로 연구하고 있다. 최근에는 인공지능 등 과학기술의 발달과 관련하여, 공법적 관점에서 자율주행자동차 운행의 법적 쟁점에 대한 연구를 진행하고 있다. 관련 논문으로는 "자율주행자동차 운행을 위한 행정규제 개선의 시론적 고찰", "자율주행차 운행을 위한 자동차관리법의 개정 방향" 등이 있다.

E-mail: wolgam@hongik.ac.kr

인공지능과 법 집필진

고세일(충남대학교 법학전문대학원)
구길모(충남대학교 법학전문대학원)
김병필(KAIST 기술경영학부)
김영두(충남대학교 법학전문대학원)
김현경(서울과학기술대학교 IT정책전문대학원)
김효은(한밭대학교 인문교양학부)
맹수석(충남대학교 법학전문대학원)
박영철(용인송담대학교 법무경찰과)
박정호(한국개발연구원(KDI))
심우민(경인교육대학교 사회과교육과)
양천수(영남대학교 법학전문대학원)
이상용(건국대학교 법학전문대학원)
이원태(정보통신정책연구원)
이중기(홍익대학교 법과대학)
임상혁(법무법인 세종)
임영익(인텔리콘 메타연구소)
전정현(법무법인(유한) 광장)
정채연(포항공과대학교(POSTECH) 인문사회학부)
주현경(충남대학교 법학전문대학원)
최경진(가천대학교 법과대학)
홍대식(서강대학교 법학전문대학원)
황창근(홍익대학교 법과대학)

인공지능과 법

초판발행	2019년 2월 28일
초판3쇄발행	2021년 9월 10일
지은이	한국인공지능법학회
펴낸이	안종만·안상준
편 집	이승현·윤혜경
기획/마케팅	임재무
표지디자인	조아라
제 작	우인도·고철민
펴낸곳	(주) **박영사**
	서울특별시 금천구 가산디지털2로 53, 210호(가산동, 한라시그마밸리)
	등록 1959. 3. 11. 제300-1959-1호(倫)
전 화	02)733-6771
f a x	02)736-4818
e-mail	pys@pybook.co.kr
homepage	www.pybook.co.kr
ISBN	979-11-303-3357-1 93360

정 가   25,000원